折射集
prisma

照亮存在之遮蔽

孙江 中文主编
《记忆之场》翻译组 译

〔法〕皮埃尔·诺拉 主编

记忆之场
第2卷

PIERRE NORA

共和国

教育·纪念活动

Les Lieux de mémoire
tome II | La République

南京大学出版社

Les lieux de mémoire
© Éditions GALLIMARD, 1984, 1986 and 1992.
Simplified Chinese edition copyright © 2025 by NJUP
All rights reserved.

江苏省版权局著作权合同登记　图字：10 - 2019 - 512 号

图书在版编目（CIP）数据

记忆之场. 第二卷，共和国. 教育·纪念活动 /
（法）皮埃尔·诺拉，孙江主编；《记忆之场》翻译组译.
南京：南京大学出版社，2025.1.（2025.3 重印）-- ISBN
978 - 7 - 305 - 28118 - 1

Ⅰ．K565

中国国家版本馆 CIP 数据核字第 2024P60M04 号

出版发行　南京大学出版社
社　　址　南京市汉口路 22 号　　邮　编 210093
书　　名　记忆之场.第二卷.共和国：教育·纪念活动
　　　　　JIYI ZHI CHANG.DI - ER JUAN.GONGHEGUO：JIAOYU · JINIAN HUODONG
主　　编　［法］皮埃尔·诺拉　孙　江
译　　者　《记忆之场》翻译组
责任编辑　张　静
照　　排　南京紫藤制版印务中心
印　　刷　南京爱德印刷有限公司
开　　本　787 mm×1092 mm　1/16　印张 30.5　字数 341 千
版　　次　2025 年 1 月第 1 版　印次　2025 年 3 月第 2 次印刷
ISBN 978 - 7 - 305 - 28118 - 1
定　　价　158.00 元

网　　址：http://www.njupco.com
官方微博：http://weibo.com/njupco
官方微信：njupress
销售咨询：(025)83594756

* 版权所有，侵权必究
* 凡购买南大版图书，如有印装质量问题，请与所购
　图书销售部门联系调换

*

《记忆之场》

*

策　　划　南京大学学衡研究院
学术委员会
　　　　主　　任　张一兵　张凤阳
　　　　委　　员　（按姓名拼音排序）
　　　　　　　　　陈冬华　陈　恒　杜骏飞　高　方　高　毅
　　　　　　　　　韩伟华　洪庆明　胡传胜　胡大平　黄东兰
　　　　　　　　　黄　茳　黄艳红　李恭忠　李　军　李里峰
　　　　　　　　　刘北成　刘成富　闾小波　吕一民　麻国庆
　　　　　　　　　沈　坚　孙　江　王　笛　王海洲　王建华
　　　　　　　　　王明珂　王奇生　王晴佳　王晓葵　王月清
　　　　　　　　　许　钧　张晓明　周海燕　周　宪　周晓虹
　　　　　　　　　朱庆葆

编辑委员会
　　　　主　　编　孙　江
　　　　主编助理　于京东　宋逸炜
　　　　成　　员　刘　超　邱伟云　王　楠　张永堃　罗宇维
　　　　　　　　　闵心蕙　谢　任　郑雪君　葛银丽　林　鑫
　　　　　　　　　李　璐　赵千迪　景梦如　王瀚浩　葛晓雪
　　　　　　　　　虞　越　马场彩加　杨沁龙

本卷作者、译者信息

教育

1. 皮埃尔·拉鲁斯的"大词典":共和国的字母表

作者:帕斯卡尔·奥雷(Pascal Ory),凡尔赛大学教授、当代社会与文化史中心主任

译者:赵倩,上海大学法语系讲师

2. 拉维斯,民族教师:《小拉维斯》,共和国的纲领著作

作者:皮埃尔·诺拉(Pierre Nora),法国社会科学高等研究院研究主任、《论争》杂志主编、《记忆之场》丛书主编

译者:刘文玲,电子科技大学法语系副教授

3.《双童环法记》:共和国的"小红书"

作者:雅克·奥祖夫(Jacques Ozouf),法国社会科学高等研究院研究主任

莫娜·奥祖夫(Mona Ozouf),法国国家科研中心研究主任

译者:张默,安庆师范大学法语系讲师

4. 第三区教育之友图书馆:圣殿区的一座殿堂

作者:帕斯卡尔·玛丽(Pascale Marie),巴黎政治研究所与东方语言学院毕业生,记者

译者:向征,西安外国语学院法语系讲师

5. 费迪南·比松的《教学法词典》：小学教堂

作者：皮埃尔·诺拉（Pierre Nora），法国社会科学高等研究院研究主任、《论争》杂志主编、《记忆之场》丛书主编

译者：刘文玲，电子科技大学法语系副教授

纪念活动

6. 伏尔泰与卢梭百年纪念：启蒙运动的两盏明灯

作者：让-玛丽·古勒莫（Jean-Marie Goulemot），图尔大学教授，法国大学研究院院士

埃里克·沃尔特（Éric Walter），亚眠大学法语文学高级讲师

译者：李建英，上海师范大学法语系教授

7. 七月十四日：从狂暴之日到庆典之日

作者：克里斯蒂安·阿马尔维（Christian Amalvi），保罗·瓦勒里大学教授，法国国家图书馆前馆长

译者：黄艳红，上海师范大学人文学院世界史系教授

8. 维克多·雨果的葬礼：戏剧性事件的辉煌

作者：阿夫纳·本-阿莫斯（Avner Ben-Amos），特拉维夫大学教授

译者：何红梅，西安外国语学院法语系讲师

9. 法国大革命百年纪念

作者：帕斯卡尔·奥雷（Pascal Ory），凡尔赛大学教授、当代社会与文化史中心主任

译者：唐毅，兰州交通大学外国语学院法语系讲师

10. 1931年的殖民地博览会：共和国神话还是帝国神话？

作者：夏尔-罗贝尔·阿热龙（Charles-Robert Ageron），巴黎第十二大学荣誉教授

译者：刘清源，首都师范大学历史学院讲师

代结语

11. 从共和国到民族

作者：皮埃尔·诺拉（Pierre Nora），法国社会科学高等研究院研究主任、《论争》杂志主编、《记忆之场》丛书主编

译者：邱寅晨，北京第二外国语学院法语系副教授

说明：本卷作者信息选编自《记忆之场》1997年法文版第三卷附录。

中文版序

诺 拉
宋逸炜 译

《记忆之场》已经被译为世界上主要语言，但都是对部分篇目的翻译。

因此，我对《记忆之场》中文全译本的出版深感荣幸。无论从哪方面看，翻译所有文章都是一项巨大的工程。我首先要向三位负责人表示感谢，他们是：南京大学教授、主编孙江先生，两位主编助理于京东先生、宋逸炜先生。

通过他们，我要感谢《记忆之场》中译本编辑委员会的全体成员。此外，我还要感谢参与这一项目的所有译者、校对者和编辑。

*

《记忆之场》法文版是在1984至1993年间陆续出版的，这套七卷本的巨著在法国和国际上取得的成功令我十分吃惊。在《世界报》(*Le Monde*)的一篇书评中，著名中世纪史专家雅克·勒高夫（Jacques Le Goff）写道："这不是一部法国历史，而是一部今日法国需要的历史。"《记忆之场》对法国来说或许如此，对欧洲、美洲和亚洲的其他国家又有怎样的意义呢？"记忆之场"这个概念最早是在法国社会科学高等研究院（École des Hautes Études en Sciences Sociales）的研讨会上以尝试性方式提出来的，它如何挣脱既有的制约而进行环球旅行呢？

事实上，我个人以为这个概念是难以言状的。"记忆之场"的翻译难道不也如此吗？在我看来，有两个特殊性决定了"记忆之场"概念只能在法兰西民族语境下才有意义。

首先，国家在集体记忆形塑中的作用。与欧洲其他古老民族相比，法国在中世纪末最早确立了国家的决定性地位；在王室王朝的延续和随后的共和国建设中，法国用最有效的绝对主义方式锻造了民族记忆。与所有的欧洲邻国不同，法国不是通过经济、文化或者社会来塑造自我意识的，国家在民族意识的形成中扮演了重要角色。传统中国与法国类似，国家的优势地位同样突出，但更像是帝国框架内的官僚机构，而非"民族国家"。

对于国家的角色，我们还需要谈到不同历史叙事的持久影响。在法国，历史学家长期以来是民族意识的教师和导演。在《记忆之场》第二部《民族》中，我强调了历史编纂学的意义，即重视历史学的历史，关注历史学家在塑造民族认同过程中的几个伟大的综合时刻：13 至 15 世纪的《法兰西大事记》（*Grandes Chroniques de France*）、16 世纪艾蒂安·帕基耶（Étienne Pasquier）的《寻找法兰西》（*Les Recherches de la*

France)、1827年奥古斯丁·梯耶里（Augustin Thierry）开创"民族大循环"的《法国史信笺》（Lettres sur l'histoire de France）、1869年朱尔·米什莱（Jules Michelet）的《法国史》（Histoire de France），以及1903至1922年体现批判与科学成就的埃内斯特·拉维斯（Ernest Lavisse）的《法国史》（Histoire de France）。

国家和历史这两个因素对"记忆之场"概念的形成起到了关键作用。由此，"共和国""民族"和"复数的法兰西"的区分只有在法国语境中才能获致意义。关于这种区分的方式，中国读者一定会感到很不可思议，因为他们习惯于以完全不同的方式来对待过去。

对于法国人来说，这种区分只有在与拉维斯27卷本《法国史》相关和对立的情况下才能被理解。拉维斯的著作出版于第三共和国的鼎盛时期，旨在调和旧制度之法国与大革命之法国的不同而导致的断裂，最终使共和国成为将"民族"与"法兰西"合二为一的历史的最高点。

而《记忆之场》的区分方式试图打破这种统一性，揭示共和国、民族和法兰西是不同的主题，每个主题代表独立的单元，且具有不同的内涵，有必要分别予以考察。

因此，《记忆之场》开创了一种崭新的书写历史和理解过去的方式。这表现在哪些方面呢？

在此之前，法国历史著作都有一个共同的假设，即"法国"是由一系列"事实"（réalité）组成的，无论这些事实是来自地理、历史、政治、社会、宗教、意识形态还是文学领域，都需要历史学家的探寻和甄别。当然，这些事实的确存在。

但是，如果我们把这些事实分解为同样多的符号单位，同样多的"记忆之场"，那么整个法国就成了一个符号性事实，而且是一个纯粹的符号性事实。这样，《记忆之场》为一种完全不同的历史理解开辟了新的道路：《记忆之场》要进行的就是这样的尝试。

我常常被问及：《记忆之场》与"年鉴学派"运动有怎样的关系？20世纪30年代，吕西安·费弗尔（Lucien Febvre）和马克·布洛赫（Marc Bloch）开启了这场运动，费尔南·布罗代尔（Fernand Braudel）是"年鉴学派"的继承者。答案其实很简单。如果我们把"年鉴学派"界定为对持续的创新和"新"历史的不懈追求，那么《记忆之场》就是其中一部分，代表了另一个方向。

然而，如果我们把"年鉴学派"界定为经济社会史占主导地位的研究——这是其曾经的主张，那么《记忆之场》绝对是一个突破，旨在成为象征的政治和文化史的宣言及例证。

我最希望看到的是，《记忆之场》能够激励中国历史学家将这种研究方法运用到他们自己与过去关系的研究中。这终将证明为这项翻译事业作出贡献的那些人的努力之价值，我再一次向他们表示特别感谢。

皮埃尔·诺拉
法兰西学术院院士
2022年4月28日，巴黎

中译本序

孙　江

"历史在加速"（Accélération de l'histoire）。

皮埃尔·诺拉（Pierre Nora）在《记忆之场》（*Les Lieux de Mémoire*）导言劈头如是说。基于这种紧迫感，诺拉动员一百多位作者，穷十余年之功，编纂出版了由 135 篇论文构成的 3 部 7 卷、超过 5600 页的皇皇巨制。与研究过往之事的历史学不同，也与"心态史"径庭有别，这部巨著乃是要在文化-社会语境中回溯历史，探讨形塑法国国民意识的"记忆之场"。

1931 年 11 月 17 日，诺拉出生于巴黎一个外科医生的家庭，在第二次世界大战的血雨腥风下，犹太裔的诺拉家族经历了抵抗运动的惊险。战后，诺拉进入路易勒格朗中学（Lycée Louis-le-Grand），最后在索邦大学（La Sorbonne）取得学士学位。1958 年，诺拉赴法属殖民地阿尔及利亚拉莫里奇埃高中（Lycée Lamoricière）任教，1960 年返回法国，翌年出版《阿尔及利亚的法国人》（*Les Français d'Algérie*），批判作为"殖民者"的法国人。

1965—1977 年，诺拉先后在巴黎政治学院（Institut d'Études Politiques de Paris）和社会科学高等研究院（École des Hautes Études en Sciences Sociales）任职。1965 年，诺拉加入著名的伽利玛出版社（Gallimard），编辑"人文科学丛书""证言丛书""历史学丛书"等。1980 年，诺拉与哲学家戈谢（Marcel Gauchet）创办《论争》（Le Débat），引领前沿话题。1974 年，诺拉与勒高夫（Jacques Le Goff）合作主编了三卷本的《制作历史》（Faire de l'histoire）。1978 年，诺拉在社会科学高等研究院开设讨论课。其时，法国历史学界开始反省科学取向的历史研究，呼唤历史主体的回归，"记忆之场"正是在这一脉络中酝酿而成的。2002 年，诺拉在给芝加哥大学出版社出版的《重思法国：记忆之场》（Rethinking France: Les Lieux de Mémoire）所写的导言中回顾道，二十世纪六七十年代"年鉴学派"布罗代尔（Fernand Braudel）的史学是对"事件史的十字军"，而"心态史"不过是科学的数量统计方法的延伸，"量"的统计未必反映"质"的变化。

《记忆之场》第一部一卷出版于 1984 年，名为《共和国》（La République），分"象征""纪念仪式""教育""纪念活动""反差记忆"等五个主题。1986 年，第二部《民族》（La Nation）三卷出版。第一卷的"遗产""历史编纂学""风景"偏于"非物质"；第二卷聚焦"物质"层面——"领土""国家""遗产"，既有国境、六边形象征，也有凡尔赛宫，还有历史遗产及其保护运动等；第三卷《思想》涉及"荣耀""语词",有军事上的荣耀和市民荣誉、语言和文学、与政治相关的事物等。1992年,第三部《复数的法兰西》(Les France)三卷出版。第一卷《冲突与分割》,围绕政治分歧、宗教少数群体、时空的分割(海岸线、巴黎与外省、中心与边缘等)而展开;第二卷《传统》,涵盖钟楼、宫廷、官僚、职业和法语史等,旁及地方文化、法兰西特性等;第三卷《从档案到标志》,关乎记录、名胜和认同等。

"记忆之场"是诺拉创造的术语,由场(lieu)和记忆(mémoire)构成。诺拉认为:"记忆之场"既简单又含糊;既是自然的,又是人为的;既是最易感知的直接经验中的对象,又是最为抽象的创作。"记忆之场"有三个特征:实在的、象征的和功能的。档案馆是实在的,被赋予了特定的象征意义;教科书、遗嘱、老兵协会因成为仪式的对象而进入"记忆之场";一分钟的沉默堪称象征的极端例证;世代观念是抽象的"记忆之场",其实在性存在于人口学中,功能性体现为形塑和传承记忆的职能,象征性被视为某个事件或经验,只有某些人才拥有。在这三个层面上,记忆和历史交互影响,彼此决定。与历史有所指不同,"记忆之场"在现实中只是指向自身的纯粹符号。

在《记忆之场》第三部出版前发生了两件事:一是冷战结束后,两极格局瓦解,民族国家遭遇新的挑战;另一是法国史学出现了一系列名为"法国史"的叙事。对于后者,诺拉在《重思法国:记忆之场》导言中说:"记忆之场始于与这一研究不同的前提,反映了一种不同的激进观点。"诺拉所追求的

"记忆之场"既然是另一种历史——与过去保持连续的并由现实的集体所传承的当下的历史,那么区分二者的关系便显得十分必要。但是,在第一部和第二部出版后,诺拉发现"记忆之场"的暧昧性有碍这种区分。在第三部导言《如何书写法兰西史》中,诺拉再次谈到"记忆之场"的内涵,认为"记忆之场"首先是一个狭隘的、限定的概念,体现为从纪念碑到博物馆,从档案到口号再到纪念仪式等,与现实有可触可感的交叉关系。此外,"记忆之场"还有较为宽泛的含义,承载着象征化的历史现实。与诺拉的主观意图相反,伴随前两部出版后的成功,"记忆之场"被人们广泛使用,内涵缩小为仅仅指称物质性的纪念场所。诺拉无奈地说:"记忆之场试图无所不包,结果变得一无所指。"《记忆之场》本欲反省以往的法国历史叙述,无意中却构筑了基于当下情感的法兰西整体史。在第三部最后一卷结尾《纪念的时代》一文中,诺拉称之为"纪念变形"所致。

《记忆之场》在法国获得巨大成功,诺拉一跃而为众目所瞩。1993 年,《记忆之场》获得法国最高国家学术奖,同年《罗贝尔法语大词典》(*Le Grand dictionnaire Robert de la langue française*)收入"记忆之场"词条。2001 年 6 月 7 日,诺拉当选为仅有 40 名定员的法兰西学术院(Académie française)会员。在法国之外,《记忆之场》也引起了很大的反响,被译为多种文字,有德文、英文、意大利文、西班牙文、俄文、土耳其文、韩文、日文、中文(繁体和简体)等。《记忆之场》的主题和研究方法,推动了各国关于自身记忆历史的研究。

不同译本在翻译"Les lieux de mémoire"时，均碰到无从寻觅合适译词的难题。德译本将《记忆之场》译为《回忆场所》(*Erinnerungsorte*)，西班牙文译为《记忆与历史》(*Memoria e historia*)，俄译本改名为《法国-记忆》(*Франция-память*)。"lieu"在英文中可译为"背景"(background)、"地点"(site)、"场所"(place)等，但缺少抽象意涵，哥伦比亚大学出版社英译本《记忆的场域：重思法国的过去》(*Realms of Memory: Rethinking the French Past*)将lieu译作"realm"(场域)，似有补缺拾遗之效。在东亚地区，韩文译本和日文译本均有汉字背景，韩文作"장소"(jangso)，日文作"場"(ba)，均为"场所"之意。但是，中译本"记忆之场"的"场"，除"场所"外，还有"场域"之意，应该说最能体现诺拉的本意。

2015年，《记忆之场》节译本由南京大学出版社出版后，受到读者的欢迎，先后于2017年和2020年再版。迄今为止，《记忆之场》所有文字的译本都是节译，中文简体节译本的成功令我燃起了翻译全本的愿望。这是一项巨大的翻译工程，译者有60多人，对语言的理解因人而异，要把参差不齐的译文统一起来绝非易事，校对工作超乎寻常地艰难。王楠博士、于京东博士、宋逸炜博士出力甚大，宋逸炜博士帮我处理了大量烦琐的事务。2020年宋逸炜博士在巴黎留学期间曾向诺拉报告了翻译情况，诺拉在为中国读者特意录制的五分钟短视频中表示，期待中国学者写出属于自己的"记忆之场"。悠悠我生，此言击中我心。我从20世纪80年代开始研习"年鉴学派"的著述，数十年从未间断，念念不忘借鉴他山之石。对我来说，法国近代史与中国有很多可比之处，翻译法国的《记忆之场》可为研究中国的"记忆之场"做准备。犹记2009年回南京大学开启"南京：现代中国记忆之场"研究的初衷，屈指已十余年矣。

Table des matières

*

目录

* 1 **教育**
  3 皮埃尔·拉鲁斯的"大词典":共和国的字母表
  23 拉维斯,民族教师:《小拉维斯》,共和国的纲领著作
  85 《双童环法记》:共和国的"小红书"
  125 第三区教育之友图书馆:圣殿区的一座殿堂
  157 费迪南·比松的《教学法词典》:小学教堂

* 193 **纪念活动**
  195 伏尔泰与卢梭百年纪念:启蒙运动的两盏明灯
  247 七月十四日:从狂暴之日到庆典之日
  311 维克多·雨果的葬礼:戏剧性事件的辉煌
  371 法国大革命百年纪念
  415 1931年的殖民地博览会:共和国神话还是帝国神话?

* 449 **代结语**
  451 从共和国到民族

Pédagogie

*

教育

Le "Grand Dictionnaire" de Pierre Larousse: Alphabet de la République

皮埃尔·拉鲁斯的"大词典":
共和国的字母表

帕斯卡尔·奥雷 Pascal Ory
赵 倩译

媒介活动处于文化社会的中心。继新闻和学校之后的第三大领地——普及化,到现在都被研究者忽视,而前者却在其中发挥作用,没有什么比看到这一点更令人遗憾的了。然而,在19世纪的最后30余年,共和文化牢固地扎根在法兰西社会之中;另外,按照民主思想和普选的必然性,也许这一领地才是共和行动最为顽强、最有成效的地方。如果不能如同阅读政治文本般专注地重读埃米尔·利特雷(Émile Littré)的《法兰西语言词典》(1863—1872年)(*Dictionnaire de la langue française*)或者另一时期由马塞兰·贝特洛(Marcelin Berthelot)主持的《大百科全书》(1885—1902年)

(*Grande Encyclopédie*），我们就无法书写"共和精神"的历史。

这里，我们只关注那本独一无二的《十九世纪万有大词典》(*Grand Dictionnaire universel du XIXe siècle*，以下简称《大词典》）。不知疲倦的皮埃尔·拉鲁斯（1817—1875 年）领导并承担了 1863 年至 1876 年间绝大部分的编纂工作。[1] 1863 年，他们开始对同时期的利特雷词典第一分册首次认购，1876 年出版了第 524 册，同时也是最后一册；两年之后出了第一版《补编》(*Supplément*)，之后进行汇总（第二版是 1890 年）。正如我们所见，这本关于词语所有含义的鸿篇巨制（总计 20700 页，每页 4 栏：共 4.83 亿条释义）经历了 1870—1871 年的动荡，此外它的组织者也已经力竭，似乎从 1872 年年初他的身体就开始抱恙。大约从第六卷和字母 D 开始，我们可以将这一著作定位为词典。

拉鲁斯本人的个性与他所追求的目标和时势[2]并没有太大

---

[1] 由于缺少可以明确主编以及合作者所承担的实际工作量的材料（1865 年的前言提到了 27 位合作者，但还有其他人参与），这里我们将"皮埃尔·拉鲁斯"这一主体视为共同执笔人，并认为所有证据可以证实他的作者资格或者说他对所有文章在具体的思想内容上进行的细致的审阅工作。

[2] 这一研究以多项基础工作为支撑。首先是拉鲁斯研究先驱者的文章，André Rétif,《Pierre Larousse, républicain》, *L'Esprit républicain*, colloque d'Orléans, 4 et 5 septembre 1970, Paris, Klincksieck, 1972, pp. 273 - 278, prolongé par *Pierre Larousse et son œuvre*, Paris, Larousse, 1974；然后是 Gilbert J. Maurin, *La Critique du second Empire dans* le Grand Dictionnaire [...], *Paris*, 1975；最后是 Évelyne Franc, La Mémoire nationale dans le Grand Dictionnaire [...], mémoire de D. E. A. de l'I. E. P., Paris, 1980.

冲突，而这一点至关重要。作为 19 世纪 40 年代的小学教师，拉鲁斯从 1849 年开始投身教辅教材出版行业，致力于教育事业，服务于自由与民主思想。① 当他在编写《新法兰西语言词典》(Nouveau Dictionnaire de Langue française) 时——另一部使他家喻户晓的词典②，出于技术要求，也是为了谨慎，他仍有所顾虑：数年后我们发现了皇后（此处应指拿破仑三世的妻子）那时频繁使用的样册……鸿篇巨制的《大词典》，作为 19 世纪的百科全书，相反地，它被赋予最纯粹的意识形态的含义。这正是维克多·雨果同意立刻为拉鲁斯提供赞助作为"防火道"时所理解到的，他在信中评论它是"时代的敌意"中的词典式文学。拉鲁斯优先从"精英"阶层选出合作者，从路易·里阿尔（Louis Liard）到阿尔弗雷德·纳盖（Alfred Naquet），再到路易·孔布（Louis Combes）——伟大的甘必大主义写手，法国大革命期间大部分词条都出自他手。1865 年的序言尽管有所克制，但仍表明了主编无法在生前与蒲鲁东（Proudhon）——"19 世纪最果敢、最深刻的思想家"——合作注释"上帝"和"财产"这两个词条的遗憾。我们都熟悉词条"波拿巴"（Bonaparte）中不逊的开头（卷二，第 920—946

---

① 发表在 1864 年 7 月 2 日的《名流》(L'illustration) 中的一封信；由雷蒂夫 (Rétif) 引用，参见 Pierre Larousse et son œuvre, op. cit., p. 173.
② 第一版：1856 年。五十年中售出五百万册。拉鲁斯在其中首创"粉色内页"。克洛德·奥杰（Claude Augé）在 1905 年在此基础上重设，取名为《小拉鲁斯插图词典》(Petit Larousse illustré)。

页；1867年)①："最伟大、最荣耀、历史上最闪亮的姓氏，包括拿破仑的姓氏。法兰西共和国的将军拿破仑于1769年8月15日生于阿雅克修（科西嘉岛），而在共和历（唯一且不可分割的法兰西共和历）八年雾月十八日（1799年11月9日）于巴黎附近的圣克卢城堡（Château Saint-Cloud）发动政变。"历史想让"拿破仑"的词条出现在1873年12月：其中含意或可猜到。

像这样的情况不多，但也给充满大师语言的外在形式赋予了一种可塑性，从词条本身的长度②开始，有别于作者在其中采用的论战性语调。"贝尔"或"狄德罗"③ 的内容为了绕过审查尝试了很多词典学手段：注释、有倾向性的引用、意外的离题④……所有重要的词条都通过丰富的书目和图片附录得到延伸⑤，甚至还有更加生动的评语。说明的主体部分中，随处可见的价值判断，以自然通俗的口吻（逸事、俏皮话和秘闻），和类似弱化了的雨果式或是基内（Quinet）式的抒情方式表达

---

① 已根据雷蒂夫的书（同上文）确定了这些文章出版的时间，以及十七篇由《生命与语言》(*Vie et langage*) 期刊收录的"拉鲁斯相关"的文章的时间。编撰时间基本都未知。
② 例如词条"耶稣"（卷九，第966—968页；1875年）加上附录有11栏；而词条"耶稣会会士"（卷九，第958—965页）则有30栏。
③ "狄德罗"（卷六，第764—775页；1870年）："最强大的天才，最鲜明的个性，体育健将，哲学家，思想家，批评家，18世纪体格最结实的艺术家……在丹东之后，或与之并列。"加上附录共计18.5栏，是伏尔泰的两倍。
④ 例如：词条"竞赛"（卷二，第856—861页；1869年）中遍布对体制狡黠的影射。
⑤ "亨利四世"（卷九，第185—186页；1875年）：传记有3栏而附录有7栏。

出来。在重大事件上，拟人法便派上了用场，例如长达 8 栏的长篇大论"好人雅克眼里的英国"（Angleterre［L'］jugée par Jacques Bonhomme）（卷一，第 374—376 页；1866 年），这一词条是当时对英国这个国家较为审慎的一段注解。作者喜欢现身说法，带领读者身临其境，例如，词条"布永（罗斯）（粉色）"（Bouillon［Rose］）（卷二，第 1085 页；1867 年）的开头："无名的、未知的、被历史学家看轻的姓氏，历史学家忙于领会、了解所有事件，将对细节和片段的考量留给回忆录，留给编年史。"又突然停顿发问："说吧，说吧，《大词典》，你要在这里向我们展示什么样的风格呢？恐怕读者真的要说你蘸着米什莱先生或是米什莱夫人的笔墨在书写吧。当然，读者，我不为自己解释什么；这是抒情、是狂热、是轻快；不过这里和女人有关。"作者有很多这样的表述。①

　　说到这种程度，我们就要思考《大词典》是否有足够的代表性。它的个性化确实引来一些批评，包括左派②，而且很显然，皮埃尔·拉鲁斯的继承者们在 19 世纪 70 年代初期之后就

---

① 我们同样引用了词条"借款"（卷七，第 482 页；1870 年）中所说的，"今天是 1870 年 3 月 15 日，突尼斯的借款降低至 170 法郎。这么说的意思是'暴跌得太厉害了！'"。或者用一种不同的语调——词条"达米昂"文末的语调，来描述这种痛苦："糟透了！糟透了！"（卷六，第 47 页；1870 年）
② 这就是词条"百科全书"中对《大百科全书》的评论，尤其是对其中根本的敏感性："这部书之所以是一种大型辑录，是由于它逸闻性的特征以及它为新闻工作者在撰写更受欢迎的专栏文章时所提供的便利。这也是一部有趣的字典，但是缺乏有条理的规划，文章比例不佳，批判精神几乎完全缺席，使得从业人员对它的使用有些冒险"（原文如此）。

明显弱化了他的理念[1]。不过，把这些尝试和之后的举动看作公平公正的范例可能有些幼稚[2]，而且我们也要充分领会，和他们同时代的人并不止步于在这部材料丰富的著作上取得的成功。拉鲁斯一下子就作为"科学与真理的有力普及者"位列共和国先贤祠，同时与斯普勒（Spuller）媲美，在家乡也竖起了一座雕像。从出现的时期和地位来看，《大词典》可谓共和国在世纪末推广普及的典范：既是学校课本、日常阅读书籍、获奖图书，也是教育大众的文学……

句法

被置于历史运动中心的《大词典》乐于扮演它在记忆之场中的角色。也就是说，皮埃尔·拉鲁斯如此喜爱历史，以至于对他而言，如果怀疑历史学家就好比狂热且神秘主义的信徒会怀疑教士一样。他执拗的头脑，带着实证主义色彩，令他这般总结："16世纪是诗性的，17世纪是古典的，18世纪是哲学的，19世纪则是历史的。"（"法兰西文学"[Littérature Française]，卷八，第711—715页；1872年）。当这位自由的思想者观察到，可以这么说，"今天，历史变成了一种全球性

---

[1] 词条"弗卢朗"（卷八，第508—510页；1872年）的宽容——弗卢朗是拉鲁斯的一位朋友——和卷九中词条"雨果"（1875年）对巴黎公社相当严苛的评论相比，尤其是和《附录》中词条"巴黎公社"相比。

[2] 有点讽刺的转折是，爱弥尔·莫罗（Émile Moreau，1841—1919年），1900年左右的出版社领导之一，加入了法兰西运动，他的儿子是这一组织的创办者之一。

的宗教"，这并非一种贬低，而是为了预言"它注定成为现代文明的中心，一如中世纪的神学"（"历史"［Histoire］，卷九，第 300—303 页；1873 年）。然而，从 17 世纪的意义上看，这一卓然的情形使得它更接近哲学，而非博学。"布永（罗斯）（粉色）"的开篇给出的论据，通过他给贝特霍尔德·泽勒德的《亨利四世和玛丽·德·美第奇》写的尖酸的书评得到了证实——这时拉鲁斯已经去世（《补编》［*Supplément*］，第 947 页；1878 年）。"泽勒德先生落入了我们今天众所周知的弊端。现在他似乎承认了我们只能根据'未经出版的材料'进行写作。所有被印刷过的材料都不能作数。"

这本和初期的《历史杂志》（*Revue Historique*，1876 年）在同一时代的著作，主要由那些——用我们今天的话来说——可能会被我称为"政论作者"的人编写，这类人是记者、散文作家和活动分子的结合，在以后的时代里仍然有这样的人，但失去了这样的称号。更进一步说，这一出版赋予了历史类似"良知的女王和调解者"这样的概念（词条"历史"［Histoire］）。"小学教师"（Instituteur）（卷九，第 725—726 页；1873 年）这一词条迅速地废除了作为历史-战争、君主-"臣民"的历史，转变成"我们需要认识的是人的历史，是人民的历史"，这么做只是为了得出作为替代的伦理是必要的这样的结论。传统的矛盾，在这一代备受《历史杂志》指摘，在"新的历史"来临之前，它向后者不断展示自身的无知。

老实说，这一信条对一切都有了答案，因为这关乎进步，是对历史主义的哲学论证。《大词典》是时代力量下产生的对于进步主义的简论，这个时代同样催生了米什莱的名作和卡米耶（Camille）的父亲欧仁·佩列坦（Eugène Pelletan）的著作《信仰的公开信奉》。同样地，当我们阅读作者信奉"无限的可完善性"所作的"中世纪"（Moyen Âge）（卷十一，第657—658页；1873年）和重要条目"进步"（Progrès）（卷十三，第224—226页；1875年）时，我们被要求去理解这些宗教式比喻的字面意思，这些前提自圆其说："对于进步准则的信仰是我们时代的真正的信仰。正因为如此，信仰才无人怀疑。"

这样的公设显然可以作为每一个概论的论据，从动物学到形而上学，它论证了过去几个世纪的严厉性和未来时代的乐观主义，考虑到了社会的等级制度：确实存在"野蛮"（Sauvage）（卷十四，第275—276页；1875年）和"文明"（Civilisation）（卷四，第366—370页；1869年）。根据"野蛮人和儿童在观念、语言、习惯、性格上的相似性"，前者尚处于童年期；后者显然是"一个民族的状态，智识开化，民风温和，艺术繁荣，工业发达"。从这个角度看，相较于基佐（Guizot）、傅立叶（Fourier），尤其是亨利·伯克尔（Henry Burckle），英国文化主义哲学历史学家等人的理论和"优越的人种学者"戈宾诺（Gobineau）的理论有权得到优待。这些理论让"雅利安人"（Aryas）（卷一，第736—737页；1866年），成为"伟大雅利安或白种人中的最高贵的分支之一的统称"。

也就是说，《大词典》提出它自身信条是通过"科学方法"（"中世纪"）但不满足于"宗教与神秘的灵感"，或佩列坦的"启发式风格"（"十九世纪的公开申明"〔profession de foi du

XIXe siècle]，卷十三，第 219 页；1875 年）。它尤其做好了全力以赴解决"颓废（主义）"（Décadence）（卷六，第 206—207 页；1870 年）这一微妙问题的准备，事实上，它只是通过退让来解决在演进的细节中所存在的一定程度的不持续性。退一步看，类似中世纪这样"明显的退步"，变成了萌生"科学与自由"的"潜伏期"。正是前几个字眼引出了谜题的关键：颓废在历史中存在，但仅仅存在于精神错乱的民众之中（"颓废［主义］"）。这种自由主义的唯意志论，倘若不是以民众教育为信仰的全部拉鲁斯式的另一种指称，那就近乎赘述了。如果人性如同人类个体一般进步，那它总有一天会衰退，直至灭绝，据此最终的回答对应了最终的争论。1878 年对"进步"词条的补充从这一角度给出了一种独特的声音：它的存在本身就难以证实。在这一结尾中，否定、推翻那些趋势的假设不再被排除在理论之外，即便这一假设被置于进步主义工作的名义之下，而《大词典》在某种程度上提出了最好的例证。

方言（idiome）

在两次世界大战之间诞生的最后一个矛盾在于：如何协调全局进步，尤其是统一运动和守护国民价值之间的关系？政治上的激进主义使得拉鲁斯在他的工作中是敢于在人类历史趋向统一上走得最远的那些人之一，例如在殖民运动中（"殖民"［Colonisation］、"殖民者"［Colonisateur］，卷四，第 646—653 页；1868 年）（但是指在拿破仑三世的统治之下），展现出一幅消极的形象。词条"征服"（Conquête）（卷四，第960页；1868年）同样赞扬了这一事实，其中民主批评之下充满了对征服者及其被赋予的崇拜的无情揭露。渐进、进步的人种融合显而易见，从"更开化"的人种面前"土著"人种的消失这一点就能首先看出这一信号（"黑色人种"这种措辞也在消失）。"人类的倾向不仅仅在于构成理想的家庭"（"进步"），我们的词典学家已经开始担心单一的语言无法建立这种由铁路和哲学协调而成的人性（"语言"[Language]，卷十，第144—145页；1873年）。他是联邦主义者、蒲鲁东的追随者，即使他对此感到后悔，也不相信国家实体的消失，但经验科学让他看到混血的进步之处："也许本世纪初在欧洲进行的持续性人种融合使得我们躲过了毁灭的成因。"（"民族"[Nation]，卷十一，第854—855页）

对于一名1870年甚至是1871年的进步主义者而言，对融合将会导致何种结果的意见一般无二；对于《大词典》，最关键的是绝对的法式灵感，而这也正是他致力于通过词典学所揭示的。"法国人"（Français）同样也指法语这一词条（卷八，第708—711页；1872年），证实了民族语形成迟缓的猜想，简单地说和人体一样，其中也存在着成长的时间和机体的寿命之间的比例。或许，互文的手法除了能在阐释词义的引文中实现它的职能，别无他用。四个人中有三位会殷勤地以"运动的优雅和精神的趣味从不会背弃法国女人（德赛格［De Ségur］）"这样的话开始，再接着说两句依据它们的含义而非形式挑选出来的晦涩的当代语言："法国人民始终是上帝改变大地面貌的工具（布丹［Boutain］）"，还有"法国天才不喜欢云彩，只有身处狂热中才能起到积极作用（阿里斯蒂德·杜蒙［Aristide Dumont］）"。至于保留在语言中的引用，显然是里瓦罗尔（Rivarol）的那句"所有不清晰的都不是法语"①。

皮埃尔·拉鲁斯丰富而冲动的精神便是这样，这些前提之下的霸权潜力在人们所期待的重要时刻充分发展起来。"高卢"（Galois）（卷八，第1081—1084页；1872年）这样开篇："在我们这个时代，它以普适的民族特性和绝佳而多样的民族天分在各民族中脱颖而出。"这样结尾："我们可以确定，没有那么像高卢人的民族，就不会有更具天赋的人种定居在一座更美的国度。""法兰西"（France）（卷八，第719—743页；1872年）的开场白宣扬得不能更清楚了："法兰西（旧称'高卢'［Gallia］）。西欧国家，它得天独厚的平缓地势，它的历史，它的文学，它的艺术和工业在文明国家中位列前茅。"构成这一文化融合框架的奥秘在"中世纪"这篇抒情性的词条中被提及："一个民族诞生了。罗曼人的集权，高卢人的大胆想法，法兰克人对独立性不可遏制的情感，包罗万象的法兰西自身便是一个文明。"

这么看来，法国人在划分天才的国籍上运用的智慧就没什么令人吃惊的了："让-雅克·卢梭，对18世纪的法国和欧洲

---

① 将所有国家的字典里为了举证人民所用的引文放在一起进行比较，会是一件有意思的事情。我们很乐意指出同时代词典《利特雷》选用引文的出发点是一样的。

其他国家产生最深远影响的哲学家之一，1712 年生于日内瓦，1778 年 7 月 3 日在巴黎附近的埃尔芒翁维尔镇去世。尽管出生在瑞士，但他完全属于法兰西。"① 对应地，民族历史上的恶人，运用某些遁词，就应该属于外国血统："玛丽-安托瓦内特"当然就是奥地利人，就好比明显和她比较类似的欧仁妮②（卷十，第 1190—1193 页）是西班牙人一样，不过推测"拿破仑三世"的生父是荷兰人或者引用米什莱评价"路易十四""从出身方面和他母亲那一脉来看，他是个纯种的德国人"就有些恶趣味了。"拿破仑"（卷十一，第 804—814 页；1874 年）本身就有权"以血统和思想作为一名外国人"，甚而是"一名血统不确定的外国人"，一个东方专制主义者："他的统治远非法国大革命的延续，尽管辉煌一时，这种政治关联之下的仇视行为，事实上是对拜占庭式的凯撒政体的纯粹模仿。"我们还会看到一些类似明智的《大词典》中词条"巴赞"（Bazaine）表露的那些老套的思想，在这个词条里，卡米尔·佩列坦使得东方成了"几乎不了解法国"的怪物。

爱国主义，在词条"布汶"（Bouvines）（卷二，第 1166—1167 页；1867 年）中一下子就被激发出来了，这种"民族性的曙光"的相对主义时代，相较他从 1871 年开始没有给出前

---

① 它使得那些最优秀的爱国者法语化："卡诺"（卷三，第 426—428 页；1867 年）的名字"源于古老的高卢方言［……］，并且对这个家族，对他们的传统习惯和亲切的问候都很有影响"。
② 此处应是指欧仁妮·德蒙蒂茹（Eugénie de Montijo），拿破仑三世的妻子，法国人的皇后。——译注

言的所有结论，显得更加强烈。《大词典》呈现出来的是较为原始的版本，在1865年的版本里，"德国"还是一个地理性质的表达，"俄国"令人反感但遥远，不管怎么看美国都令人同情且同样遥远，只有扮演着宿敌角色的"英国"骄傲地出现在书中，但在某种程度上，英国也被赋予了典型的贵族式的偏见，它的未来一片渺茫。将伦敦和巴黎放在一起进行对比只是为了了解文明的天平会向哪一侧倾斜。

正如拉鲁斯逐步将法国置于文化的汇合处，集中主义思想、共和进步主义其实是毫不迟疑地使得首都成为"世界的中心"（"巴黎"，卷十二，第226—281页；1875年）。前者毋庸置疑的文化辐射自然成为涉及后者普遍诉求的主要理由：在这一同名词条中，描绘"巴黎在现代文明中的角色"的这一章，赞词满溢，其篇幅不少于13栏。共和主义阶层对这座启蒙城市的崇拜，在面对议会中试图去"首都化"力量的那几年，毫无疑问最为耀眼。因此词条"巴黎"占据56页，是词条"法兰西"的两倍多。

我们犯了一个严重的时代错误，认为如此根深蒂固的信仰是由于法国空间中一种对小众文化独特的侵略性。这种优越感就够了。我们还发现，例如，"巴斯克人在很长一段时间里抵制现代思想"（"巴斯克"［Basque］，卷二，第317页；1867年），但这并不令人忧心，因为"在19世纪，［他们］仍然属于简朴的自然状态和文明状态之间的阶层"。抵制凯尔特人的布列塔尼人同样在对民族历史的浪漫主义构想的同情中获益，正如高卢人与接二连三的侵略者之间的斗争，布列塔尼文学也被埃萨尔·德拉维勒马尔盖赋予了浪漫的色彩。直到词条"朱安党叛乱"（Chouannerie）（卷四，第199—200页；1869年）才稍显稳重，一如"无知失智的农民"脱离常轨的时刻。将战争的荣耀给予对手无关紧要，因为历史仍旧会制裁他们。

这灵巧的语言实实在在地存在着，在这些用来解释众多外省的词条中，和那个王朝或1789年再无瓜葛："布列塔尼语和诺曼底语仍然与加斯科语和朗格多克语迥异，旧省的名字仍见于日常用语中；但国家是唯一的"（"外省"[Province]，卷十三，第329页；1875年）。民主性既普遍又现代，宣告了对自国民议会设立以来任何独立想法的无效。[1]

词汇

作为创立者的拉鲁斯别具一格，他既是词典编纂家又是神话编写者，致力于以两大对立的君主主义式的阐释对法国历史象征进行系统化的再解读。他的有关出身的观点不加讨论地并用了基佐和提耶希的思想。这使他拉起了对高卢文明进行吹捧的大旗（"高卢"，卷七，第1079—1080页；1872年），在这一词条中，他排除了蛮族的部分。不被视为晦涩难懂的"日耳曼"（Germanie）（卷八，第1220—1222页；1872年），也在

---

[1] 词条"犹太人"（卷九，第1083—1088页；1873年）也是同样的逻辑："我们世代坚持在文学中谋求一席之地的犹太人，应该理解也几乎人人理解，他们应该放弃这种不完善的、过时的、落后的手段"，也就是希伯来语。

提耶希的严格划分下,将"高卢-罗马"(Gallo-Romain)(卷八,第 968 页;1872 年)限制为墨洛温王朝时代的一次飞跃。相同的知识谱系引出对贵族无声的指责,可以说自此之后,贵族"几被消灭,而作为其结果的可恨的不平等亦是如此"(卷十一,第 1036—1039 页;1874 年)。①

拉鲁斯的创新性更清晰地表现在,让伟人走下神坛的意愿,和他们有关的记忆可以为旧王朝的支持者所利用。最出名的人物被置于一定距离供人观看:"路易十四"忧国忧民,但他的宗教执念驱使他去海外进行了一次灾难性的远征;如果"路易十四"(卷十,第 701—702 页;1873 年)"发挥了些许作用,那也是他不自知";"亨利四世……是一位伟大的国王而不是一位好国王"。专制主义的英雄受到了斥责。在"弗朗索瓦一世"(卷八,第 772—773 页;1872 年)中,"艺术捍卫者"的积极形象受到一种启蒙哲学家群体战胜君主个人的视角质疑:"人们对他致以复兴文学的荣耀,想将伟大的文艺复兴归因于他的统治,但其他人也断言,宗教改革在这次已经在意大利风靡很长时间的复兴中起到了最大的作用。"最后的几位路易有权被粗暴对待:不靠谱的"路易十三"出现在《三个火枪手》的字里行间,荒淫的"路易十五"是隐晦的逸闻里的主角,懦弱的"路易十六"对敌人而言聪明过了头。而伟大的另一位则是"路易十四"(卷十,第 705—708 页;1875 年),他

---

① 文章间的相互联系强化了这种失效。《利特雷》对同一个词的解释则助以一臂之力。

的形象同样也占据了大部分的"法兰西"词条。内容突显出他"极度自命不凡",以及暴君传记中常用模式下(例如,天主教教化文学以及 1870 年以来拿破仑三世的命运)作为活人同样也是名人的原罪的灾难性后果。在良好的道德心理状态下,"路易十四"在孔德式的书写下成为一种典型。被"唯一且其他所有情感中最可鄙的情感——自私"控制,他使专制主义人格化,"而他成了最完全,有时也最荒诞的范例"。

面对这些专制者,《大词典》知道运用多种米什莱"人民"的化身。它继承了"公社"中对有产者的崇拜,在其中花了大段篇幅(卷四,第 739—749 页;1869 年)。更彻底地说,这位图西的勃艮第人,谦卑者之子,歌颂长久以来遭到鄙视的"扎克雷"[①](Jacquerie)(卷九,第 871 页;1873 年)。当然,怀疑传统形象的拉鲁斯是树立典型的第一人,这些树立其他典型的人聚集在相同的民主主义的目的论之下。19 世纪审判并宣告"艾蒂安·马塞尔"(Étienne Marcel)(卷十,第 1134—1135 页;1873 年)无罪,"他超越了自己的时代,想从 14 世纪开始在法国建立议会机构"。在"科尔贝尔"(Colbert)(卷四,第 574—576 页;1869 年)之前,"民主意见"评委会"记得他喜欢弱者和地位低微者,以全能粉饰,他渴望的改革和七十年的革命所能给我们的一样深刻"。"改革"显然是历史的口令。他独树一帜地论证像"苏利"(Sully),或是"米歇尔·德·洛必达"(Michel de L'Hospital)这样的名人的存在(卷十,第

---

① 当时贵族对农民的蔑称。——译注

458—459 页；1873 年），名下记着"显然为 18 世纪的伟大改革做准备的改革"。

大革命自身提出了更多的问题。诚然所有的情况都不比"卡里耶"（Carrier）更令人绝望（"这一词条是《大词典》中最难的，可能也是最微妙的，当然也是最费力的一条，在其中我们了解到的是最诚恳的观点，尽管比较超前"）（卷三，第 451—452 页；1868 年），其中承认了好几种可以减轻罪行的情况。不过，即便"法国大革命"简单粗暴地意图将革命延续至"当下的历史"，然而具体情况的复杂性导致了时代的选择。由此可见，对丹东（Danton）的崇拜并非始于奥拉尔（Aulard），无疑是借助奥古斯特·孔德（Auguste Comte），19 世纪 60 年代以来的"进步"思潮达到高峰："丹东（乔治-雅克），传统的介绍，生于……死于……在我们眼前的是法国大革命中最伟大的人物之一。"（卷六，第 92—95 页；1870 年）"罗伯斯庇尔"承担了冲突的代价。以及对于这一说明，确切地说是一种冷静地列举的介绍，其中的批评是否缺席，而专注于评价朗弗雷（1858，Lanfrey）的"论法国大革命"或广受欢迎的厄内斯特·哈梅尔（1865—1867，Ernest Hamel）的传记。我们都听过记者阿德里安·埃布拉尔（Adrien Hébrard）在睿智的《时报》上以"爱国主义的魔鬼"（卷十，第 1121—1123 页；1873 年）之名拯救"马拉"的范式，也在圣鞠斯特（Saint-Just）身上辨认出"独一无二的灵魂"（"论法国大革命"）。就如同任意一个德尼斯、罗伯斯庇尔是且依然是僭主。在这一点上，拉鲁斯自由主义的逻辑无懈可击。

怀疑拉鲁斯计划的严密性及其野心的人，发现了"圣女贞德"中有意的处理手法便是有力证明（其实这也正是《大词典》的书写法）。词条篇幅很长（包括附录一共35栏，卷六，第106—111页；1870年），旨在将女主人公置于人的维度上（"圣女贞德"的伟大首先属于历史领域，历史只会看到人的事实）的同时运用独特的词典学手法，代之以具有深刻的反教权意图的绝对爱国主义的阐释。这一手段起源于"波拿巴/拿破仑"这一词条，在于连续两次处理女主人公的传记，第一次是叙事的语调，第二次是一种理性的调查研究，打破在当时还不算古老的基督教圣徒传记写法。理性主义者称赞年轻女子是工于谋算的天才，"深思熟虑之下采用了有效的方式使之成为自身时代的信仰"，而第二种传记的目的在于"搜集所有相关事实，这些事实可以说明这位年轻的农家女所扮演的角色完全是民族的，以及这位在未来世界中传唱的伟大人物完全或干脆是传奇对于历史的盗窃"。

不过，《大词典》中那些被圣贤化的人物并不能归于同样富有智慧的灵魂的集合。拉鲁斯是一名新信徒，始终保持着战斗状态，这正是日复一日对抗波拿巴主义或"道德秩序"（l'Ordre moral）的斗争，也归根结底地说明了关于维钦托利（Vercingétorix）（卷十五，第894—895页；1876年）词条的文字相对冷淡，其中拿破仑三世的复辟仍是新近之事，或"亨利四世"词条中破除神秘化完全被反转，以此来反对正统派所作的尝试。无论哪种情况，时间会允许第三共和国毫无风险地确保这一遗产。从这个角度看，毫无疑问，某位遭到波拿巴主义痛击的拉维斯先生,和图西修车匠的儿子一样,拥有差不多的学识,也书写出了对于一个已经成立的共和国而言已然足够的历史百科。他还在政治权力上成为民族伟大创立者的典范,而拉鲁斯几乎将一生都献给了对抗,投入第三等级的调停中,只能算一种近似拉维斯。

皮埃尔·拉鲁斯别无选择,他只能对抗,不能放弃。这不全是偶然,这位一生对语言的集中性充满热爱的统一领导的语言学家,在词条"土话"(卷十二,第 399—403 页;1875 年)和词条"方言"(卷六,第 704 页;1870 年)中承认了用高深的语言表达"语言真实的、基本的、自然的生命"的作用:它的意识形态、它的文化就是方言。他名下的遗著创造的财富也同样归功于其他方言类的著作,这些著作由他发起,并由他极为保守的继承者管理,没有那么讽刺,不类《大词典》那样发声的、燃烧的物体,对所有人都不会有什么损害,不过,这部书还是在三十多年里,成为许多新闻工作者和各方政治人物的主要信息来源。[①]

老实说,活着的时候在自己的阶层中被推崇,尽管政治评论不受约束,对雨果而言,不也是如此吗?这里也一样,作品吞噬了作者。如果说,这一事业的集体性特质,加上遭到两次七一年折损的斗士在有生之年便被逐渐遗忘,铸就了从拉鲁斯到《拉鲁斯》的神话,那么拉鲁斯就只能用在万人接力的教育

---

① 由此,继续分析《大词典》的后续出版可能颇为有趣:第二版《补编》(1890 年),《新拉鲁斯插图词典》(1958—1975 年)以及《大百科全书》(1971—1978 年)。

事业上所取得的成功来言明自身。皮埃尔·拉鲁斯是否为自己解决了英雄和人民之间的矛盾，答案写在作品里：这位普及化的拥护者已经化作了"工具书"的代名词。

* Lavisse, instituteur national: Le «Petit Lavisse», évangile de la République

拉维斯,民族教师:《小拉维斯》,共和国的纲领著作

皮埃尔·诺拉 *Pierre Nora*

刘文玲 译

厄内斯特·拉维斯(Ernest Lavisse,1842—1922 年)在极其简陋的茅屋里编撰了成为共和国经典的小学课本,发行了几百万册。此外,他还与阿尔弗雷德·朗博(Alfred Rambaud)共同编写了 12 卷的《四世纪以来通史》(*Histoire générale du IVe siècle à nos jours*),是 27 卷《法国历史》的组织者。在后人的眼中,他就是同甘必大和朱尔·费里一起,在 1870 年失败以后重建国家精神、在社会中牢固树立共和国机构的那一代人的代言人。他的一个学生曾这样评价他:"他的一生一直在关注同一个问题,那就是改革历史教学,使其成为国家教育强有力的手段。"[1] 他的另一个学生查理-维克多·朗

---

[1] 参见 Henry Lemonnier, *Revue internationale de l'enseignement*, janvier-février 1923.

格卢瓦（Charles-Victor Langlois）对他的评价更高：

> 这样一个人，他完美地树立了法国国家最特殊、最优秀的典范，而法国的历史能够在这样一个人的领导下以完整的形式长期展现在人们眼前，这是一件多大的幸事呀！①

人们试图理清 1870 年至 1914 年间民族情感形成过程中拉维斯的个人贡献与共和运动愿望之间的关系，但这种努力最终还是徒劳的。可以说，拉维斯本人也是共和运动的产物。拉维斯不是泰纳（Hippolyte Adolphe Taine），那位在师范学校比他大 15 岁的学长，他也没有一个叫赫美尔斯帕奇（Roemerspacher）的共和派学生能够隆重地来拜访他，就像莫里斯·巴雷斯（Maurice Barrès）让他那部《离开本根的人》（Déracinés）中主角所做的那样。

拉维斯只是学院意义上的教师。夏莱蒂（Charléty）曾经指出："他甚至没有直接培养出一位年轻人。"他只是以集体形式与年轻人接触，没有一个法国年轻人直接从他那里获得关于法国的知识，就如同泰纳和莫拉斯（Maurras）对法国年轻人的影响一样。这些伟大的名字似乎让他不堪重负；既然没有如此高的权威性，那么他的影响是否也就没有那么深远呢？

没有一个法国文人可以与冯·兰克（Ranke）、思贝尔（Sybel）、特莱斯科（Treitschke）、特奥多尔·莫姆森

---

① Charles-Victor Langlois, *La Revue de France*, septembre-octobre 1922.

(Mommsen)、戴尔布鲁克（Delbrück）、施特劳斯（Strauss）等德国文人相提并论。德国伟大的历史学家在国家意识中所起到的领导作用是法国文人无法比拟的；在法兰西共和国前几十年中，是历史教学承担了这项任务。

因此，直到发生布朗热危机，公共教育同军队一起独自享有国家特权，这种特权是它从来就不曾享有的（除了在某些制宪会议中），也是它失去的特权。但是，从 19 世纪末到第一次世界大战，拉维斯却占据了不可比拟的位置，就像朱尔·伊萨克（Jules Isaac）① 介绍的那样：

> 在六十多岁的时候，他支配着一切，主持所有领域：索邦大学的历史学研究［……］，阿歇特出版社和阿尔芒·科兰（Armand Colin）出版社的历史读物，乃至教科书的出版；公共教育部的最高顾问委员会；还不包括那些数不清的各种委员会和典礼……

这位超级大师在共和国缔造者之后的一代中，通过他的著作达到其影响的顶峰，后来人们将他的著作同他的行动结合起来。他远离政治斗争，受权力的庇护，在共和国最具有特色的一个机构中，他时刻不忘失败的屈辱和复仇的思想，并将这种思想传播出去。仅这种不协调性就足以为他在别处腾出一个位置。有些人很早就感觉到了，就像勒内·杜米克（René

---

① Jules Isaac, *Expériences de ma vie*, Paris, Calmann-Lévy, 1959, pp. 265 – 267.

Doumic）在 1894 年所说的那样："拉维斯先生代表了一种特殊的、独特而有趣的东西。"①

一、共和派的拉维斯？

年轻的拉维斯对共和政体的情感

恢复共和国这一任务将会由教员和官员来完成，他们是国家的双重支柱，而拉维斯就是恢复共和制的世俗宣传者，这就是他自己在《回忆录》中所描写的传记形象。这部《回忆录》讲述的是他在 1862 年 11 月之前年轻时的事情，他是在那时进入巴黎高等师范学校读书的，他写道："在那个时候，我的一段生活结束了。"对于历史学家来说，那是一段十分宝贵的叙事，但却是带有倾向性的见证：这本回忆录是在 1912 年写的，是一个 70 岁的历史学家的自我重建，这位历史学家为国家教育事业奉献了一生，并获得了共和国的所有学术荣誉。尽管这不是他自己的愿望，但他在回忆录中还是作了必要的筛选，使历史同他所追求的使命相吻合：那就是共和国教育学家的使命。据拉维斯所述，这个使命来自一种缺乏教育的痛苦。拉维斯是勒努维永-昂蒂耶拉什（Nouvion-en-Thiérache）一个小零

---

① René Doumic, *Écrivains d'aujourd'hui*, Perrin, 1894. 在这里我们只考虑拉维斯关于德国的著作和一些重要丛书内容的副标题，在这些丛书中有关于路易十四的重要书籍；研究中所反映的问题值得进一步探索，这将超出本篇文章的范畴，本文只是对初级教学课本进行分析。

售店店主的儿子,那是一家卖时尚服饰用品的小店,收益微薄。他所有的学校生活,从镇里的小学到拉昂省中学,从负有盛名的玛莱寄读学校以及马山私立学校到巴黎高等师范学校,道德教育贫瘠可怜,学术上暗淡阴沉。"各项教学方案混淆不清,在我看来没有任何前景。我的青年时期是一团飘忽不定的迷雾。"他的自我叙述对这种"狭隘的、形式化的、具有惩戒性和强制性的"教育提出抗议,要以"同一时代的所有人"的名义进行教育,并对教学体制提出疑问:"我对人们以前教授给我们的人道主义提出谴责,正是这种人道主义使法国变得狭隘[……]。我们根本没有做好准备,来理解我们这个时代人类智慧所应理解的东西;我们也根本没有做好准备,来充分使用我们的自由。"自传本身就是历史的一个篇章,它证实了生命的存在。这位老教育学家表现得像一个失败的教学的产物。通过拉维斯的自述可知,他是想将个人的教育转变成一种受国家民族伟大思想影响的现代集体教育体制。

"个人教育"在《回忆录》中拥有最长的篇幅。在那篇文章中,拉维斯详细叙述了对家庭、对庇卡底乡土的眷恋,同窗那个小团体对雨果的崇拜,以及这些情感是如何同带有1848年精神的共和国信仰紧密结合在一起的。他说,他对生活的理解是在他返回勒努维永的时候开始的。那时,他满载着学术荣耀,去给孩子们进行颁奖仪式演讲。[1] 在此之前,他回勒努维

---

[1] Ernest Lavisse, *Discours à des enfants*, Paris, A. Colin, 1907; *Nouveaux discours à des enfants*, Paris, A. Colin, 1911.

永度假，是他的家人首先让他体会到了历史的滋味：

> 关于路易十六的死，关于这个国王的胜利和灾难，关于他的征战和侵略，这一切不是我从书本上读来的，而是通过一个亲眼看到国王死在绞刑架上的老人，通过国王的士兵，通过那些在敌人临近的时候躲避到树林里的人的叙述知道的。

他用第一次得到的零花钱买了圣西尔学校的教程，只是为了崇高的文学抱负他才放弃了军事上的远大理想。他在屋顶小阁楼里完成了他的写作，但是阿尔方斯·德·拉马丁（Alphonse de Lamartine）和阿尔弗雷德·德·缪塞（Alfred de Musset）给他带来的"文学震撼"，在他的笔下具有某些学术性的东西。他描述自己如饥似渴地阅读米什莱的所有著作："他的《通史引论》[……]深深地吸引了我。我长久地回味着这句话：'世界上鲜有的命中注定的，但最具人性和自由的地方，是在欧洲；最具欧洲代表性的，是我的祖国——法国！'"所以，米什莱应该就是他的老师。

> 拉维斯称：因此我们都是共和派，但是共和政体如何在法国建立起来，关于这一点，我们没有考虑。这个神圣的名字本身就有一种神奇的力量，它足以说明一切。我们相信，共和政体在解放法国的同时也将解放全人类，它正在等待我们的指示。

《回忆录》似乎是通过后来的情感来解释一些真实的细节。总体来说,他的共和主义思想表现得非常幼稚:戴着红色的领带,披着长长的头发,在《年轻的法国》杂志上发表歌颂布鲁特斯(Brutus)① 的文章,在法庭上发出巨大的嘘声反对尼扎尔(Nisard)②,一边唱着《马赛曲》,一边监视着玛丽安娜石膏像周围的情况,把他的狗唤作巴丹格(Badinguet)③,并假装过着隐秘的生活。但是有时这些表现非常具有行动力。在皇家司法部门对欧仁·佩利坦(Eugène Pelletan)作出罚款处罚的时候,人们组织为佩利坦捐助,拉维斯跑去将他的一小笔捐款送到乔治·克雷孟梭(Georges Clemenceau)的手中。在选举期间,他为朱尔·西蒙(Jules Simon)、厄内斯特·皮卡德(Ernest Picard)、路易-安图瓦纳·嘎尔尼埃-巴日(Louis-Antoine Garnier-Pagès)工作。也许圣西尔的那段故事④曾经发生过,但是这段事情发生的时间,即 1856 年,用马拉克夫战役的胜利和皇家的史诗来解释比用共和国炽热的情感来解释

---

① 布鲁特斯(Lucius Junius Brutus),罗马共和国第一任执政官,罗马共和国的主要缔造者。—— 译注
② 尼扎尔(Désiré Nisard,1806—1888 年),1836 年曾任法国公共教育部秘书长,曾因提出"两种道德"理论而激起学生起哄,导致学生入狱。—— 译注
③ 1840 年路易-拿破仑准备在里尔发动叛乱时被捕,被囚禁在索姆省的堡垒哈姆要塞,1846 年他乔装打扮成石匠逃出堡垒。后来,路易-拿破仑的政敌就以石匠的名字巴丹格(Badinguet)来戏称他。—— 译注
④ 拉维斯与圣西尔一直保持着密切的联系。他试图改革圣西尔的入学考试制度(参见 Ernest Lavisse,« L'examen de Saint-Cyr », *Revue de Paris*,15 avril 1896)。1899 年,在德雷福斯事件中,他曾经是最得力的历史老师和文学老师。他的弟弟,死的时候身为将军,也毕业于圣西尔军校,曾任圣马森军校(Ecole de Saint-Maixent)校长。

会更好些。他对雨果和米什莱的独特偏爱难道不是有点儿让人怀疑吗？因为那个时候，雨果被流放，米什莱的课也被停止了。

比较符合事实的是一份简短而突兀的承认书。这份承认书出现在1895年一篇名为《过去的青春和今天的青春》[①]的文章中。在那篇文章中，拉维斯用很长篇幅谈论共和政体，那是"在高高的空中、在鲜艳的光环中隐隐约约浮现出一个美丽的身影"，谈论他在普罗可布咖啡馆与查理·弗洛凯（Charles Floquet）和甘必大相遇的时候，同他们一起高声朗诵即将踏上流亡之途的俄狄浦斯的告别诗。突然，他写道："说实话，我从来没有如此深入地投入这些年轻人的运动中去。从我身上迸发出一种矛盾的情感和滋味。"那是什么呢？"我的家庭教育是要尊重权力，崇拜拿破仑三世的伟大威严及其力量；希望尽早开始积极的、具有影响的生活……"是的，拉维斯首先是来自外省的一个好学生，并获得奖学金在巴黎求学。他的家人对他寄予厚望。他是一个希望成功，而且很快就获得了成功的学生。

事实也是如此，拉维斯自师范学校一毕业就得到从1863年开始担任共和国公共教育部部长的维克多·杜卢伊（Victor Duruy）的赏识，后者把他当作自己精神上的儿子来看待[②]。

[①] In *Études et étudiants*（1895）.
[②] 我很难具体说明到底是什么样的一个机会让这两个人相遇，并且他们的关系一直持续到1894年杜卢伊去世。那时，杜卢伊完成了《摘要与回忆》（写于1892年，发表于1904年），这是他的孩子和学生的成功所带来的一种令他感到满足的情感，他写道："厄内斯特·拉维斯曾是共和国教育部的一名秘书，三十年来，我一直把他当作我自己的孩子，他当选为法兰西学术院的院士。"（Victor Duruy, *Notes et souvenirs*, 1811–1894, vol. 2, Hachette, 1901, t. II, p. 312.）同时参阅拉维斯对杜卢伊的回忆，Ernest Lavisse, *Un ministre: Victor Duruy*, in *Revue de Paris*, janvier–mars 1895.

后来杜卢伊让这位年轻的亨利四世高中的老师担任他的办公室主任（虽然没有正式任命）。杜卢伊的离开尽管让拿破仑三世感到非常遗憾，但在他的推荐下，拉维斯从 1868 年直到帝国崩溃，一直担任皇储的家庭教师。

同时，1870 年的失败在他身上产生了决定性的重大影响。也许，他首先对他那一代法国人，那一代"热爱祖国、热爱自由、热爱所有人，包括个人和民族，尤其是热爱那些受苦受难的人"的法国人产生了影响。那种强迫性的和平让他内心充满了耻辱。他说："理性、原则、情感，这一切在我们遭遇不幸之后相互协调。我们的事业很荣幸地成为人类的事业。"但是，在他身上，民族危机同时夹杂着个人危机。他那时将近 30 岁。也许帝国的倒塌动摇了他的政治分析；有一点是肯定的，那就是帝国的崩溃粉碎了他最合情合理的希望。他从 26 岁开始就成为帝国皇储的家庭教师，如果帝国一直延续下去的话，这位新兴的费奈隆（François Fénelon）[①] 说不定就是另一个勃艮第公爵了。

经历这场动乱后，拉维斯突然决定去德国，他在那里待了 3 年，每年只有可怜的 500 法郎的资助。1871 年他给部长写请辞信，信中写道："没有人能够感受到我所遭遇的不幸，没有人，只有我自己才能下如此大的决心要延续他的力量来完成光复的使命。"

[①] 费奈隆（François Fénelon, 1651—1715 年），法国作家、神学家，著有《论女子教育》(1689 年)、《忒勒马科斯历险记》(1699 年)。—— 译注

1875年他写了一篇关于德国的论文，其副标题清楚地反映了这位历史学家的抱负。他的论文题目是《阿斯卡尼亚王朝统治下的勃兰登堡的发展：普鲁士王国诸多起源之一的研究》。从他的第一本书开始，拉维斯就表明了他对历史的兴趣所在。他的理想不是单纯的科学性，不是普鲁士的历史吸引了他，而是德国胜利的难解之谜激起了这位法国历史学家的热情，他希望以此为他的同胞们揭开失败的隐秘原因。这位历史学家尽管没有参加过战争，但是他以自己的方式为"光复的使命"作出了自己的贡献。因此，在普鲁士的历史背后，他所关心的是民族的历史。一个很好的证明就是，他完成博士论文以后就已经是一位专家了。犹豫再三之后，他放弃研究普鲁士历史，转而雇用了一个团队，在他的指导下首先编撰《通史》，接着开始编撰伟大的《法国史》。也许他对德国的兴趣一直没有停止过。但是，他的研究工作一直都是泛泛的、偶然的，大部分是为了迎合法国公众的好奇心，而不是德国公众的好奇心。他先后出版了《普鲁士历史研究》（1879年）、《德意志帝国评论》（1881年）、《德意志帝国的三个皇帝的形象比较》（1888年）。他唯一一部关于腓特烈大帝的博学专著却始终没有完成，只是出版了《年轻的腓特烈》（1891年）和《登基前的腓特烈》（1893年）两卷。德国的历史只不过是他整个工作的一个侧面，他工作的大部分内容依然是法国历史。

拉维斯对重建波旁王朝的期望忠心耿耿，这种忠心持续了很久。他同逃亡中的皇储保持书信往来，这说明他的这份执着中政治成分比个人情感更多一些。他在1874年11月14日从英国写的信中说道："最近几次选举事件不是再一次清楚地显示了未来的发展，证明了帝国已被激进派所攫取了吗？国家有很大一部分人还没有作出最终决定。当有一天他们为帝国作出决定的时候，我相信，那时帝国就建成了。"

所有书信都有待查阅。[①] 比如，在描写埃纳省的精神状态的时候，拉维斯对共和党人的态度只有讽刺：

> 农民绝对不是共和党人，小资产阶级也不是；工人，除了在那些人口不多的几个中心以外，也根本不是共和党人。然而这些人在最近的选举中，却把票投给了共和派的候选人。这种矛盾从何而来？这就是人性的怯懦。这些人在五年前还忠心耿耿地服务于帝国，但他们没有想到，他们白白为崩溃的帝国保留了那份忠心。

后来，他建议拿破仑四世收购共和派的报纸："这些不健康的纸张，瞬息就不见了，但是却可以以主人的口吻高声说

[①] 拉维斯本人将这些书信移交给了国家图书馆。1929 年 4 月由《两个世界期刊》(*Revue des Deux Mondes*) 出版了大部分节选，这对阿尔芒·科兰出版社来说造成了极大的影响。当时任阿尔芒·科兰出版社社长的勒克莱尔（Max Leclerc）要求拉维斯的继承人珍妮·吉野弗勒（Jeanne Quiévreux）对此事作出反应，认为"这项出版从本质上有违她叔叔的记忆，因为这些书信都'太幼稚'，同我们所了解的他（拉维斯）没有任何关系"。吉野弗勒夫人反过来起诉拉维斯将军的遗孀苏姗-艾米尔·拉维斯（Suzanne-Emile Lavisse），后者曾怀着喜悦的心情阅读她大伯兄"这些让人感到骄傲的书信"。阿尔芒·科兰出版社的文学部主任米尼奥（Mignot）先生非常友好地将出版社关于拉维斯的档案资料交于我查阅。在此表示感谢。

教；无论是谁读了这些报纸，听我们议员的言论（假如他们说话的话），他们都会相信这是梯也尔派人和甘必大派人的混合集锦。要撕下谎言的面纱，该怎么做呢？"

5月16日危机前的几个星期，他的评论依然很严厉：

> 共和国充满危机。人变得渺小，根本没有思想。没有提出任何建议。我们为贫瘠所冲撞。机会主义是无能的借口。极端主义是一副古老的面具，面具后面隐藏着低级的趣味。左派中没有性别。该怎么办呢？只有在你们自己周围才能形成联盟。（1877年2月18日）

在1878年，就是拿破仑四世去世的前一年，他的思想发生了变化：

> 我根本就不相信共和制可以长期地持续下去。我现在比任何时候都不相信。我以前认为只有帝国才能延续共和制的道路，但是现在我不这样认为了。（1878年4月30日）

结论就是：拉维斯是一个忧心忡忡的爱国主义者，但很晚才皈依为共和主义者，他只在共和制真正稳固地建立起来的时候，才看到自己对共和主义的热忱。他将维护体制与维护国家民族混淆在一起。

拉维斯在共和制机构中的地位

当重大危机威胁着共和国政体的时候，拉维斯一直保持着自己谨慎的态度，从来没有走到政治斗争的舞台当中去，这一点后来遭到很多人的指责。在布朗热危机中，他没有作出决定；在德雷福斯事件中，他同样没有表态。他唯一的一篇文章写于1899年10月，即德雷福斯被移送雷恩军事法庭进行重审的开庭前夕，他在《巴黎杂志》发表的文章呼吁人们达成"民族性和解"。在他看来，德雷福斯事件将民族生活的两种完全不同的经验对立起来，但是他所关注的那种经验是反德雷福斯派所要求的经验。他一直在描述百年来三位一体的状况，根据这种状况，他建立了国家秩序，即宗教、国王和军队。而这一切突然间被革命所摧毁。宗教与军队，这是长期记忆的组合，都建立在服从的基础之上，都热爱着承载他们的权力和荣耀的过去。它们不能热爱"自由的无秩序"；也不能不为国王感到遗憾。"这种精神状态是完全合理的。"因此他让对手背靠背团结起来："军队与正义因为可怕的误解而彼此对立［……］，敌对的兄弟们，你们要为你们的国家提供正义，它也许是世界上唯一的国家，在那里很多人可以为了崇高的情感而经受折磨。［……］为了祖国牺牲你们的仇恨。［……］然后以这样的思想来平息你们自己的情感，那就是，团结起来，你们就是法国。"

所以拉维斯从来没有从事过政治，尽管他的性情看起来是处在政治中的。他在1876年担任高等师范学校副教授，1888

年任索邦大学教授，1904年任高等师范学校校长，他的整个职业生涯都显示了作为一名伟大学者的职业生涯。但是他的社会影响远远超出了他的学术范围：他于1893年当选法兰西学术院院士；他从1894年直到去世一直担任《巴黎杂志》的主编；他是外交部的心腹谋士，是最著名的巴黎沙龙界，尤其是玛蒂尔德公主（拿破仑派）的沙龙最具权威的人物，可谓无人不晓。勒内·杜米克（René Doumic）在1894年就指出："这是一位伟大的人物，我们习惯于重视他。"他是一个重要人物，但更是一个重要的名人，正像朱尔·伊萨克（Jules Isaac）所描述的那样：

> 他走到哪儿都有一种自然而高傲的威严，令人肃然起敬，这使他与穆内·胥利（Mounet-Sully）或雨果相似。在他身上让人想起历史人物，像查理曼、路易十四那种最为人喜爱的威严。在他宽阔沉静的脸庞上，清澈的蓝色眼睛中透露出沉思的目光和一种敏感得让人着迷的人性。正是这一点让我喜欢上了他：他很富有人情味，特别人性化，很受年轻人喜欢。

还有就是他在法兰西学术院的继任者皮埃尔·博努瓦（Pierre Benoît）对他的第一印象，那时他刚结束在教育部主持的索邦大学高等委员会的一场会议，博努瓦写道：

> 矮矮胖胖，很敦实，穿了一件简单的海军蓝粗呢男式西

装。方脑袋，坚实稳重，犹如深深地插入肩膀上一般，浓密的眉毛下镶嵌着一双炯炯有神的眼睛。他看着天空落下的雨，还有那些满不在乎的乡下人和渔民，他们似乎并不害怕被雨水淋湿。人们都毕恭毕敬地跟他说话，而他继续以单音节来回答。从这个人身上散发出一种稳重而又忧郁的奇怪印象，也许有人会说，他更像一个忧心忡忡的农民。

除了这种独特的风格以及固执倔强果断的态度以外，朱尔·伊萨克还对拉维斯的言语作了描述：

> 作为演讲人，他用精彩的语调，措辞生动地强调了他的每一个观点，深深地吸引着听众 [……]。每一次在我离开报告厅的时候，我都禁不住会说：这个人是一个伟大的演讲者，伟大的演员。除了历史，他还教会了我演讲的艺术，他是一个无人能及的老师。

拉维斯是一个作家，他天生就有很好的综合分析能力、丰富的言辞、犀利而绚丽的文风，没有矫揉造作，完全是优雅精致的自然流露；他还具有极为罕见的气质，那就是他具有抓住各种才华，可以说毫无顾虑地利用各种能力[①]，出色巧妙地组

[①] 拉维斯利用一切可利用的资源。朱尔·伊萨克在一次私人会谈中跟我说，他在拉维斯的著作中发现拉维斯利用他给拉维斯写的信的整段话，尤其是他后来成为除了埃德蒙·埃斯莫南（Edmond Esmonin）本人，与其建立密切合作关系的人，他们合作完成了《路易十四》那本书。

织运用各种成果的艺术。

但是拉维斯的影响不仅在于他无可争辩的个人才能上,更重要的是他懂得将自己作为法国历史学家的工作和年轻的教育工作者的职业有机地结合起来。这两项活动,表面上看是分开的,其实彼此之间具有紧密的,而且几乎是功能性的联系。正是这一点,形成他在民族情感构成中最独特、最积极的影响来源。

作为历史学家,拉维斯并不是一个博学的人。在朗格卢瓦(Langlois)和塞尼奥博斯(Seignobos)研究历史评论实证方法定义的时候,在拉维斯的工作中人们没有看到任何有关这方面的考虑。在确定了论题之后,他让学生来做研究性工作。他没有巴黎文献学院的学生那样的思想,也不像泰纳那样具有哲学思想,更不是像甫斯特尔·德·库朗日(Fustel de Coulanges)那样专于精深综合分析的历史学家。他拒绝一切专业化,他认为:"历史的伟大职责在于沿着人类的道路一步一步前进,直到走到属于我们的阶段。"

到19世纪末期,所有的人道主义道路都经过欧洲,乃至法国。拉维斯没有忘记米什莱的教诲,1890年他在为《欧洲历史总观》(这本书获得了很大的成功[①])写的序言中说道:

> 我尽最大的努力反对爱国主义偏见,我相信我没有夸大法国在世界上的地位。但是读者也许会发现,在反对历

---

① 1927年,这本书就已经印刷了17版。

史的各个要素的斗争中,法国是**一系列宿命**[①]最厉害的对手。[……]要平息使欧洲进入战备状态、受到毁灭威胁的冲突,只有通过法国的精神来实现。

拉维斯比米什莱更强烈地感到,法国就是浓缩的欧洲。到1885年的时候(这与他自己的政治变化产生了令人吃惊的吻合),他认为有必要也有可能写一部法国的历史。在此之前,各种政体接替出现,科学被当作论战手段来使用,历史学家缺乏能力,这些都无法建立一部宏伟的著作。[②]

因此,他的愿望就是通过这一举措表明历史对法国过往的评价,这也是他在《对未来充满信心的原因》(第九卷)(这是集体创作的成果,但却是一个独立篇章,由拉维斯主编署名)以及关于路易十四那本书中得出的结论。他提到的主要理由几乎是恒久性的,也就是法国与制度的永恒性。从百年战争到1870年战争,法国在每次危机之后的复兴都让他相信,在"法国的稳固"当中存在着一种天意的"不可摧毁"的因素。革命和政变的时代结束了,"国家终于具备了最终的管理能力"。爱国情感和共和国思想终于结合起来,决定国家的任务:"以文化来教育全体法国人,使法国释放最大的能量。"没有什

[①] 本文作者强调的。但是,从这一点我们不是也可以看到在拉维斯的笔下,连米什莱优美的语句也变得枯燥无味了吗?

[②] 最初的计划由来已久,拉维斯在1878年4月7日给卡斯通·巴利(Gaston Paris)的信中说:"我真的相信,学习法国历史十分有用。但是教授们对此却不甚了解[……]。我们国家的教育是如此可怜,而我们却无法治愈它!"(Bibliothèque nationale, n. a. fr. 24 – 25, ff. 278 – 294.)

么能让人更好地感受到教育与民主职能之间的关系如此紧密。而且，不正是这些伟大的百科全书系列丛书符合这唯一的要求吗？当这些百科全书一册又一册地出现在读者面前的时候，还从来没有一套系列丛书能够让学生们对历史变化有一个全面的了解，学生们需要查阅很多专业书籍。现在拉维斯和朗博共同编写的《法国通史》为他们提供了一切之需！

正是同样的原则推动着我们这位历史学家的科学研究和所有的改革工作。这里，我们无须区别他为小学所做的工作和对大学教育所做的工作。① 他从杜卢伊那里获得了所有大学改革的方法，这些改革筹备了很长时间，最后通过政府得以实施。他参与了 1896 年关于高等教育改革的"普恩加莱法"（la loi Poincaré）的制定，并创立了外省大学。这是拉维斯广泛参与并长期宣传努力的结果。② 他期望通过创办大学获得精神上的利益，年轻人能在大学中将对祖国的崇拜与对科学的崇拜结合在一起。而且，他认为大学不应该像旧制度中的机构那样成为历史的收藏馆，而应该是关于未来的研讨会。"高等学校应该与国家生活紧密结合在一起。"拉维斯希望大学具有现实性和即时性。

但是拉维斯坚持不懈的努力不是表现在他为国家复兴所做的工作上，而是表现在教育改革工作中。大学课程不再针对那

---

① 拉维斯对中学的改革工作做得较少。有一个很有意义的细节，就是拉维斯没有参加 1882 年中学教育特别委员会。
② 参见 Ernest Lavisse, *Questions d'enseignement national*, Paris, A. Colin, 1885, et *Études et étudiants*, Paris, A. Colin, 1890.

拉维斯，民族教师：《小拉维斯》，共和国的纲领著作　　　　＊　　　　41

些业余爱好者，而是针对那些准备教师资格考试的学生；设立高等教育毕业证书，改革历史教学资格。对于这些措施，在那些非专业人士看来，拉维斯就是一个智力水准测量员。1904年，当拉维斯到巴黎高等师范学校担任校长的时候，他阐述了自己的计划，这给他造成了很坏的影响。他要求师范学校的学生遵循索邦大学的校规，并将乌尔姆街的设施缩减到学院路上一所住宅附属建筑中。[①] 最为讽刺的是学生联合会，其中第一个联合会竟在南锡成立，当时莫里斯·巴雷斯，就是后来完成《自我崇拜》一书的作者也在那里求学。他曾呼吁[②]："网罗青年！""控制一切举措、犯罪教育、统一模式的奇怪欲望以及摧毁个人的现代癖好。事实上，在这片牧场上，放养了2000名来自小资产阶级家庭的年轻人，但是我看不到在20岁就培养自己思想的泰纳、勒南、米什莱们。这些年轻人的共同点就是他们可怜的高中生经历、传承下来的羞涩以及大革命前法院书记团式的喧闹。但是，这是培养祖国灵魂的地方，如果说我们未来的公证人、医生、律师和代理检察长以廉价的方式来打台球，目的是让拉维斯先生发展他崇高的爱国理想主义的话，那我毫不犹豫地听从他。"

正是在这些细微滑稽可笑的事情中，我们发现了同样的指

---

① 参阅 1904 年 11 月 20 日巴黎高等师范学校的演讲。1905 级的师范生反应非常强烈。有些人，像当时的系主任达维给我讲起这段往事，他们还记得在迎接新校长到来时起哄的学生，那时拉维斯从他家里踱着慢步走进学校，学生们向他喊："不管校长的决定，我们要拯救我们的学校。"
② Maurice Barrès, *Toute licence sauf contre l'amour*, Perrin, 1892.

导思想。在拉维斯看来，加强共和民主就是武装法国。而且我们还可以说，德国也是这种民族教育的联合组织。拉维斯认为，德国表现了一种功能性的、长期稳定的现实形象，是人们不易忘怀的参照体，她起到了榜样、证明和激励的作用。

在我们的教育当中，德国给我们的教训，不只有拉维斯才对此有所研究。[①] 拉维斯从德国的教训中看到，莱茵河彼岸大学对公共思想的形成直接承担责任，他对大学的这种社会作用是极为赞赏的。但是我们不能一成不变地照抄这些组织形式[②]，应该在保留基本原则的基础上，在保留科学与爱国主义关系的基础上加以转换。拉维斯对此说得很清楚，他在编撰法国历史和小学教学大纲的时候，目的是一致的，那就是传播爱国主义义务（*pietas erga patriam*）[③]，这正是德国的力量所在。

在拉维斯的著作中，他所描绘的德国概况另一方面也表现了一个与法国相反的形象。尽管在国家历史和政治机构上法德两国有很深刻的相似之处，但它们在本质上是不同的，因为德国人接受的是外来文明。日耳曼的本质，因为回归到自我，所以无法产生任何东西；而拉丁文明本身就会带来光明。尽管拉维斯努力去理解，尽管他很欣赏德国的稳定制度以及 19 世纪

---

① 参见 Claude Digeon, « La nouvelle université et l'Allemagne », in *La Crise allemande de la pensée française*, PUF, 1959.
② 关于拉维斯对迪东神父著作的批评，参阅 *Les Allemands*, in *Questions d'enseignement national*；« Jeunesse allemande, jeunesse française », in *Études et étudiants*.
③ 同上。

末期的经济扩张，但是他在评价德国时依然怀有讽刺的思想。这种思想在两次战争的时候达到极点。他在《埃纳省的入侵》（1872年）中所描绘的"野蛮的"德国人的形象与世界大战宣传册《致士兵：我们为什么战斗》和《德国人战术》（为美国所用）中所描绘的形象没有任何区别。这时的历史学家变成了一个宣传者。

共和国的形象与普鲁士的形象是对立的。描写一种形象，同时也是在描写另一种形象。

> 进入由普鲁士胜利开创的新时期，那就要放弃所有人类和平进步的期望。今天的仇恨就是明天的战争，这就是目前和未来的欧洲。

而法国却相反：

> 自从欧洲结盟，使我们重新回到我们的边境上以来，我们从来没有实施过暴力的挑衅性政策。我们的政策最终信奉这样的原则，那就是：如果在违反人类愿望的情况下支配人类，那一切的征战都是非正义的。[1]

这就使阿尔萨斯-洛林地区的问题成为一个国际道德问题：

---

[1] *Études sur l'Allemagne*, Paris, Hachette, 1881, p. 98.

在面对一个通过武力建立起来并依靠武力来支撑,为了配合战略利益而牺牲数千人的权利的帝国,法兰西共和国代表了那些被侵犯的权利。如果有一天,在欧洲混乱的局面下,法国要求归还国家被掠夺的土地,她完全可以以人道主义的名义去这么做。

这不是国家民族问题。在拉维斯看来,这是另一回事,是复仇,是阿尔萨斯的问题。在权利基础上建立起来的好战主义,由于情感而变得合理:

> 自从经历了那可怕的一年后,我并没有失望过;我满怀希望和信心,我坚持不懈地将希望和信心教给几百万孩子们。面对那失去的身份,我一遍一遍地重复着这永恒的责任。斯特拉斯堡的塔尖永远不会从我的视线中消失。它一直在我眼前,孤独地直耸云霄,似乎在说:"我就是斯特拉斯堡,我就是阿尔萨斯,我标记着,我等待着。"[1]

贝玑对拉维斯的批判及其意义

正因为如此,拉维斯最终成为共和国一名明智的官员,并像亨利·马丁(Henry Martin)一样成为整个民族的良师益友。在1874年的时候,拉维斯把马丁称作奉承者,而在1914

---

[1] *La question d'Alsace dans une âme d'Alsacien*, Paris, A. Colin, 1891.

年战争前夕,他似乎成了马丁的接班人。在这样的条件下,我们明白为什么老年的拉维斯在参与德雷福斯事件的那一代人眼中是一个谨小慎微的人,他充满了对共和国的热忱,是"大学的教皇和元帅"①。

对拉维斯攻击最强烈的人是贝玑,最直接的原因是一起个人事件:1911年法兰西学术院第一次决定颁发文学奖,而两位候选人罗曼·罗兰和贝玑都极为想获得这个奖项。拉维斯、保罗·布尔热(Paul Bourget)和巴雷斯三人之间展开了讨论。拉维斯受吕西安·埃尔(Lucien Herr)的影响,反对贝玑,作出了让贝玑后来不断重复的评论:"贝玑是一个无政府的天主教徒,他将圣水掺入石油中。"贝玑极度愤怒,称:"只要拉维斯下一道指令,只要乌尔姆街的那个小团体,那个知识分子小团体带来一道指令,法兰西学术院就会退却。"后来,相继推出的两本宣传册,一本是《周刊》主编费尔南多·洛德(Fernand Laudet)写的,另一本是萨洛蒙·雷纳克(Salomon Reinach)和朗松(Lanson)合编的《人们谈论的朗格卢瓦》,拉维斯因此成了被攻击的对象②:

> 大家都知道,就我个人而言,我无法忍受这样一个拉维斯,他不断获取各种租金、津贴、优待和名誉,拿着各种俸禄,却在共和国和大学里散布着各种灾难;我无法忍

---

① Daniel Halévy, *Péguy*, Paris, Grasset, 1941.
② Charles Péguy, *Un nouveau théologien*, *M. Fernand Laudet* (septembre 1911), *L'Argent* (février 1913), et *L'Argent:suite* (avril 1913).

受这样一个拉维斯，虽然他身处二十多家学院，虽然是以师范生的方式，却对二十年来我们所经历的各种痛苦和焦虑、工作和不幸做出各种滑稽可笑而粗俗的事情，而不受处罚。

贝玑为何要拉维斯对"人们从来没有想过要指责他的"事情进行交代？是要解决个人之间的恩怨吗？是的。但是贝玑这里所说的原因关系到整体利益。通过一些不断重复以及一些报复性的尖刻话语，我们可以区别三种不同的理由。

拉维斯首先代表的是成名的一代。贝玑有一种无法忍受的不公平的感觉，这让他愤怒地撕下那些让他感到羞耻的篇章。[1] 他们这一代难道不是在积极努力地奋斗，期望在他们上一代人中保留自己的位置和头衔吗？

我难以相信，还有哪个民族，在哪个时期，存在这样一代人，这样一届学生，他们如此自信、如此厚颜无耻地介绍一种玄学，把它当作一种物理学，而不是玄学来介绍，却不受任何惩罚。

《我们的青少年》的精神上的英雄主义是否应该由"几个在十五年前一有风吹草动就逃到勒努维永-昂蒂耶拉什，全身

---

[1] "我完全意识到下面那些要提高这些卑鄙无耻的行为，仇恨、欲望、乌七八糟和耻辱的东西。"贝玑对他的朋友洛特说，"十八个月以来，我都无法说出我的那句我们的父亲。"贝玑是1894届的，跟拉维斯差了32岁。

战栗，躲藏起来不敢露面的自由追随者占为己有呢"？贝玑认为拉维斯就是一个窃取者，他的论据是这样的：我们为你们挽救了共和国，而你们却把它据为己有。"无论从时间上还是从精神上来说，这都是贪婪吝啬的一代，他们为了自己压制着并保留着他们所收到的一切。"1912年由庞加莱主持、在索邦大学举办的拉维斯任职50周年庆典是一个骗人的把戏："因为让庞加莱当选的政策完全违背了拉维斯50年来所延续的政策。"另外，拉维斯是朗松、朗格卢瓦、塞尼奥博斯等知识分子团体的代表。这一集团侮辱了文化，使法国丧失了精神灵魂，让智者变得官僚化：

> 三十年来他们摧毁了法国的一切，以及法国这个民族［……］。三十年当中，他们让上帝、教堂、法国、军队、风俗道德、法律起伏不平，而今天我们竟没有权利让拉维斯先生经受风浪。

这种摧毁性的医疗地主要集中在巴黎高等师范学校。约瑟夫·雷纳克（Joseph Reinach）建议只召集毕业的校友集会，但是贝玑却建议召集原来学校所有人集会："也许在让更多的人参与进来的同时，我们才能从政治家手中，从拉维斯先生苍老的手中解救一些珍贵的遗物。"

拉维斯终于成为这场阴谋的节点：

确切地说，他就是一道矮门，所有混乱的东西都按秩序进来，一切无政府主义都进入管理当中，尤其是进入大学的管理和荣誉当中。他就是连接点、插入点！

因为，如果说是拉维斯在进行统治，那么是吕西安·埃尔在进行管理，是吕西安·埃尔保证了饶勒斯主义运动。"这一小撮师范生成了政治毒害区、传染区和毒性发源区"，一切都慢慢腐败，尤其是：

——德雷福斯主义来自绝对自由制度，现在成了欺诈和卑劣的制度；

——世俗主义源自意识的自由体制，现在变成对意识压迫的最可怕的体制；

——国际主义源自政治社会平等体制，现在变成"恶毒的资产阶级世界狂潮的一种"；

——共和制本来具有神秘性，现在却变成了政治性的东西。

对于这一大杂烩，所有的责任都被推给了拉维斯。他为资产阶级世界的三重恶魔提供担保；而饶勒斯则是为社会主义世界的三重恶魔提供担保。所有这些指责汇合在一起，在贝玑眼中，拉维斯犯有最高背叛罪。他成为所有"维护共和制"领主的主人，他败坏、损害并摧毁他所负责的法国。他就是法国内部的敌人；贝玑甚至指责他与德国有勾结：

拉维斯先生当然是不会流血的。但是，他散布的是废墟，是懦弱，是耻辱，是衰弱，是公共的松懈，是公社和底层的不幸。他没有考虑血已经流尽。因为，如果拉维斯先生及他这一代人已经成功地将法国变成他们所希望的那样，也就是说，将法国人变成像他们一样，像他们一样软弱的话，如果想利用进入我们领地上的80万德国人，这群怯懦、软弱、卑鄙的人的话，那么，年轻的同志，你们将会流血。[1]

只有在战前的知识分子氛围中才能理解这样的攻击。但是，这种攻击依然有些模棱两可，更有意思的是，它混合了左派和右派的言论。然而，自从拉维斯当选了法兰西学术院院士以来，他就不再受右派的正面攻击，就像共和左派因为他与知识界的联系以及忠于世俗化而对他的正面攻击一样。这种指责只能来自一个特立独行、不依附任何政治思想集团的人。

那个时候，拉维斯如同实证历史学派的代表，让历史研究成为一种决定性的进步并普遍流传，让索邦大学关注科学的真实性、关注严格苛刻的理性主义。贝玑在以漫画的手法描绘这些历史学家滑稽可笑的行为的同时，也让索邦大学在历史研究方面所得出的最杰出的成果，比如尊重事实、用词的精确、严格的方法等名誉扫地。贝玑没有将优点和缺点区别开，相反，他试图将拉维斯所阐述的历史科学埋没于错误的意识形态及其背后隐藏的败坏道德和悲惨政策当中。而且，贝玑是打着对旧

---

[1] Dans L'Argent: suite, Bibl. de la Pléiade (p. 1146). 以上引文皆出于此。

法国怀念的神秘招牌，对这种混合加以指责的。拉维斯所处时代的整个一代人都在为旧法国而战，而拉维斯最终还是在道义上同他们走在了一起。从这一点看，贝玑的指责在思想上是属于左派的，但在论据上却成了反动的言论。

贝玑的指责也不是没有揭露意味的。他的所有指责都指向拉维斯本人，而不是他的著作。他指控拉维斯对文化、政治和民族犯罪。但是，关于拉维斯的教学内容，贝玑却只字不提。说到底，这难道不是没有根据的争吵吗？揭开真相的时刻到了，民族要经受考验。是莫拉斯第一个出来拯救"重新发现的拉维斯"。为回复拉维斯在《时代》杂志中发表的一篇题为《由法国人来发现法国》的文章，莫拉斯在1914年8月24日《法国行动》杂志的一篇文章中写道："我不知道我是否敢于用这样强烈的词语来表达我们的喜悦：我们这些多多少少算是他的小学生的人非常怀念他［……］。在1885年至1890年间，他曾是一名大学的布朗热主义者，是最积极的知识分子式的爱国主义教授和博士，他卷入民族主义运动之中，但他不是民族主义者！"

但是，当莫拉斯看到，拉维斯因为马尔维（Malvy）中止了反对法国波旁王朝复辟时左右政权的圣会的法律，因为奥加尼厄（Augagneur）指定神父在我们的战舰中担任职务，而向他们表示敬意的时候，他觉得这位历史学家终于"重新找回了自己精神本来的居所"。他总结说："虽然我能清晰地感受到，在某些议题上，拉维斯的思想如同锐利的尖刀一般刺进我的思想，虽然我知道我的思想能够对他产生同样的影响，但我依然会记得，在《法国行动》创作初期，我每天都会奇怪地回想起朱尔·勒梅特（Jules Lemaître）的思想：

'那么拉维斯呢？'他总喜欢这么说，'您觉得在拉维斯的思想中没有任何希望吗？'

'我们伤心地摇摇头……我们错得有多离谱呀！'"

尽管贝玑如此愤怒，巴雷斯的嘲讽也毫不留情，莫里斯也有某种误解，但这难道不就是说，共和制一旦被当作一种最不容易分裂法国人的体制而接受，那么在拉维斯身上所体现的民族情感的内容中，就再也没有什么能够如此深深地震撼民族主义者的热情了吗？

二、民族情感的内容

教材介绍

也许拉维斯只在小学教育当中投入了很大的精力，因为那是他教授法国历史的唯一的地方。民主的迫切需要很幸运地遇到了这位学者的偏好和他与小学生对话的天赋。几百万小学生将这些薄薄的教科书上的话牢记于心，这些教科书像讲述法国历史一样，自己也成为法国的历史。正是应该从这里来寻找拉维斯的意识形态；正是在这里浓缩凝聚了拉维斯那种活跃的民族哲学。《小拉维斯》教材是一部连续的创作，是一项不断修改的工作。毫不夸张地说，它有可能代表了一个伟大的进程。

拉维斯以全部精力、施展所有的手段来完成的一本真正的小学课本，是1884年的那本，它符合1882年的教学大纲。① 在蓝色封面的上头是这么写的："法国历史一年级新教程"。根据最具权威的机构反映，这本教材很受欢迎。小学教育部部长、朱尔·费里最亲密的合作者、人权阵线联盟成员、后来成为索邦大学教育科学教授的费迪南·比松曾给拉维斯写了一封信，说："看，这才是真正具有民族性和自由的历史教材，正是我们所需要的教育工具，甚至是精神道德教育工具！""有几页，仅仅是简单的图画，配上标题，就足以让人流泪。如此真实，如此公正，激起了我们面对一切、反对一切的勇气。"② 这部新作品是同一时期出版的两本教材，即法国历史一、二年级教材（分别有355页和439页）的高度综合。这两本教材都是新出版的，在1876年出版的第一版的基础上有所增加。小学教师的作用（小学教师"知道，在德国，人们每天都在重复着这样的事情：德国的小学教师在萨多瓦会战和色当战役中击败了敌人"）在爱国主义式的序言中被取消，取而代之的是"致小学生"："100多年前，法国是由国王统治的；今天法国成为法兰西共和国，法国人实行自治。"直到法国大革命（革命除外），文本本身大体保持一致。但是在形式和内容上进行了大调整，这改变了教材的面貌和对历史的解释。一方面，一些难解的词汇和"没用"的事实被删除了，每一页文章都被分成短句，注明序号，以纪念章的形式被框起来。另一方面，尤其是

---

① 埃德蒙·埃斯莫南肯定了这一点，我征求过他的看法，他也为我提供了很多宝贵的资料。
② 阿尔芒·科兰出版社档案。

当代的部分被广泛扩展,关于法国国家和法国君主制,到弗朗索瓦一世,再到法国大革命这三大部分的论述,将旧体制按照新的秩序排列起来。这两个特征在根据 1894 年的决议而印刷的 1895 年版本中显得更加突出:当代部分的内容增加了三倍,而且这一次还加了第四部分的论述,即关于"法国革命以及它对我们今天的影响",这样就完成了对法国历史的介绍。法国历史不再是各个体制的重叠,各种统治鱼贯而出,最终导致 1789 年的悲剧,而是有秩序地发展,由革命目的引导的历史, 1789 年的中断变成清晰易懂的双连画,一切都为后来的历史提供了便利。

从 1882 年开始[①],在"致读者"中就说明了,教材的目的是"更简单,更符合道德教育和公民教育"。人们多次提起 1884 年的教材,这本教材的构思似乎非常艰难,前几版交送到那些富有经验的小学教师手中,由他们来评估,但都不符合他们共和思想的要求。他们中的一位,巴黎五区人民图书馆馆长欧仁·布特米(Eugène Boutemy)是这样说的:"对于这本教材,我忍不住要评定一下。以一名教职人员的眼光来看,这本书从头到尾写得都非常巧妙熟练,比如第 71 页最后一段。书中没有一句谴责宗教法庭(但是宗教法庭从来就没有在法国建立起来)的话。为了避免其他说法,人们将宗教法庭的残暴说成'那时的野蛮行为'。再往后看,似乎在说,正是由于古代天主教的宗教裁判所,中部地区才成为'法国的一个省'。接下来的句子同样滑稽可笑。而且法国大革命的整个历史也同

[①] 参阅那时旧版所有者手中的当代历史分册。

样不完整。这不是在歌颂人道主义的伟大篇章,歌颂战胜旧体制卑劣恶习的理性,而是在贬低这段历史。"最终的判定是:"对于这本书的修改,我觉得应该让作者以完全不同的精神、以另一种思想来重新编写,赋予它新的活力。"①

这本书的封面设计也是人们关注的问题。那是阿尔芒·科兰(Armand Colin)个人的作品,他是一位天才的出版商,他懂得在任何时候与作者保持积极的合作关系②,目的是在技术上取得无与伦比的成功:采用各种印刷格式,仔细使用斜体字和粗体字,精心挑选将近 100 多个刻版来完成 240 多页的书。相对于埃得嘉·泽沃尔(Edgar Zévort)编撰的那本优秀的公共教育课本以及其他很多私立教育课本③来说,这部经验丰富的拉维斯课本是教学上一次真正的进步,也许,它的成功要归于这本书的表现形式和内容。基督教学校的教士们也编了一套

---

① 1880 年 4 月 29 日及 5 月 5 日的信(阿尔芒·科兰出版社档案)。
② 阿尔芒·科兰出版社档案保存的资料基本上是交往信笺。阿尔芒·科兰建议使用活版印刷字,对于版面设计,他不断要求作者"简单有趣"。拉维斯多次犹豫不决,比如:"我一直认为,人们会重新阅读,检查各章节、问题、叙事的编号;检查时间等。我极力排除了那些抽象的词语,费解的表达方式。我一遍一遍地阅读检查,但是我不知道是否还有要修改的地方。我希望你们能帮我指出,帮我指出那些重复的词语。"(1881 年 8 月 27 日)
③ 最受欢迎的有玛母教材,吕西安·巴耶(Lucien Bailleux)和维克多·马丁(Victor Martin)神父编订的教材,阿尔弗雷德·鲍德里亚(Alfred Baudrillard)教材,旺德皮特(Vandepitte)神父教材,戈德弗鲁(Godefroy)神父教材,R. P. 多姆·昂赛尔(R. P. Dom Ancel)和加布里埃尔·莫雷(Gabriel Maurel)编订的教材以及保尔·戛尼奥尔(Paul Gagnol)神父编撰的教材。

玛母教材（Manuels Mame），他们也采用了类似的版面设计。①拉维斯的《法国历史教程》分三卷出版（预备课程、一年级课程、二年级课程），取得了前所未有的成功：到1895年的时候已经印刷了75版。

这套书还有两本补充阅读材料：一本是拉维斯以皮埃尔·拉卢瓦（Pierre Laloi）的笔名编写的公民教育手册，另一本是后来与塔拉马斯（Thalamas）共同编撰的手册。主要是一些叙事和军事教育课程：比如用他弟弟的名义出版的《你将成为一名士兵》（1888年），他弟弟那时是一名指挥官。在公共教学当中，这套书实际上没有竞争对手，它几乎垄断了法国的历史教育。②尽管在1895年至1908年间出现了一些教材，但这套教材并没有受到真正的挑战。这些教材的版面设计并不新颖，但都拥护共和主义。其中包括1895年奥拉尔（Aulard）和德比杜尔（Debidour）合编的教材（勒沙耶出版社），1898年卡尔维（Calvet）编辑的教材和同年出版的德威纳（Devinat）编辑的教材（L.-H. May出版社）。还有吉约（Guiot）和玛纳（Mane）编辑的教材（1906年，德拉普拉纳出版），高缇耶（Gauthier）和德尚（Deschamps）编辑的教材（1904年，阿歇特出版社），以及1908年洛基（Rogie）和德比克（Despiques）

---

① 参阅拉维斯给阿尔芒·科兰写的信："我看了玛母的书。他们竟敢如此效仿！"（1896年11月5日）
② 教材印刷的确切数量很难说。正常的印刷数量在15万册左右。因此阅读拉维斯这套教材的读者有几百万人。作为参考，在拉维斯去世的那一年，仅1922年那一年，拉维斯在阿尔芒·科兰出版社和阿歇特出版社分别有七万和一万五千法郎的存款。

合编的教材（利德出版社）。除了第一套即奥拉尔和德比杜尔合编的那套教材取得了一定的成功，包括最后一套因为出得太晚，几乎所有其他教材的出版都似乎由于1907年主教训谕禁止而大受损失。

在政教分离以后，学校教科书的问题似乎染上了一层政治色彩①；而拉维斯的教材却置身于争论之外，继续保持它的胜利。

1912年，这套书又出了一个新的版本。在扉页题名上明确标明："我重新改编了我的全部历史教程，并简化了很多地方。"埃斯莫南（Esmonin）认为，这次重新改编"是因为商业竞争让马克斯·勒克莱尔（Max Leclerc）将拉维斯从困境中解救出来。拉维斯如同做额外作业一般对这件事情没有任何热情"。但是，正是这个版本为这套教材提供了无法改变的设计理念，如，272页，142幅插图，白色封面上17张地图，周围以蓝色花环圈围起来，中间写有这样的文字："孩子，你在这本书的封面上看到法国生产的花朵和水果。你从这本书里将学到法国的历史。你应该热爱法国，因为大自然造就了法国美丽的风景，而历史让她变得伟大起来。"所以，这套中级教程（供一、二年级学生使用）直到今天依然在印刷。还要补充的是，皮埃尔·考纳尔（Pierre Conard）在1925年和1934年更

---

① 这是维护共和国教材大型运动的最好机会。同时可以参阅：J. Guiot, *Les Attaques contre les manuels d'histoire*；Guiot et Mame, réponse（1910）；Paul Lorris, *Ce qu'ils enseignent? Est-ce vrai? Étude sur les manuels condamnés par l'épiscopat*, P. Lethielleux, 1909.

新了《新历史教程》(这是根据新通告而必须作的调整)，这一调整其实是根据教学大纲对1912年的版本进行的改编，但并没有改变它的内容和设计方式。

这套教材今天显得有些老旧，但是在那个时代却是非常新颖的，甚至其中的插图也一直保留到世纪末期。在"今天的化学实验室"一节，所有的研究人员都身着白大褂，戴着夹鼻眼镜，留着大胡子，就像巴斯德一样。直到1960年的版本，"最现代的机车"一节，主要讲述交通工具的不断进步，而这一节依然采用1933年的模式，要观察现实中的交通方式，孩子们就要去博物馆参观！

因为这些旧的标记能让人产生信任感，所以这本令人敬仰的《小拉维斯》教材从古风中获取了权威。这是政治与军事的历史。关于这一点，它与其他历史教材，甚至与近期历史教材都没有任何区别。教材中没有哲学、社会和宗教的参考资料，这就使它的意识形态更加清晰可辨。其他教材在文章当中编入了历史评判，并且避开了道德评价。而拉维斯恰恰相反。他以极其清晰的语言、简短的句子，列举阐述了历史事实，构成一个线性叙述。在1912年的版本中，解释说明不是直接陈述，而是被掩盖在用斜体字写的一段心理和道德性的文字当中。比如关于阿尔比十字军征讨这段历史的叙述，他的一些观念与奥拉尔和德比杜尔的观念，与基督教学校的教士们提出的观念截然相反。[1]

---

[1] 玛母教材及奥拉尔和德比杜尔合编的教材，在这里我们把它们当作最具代表性的教材，玛母教材是私立教学使用的教材，而后者的教材则是共和国公共教学使用的教材。

奥拉尔和德比杜尔（中级教程，1895 年，第 22 页）谴责整个十字军征讨：

> 这些战争没有任何正义可言［……］。它们最终还是失败了，导致穆斯林对基督徒的仇恨变得更加强烈，直到今天还让人感到遗憾。

接着又说：

> 另外，那些教皇在鼓吹反对穆斯林的十字军征讨之后，又回来授意反对基督徒。因此，位于法国中部的阿尔比人，他们不理解像天主教这样的基督教，当然他们也有权利不明白。但是，正是这些民众在 13 世纪初期，在一场可恶的战争之后被英诺森三世下令灭绝处死。在那场战争中，十字军军人像野兽一般疯狂残暴［……］。阿尔比战争同时扩大了皇权的领地，使其扩张到隆格多克一半的地区（1229 年）。

而基督教学校的教士们提出的观念（中级教程，1901 年，第 74 页）却相反：

> 阿尔比人是异教徒，他们在隆格多克和塞文山脉地区传播令市民社会和宗教社会产生忧虑的教义。他们受图卢兹公爵，即雷蒙六世、贝济埃子爵罗杰、阿拉贡国王皮埃

尔二世的保护，粗鲁地对待传教士，并摧毁了教堂。教皇英诺森三世希望通过正直的、品德高尚的传教士，尤其是圣多米尼克的说教能将他们领回正途。但是他们粗鲁地对待给他们派来的使徒，并谋杀了教皇特使皮埃尔·德·卡斯特尔诺（Pierre de Castelnau）。因此在北方发动了征讨他们的十字军战争。骁勇善战的西蒙·德·蒙弗尔（Simon de Montfort）〔……〕。

拉维斯一直在犹豫，是讲述"阿尔比战争"（1876年的版本），还是只按照"中部皇家领地发展"的问题来处理这场战争（1884—1895年的版本），他在1912年这样叙述"阿尔比十字军征讨"：

在腓力普·奥古斯都，即腓力二世的时候，法国中部发生了一些可怕的事件。中部大部分人是异教徒，也就是说他们不愿意相信教会讲授的东西。人们把他们称为阿尔比人，这个名字来自他们所住的城市阿尔比，那里有很多这样的异教徒。

教皇主张对他们进行十字军征伐。北方的贵族也决定参加此次征伐，战争中有很多暴行。教皇建立了一个叫"宗教裁判所"（Inquisition）的审判庭。法官重新寻找这些异教徒，并判处他们以极刑，包括死刑。"收复中部省份"。腓力二世没有亲自参加这次征战，但是他派出他的儿子参加。这个儿子就是后来的路易八世，他收复了博凯尔省和卡尔卡松地区，将其作为皇家领地。

他是这样总结这段历史的（原文采用斜体字的形式）：

> 从此，国王的领地开始扩展到遥远的法国中部地区，因为当时从巴黎到卡尔卡松所用的时间是今天从巴黎到君士坦丁堡的六倍。

这样的例子我们还可以举出很多，这说明拉维斯的教材在处理宗教问题和社会问题上与其他教材有很大区别。也许，这种方法近乎谨慎。基督教学校的教士们以现实主义方法对12月2日的政变作出这样的结论："比六月政变那几天的回忆还要可怕，法国牺牲了自己的政治自由以满足重建秩序的愿望。"对这段历史，奥拉尔和德比杜尔的评论更具有讽刺意味："在这一掠夺行径之后，他开始炫耀自己拯救了宗教、家庭和自由，创造了他刚刚重建的普选制，从而赋予自己一切权力来建立一个新的议会。"而拉维斯直到1912年的那个版本，一直在重述大多数人都赞同，有七百多万赞同票，并总结说："法国再一次因为怕失去自由而为自己选出了一位新主人。"但是，这种谨慎态度即使是在1884年教材编制的时候似乎也有些过时。他所针对的读者多是农民和手工业者；他所呈现出来的法国形象比这种表现形式老化得更快。这是在布朗热主义危机爆发之前构想设计的，面对当代世界的快速变化，他不得不进行简单的处理。关于民族历史，他是将法国与其他民族分开来看的。随着不同版本的陆续出版,每一次的内容都有所增加,构成了最近六十年的历史。这是对一段历史进行的人为的"附加延长",而重心始终处于大革命那段时间。结果很有讽刺意味:在皮埃尔·考纳尔出版的那几个版本中,第二次世界大战与第一次世界大战的历史挨得很近。可是很明显,1914年的战争对一个孩子来说,早已成了久远的历史。历史发展前景是依据革命事件发生的顺序排列的。小学生们将他们的目光"聚焦"在围绕消失点而建立起来的一段历史上,而这一消失点脱离了他们自己的视线。

激励拉维斯教程的内在步伐,就是一个时代的步伐。在那个时代,法国还是一个农业国,农民占人口的大多数,由于1789年的争论而被撕裂,此时,共和国应该提供其得以诞生的证据。但是,由于反对共和主义的思想几乎完全来自君主主义,教材再现了共和制和君主制之间的互动。

对旧体制的批判和对共和制的歌颂

在系统研究每一版对革命事件的处理方式的时候,我们可以发现拉维斯对革命的评价是如何一点点转向对祖国和共和政体的认同的。

1876年的版本不仅强烈谴责了国王死后法国大革命的经过——"这一凄惨事件",而且对"处于危机的祖国"这个议题不加评论,关于制宪会议的总结也十分保守:"它(制宪会议)觉得君主的权力过于庞大,它过分削弱了君主制,无法抵制人们不断增长的革命热情。"而 1884 年的版本中这种保守的态度改变了。处死国王的理由被解释为"准备侵略法国的移民阴谋",是由旺代发动起来的内战,在那里"皇权有很多支持者",而不再是"那里依然保留着宗教信仰和君主制"。这一版本加入了联邦庆典、布伦斯威克宣言、瓦尔密战役胜利的喜悦,同时,在讲述法国大革命之前的序言中很明确地提醒小学生们:"在阅读法国大革命这段历史的时候,永远不要忘记,法国每个人都由于法国的危机而感到不安。革命的始作俑者犯下了滔天罪行,但是,旺代的流亡贵族和造反者,他们也犯有滔天罪行:因为他们背叛了法国。"

  更大的改动是从 1895 年开始,尤其是更新了插图,出现了共和国士兵的图片,并最终在 1912 年完成。自此,观念本身发生了变化。处死国王不再是可以宽恕的行为,而被证明是必不可少的行为。"他偿还了君主制所犯下的错误,以及路易十五的那句话——我死之后哪管它洪水滔天!""路易十六违背了他要遵从制宪会议的誓言,因为他让外国人侵略法国,以此来解救自己。"这里解释了所有背叛心理和革命的烦躁紧张情绪,强调了"嫌疑犯"这个词并给其下了定义:(嫌疑犯)是"被怀疑不喜欢革命的人"。大革命从制宪会议开始就包括教士的国民议会,对它的谴责批评的界线被限于恐怖时期,直到现在,罗伯斯庇尔一个人承受着恐怖时期所有的责任。对那群疯狂愤怒的人所造成的九月大屠杀,是用这样具有威胁性的话语介绍的:"敌人进入法国。他们占领了城市,并不断深入。"接着叙述了瓦尔密战役,简洁、生动、有力、令人激动：

> 敌人一直在前进。他们到了香槟-阿登地区。他们以为，只要他们一出现就会吓跑我们的士兵。但是，在1792年9月20日这一天，他们在瓦尔密附近遇到了法国军队。那是由杜莫雷兹和凯勒曼将军指挥的两个军团。
>
> 敌人开始进攻。我们的士兵冷静应战。凯勒曼将军将他的帽子放在剑尖上高喊着："民族万岁！"我们的士兵也跟着重复："民族万岁！"一挺大炮阻挡了普鲁士士兵的前进，他们退却了。法国获救了。

同时，所有能够表现民情奋起和爱国热情的事件都被生动地叙述出来，如：革命日、8月5日的晚上、志愿兵的征募。该版还用了整整一页的篇幅来总结《人权宣言》，下面还画着弗里吉亚帽，而联邦庆典占用了一页当中三分之二的篇幅：

> 人群充满激情。联盟代表来自法国各地。他们忘记了自己是布列塔尼人、诺曼底人还是加斯科人。他们感觉自己首先是法国人，并为自己是法国人而感到骄傲，因为他们是自由人。他们亲如兄弟，相互拥抱。

共和国二年军队占有首要地位，这段叙述以三页纸的篇幅完成了对国民公会的叙述，还加了"衣衫褴褛的士兵"，"马赛曲"以及帕莱索市政府志愿兵团的"小巴拉"的图像。一段刚强雄劲的话总结了革命的雅各宾主义:"拉扎尔·卡诺,胜利的组织者［……］。他们从国王手中解放民众,解放全人类。"鲁热·德·利尔(Rouget de Lisle)、奥什(Hoche)和马尔索(Marceau),这些侍从、小职员的儿子,在1789年的时候还只是一个下士或普通的士兵,"在1793年的时候他们已经成为分区的将领。那年,奥什25岁,马尔索24岁［……］。他们都是英雄的孩子,取得了一个又一个胜利"。这一章的总结是这样写的:"伟大的法国。共和国在三年的时间里为祖国做了比弗朗索瓦一世、亨利四世、路易十三和路易十四还要多的事情。"

正因为如此,人们更加重视过去的历史。在历史当中,法国大革命越来越起到了决定性的作用,并具有革命前和革命后的区分;对革命前的亏欠就是对革命后的补偿。让我们来大致总结一下。

共和制为了自己的利益而承担和发展起来的事业中有旧体制的功劳。国王是祖国统一体的缔造者,只有在这种条件下才能够承认国王的合法性。统一体指的是领土统一,即早期卡佩王朝所统有的领地,圣路易的精神统一,以及从弗朗索瓦一世到路易十四的行政统一。因此共和派的政见最深刻的主题是同国王联系在一起的。最为现实的问题也是最为古老的问题——阿尔萨斯-洛林的问题引发了一些思考,甚至从布汶战役中寻找根源。关于这场战役,拉维斯后来还出了一本小册子,重复对"外国人"的仇恨、"被入侵"的耻辱以及"边境安全"问题。还有其他共和制的象征是围绕路易九世展开的,如:真正的法国依靠武力，但是却不付诸武力；法国是世界的主宰，是人类的榜样；尤其是法国真正的英雄是那些以个人的优良品质服务于人类正义和和平事业的人。最后，君主政权行政集中化所作的巨大努力体现了极为高尚的品德，即尊重在国家权力基础上建立起来的秩序。

相反，拉维斯将所有共和制谴责的东西纳入君主政权消极的一面之中，如：国王的傲慢、不堪重税的老百姓的贫苦、为了追求威望的战争、对领土主权的放弃、王室的政治集权等。他的不满主要针对两个国王——路易十四和路易十五，他们是他的攻击对象。关于凡尔赛宫唯一的一幅插图是"国王的人肉仪仗队"。这幅极尽奢华的讽刺画让人一看就很反感，它表现了一个可怕的场面：1709年大饥荒的时候，"巴黎的妇女被国王的骑兵阻挡在塞夫勒桥上"。西班牙王位继承战争这段历史遭到严厉的批判，充分证明了处于末日的国王的规劝："我极其热爱战争，这一点你们不要学我，也不要学我这样挥霍无度。"对路易十四的评论充满颂词，而对路易十五却没有丝毫赞誉之词。路易十四"后悔对法国、对君主政权做了那么多的错事，可是已经太晚了"。但是路易十五却没有可减轻罪行的情节。"没有意义"的奥地利王位继承战争，"无可辩驳"的七年战争"造成了重大的灾难"，失去了殖民地，导致破产，结果是："在他的统治下，由于他的错误，法兰西已经不再是一个伟大辉煌的民族［……］。路易十五是法国历史上最坏的国王。"

拉维斯把国民不和睦的责任归于君主政权。他指出：

人们说我们是一个没有连续思想的民族，是一个不稳定的民族。然而，这种看法是不对的。几个世纪以来，我们的祖先热爱国王。君主政权之所以没能持续，那是国王们的错误造成的。

第一次失败要追溯到1356年的三级会议：

埃蒂安·马塞（Etienne Marcel）曾是巴黎市长、国民议会议员。他本希望三级会议能够经常召开，如果不征求三级会议的意见，国王将无法行事。如果他成功了，那么法国从那时起就成了一个自由的国家。这对于我们来说将是最大的幸事。但是埃蒂安·马塞没有成功。他被谋杀了。从那以后，国王几乎不再召开三级会议。他们喜欢按照自己的愿望来做事，而无需征询任何人的意见。（1912年版第47页）

区别国王的积极行为和消极行为之时，就是考察他们成为民族形成的障碍的时候。从这里拉维斯找到了叙事的线索。而且，在这些论述中总结出了他的哲学观念，即法国的发展如同一个人的发展一样。维钦托利（Vercingétorix）时期战败的高卢不是一个祖国，"也就是说，在这个国家中，每个子民宁可牺牲生命也不愿遭受外国人的统治"。祖国这个概念是同贞德一起诞生的：

有一天，为了提高查理七世的勇气，她给他讲圣路易和查理曼的故事。所以，这位人民的女儿懂得，法国存在已久，法国的历史有很多伟大的回忆［……］。正是在祖国遭受不幸的时候，在我们的先辈身上唤醒了对法国的热爱。国王统一了法国，人们维护法国的统一。①

当民族合作完成的时候，当政府有着某种不祥的感觉，面临着重大的金融灾难以及政治失误而变成独裁者的时候，君主制的发展变化曲线也必须发生变化。因而在 1789 年，三级会议介入其中："他们希望对政府进行全面改革，他们着手进行这项庞大的工程，要建立一个独裁让位于自由、特权让位于平等、过度滥用职权让位于正义的法国。"

一边是君主政权的独裁专制，一边是共和制的自由，这就形成了主要的反差对比。拉维斯一再提起这一点。教材的最后一章继续以这样的描写起首："共和制度所做的，首先是自由：共和制赋予法国新闻、集会和结社的自由。从此，法国成为世界上最自由的国家之一。"在自由当中，拉维斯看到共和制成立的基础以及存在的原因，但是，他也只是把它作为独裁制度的反面教材来定义。

对于拉维斯，或者第一代共和主义者来说，维护建立在自

---

① 尽管我们考虑到这是一本初级教科书，但是比较米什莱的历史叙述，它依然显得贫瘠乏味。在米什莱的叙述中，贞德代表了人民、贞洁、教士的受害者、对妇女的拯救、对英国人的敌意、激情、视法国为一个女人：总共有七种象征意义。而在这里，贞德只是处于不幸中的法国的记忆。

由基础上的制度，是自由主义最基本的政治问题。因为，几个世纪以来，法国的统一一直建立在皇位和神坛的联合基础上。如果替代独裁专制的自由没有一定的限制，没有一个积极的内容的话，它难道不会像一些诽谤者所说的那样，会威胁到法国的统一，会造成不断的混乱和无政府状态吗？这是19世纪所有自由思想都会遇到的一个传统问题。关于这个问题，作为具有共和国执政权的教育学家，拉维斯应该给出一个明确的答复。当然，这涉及共和主义情感的一个重要方面；拉维斯似乎害怕受到指责，一种指向所有共和主义者的谴责，即共和制杀死了国王，并"撕毁了教会的长袍"；共和主义者每时每刻都有被视为"分裂者"的危险。因此，拉维斯也会找机会回过头来攻击君主制有关分裂的谴责。最明显的一个例子就是撤销《南特赦令》：这段历史不仅占用了整个分节，并以"路易十四的绝对权力"命名，企图把专制制度与滥用职权混为一谈，而且三分之二的篇章都在讲述新教徒的德国大迁徙，而他们在德国的经济活动似乎是使德国强大的一个重要原因。从这一点看，路易十四就是战争的制造者，离战争只有一步之隔。而这一步很快就在最后一个阶段跨越了过去："因此，由于路易十四的错误，柏林市不断壮大，从而成为今天德国的首都。"相反，对于共和制被推定犯有分裂罪，拉维斯总是突出强调共和制会找到方法，即便是在君主制完结的时候，它也有能力取得成功。所以，关于路易十四挥霍浪费和共和制扩展殖民地，拉维斯是这样描述的：

> 我们的探险家和殖民者深入非洲。首先到达塞内加尔河［……］。我们占领了苏丹［……］。然后，我们在苏丹和北非之间建立联系。我们接着在几内亚、达荷美建立殖民地［……］。我们的探险家、我们的士兵还有我们的行政管理人员，他们都曾经是这一杰出成就的取得者，但往往不为人所知。

这里重复使用复数第一人称，听起来仿佛是一个非常庄严的"我们"，这些难道不是在表明，共和制在统一方面同样也能战胜君主制吗？

但是只证明君主制没有掌握国家统一的垄断权还不够。法国大革命还以自由的名义造成道德价值和政治价值的分裂。应该调和这两个方面的价值，赋予自由一种积极的内容，建立新的合法性。

新的合法性

"因为这个旧统一已经死了，所以要不惜一切代价寻找另一种统一。"① 因此，爱国主义的责任和义务就是共和主义自由的必然结果。从很多角度看，法国的历史只不过是公民教育手册的事例汇编。

但是，即使是在拉维斯以皮埃尔·拉卢瓦的笔名出版《公

---

① E. Lavisse, « L'école laïque », in *Discours à des enfants*, 1904, p. 19.

民教育手册》的时候，这本手册的新颖性还是让一些评论者感到震惊。埃米尔·布特鲁（Emile Boutroux）在1883年4月出版的《教育杂志》中，将这本手册与前两年出版的同一性质的四十五部教材进行了明确的区分。他指出："原则上没有任何问题，道德上的教训不论在哲学方面、宗教方面还是政治方面都没有深化，但是只在一个方面，即爱国主义思想方面得到了深化。"他还惊奇地补充说，在与其他教材的区别方面，祖国的概念既不是建立在小学生理性的基础上的，也不是建立在他们的情感基础上的，"这种思想从范畴角度来说，被认为是必需的"。查里·比果（Charles Bigot）的教材与拉卢瓦的教材比较接近，他开头是这么写的："小法国人，我的小朋友，我的小弟弟，听我说：我来给你讲关于世界上最伟大最神圣的东西，那就是祖国。"但是拉卢瓦没有这种充满感情的声音，他既不迷惑读者也不加讨论，他强迫读者接受这样一个真理："祖国，就是历史中的法国，现在的法国，未来的法国。她是我全心全意热爱的祖国，以一种绝对的让人嫉妒的挚爱来热爱的祖国。"布特鲁很吃惊地看到拉卢瓦的教材有关纯粹法律方面（拉维斯在采用拉卢瓦这个笔名的时候是否玩了一个文字游戏）[①] 的阐述。他说："理性对民法和制度必要的、有限的规定起了补充作用。但是，理性同样也是一条法律。它不提出建议，它也没有提出这样那样自由的裁决。它如同上帝的十诫一样强迫人们接受。"这是行为的道德准则，祖国先验的思想构

[①] 法语中拉卢瓦（Laloi）即法律的意思。——译注

成日常责任义务的基础："你们应该热爱自己的父母，他们爱你们，他们培育了你们，抚养你们长大。你们应该遵从他们的意见。不要与他们争论。"

在实践当中，这种爱国主义的教条主义最终是对资产阶级社会道德价值的歌颂，它与政治合法性是分不开的。拉维斯教材中所表现的好政府形象就是建立在就业、节俭、货币稳定的基础上的，如同企业一样管理法国这个大家庭。比如，这本手册对柯尔贝尔（Colbert）在工作中所表现的保守主义态度不予考虑，而是为他描绘了一个理想形象：

> 柯尔贝尔是兰斯商人的儿子。他希望法国有很多钱，希望法国很好地缴纳赋税，国王成为世界上最富有的人。为了让法国挣很多钱，他希望所有的人都能够工作。他不喜欢那些不工作的人。他觉得法国的教士太多，觉得法官、律师和执达员的人数也太多。他喜欢农民、商人和士兵。

在讲述完农业、制造业、公路、大商业、海军以及殖民地后，作者还总结了这位部长与国王的关系：

> 柯尔贝尔很伤心，因为国王花费太多，并负有很多债务。他指责国王过于沉湎于自己的兴趣，而不是他的责任。但是，路易十四什么都不愿意听，所以柯尔贝尔很伤心。他不再有那么大的兴趣工作了。

同时，宗教是资产阶级自由的一部分，这方面的宽容从来就没有同政治方面的宽容并行前进。与英国的教育不同，拉维斯从来没有认为双方都有理由；他不同意对立面。在讲述法国大革命那段历史时，他明确赞同吉伦特派和丹东派，虽然没提，却暗暗地谴责罗伯斯庇尔派：

> 丹东是一个革命家［……］。他是一个爱国主义者。在法国受到侵略的时候，他一直保持着勇气，对那些受到惊吓的人们一遍一遍地说："勇敢，保持勇敢。"但是，恐怖政策最后让他觉得可恶，他希望能够停止恐怖活动。

拉维斯用了半页的篇幅讲述了丹东与罗伯斯庇尔两人对峙的演讲，他英雄般地被处死，最后说道："将我的头颅砍下来示众，它值得人们观赏！"而对罗伯斯庇尔的描述却相反，只有一行："制宪会议以后人们起来反对罗伯斯庇尔。在共和国二年热月九日他被处以绞刑，不久之后恐怖时期结束了。"教材中唯一论证的一个对抗就是波旁王朝复辟时的对抗，确切地说是因为它借鉴了自由资产阶级的思想。

建立新的共和政体的合法性，结束革命：这两个理想是一致的。用什么样的词才能不玷污人民公社呢？当然，谴责批评是很正常的，通常在所有教材里都是这样的，但是当我们把拉维斯的叙述与奥拉尔和德比杜尔的叙述相比较时，我们发现，奥拉尔和德比杜尔（《法国历史中级教程》，1895 年）是这样写的：

在这些灾难之后便是内战。国民议会的成员大多数都是保皇派，他们非常痛恨共和制度。一部分巴黎市民害怕君主制复辟，导致灾难事情的发生，因此他们在 3 月 18 日起义反对议会。那时议会已经转到凡尔赛宫召开，政府就躲在那里。巴黎由起义机关管理，被称为人民公社。

因此内战打响了，而普鲁士人的存在使内战更加惨痛、更加不幸。巴黎的第二次围攻持续了两个月。当政府军进入首都的时候，激烈的战争、血腥的屠杀已经持续了 8 天（从 5 月 21 日到 28 日）。人民公社命令焚烧一切，并执行处决。每一个好人都会记得那个时期胜利军的残酷和法国人身上流淌的每一滴鲜血。大多数起义军被枪杀。一万多人后来被战争委员会判处流放，他们很多人直到 1880 年才返回法国。

拉维斯（《法国历史新教程二年级课本》，1895 年）是这样写的：

除了战争的灾难，还有一个巨大的耻辱和其他灾难。国民议会从波尔多转到凡尔赛宫。当巴黎人民起义，任命一个市政府并取名叫"人民公社"的时候，政府才在巴黎安置下来，管理首都（1871 年 3 月）。起义军控制了防御工事、城墙、武器和大炮，他们一直抵抗到 5 月底；德国人认为，应该由麦克-马洪将军指挥一支法国军队包围起义的法国人，并攻取法国的首都。在失败之前，人民公社烧毁了巴黎的很多建筑：杜乐伊花园、审计院、市政府。他们还枪决了巴黎的大主教乔治·达尔博伊（Darboy）以及他们囚禁在监狱中作为人质的著名人士［……］。在抗争当中，很多士兵被杀害。许多起义兵手握着武器死去，或者后来被军事法庭判处枪决［……］。的确，围攻时所承受的痛苦、对政府没有能够保护巴黎的愤恨、对凡尔赛议会重建君主政权的担心害怕，这一切都使巴黎人的思想局促不安，因此也促成了这次可怕的起义①。但是，在历史记忆保留的所有起义当中，最为罪恶的自然是1871年3月的起义，那是在取得胜利的敌人的眼皮下进行的起义。

前者对人民公社的动机和缘由作了陈述，将起义军的暴行与凡尔赛宫的暴行进行了对比，最后重点还是强调镇压的残酷。而后者却描述了一场可耻的罪恶的起义，单方面制造火灾，对主教进行谋杀，非常明显地表现出对反对爱国主义的指责和控诉，在1912年的版本中，这一点被取消了。

在普鲁士军队包围巴黎一段时期以后，巴黎人处于极度不安当中。爱国主义者由于我们的失败而被激怒了。国民议会从波尔多搬到凡尔赛宫，似乎准备要重建皇权。很

---

① 最后这句话出现在1882年的下册里（当代部分的扩展），但在1884年的"新作品"中被取消了。

多共和派人士开始不信任这个国民议会。革命者希望改变整个社会。最后，在巴黎以及许多大城市中，出现一些喜欢混乱和暴力的人。

当然，这种判断的发展变化并没有减少对各个阶级之间紧张关系的谴责。拉维斯在列举共和国所有社会法的同时，根本没提罢工的权利和工人普遍运动的权利。很明显他并不关注社会问题。格雷戈瓦老爹（Père Grégoire）是拉卢瓦手册故事中的主人公，借他的口，拉卢瓦一直在称颂竞争，称颂劳动自由，"以很好的方式在社会中成长"，反对集体主义。这位主人公既不是工人，也不是职员，他只是一个老鞋匠。社会结构那一章节明确地总结说：

> 法国社会是按照公正的法律规定建立起来的，因为这是一个民主的社会。所有法国人享有平等权利，但是由于自然属性和财富，我们之间存在着不平等性。这些不平等性是不能抹去的。

普选制结束了社会冲突。"革命，在以前是必要的，在今天已经不必要了。"[1]

但是，这种新的政治合法性如果只出于保守主义的目的，

---

[1] Ernest Lavisse, *La Nouvelle Deuxième Année d'Histoire de France*, Paris, A. Colin, 1895, p. 415.

那它依然是不稳定的。自由作为专制主义的反面，仅就这一点，就是分裂的根本起因。为了生存，它应该征服，赢得胜利，否则国家就会分裂。拉维斯的教材最后接受了雅各宾思想能动的扩展主义。爱国主义变成了一种神秘的东西，就是将三种不同的概念，即祖国的历史概念、共和制的政治概念和自由的哲学概念结合在一起，形成不可分离的统一体。为此，我们的教育学家需要更多地考虑人们的情绪性反应，而不是理性的力量。"对祖国的热爱不是用心记的，而是铭刻在心［……］。不要以平静的心态、按照教学的规定来学习历史。在这里我们血肉相连。"① 这是在失败之后，朱尔·西蒙（Jules Simon）、威廉·亨利·沃丁顿（William Henry Waddington）和保罗·伯特（Paul Bert）为小学教学大纲的编制作出的答复。这个答复非常贴切。培养好公民、选民和士兵②这项基本工作应该交给历史。这项国家任务要求小学教师为教堂的建造者付出特别的热情：

> 总而言之，如果小学生对我们国家取得的各项胜利没有鲜活的记忆，如果小学生还不知道我们的祖先为了崇高的事业拼杀于战场，如果小学生还不懂得为了我们祖国的统一，为了将我们从旧制度的混乱中解救出来，建立使我

---

① « L'enseignement de l'histoire à l'école primaire », extrait du *Dictionnaire de pédagogie*, remanié et accru dans *Questions d'enseignement national* (1885).
② 乔治·高尤提到关于爱国主义初级教育，参见 Georges Goyau, in *L'École d'aujourd'hui* (1899–1906), vol. 2, Paris, Perrin.

们获得自由的法律,我们付出了鲜血和努力,如果小学生不能成为一个全心承担义务的公民、一个爱惜自己武器的士兵,那么小学老师就是在浪费时间。

这本手册充满了战争的气息和军事思想,这也是他向法国年轻人提出的建议。法国历史被置于英雄主义的顶点。他所表达的思想就是,法国历史是一项延续的集体事业,每一代人、每一个人都为此作出了努力。同时,法国大革命使法国成为一个特殊的民族,一个榜样,一个不同寻常的民族。总之,它是普遍的包罗万象的民族。当想到民族-人道主义(nation-humanité)这个机体时,历史学家就有一种强烈的悲壮凄婉的情感,因为这个机体是发展的选择,是历史的长矛。拉维斯曾说:"每当我谈起法国地理的时候,我都非常激动。"在这里,战争历史具有充分的意义。它按照自己的节奏一步一步地表达了小学教师的责任:"(他们)谨慎地唤起人们天生的慷慨和民族的古老气质,引导我们未来的士兵以轻松愉快的步伐走向军旗。"[①] "你们这些人民的孩子,你们要知道,你们学习历史是要将对国家的爱铭记在心。你们的先人高卢人是骁勇善战的人。你们的先人法兰克人是骁勇善战的人。你们的先人法国人,也是骁勇善战的人。"所以,报复这个词也成为所有教育结构的关键词汇。这个词在他那本关于回忆的《埃纳省的入

---

① E. Lavisse, « L'école d'autrefois et l'école d'aujourd'hui », in À propos de nos écoles, Paris, A. Colin, 1895.

侵》的开头就出现，这段历史是1871年9月为《致学校的孩子们》这篇文章而写的：

> 如果在你们面前出现了一幅关于我们光辉历史的生动画面，一些在你们的生命当中会永远怀念的东西，那就是：你们将会怀念我们失去的伟大形象。我们不会因为这点疼而死去，但是它却会使存在变得更高尚，它高于一切庸俗的物质利益，它赋予一种众所周知的目的……

在将近半个世纪以后，这本教材的最后一段才确定了这样的目的。我们再来作最后的比较。

玛母教材（中级课本，1904年）的最后一段"当代社会"这样写道：

> 工人、商人和劳动者的条件得到了改善。然而依然有很多悲惨贫苦的情况需要改善 [……]。社会主义来临了，它承诺要消除个人私有制来治愈这一切痛苦。这只是一个骗子的承诺。社会主义理论最后只能是增加贫苦，颠覆社会，摧毁自由。
>
> 社会只有通过宗教活动、尊重司法和健康的自由才能重新找回它所需要的安全。利奥十三世在发给各地主教的关于工人境况的通谕中，为解决社会问题提供了一种真正的方法。大教皇以一种可靠而稳妥的手法，为雇主和工人的友好相处指明了一条通道。

但愿所有正直的人们，尤其是占国家大多数人的天主教教徒们，能够懂得耶稣基督神父的教导，让所有法国公民，同一个主、同一个祖国的孩子们协调一致，和睦相处。

奥拉尔和德比杜尔教材（中级教程，1905年）的最后一段，"工人阶级的现状和需求"，是这样写的：

由于工人工资的增加，从1864年开始承认他们结盟的权利，也就是说他们有权利团结起来，为增加工资而举行罢工。由于各种联合协会、相互救济会以及信贷社的增加，同时也由于各行各业形成联合会或者是工会来保护他们的权利，工人的生活条件有了明显改善。

工人阶级还应该感谢那些公共救济机构（医院、疯人院、孤儿院、幼儿园、收容院等）的工作，为了这些工作，我们今天的政府和公社作了很多努力和牺牲。

但是，工人阶级还通过社会党的声音要求其他改善条件。工会代表人民，寻找一切可能性来满足他们的要求。正当的改善以和平的方式得以解决。在共和制当中，所有人都要参加议员选举，为了取得公正的待遇，人民不需要起来反抗，而且他们也没有权利这么做。他们应该信任自己任命的议员。如果他们不满意的话，他们可以重新任命其他人。但是如果他们寻求武力解决问题，他们就是真的起来反抗自己，那他们就不配拥有自由。

拉维斯的教材（中级教程，1912年）最后一段，"爱国义务"是这样写的：

> 战争的发生也许不太可能，但是它有存在的可能性。为此，法国应该保持武装的状态，时刻准备捍卫自己的安全。尽管法国有同盟和朋友，但是它首先应该依靠自己。
>
> 在捍卫法国的同时，我们在捍卫自己诞生的领土——世界上最漂亮、最富饶的领土。
>
> 在捍卫法国的同时，我们如同一个好儿子一样，对我们的父辈们承担起自己的责任和义务，他们几个世纪以来为创建我们的祖国付出了很多的辛劳。
>
> 在捍卫法国的同时，我们为世界各国的人而工作，因为自法国大革命以来，法国就在全世界传播正义和人道主义思想。
>
> 法国是世界上最正义、最自由、最具有人道主义思想的国家。

拉维斯的教育的不同之处不是表现在他的民族主义特色上，而是表现在他的民族主义本性上。当然，他体现了一种协调一致的努力，在宣布革命时期完结的同时重建政治合法性。通过调动教育思想，用对自由的崇拜来支持对国家的崇拜；在一个模糊的概念上建立一个简单的概念。

但是拉维斯很晚才转为赞同共和制，这为他的教育提供了一些独有的特征。从意识形态上说，他依然停留在失败的一代人那里，而不是德雷福斯事件的那一代人的思想上。因此，在总结他保守的教育方法和这一总结所带来的心理松懈的危险之间，拉维斯觉察到了一丝联系，他在 1895 年说："我们对年轻人说：我们完成了一项伟大的政治事业；斗争平息了；共和制慢慢地掌握着未来的发展方向。我们跟他们说，世界和平得到保证，从此不会再发生战争。"但是他马上又担心这种能量释放后的结果："有时我也担心，尽管我们作了很大的努力，在对年轻人的教育中我们也取得了一些进步，但是由于缺乏预见性和当下责任的整体概念，我们会继续制造事端，造成偏差。"[①]

拉维斯建议学院顾问委员会进行社会经济史的教育，成为布鲁斯（Brousse）、阿勒马纳（Allemane）、饶勒斯（Jaurès）、盖德（Guesde）、拉扎尔（Bernard Lazare）、瓦扬（Vaillant）等人在慕夫塔街上自由组织起来的学院的一部分。但是只有尚布朗公爵（Comte de Chambrun）回应了他的呼吁。拉维斯再一次感到惊慌不安。"我毫不掩饰地说，我会被指控要求收回资产阶级政府和资本。"而且还补充说："我从来都不清楚资产阶级是从什么时候开始，又在什么时候结束的，我也不知道自己是不是小资产阶级或者是其他什么阶级。"拉维斯是如此狂热地考虑共和思想的爱国主义内容，而不是社会内容。

19 世纪末期的保守右派，20 世纪初的纯粹民族主义者，

[①] À propos de nos écoles: Une école d'enseignement socialiste révolutionnaire (1895).

他们都没有错。他们轮流、有时同时对拉维斯加以指责，进行严厉的批评，希望能够说服这位让他们感到既亲近又遥远的大人物。

从新君主主义的意义和价值方面看，拉维斯的教育代表着一个简单但是具有决定性的变化：同样为虚弱的民族情感所困扰，同样固执于法国的传统，同样对领土、上帝和死者怀有最崇高、最忠诚的崇拜，同样虔诚于统一和责任，拉维斯把为君主制的辩护转移到了世俗化的共和制的模式上来。共和制成为法国的天命：它召唤法国公民为拯救国家而建立民族统一，如同博絮埃所宣扬的，国王召集他的臣民来拯救他们自己。从深层意义上说，尽管一些对立的意见在某一时间具有重要意义，但是拉维斯的《法国历史》，由于有综合诸家的特征，比起夏尔·塞尼奥博斯的《法国历史》来说，倒是更接近于班维尔（Bainville）的《法兰西民族真史》。

但是，从政治的角度看，无论拉维斯愿意不愿意，他都卷入了共和国危机，尤其是在德雷福斯事件引起的急速潮流当中，不得不为"知识分子"担保，成为新索邦大学的领导人。这一方面引起一些人的愤怒，另一方面也引起一些人的尊敬。维克多·让弗瓦-菲利克斯[①]曾遗憾地说，他所希望的年轻人的联合似乎将年轻人从私立教育中排除出去；在皮埃尔·拉萨尔（Pierre Lasserre）看来，"王国没有完成"或者"统治的悲惨

---

① Victor Jeanroy-Félix, *Fauteuils contemporains de l'Académie française*, Bloud et Barral, 1896.

结局"这寥寥几句就足以使"他的路易十四让人清楚地看到一个体制性的人,一个任人摆布的棋子以及他身上表现出来的悲伤情绪"。[1] 有时,评论又很快地明确指出:"拉维斯先生不代表新索邦大学;他为新方法打开了大门,并促进这些新方法的发展。但是,这些都不是他自己的方法。"巴雷斯和贝玑用他们的挖苦、讽刺和蔑视来抨击拉维斯。这两个人从前都认识他;巴雷斯先认识拉维斯,那是在贝玑批评拉维斯身上表现出一种"体制性特征"的二十年前。三十年后,两个人先后去世,这一切都说明拉维斯是"这个时期最活跃的哲学家之一"[2]。

说明:这篇文章最早以《厄内斯特·拉维斯在民族情感形成中的作用》为题发表在 1962 年 7—9 月的《历史杂志》上。中译版参见皮埃尔·诺拉:《拉维斯:国家教员》,《追寻法兰西》,社会科学文献出版社,2017 年,第 49—88 页。本篇译文经译者再次调整修改而成。

---

[1] Pierre Lasserre, *La Doctrine officielle de l'Université*, Paris, Mercure de France, 1912.

[2] M. Barrès, *Toute licence sauf contre l'amour*, Paris, 1892.

"Le Tour de la France par deux enfants":
Le petit livre rouge de la République

《双童环法记》：共和国的"小红书"

雅克与莫娜·奥祖夫 *Jacques et Mona Ozouf*

张　默译

这就是他要找的那本书，一位佩尔什的农民朋友来到我们的办公室，当他看到这本书时便兴奋地问："我真的可以买下这本书吗？"倘若我们把这本书给他，那么他就会拥有这本书，这本书是他童年时代的见证，尽管那时候义务教育已经出现，但是教育普及程度仍较低。它并不是阅读的文本材料而更多的是在引发思考：神奇的碎纸机、封存着黑冷杉的玻璃球、停靠的船只、自来水管、切割机、奥尔良人、卡马尔格、马路的尘埃、牧场的清新、巴黎的喧嚣，还有两个徒步的孩子。因为莫尔捷先生（M. Mortier）成绩一般，偶有逃学，所以他只记得内容是《安德烈和于连的旅行》。

只要一提到安德烈和于连，人们就会不假思索地想到这两个来自洛林的孤儿，1871 年秋天偷偷穿越德法边界，他们历经火灾、疾病、暴风雨，勇敢地登上寻找母亲和舅舅之路。舅舅跟父亲姓；母亲谨遵父亲临终前的遗言，姓氏为法朗士（France）。1877 年这个故事出现在"小学高年级的阅读课本上，署名为布吕诺（G. Bruno），同时还出版了 200 多套插图版以作为通识课教材"，后者在乡村地区家喻户晓（例如普尔德勒济克·德·皮埃尔-压盖·艾拉［Pouldreuzic de Pierre-Jakez Hélias］），足以与圣人的生活相媲美，同时作为另一重要读物，成为芸芸众生的唯一陪伴。布吕诺想象非教会圣人们却拥有惊人的财富，通过艾梅·杜普伊（Aimé Dupuy）[1]，我们才了解到布吕诺所想象的不信教的圣人们带来的巨大财富：从 1877 到 1887 年出现了小高潮，十年印刷三百万册，之后出版热潮一直持续到世纪之交，每年平均出版两万册；1901 年出版六百万册，1976 年再次达到高峰，出版了八百五十万册。我们无法知道实际读者是这个数字的多少倍：这本书不仅是学校藏书的必读书目，而且还是老师们品德课上穿针引线打破沉默的必讲故事。尽管从未有过，但是我们总会提及它的名字：或许是整个法兰西文学的唯一实例。

---

[1] Aimé Dupuy, « Les livres de lecture de G. Bruno », *Revue d'histoire économique et sociale*, n° 2, 1953. 我们非常感谢艾美·杜普伊所作的全面的基础性研究，不仅推动研究《双童环法记》在法国的传播，引起了人们对贝林出版社所保留档案的关注，并且还促使人们展开对丹尼尔·哈勒韦虚假却闪亮登场的讨论。

《双童环法记》：共和国的"小红书"　　　　　　　　＊　　　　　　　　　　87

　　我们对这部作品取得空前成功的诸多因素已经进行了众多研究①。《双童环法记》讲述了一些成年孩子们的故事，他们承担着繁重的体力劳动，身处险恶环境之中，却最终成功地激发了大人②和孩子阅读的兴趣；教会学校和非教会学校都使用该教材，因此没有必要提防来自左派③或右派④的攻击；语级、作品类型杂糅，既是一部学徒式的小说，又是一部关于幸福的论集，还是一本填写行政文件、照料奶牛和处理邮局事务的手册。这是一本万能的大师之作，每一章节都有一连串的问题，因此增加了其百科全书式的特点：因为只要在适当的时候向孩子提问，就可以把《双童环法记》当作地理手册、道德概论、自然科学书、法国法律的初级介绍，任何人都不应该不知道。

　　众所周知，《双童环法纪》的作者身份不详。作者在作品的背后，已经淡出人们的视线。如果没有富耶夫人为儿子让-

---

① 在众多研究中，最著名的当为让-皮埃尔·巴多为百年纪念版本所作后记/跋文，这个版本完全沿用1877年版本。
② 费迪南·比松在国会就此教材的争论中清晰地论述："这本伦理著作的重新编著激发了人们再次阅读的欲望。"
③ 巴黎市议会应一位教师、市议会委员的要求，1886年拒绝投票支持小学购买布吕诺的书籍。其动机或者借口是：其"宗教"特征，与教育的中间立场不相匹配。
④ 在1910年1月国会的讨论中，右派强烈地质疑作品"去宗教化"，在他们看来作品显得机械、晦涩。在富耶先生1910年1月11日的文章中，他概述作品所招致的攻击："我不得不对你们说所经历的一起波折，还有那些反对的声音，所有的威胁。布吕诺的课程承受了这一切，甚至因为他的成功，他便成为众人嫉妒的对象……"

马里·居约（Jean-Marie Guyau）[1]两年前发表的一部作品作的题词，它不会获得如此成功，我们也不会发现布吕诺先生是富耶夫人一直使用的笔名。只需要将两部作品对比便会发现其相似性：既有源自父母的灵感又兼具天才的独特风格。富耶夫人的过人之处在于一气呵成，将儿子的道德趣事融进一本单行本小说，将故事如同课程一般串联起来，让读者迫不及待地期待解决。小说同时具有鲜明的个体特征：尽管故事中的主人公们如此"完美"[2]，但他们仍会感到恐惧、夸夸其谈、慌里慌张。故事中对儿童情感的描述呈现出一种威廉·詹姆斯（William James）式的现实主义。《双童环法记》中的主人公们脸红心跳，羞愧难当，内心沉重且"膨胀"，叹声连连，悲伤不已，相互击掌、跳跃，我们似乎能体会到这种喜悦。尽管安德烈和于连非常理智，但仍被情绪所支配，沿途的风险使他们像极了学走路的孩子，呈现出"之"字形，接下来的旅行有点儿像电影《我要旷课》里面的情节。

富耶夫人擅长迂回写作，从偶然到必然，从情感到理智，且再次回到情感。如果要指出最吸引小于连的地方，那便是法尔斯布尔市镇（le siège de Phalsbourg），对于他来说那是最原初的场景。安德烈之所以对精密仪器感兴趣，是因为他是一名锁匠。一旦需要解释这些关键的兴趣并上升到文学性及启示性

---

[1] 让-马里·居约的第一部哲学著作《伊壁鸠鲁伦理学》（*La Morale d'Epicure*）问世于1878年，这是他二十一岁的时候（三年前）开始创作的。*Première Année de lecture courante*, Paris, A. Colin, 1875.

[2] 让-皮埃尔·巴多写道："没有一个法国的小学生会自认为是于连或者安德烈。"

《双童环法记》：共和国的"小红书"　　　　　　＊　　　　　　　　　　89

的层面，富耶夫人又快速地回到情感表达：于连的欢呼雀跃意味着枯燥的学校生活暂时告一段落；尽管学业暂时告一段落，但是故事情节却急速展开。专业的创作技巧理应将写作的愉悦纳入其中：富耶夫人的内心并没有屈从"整形外科医生"的指令——将她的文本硬性植入非教会①学校的课程之中；她试图删减章节并且尽可能地使用其他段落代替，音节及句法相同且具有宗教色彩。在最后一章，这本大师之作②提出疑问："您会忘记您刚刚读过的这个故事吗？"显然此处使用了修辞，答案不言而喻，肯定是不会忘记的：作品已经深深地植入集体记忆之中，并且无法从中脱离出来，因为贝林出版社为百年纪念而进行的豪华再版唤醒了麻木的图像，使它成为新的记忆的对象，且被涂上了现在与其说是历史，不如说是文学的情感色彩。但这个问题同样显现出其野心：这确实是一个书写记忆之书的问题。不仅是为了在共和国前进的关键时刻审时度势，为了回顾一个虽然被肢解但仍然是一个伟大国家的光荣历史，也是为了卸下法国学生身上最起码的知识和能力的包袱。但最重要的是，它提供了一个保存记忆的模式：安德烈和于连的教育之所以能够完成，只是因为他们没有忘记，也永远不会忘记他们的法国之旅，而这恰恰是小说结尾的点睛之笔。甚至这本

---

① 1905年《双童环法记》的修订版或者"去宗教化版本"。
② 我们大量地使用这部大师之作。在1885年第一个版本中，因为它明确的观点，并且还有富耶夫人的一些叙述，可知她一直持续地关注并思考官方课纲与《双童环法记》的相关章节是否匹配。在贝林出版社所保存的合同档案中，我们有富耶夫人从头到尾的创作凭证：就好像著作本身自行建立了合约。

书，在其制作的那一刻，就明确地想要成为一种记忆术。但究竟是什么记忆？是对地点的记忆，还是对时间的记忆？记忆中的现在有一个令人向往的未来，还是记忆中的现在已经过时了，已经不合时宜了？是党派记忆还是国家记忆？是整个法国的记忆还是共和国的记忆？作品的模糊性促生了这一系列问题。

现今的小学生已经了解世界很多国家的情况，但是他们却不知晓自己在法国的位置。孔福朗泰（Le Confolentais）或纳乌鲁兹（Naurouze）的门槛或界限在哪儿？我们的童年总是对着维达尔-拉布拉奇（Vidal-Lablache）的地图，代表运河的蓝色线条或指代铁路的黑色线条总是给我们一些启示，并让我们相信过去的小学生无所不知。然而我们不应该低估他们的无知。尤其不能低估《双童环法记》给小读者们所带来的冲击，那时的人除了服兵役，往往不会有其他的旅行：只有在最罕见的场合才会"进城"，然而安德烈和于连是他们闻所未闻的周游者。

安德烈和于连的旅行从初秋开始（"伴随着九月的薄雾"，谁不记得呢）；旅行结束时是郁郁葱葱的夏季，这意味着暑假即将到来；他们从法尔斯布尔出发最终到达佩尔什（Perche）山丘，呈环形包围运动，从外围到中心，从东到西，与工业行会学徒的环法旅行的传统路线相一致[①]。因为《双童环法记》是一

---

① 因集体不同，这些路线也存在差异，当然也因出发城市而定，但是总是按照钟表顺时针的方向，从东到西，经由南方。于连和安德烈的路线接近理想的手工业行会学徒的理想路线，但是偶尔忘记卢瓦尔河谷。(参考 J. -P. Bayard, *Le Compagnonnage en France*, Paris, 1977.)

《双童环法记》：共和国的"小红书"　　　＊　　　91

种空间内的体力考验，因此采用一切可以想象的交通方式（步行、小推车、船、火车），走过每一条路，经历各种各样的天气；我们知道是向上还是向下，知道皮埃罗（"带队的新兵"）是要减速还是提速，知道是否暴风雨即将来临，知道是否人们会在破晓之前被冻得瑟瑟发抖。

毋庸置疑，它实则是对法国疆土的一种占有和融入过程。安德烈和于连在旅途中时不时地自言自语："我们到底在哪儿呢？"并且同样，他们的小伙伴们，法国的小学生也会有这样的疑问。要想回答这个问题必须求助于地图，这张地图的无知似乎[①]为法国带来了羞辱和不幸，人们只是把它挂在教室的墙上。富耶夫人并不满足于总是把地图附在文本上；她的天才在于把知识的里程碑变成了一种不必要之物。通过学习、记忆，然后在地上发现（在那里，萨尔河［la Sarre］不再是一条线，而是"白桦和柳树的两座山"之间的流动的闪光液体），尽管护林员失职，但是地图允许孩子们冲出界线。托尔斯泰对于地理教学批评道："学习地理知识有什么用呢，马车夫会把你带到应该去的地方"。而布吕诺的创作恰恰给了回应，学习就是生活，更好地生存。[②]

[①] 此处意为老生常谈，色当是德国小学教师获胜的典范，教授学生地理知识，大部分法国人他们自己都不知道"莱茵河从南流向北还是从北流向南"（参考 La République française, 27 novembre 1871）。

[②] J.-M. Guyau, Education et hérédité, Paris, Alcan, 1889. 居约在引导孩子们对地理产生兴趣时，跟他母亲想法一致，认为总是应该从情感角度出发："自从我给一个三岁的小男生讲睡前故事说，此时在美国，太阳依旧闪耀，这个国家的孩子们开始玩耍，他却还在睡觉，他对美国便产生了浓厚的兴趣。"

如果可以将生活中的经验与书本上的知识如此结合起来的话，那么我们永远不会学不到东西。生活中的经验不但会修正课本上所教的常识，例如于连之前学过罗纳河（le Rhône）是法兰西最美的河流之一，但是"他不再将其归入其中"；为了加深印象，热塔尔先生（M. Gertal）对于连说，"明天我们会经过穆兰（Moulin），这个经历会让你再也忘不掉这个地方"，当然先生自己也不会忘记康塔勒（le Cantal），因为他曾经去过那里。一旦于连的冒险允许他顺利返校，那么他将是第一名，因为他第一个依靠自己的双脚认识"他"的法国。

因为安德烈和于连不可能走遍全国，因此作者行文有调整，增加了想象的虚构部分，任由他们到达何处，跟何人相遇：笛卡尔（Descartes）这一形象使他们有可能经过都兰（la Touraine），利穆赞（Limousin）一行找回丢失的彩釉碟子。这部大师之作所隐藏的教育意义在于，每到一个被提及的城市，导游诺阿纳（Joanne）都会机械地说道："非索尔（Vesoul），上索恩省（la Haute-Saône）的首府，距离巴黎580公里，美丽的漫步走廊，骑兵区。"然而调整也仅限于此。《双童环法记》给读者带来的最深印象恰恰是孩子们真正跨越的空间，或步行或骑行，因为尽管乘船旅行可以游览港口或欣赏那些"他们所发现"的海岸，但是远远不及步行或者暴风雨中乘坐马车的旅行给人留下的印象那么深刻。尽管《双童环法记》有些许航海旅行的印记，但是如果我们的关注点集中于水路而非陆路，那么便不能称之为严格意义上的环法旅行。旅行的强大生命力与大地不可分离：这本著作完全不是一种平和的地理丈量①，因为所有出现的地点本身都有意义。

再说，旅行的魅力源于其多样性所带来的神秘异域风采。安德烈和于连在奥弗涅（Auvergne）遇到一些"节俭、有心机的人"，在多菲内（Dauphiné）遇到一些精力充沛的人，科西嘉人较之于耕种更擅长使用枪支，他们继承了祖先孚日人身上那种正直、坚韧不拔的秉性，如同挺拔的大树一般。他们穿越自然资源匮乏的北部地区，还有因盛产柠檬而富饶的南部地区。他们享用洛林地区的熏肉鸡蛋卷、马赛的鱼汤。甚至有时候会被普罗旺斯人包围，即便他们操着一口不难理解的方言，孩子们仍有一种身处"异乡农场"的窘迫感。

但是对于流浪在他乡的孩子们来说，试图寻找相同的安全感是一种创伤体验。这正是《双童环法记》对区域差异性这一概念有所保留的初衷所在。从一开始富耶夫人②就指明法兰西民族情感从根本上具有一致性，强调作品所呈现的区域差异性从未受到质疑。其次，地方沙文主义③只能以特定的气质和地区贡献于国家和社会，从而得以获得存在的养分。同样饱含学习热情的小于连，即便有强烈的动机也最终放弃起草外省的荣

---

① 出自多米尼克·曼戈诺（Dominique Maingueneau）对居约·布吕诺的作品极具刺激性的诠释。详见 Dominique Maingueneau, *Les Livres d'école de la République 1870-1914*, Paris, Le Sycomore, 1979.
② Alfred Fouillée, *Esquisse psychologique des peuples européens*, Paris, Alcan, 1903.
③ 人们可以以汝拉人的身份而感到自豪，因为汝拉山将"团结精神"遗赠给法兰西。

誉名单：每个省份都带来了其独有的色彩并趋于整个花束的和谐之美，其内涵便不言而喻。于是，正如这本巨著所强调的那样，此处并无分裂主义的空间，这种表述比文本本身（"过去"不复存在）更加直言不讳。现今只有一个法国。尽管该作品刺激了敌对势力（这部巨著以一种极为温和的方式，不是从人种志层面，而是从政治层面谈论法兰西的差异），但是质的变化终将到来，那时整个法兰西民族将会"在强有力的根基之上达到团结一致"。

之所以作品中所呈现的民族团结如此明显，是因为《双童环法记》所呈现的两项活动——学习和游览本身就是锻造民族自豪感的手段。一方面，学习的任务是：通过教育的进步推进民族团结箴言的实现。在普罗旺斯人的家中，大人们闲聊着，安德烈和于连有些许的无聊，夜幕降临的时候是多么幸福的时刻啊，孩子们放学回家，他们终于可以跟这些上学的孩子们聊天了。这本巨著对转瞬即逝的细节精心打磨。它将方言定义为"一种流行且迂腐的语言"，以一种悲哀的态度列举出来，并提出保护方言的系列问题。如果人们会说两种语言，那么"装载记忆"而不去学习"有用"的东西还有什么用呢？如果人们只说一种语言，且这种语言不是法语，那么这就太丢人了！简而言之，方言要么是轻浮的，要么就是罪恶的。然而这种现象却不会持续很久。义务教育即将结束这一现象，就像结束科西嘉人的好斗或者萨瓦人的贫困那样。从这个角度来看，法国各地区之间并没有真正的差异，只是像理想阶层一样，存在着非自愿的落后现象，而良好的教育能使其达到统一标准。

另一方面，旅行显然是表现团结的形式。孩子们发现不同地区之间有道路、运河、铁路相连，在那时便是一种新的认识，之前人们一直相信艾米莉·居约曼[①]（Émilie Guillaumin）的说法，认为省界之间存在一些既不神秘又不野蛮的地区。人们可以将法国的各个地区连接起来，取长补短并互通有无。[②] 虽然布列塔尼地区偏远，但是布列塔尼的奶牛却遍布整个法国，贝桑松盛产的钟表给所有法国人报时。由此证明法兰西由一种独一无二的共同的品质所建构，地点和人相互依存，安德烈和于连的游记本身就印证了这一点。

法兰西空间的统一是作品完美结局的所在：在这部旅行著作中，没有对离别的抒情，只有众多痛苦的经历。于连脱口而出，他感叹道："我们真走运，还可以去旅行。""好像我们有收入似的。"随后热塔尔先生很快纠正，对这部作品给予回应："这种持续的旅行是否像乍看之下那样令人向往？"答案毋庸置疑，因为作者接着谈及家庭和职业所带来的稳定性的幸福。除此之外，1906年版的后记中将那些在旅途中不得不痛苦地留下的人，阿尔萨斯人、诺曼底人、汝拉人，还有奥弗涅（Auvergne）的孤儿们聚集在大兰特（La Grand-Lande），新的法尔斯布尔，它还将从法国各地收集到的所有知识汇总在一起，包括医疗、农业、饮食和国民经济。于连因拥有这枚大勋章而自豪，他重复道："安德烈和我没有忘记，我们记得。"一年的旅途记忆已经

[①] Émilie Guillaumin, *La Vie d'un simple*, Paris, Stock, 1905.
[②] 这一点，参照多米尼克·曼戈诺（同上）："走遍一个国家的所有道路，是学习经商的方式，并且是传播交流普世化的典型实践活动。"

成为稳固的生存法则。

较之于地点的记忆,该作品所呈现的时间记忆占据次要地位。富耶夫人作品中时间上的精准性不及地形的精准性;对于她来说,日期和季节并不如地点重要。另外,她完全不在意各个事件在法国历史上的先后顺序。只有当她论及名人的生活时才会提及历史:那些名人传记就像挂在国家这棵圣诞树上的礼物,闪烁着光芒,可与之分离,而它们之间除了共同发光并无关联。总之,她致力于印证那些短小的记忆总是地点的记忆。了解沃邦(Vauban)的相关事宜尽管是件好事,但是我们确实只有通过他所生活过的空间之内留下的印记才会了解,小于连喊道:"什么?原来是沃邦建立了我的家乡法尔斯布尔和贝桑松,我可是曾经仔细地观察过它们的城墙啊!""历史"一词便具备双重意义,一是颂扬故乡,二是领土作为实物凭证以建构史诗。

《双童环法记》建构的记忆之所以更多的是地形而不是历史,是因为富耶夫人作为优秀的教育家,知道集体记忆对于地点的依附要比对日期的依附性更强。同时恰如多米尼克·曼戈诺[1]所认为的那样,《双童环法记》是一次"重新融入母亲怀抱的旅程",其内涵是痴迷母亲所带来的安全感。边境的孩子们蜷缩在祖国母亲的膝盖上,位于佩尔什(Perche)正中央,极其靠近夏特尔(Chartre)的尖顶,佩伊(Péguy)认为此处是

---

[1] Dominique Maingueneau, *Les Livres d'école de la République 1870 – 1914*, Paris, Le Sycomore, 1979.

法国人最喜欢的区域。地理环境给予他们一种安全感，他们又如何从历史中获得同样的安全感呢？更何况他们刚刚在法尔斯布尔经历过抵抗的硝烟。我们了解《双童环法记》只在论及关键人物的生活时钟情于历史（其所呈现的伟大人物的纷争仅仅存在于自我牺牲的生活及世人的蔑视之间，并且这些纷争常常被感恩的后人抹去）；只选取大人物之间和解的信息。我们知道该作品打开了民族记忆的范围，远至维钦托利（Vercingétorix），近至后记中的英雄巴斯德（Pasteur）；它忽略国王及进攻者；将温情留给两大主体，发明家和闪亮的军人；军人非但不是战争的承担者，而且还是利益的携带者——德国的农民称呼德赛（Desaix）为"善良的军官"。[①]《双童环法记》在人物选择上总是表现为一种平和的态度：如在18世纪的伟大人物当中，它首选孟德斯鸠，而不是伏尔泰和卢梭。它将最丰富的板块预留给荣耀，正如那些宗教题材所推崇的那样。这种处理方法，我们更应界定其为确定性而非谨慎。尽管《双童环法记》因非宗教化而著称，但在教会学校也很受欢迎，之所以产生这种效果，并不是因为富耶夫人关注销量，而是因为对于她来说，作品并不是讲述历史，而是挖掘法兰西英雄主

---

① 尤其是多亏了莫里斯·克吕贝立耶（Maurice Crubellier）在其还未出版的发言稿中的精确考量。« L'histoire dans les livres de lecture courante », *Colloque sur les manuels d'histoire et la mémoire collective*. 该会议于1981年4月由巴黎三大主持召开。莫里斯·克吕贝立耶清算《双童环法记》中注解的数量，甚至还有那些阐述伟大人物角色的行数：22个注解及687行描述人道主义的慈善家，16个注解及694行描述军人英雄，8个注解及273行描述作家及艺术家，4个注解及133行描述国家政客。

义的存在形式。那些伟大人物的出场并没有按照时间先后顺序，而是依照法兰西领土的环形地理形状，因此作品并不是向历史而是向法国的永恒致敬。

这部和解之作善于为之增色而非排斥他者，我们可以使之成为一部备受欢迎的作品：蒙太奇的光影巧妙配合。丹尼尔·哈勒韦（Daniel Halévy）[①]是一大功臣，他把人们的注意力引至共和国的图书销售冠军上，洋洋洒洒地在几页纸张上列出沉默的原因，甚至比报道更加具有说服力。他认为两个孩子所穿越的法国被巧妙地截断。教士的长袍、弥撒、朝圣、工厂、制服统统消失。没有一个牧师、一名士兵，连一个无产者的影子都没有。由于没有希望，也没有复仇的念头，安德烈和于连离开法尔斯布尔后并没打算再次返回。最终我们在那里无法找到旧制度的痕迹。

从这种创造性的规避出发，丹尼尔·哈勒韦得出两个结论：《双童环法记》中的法国是一个陈旧的、荒凉的法国，是一幅失落世界的悲惨图景；它是一个没有历史或宗教根源的法国。这是一部双重记忆之书，因为对于1877年的读者来说，它锁定笼罩着灰色迹象的法国，并且他们看到这样的法国与之擦肩而过；从另外一个角度来看，它又是一部非记忆之书，因为它将法国与传统隔断。富耶夫人保持一种模糊性，或借由形式主义，或借由机会主义，抑或两者兼具。那么，确凿的证据何在？1906年出现了"修订"版本。为了符合当时所补充的

[①] Daniel Halévy, *La République des ducs*, Paris, Grasset, 1937.

《双童环法记》：共和国的"小红书"　　　　＊　　　　　　　　　　　99

相关法令，富耶夫人对其进行重新修订。然而，她所作的删减尽管强调了 1877 年的缺失，但是令其更加显著，从而预示着整个思想的漂移。正如先后出版的两个版本的《弗兰西纳》（*Francinet*）[①] 所指明的那样，《双童第二环法记》心目中祭奠了富耶夫人意识中的"上帝观念的不断衰退"[②]。

我们非常有必要仔细地考量这些论断，尽管艾梅·杜普伊对其进行了细致的批评，但这部著作仍旧位于优秀作品之列。[③] 在进入他们的讨论之前，我们得看一下修订本，1910 年它在国会[④]商讨其再版版权归属问题时遭到嘲讽，然而却彰显了情节调整的巧妙安排并披露了作者神秘的身份。这个饱受非议的版本又在经典的情节基础之上增加了一个结尾，故事发生在 1904 年，居约姆老爹又添了一个女儿，最终以三次婚姻代替之前版本中的两次，达成了"完美结局"，但并不是这种无故的补充内容引起了国会上的争论。真正的原因是那些删减，所

[①] 富耶夫人以《弗兰西纳》的成功开启其校园作家的创作之路，这本书成为畅销书《弗兰西纳：道德、工业、商业和农业的一般原则》，它出版于 1869 年，后来修订成书名更简单的通读本。
[②] 艾梅·杜普伊使用的词语，丹尼尔·哈勒韦转引。
[③] 例如参考 Claude Digeon, *La Crise allemande de la pensée française* (1870-1914), Paris, P.U.F, 1959. 他写道，在《双童环法记》中"复仇的理想被抹去并且全部消失。战争令人感到耻辱，阿尔萨斯和洛林宛若被遗忘"。罗杰·塔博特（Roger Thabault）更具不同。他向丹尼尔·哈勒韦的洞察力致敬，但是表明"我们只看到一件事：两个被祖国驱赶的孤儿被德国所吸引并且他们发现法国，每一天都在尽力变得最优秀并且因法国而自豪"。参见 R. Thabault, *Mon village*, Paris, Delagrave, 1944.
[④] 热拉尔·瓦雷和格鲁索仅仅对特殊的作者进行谴责，热拉尔·瓦雷说："我认为作者死了。"（1910 年 7 月 14 日争论）

有的操作都是以不在议程中的上帝①为前提的，在此人们甚至避免使用"我的上帝"来表达愉悦或者同情。从此人们听到了它们的代替词："多么令人高兴""哎哟"。孩子们将不再参观教堂，在马赛，他们去伊夫城堡（château d'If），而不是参观守护圣母教堂（Notre-Dame-de-la-Garde）。博须埃（Bossuet）、费奈隆（Fénelon）、神圣的万森·德·保罗（Vincent de Paul），令与之密切相关的兰特区受辱，他们已经不再位于值得欣赏的伟人之列。指出故事情节中的漏洞，嘲笑机械放逐主义，这一切打击着"教堂里的那些人"，直到杜盖克兰（Duguesclin）的一句话使右派陷入狂怒之中："在第 328 个版本中，巴黎圣母院的塔楼被盗！天堂不复存在！"② 饶勒斯（Jaurès）先生都不敢相信他的耳朵：他怎么也不会想到"才华横溢的阿尔弗雷德·富耶先生会有此种操作"。③

然而，比起由挑剔的中立性强加的删去的清单，更有趣的是替代的机制。因为富耶夫人本着忠实于知识分子阶层的精神：共和国宣布中立是正确的，但没有想到要取代它所说的话是错误的，她抵制纯粹和简单的压制。她去除上帝，要么旨在

---

① 从 1882 年 10 月开始，宗教教学变得随意。但是道德仍旧承载着对于上帝正面的重大职责，问题在于《双童环法记》完全非宗教的版本仅仅存在于政教分离之后。
② 但是她意识到作品的影响力，格鲁塞说："这本书现在已经是第 331 版，《双童环法记》中人们用哎呀代替上帝，或者用一无是处来代替……"
③ 通常一提到阿尔弗雷德·富耶对《双童环法记》的贡献，在 1910 年 7 月的争论中，饶勒斯给予的证明极为宝贵："《双童环法记》，署名布吕诺，源自阿尔弗雷德·富耶先生。"

表达一种惬意的、兄弟般的情感（1877年的版本中孩子们将灵魂寄托于上天，而1906年的版本中他们欢快地投向对方的怀抱），要么是一种爱国情（自然界在荣耀中庆祝上帝的荣耀，现在它唤起了人们对在法国土地上迈出的第一步的记忆，当时孩子们曾发誓要"对得起"它）。博爱与宗教的冲动，誓言与祷告，任何情况之下，走向同胞或母亲：该书相当明确地谴责了"将自己的思想、言论和行动局限于已经存在的情况的狭隘性"[1]，正如富耶夫人所说的那样。

这让人对修订版带来的巨大转变产生怀疑。是否正如丹尼尔·哈勒韦所言，删除上帝的名字并增加爱国基调是徒劳的，会改变文本的精神？倘若如此，那么第一个版本中上帝出现的次数要远远多于国家。然而仔细阅读之后却发现并非如此。因此我们必须回到原初版本且不能偏离：不能作出武断的选择，因为即使在第二版流通的时候，第一版也在继续销售；据统计[2]，它确实在法国人的记忆中留下痕迹。

事实上1877年的版本中于连和安德烈走进教堂，但并没有神父。仿佛人们从未提及弥撒。没听说任何人做忏悔。事实上，敬拜的时间并不以星期日[3]或礼仪节庆为标志。唯一提到

---

[1] A. Fouillée, *Revue bleue*, 17-24 décembre 1898："国会应该在民主国家的小学中将道德与社会教育建立在什么基础之上"。

[2] 尽管修订版本出现后，原版本从此被称为"原初版本"，但其于1967年仍旧在售。在百年纪念版本出现之前修订版本只出售十年，正如我们所了解的那样，这个版本忠实于原初版本。

[3] A. Fouillée, *La France au point de vue moral*, Paris, Alcan, 1900. 作者简明扼要地声明礼拜日不从属于宗教。

圣诞节的是元旦,伴随着美好愿望的到来,使它在约翰-约瑟夫(Jean-Joseph)的笔下变得生动起来。没有神父的教堂,没有宗教节日的生活,没有宗教仪式的法国,在这个看起来荒芜的世界,人们却在祈祷,说"我们的天父"。为了理解这个祷告的内容,这部巨作进一步予以叙述。首先,为什么是"我们的父亲"?老师会告诉我们之所以称上帝为"我们的父亲",是"因为男人组建成了单一家庭",接下来会继续谈论手足之情。这意味着作品所强调的并不是人与上帝之间的关系而是人与人之间的联系。关于"天",老师应该引导学生们不要从字面上理解词的意思,而是从"产生万物并在其行动中无处不在的最高权力"的巨大精神来理解。在这部巨作中,我们可以获得大量的等值表达,上帝变成"人类的话语",且我们可以借此使世界走向理性、和谐的状态。神意是什么?用仁慈的法律来规范世界。灵魂是什么?精神一词的同义词。祷告是什么?希望得到"行善所需的光和力量"。神圣的教义对一切都给出了答案。

因此,《双童环法记》第一版呈现出一种完美的衔接:从词源学意义上的第二和多余架构的角度来看,信仰与世界原则和人类命运有关,而不是迷信,是人类心灵深处及主要构成部分。道德与这些信仰有直接的关系,是所有人共同的所有。上帝、灵魂、命运,我们可以,甚至必须在学校里念出它们的名字,而不必提及弥撒、天堂和地狱。相信上帝,或相信具有普遍性的正义,或相信一个理想的城市,这很重要。这样一来,人们就会感觉到富耶夫人用公民意识或博爱来取代上帝是多么容易的一件事。[①] 这并不是因为"上帝的观念在她那里不断地消退",而是因为所有形式的奉献都汇聚在共同的宗教中。因此,法兰西尽管没有牧师和朝圣者,钟楼的钟声不再响起,但仍然很富有;因为正如米什莱(Michelet)所说的那样,自己就是信仰和宗教。因此我们不允许富耶夫人再次因疏忽而犯错,即对阿尔萨斯-洛林的疏忽。根据丹尼尔·哈勒韦的说法,她从1877年起触及哀悼问题,因为说安德烈和于连背弃了法尔斯布尔,再也没有回来,实际是错误的。为了取得法国国籍所需的证件,他们不仅回来了,而且还象征性地对牧师的坟墓和教师的房子进行了双重朝拜。但是法尔斯布尔这座城市,自艾克曼·查登(Erckmann-Chatrian)的小说以来极具代表性的拱门城市,能够激发如此勇敢的小于连的真正思乡之情,整本书所贯穿的情感基调并不是怜悯、害怕,而是勇敢:"法尔斯布尔比里昂惬意得多,因为它位于山丘地带"(能够将其保护以远离洪涝灾害);围攻阿莱西亚(le siège d'Alésia),"正如法尔斯布尔,我在那出生并且当德国人入侵时我还在那儿"。在于连认为即将到达港口的那一刻,看到被战争毁掉的大兰特,从他口出挤出滔滔不绝的呐喊[②]:"我以为又见到法尔斯布尔!"

[①] 阿尔弗雷德·富耶在其书信集《时光》(*Temps*)里1910年1月11日的信中论证了这一点,借由小学教师合理期待的和平来强调:"于是,弃权。弃权并不是否定。"

[②] 在这一点上,我们排斥艾梅·杜普伊(同上),他发现"非常干巴巴"(bien sec)这个词语。事实上,于连不需要作更多的解释并且任何事情都不及这种命运的重复更加有效果。

除此之外指责富耶夫人从不提及她的那些主人公们有朝一日必须履行的兵役，这种说法也是错误的：在书的最后一页中，我们得知安德烈准备从军。更妙的是，安德烈和于连在踏上法国公路的那一刻就开始了他们的兵役，他们一越过边境就像"那些应征入伍的新兵"得到锤炼。毫无疑问，尽管对阿尔萨斯-洛林的影射非常谨慎，但正是这些故事点缀其中：心胸宽广的宪兵发现自己是阿尔萨斯人，马孔（Mâcon）的仆人在得知孩子们的来历时很感动。事实上，1877年无须对公民身份进行赘述："来自阿尔萨斯-洛林的两个孤儿"，这一句话足以将纯真和不幸相结合。

该作品提供了充分的证据，证明阿尔萨斯-洛林非但没有被忘记，也没有学会背对着它生活，相反它是一种交织着领土切割记忆的阵地。它用冗长而精确的问题来配合对1870年战争的简短和适度的叙述："战争花费了多少钱？法国是如何偿还债务的？她欠哪个聪明人的债务？"作品中增加了大量令人满意的观察：因为在进入国家的中心地带之前，人们对它进行了"巡视"，这是一个对边境和防御工程进行全面检查的机会，也是检验军队的爱国主义的机会。提到布里昂松（Briançon）旨在说明："如果意大利人从不想入侵我们，他们将会在多菲内地区（le Dauphiné）遇到一个充满活力、爱国热情高涨的民族，并且他们将全力以赴抵抗任何外来的入侵"。重新返回法尔斯布尔验证"这会阻止一个民族的衰败"。是否人们会说这是一种佯装让步的正确方式，而且故事情节与复仇一词或复仇的想法相差甚远？或许他们忘记了1877年由甘必大

(Gambetta)制定的沉默法则很少被遵守；忽视服兵役的义务，这一义务在对祖国的责任和义务之中位居第二，仅次于义务教育，且位居税收、选举之前。甚至老师会直截了当地问："你们什么时候入伍？"《双童环法记》以一种极为不敏感的方式成功地将激进主义移去：人们了解到一个国家的伟大并不取决于其领土的大小，而是取决于法国人的毅力，取决于他们对事业的慷慨付出，取决于一段历史的整体性；人们时刻准备着，不是正面作战，而是用其他成功或扩张来平衡失败的不幸。人们确信，有两种设想复仇的方式：通过军事武力，如同耶拿战争之后的德国；通过工作和道德进步，对未来指日可待的内在的正义。这就是，法兰西式的复仇。

1906年增加的后记具有示范意义，拍摄了安德烈、于连和他们的家人在1904年的照片，那时候距离离开法尔斯布尔已有33年。阿尔萨斯-洛林仍从属于德国，但是大家都在认真地工作，努力地维持生计、房子和日常收支，这是法国人"抵御"考验和"修复"灾难的方式，是一种默契的总动员。殖民征服是为了向世界展示法国的伟大（并将失去的省份重新安置在另一片土地上，就像《马塞尔之子》[*Enfants de Marcel*]的定居者将他们在君士坦丁堡的农场命名为"小阿尔萨斯"一样），科学征服是为了让人们看到一个普遍存在的社会希望——法国的存在理由。荣誉榜显示，他们非但不甘心领土缩减，还一直在思考这个问题。记忆得到了精心的维护，与丹尼尔·哈勒韦所痛惜的"令人遗憾的遗忘"相去甚远。

是否有必要再次与丹尼尔·哈勒韦争论一下他指责这本书的

第三个狡猾的排斥性？尽管他去了勒克勒佐①，但是无产阶级和伟大的工业是难以避免的主题。仅仅用二十页描述那些漂亮的机器，对工人的描写寥寥几笔。《双童环法记》是许多教科书的先驱，这种文学体裁注定了它的惰性，它描绘了工匠和农民的法国。人们敏锐地感受到大城市的人为因素，而且，他们的访问也是迅速进行。漫步巴黎时，于连发出了略带学究气的赞叹声："我全心全意地爱着巴黎"。但这个疲惫的孩子却急于回到他的田野。《双童环法记》获得了相册中已褪色的魅力：人们仍可以看到莫尔旺（Morvan）的树林在那里漂浮，人们赞美 400 年前就有"这个好主意"的涅夫勒（Nièvre）作家——让·鲁韦（Jean Rouvet）（出现并消失于 19 世纪 80 年代），运河网络被使用和改进（这已经在与铁路的竞争中取得胜利）。

但是这又是一次些许草率的表述，因为工业劳动在作品中根本没有缺席，从刀剪车间到造纸厂，甚至到更高端的产业，所涉及的技术范围十分之广，在这一点上丹尼尔·哈勒韦比前人的直觉更为灵敏。富耶夫人在描述工人时确实有些随意：矿井的阴暗之口吞噬了矿工，把他们从孩子身边夺走，可以说里昂的劳动人口正是通过一种神奇的操作，将"闪亮的布匹带出了他们阴湿的住所"。丹尼尔·哈勒韦深刻地感到作品在很大

---

① 位于索恩-卢瓦尔省中部偏西，是法国重要的工矿业城市之一，世界大型能源企业施耐德电气最初建于此地，阿尔斯通、安赛乐米塔尔、赛峰等跨国企业在此设有工厂。——译注

程度上针对法国农村，针对那些"使一个国家人口增加或减少"① 的农民：在一个农业就业的绝对数量持续增长的法国，他们还能有别的办法吗？农田劳作的固定性，以及时令、收成的固定性限制了富耶夫人及其主人公的视野。

确实，初等教育针对的是那些即将留在乡下而未被"推向"远方的孩子们。值得注意的是，尽管于连名列前茅，但是除了农民这一职业，他没有任何期待。没人告诉他一位好学生的归宿秘诀，"你将成为一名老师"。尽管弗朗西内特已经从老板女儿那里吸取教训，但是除了成为一名最好的工人，他别无选择。另外，如果说富耶夫人的思想有所变化，那就是在这一点上：当她1877年写下《双童环法记》时，正如9年前完成的《弗兰西纳》一样，个人命运的稳定对她来说似乎是一个农村民主制度自我封闭的规则。相比之下，当她1887年创作《马塞尔之子》，或者当她1906年在修订版本增加后记时，她为好学生的社会宣传留出了很大空间。热塔尔先生的儿子进入巴斯德研究所，路易斯在圣西尔，露西是邮局局长。在富耶夫人的心目中，1877年的孩子们注定要成为更好的农民和士兵。几年以后，她把他们放在理工学院。我们可以在这里衡量一种偏离，感受到"道路的学校"在多大程度上战胜了"学校的道路"。

这一切促使我们想要更多地了解《双童环法记》的创作条

---

① 这一点参见 Eugen Weber, *La Fin des terroirs*, Paris, Fayard, 1983.

件、作者的创作动机，以及作品想要清晰地呈现出的记忆类型。作者是他，还是她？人们知道是她。很长时间以来作者被误认为是"他"，是阿尔弗雷德·富耶，他在公众心中是一位伟大的学者，擅长撰写有价值的哲学书籍和学校所设课程的教材。确实正是富耶先生与《双童环法记》的出版商打交道，解决版权问题和海外译介①，他是神秘作者的全权代表，是真实作者的代理人，他总是以男性的形式称呼该神秘作者，并且只对该神秘作者进行负面的描述：他不是一个学者。似乎只有在妻子的作品受到直接攻击时，富耶先生才决定披露作者的真相。1899 年 7 月，《社会报》借富尔尼耶②之笔，抨击富耶在宗教与非宗教之间始终保持谨慎的态度，以及他在"儿童道德手册"中倾注的哲学热情。③ 富耶先生立即作出回应："作者不是我本人④，是我的妻子，居约姆·布吕诺是她的笔名，是她出版了这些在学校广为流传的作品。"然而这一事实很久之后才被接受，因为议会在 1910 年发生争议⑤，饶勒斯仍认为真实作者是富耶先生，后者不得不再次予以否认。

---

① 因为虽然《双童环法记》的主题是法国这个六边形国家，但是并不只是在法国掀起模仿浪潮（1889 年之后出现了阿梅罗 [Améro] 创作的《一位小巴黎人的环法之旅》[Le Tour de France d'un petit Parisien]，主人公仍然是洛林的孤儿并且路线参考手工业行会），同时在国外也存在模仿。
② 富尔尼耶反驳富耶先生与胆小怕事的教科书作家相反，"无宗教信仰的众人跨越自然神论的阶段"。
③ 暗指纯洁无邪、正义、期待、同心协力。——译注
④ *La France au point vue moral*, *op. cit.*
⑤ 但是除了饶勒斯之外，还有并不正式的说法，如热拉尔·瓦雷（Gérard Varet）和雷纳克，他们认为作者死了。

出版的秘密被保存得如此之久，如此之好，是因为它掩盖了另一个秘密，这个秘密是私人性质的。根据《大百科全书》（Grande Encyclopédie）对"杰出女性"的定义，我们不难猜到富耶夫人就是典型代表。创作中的富耶夫人就像她在作品中所塑造的那些家庭主妇形象一样高效，关注一切却沉默不语。因极其保密所以关于她的传记少之又少。当她以布吕诺的笔名出版《双童环法记》时，她仍冠夫姓居约，名为蒂里耶，但与阿尔弗雷德·富耶先生同居，只有在离婚法通过后他们才能结婚。这个秘密隐藏了 28 年，我们可以想象为此他们付出了何种代价，才得以在市井生活以及和他人的交往中守口如瓶，没有任何人打破秘密[1]，包括亲密的人[2]，甚至连保守派报刊都不知晓，直到 1910 年，当他们反对修订《双童环法记》时，神秘的面纱才得以揭开——这是离婚妇女的作品。事实上，作者和富耶先生结婚之前已经与前夫分手，时间长达 30 年之久，据说前夫虐待甚至想谋杀她。这在 1855 年社会风气良好的拉瓦尔地区是巨大的丑闻，而且还有一位活证人——阿尔弗雷德·富耶，她的一个远房表亲，一个修辞学学生，疯狂地爱上了令人心疼的受害者，她比他大五岁：富耶先生用他的一生来弥补她的不幸。

---

[1] 这些个人生平的信息记录在罗伯特·韦勒吕（Robert Vellerut），1968 年 1—3 月份的期刊《历史尼斯》（Nice historique），韦勒吕接触到丰桑家与富耶家的未出版信件。丰桑夫人，地理学专家，是富耶夫人的朋友。
[2] 因为在 1885 年写给朋友丰桑夫人的信件中，布吕诺表示大家都错误地认为她是自由的寡妇："28 年以来，我被一个我所认识的最高贵灵魂宠爱着。"

然而这位可恶的居约先生与她育有一子，儿子让-马里是她毕生热情所在，让-马里正是《未来的非宗教》（*L'Irréligion de l'avenir*）的作者。让-马里·居约看到母亲那双预示着死亡的双手[1]，他讲述了一个小男孩极其可怕的噩梦，他听到母亲的声音，但是她温柔的嗓音被无情地夺去，这也正是一个理想的母亲，阿尔弗雷德·富耶最乐意描绘他花了30年时间才娶到的女人。他以一种虔诚的温柔的语气描述她，在这种差异化的心理学[2]中仍然可以听到回声，在这种心理学中，他赋予第二性以"伟大、精美和细腻的才能，心理学的天才，教育的天才"的特权。但除了他，还有其他人认为她就是他的妻子：甚至她的儿子在描写那对坚持不懈的老夫妻时，便认为那就是母亲与阿尔弗雷德·富耶[3]。1907年，当加西亚·加尔德龙（Fr. Garía Calderón）去芒通（Menton）参观富耶夫妇的居所时，核心活动便是步行参观居约的墓地，他猜想他在他们周围看到了一首"亲密而美好的生活，为善良和理想而共同工作的

---

[1] 阿尔弗雷德·居约在其作品中勾勒出居约的生活变化且融入一些生平事迹（A. Fouillée, *La Morale, l'art et la religion*, 4ᵉ édition augmentée d'un appendice）。关于圣母怜子图："哭泣着的母亲，脸色惨白，跟儿子一样，人们不禁想到了耶稣从十字架上下来的图像。"

[2] A. Fouillée, *Tempérament et caractère selon les individus, les sexs et les races*, Paris, Alcan, 1895.

[3] « De leur jeunesse à deux un rayon tombe et dore/ Comme une aube sans fin leurs fronts transifigurés » : Jean-Marie Guyan, *Vers d'un philosophe*, Paris, G. Baillière, 1881.

诗"①。这种生活很快被撤回法国的里维埃拉河岸（la Riviera），那儿远离任何职业义务。富耶先生曾是富家子弟，父亲是采石场经理，因此他童年记忆中那些工人的暴动总是被父亲的智慧所平息，但这让一个已经与冲突环境和人为敌的男孩感到害怕和恐惧。父亲的去世（这是他妻子作品中永恒的主题）使这个优秀的学生失去了进入高等师范学校的机会，他不得不承担起赡养母亲的责任。他通过自学准备哲学教师资格证考试，首要的目的便是能够洗去身上的原罪——非师范生。他通过考试顺利完成学业，通过论文答辩，最终在名校任职。短暂的三年教学工作之后因身体有恙，他不得不去南部乡下休养，带着伴侣，还有她的儿子。他提到："儿子深得我意，我爱他可能超过自己的亲生儿子。"② 接下来人们煞费苦心给让-马里·居约寻找合适对象，后来四人一起抚养下一代，后又因居约先生英年早逝③，剩下的三人照顾孩子。父亲角色的缺失又不断地延长了既温柔而又痛苦的人生之旅。

人们可以想象这座位于芒通丘陵上的房子是孕育教育的蜂巢④。阿尔弗雷德·富耶，年复一年出版他的哲学著作，发表大量的文章，并且关注初等教育的教材制定⑤。他的妻子也为

---

① Fr. García Calderón, *Profesores de Idealismo*.
② A. Fouillée, *La Morale, l'art et la religion*, op. cit.
③ 1888 年，小奥古斯丁 4 岁。
④ 事实上在建立这座奥古斯丁在其回忆录中所提到的房子之前，他们在尼斯和芒通有好几处房子。这所房子竣工于 1887 年。
⑤ 他在写给出版社编辑的信中提到这一点。

他写书。让-马里·居约将哲学作品融入诗歌和教材中①，如1875年出版的二年级阅读课本，1884年出版的一年级阅读课本。至于居约的妻子，她常用皮埃尔·朱尔里克（Pierre Ulric）②作为笔名，也为年轻人写些忧郁的短篇小说。这两对夫妻之间不断地相互交换智识和情感上所达成的共识。富耶向妻子致敬，正是她关于司法修正的理念给予自己以启发，而这一理念构成了"现代社会科学"的本质。③居约将他关于团结的诗集献给富耶先生。富耶先生出版并推广居约的遗作。最后富耶先生给居约夫人的书作序，这段文字：一方面让线索变得模糊，他按照自己的习惯，使用神秘的"作者"的男性伪装，"有着高尚和慷慨的灵魂"；另一方面关注"少数人的幸福"，他设法在这篇序言中插入居约先生的临终遗言"活过的人将会重生"。除此之外，居约先生也习惯于在其作品中转引富耶先生的话语。

因此，在乌托邦内充满生机的玫瑰花束下，的确隐藏着他们共同用心打造的作品。居约所编写的教材与母亲的作品确实存在一定的差距。但是他和母亲都有先见之明，以《一嘴面包

---

① 居约33岁逝世，在其短暂的一生中，却有时间对古代道德、英国道德、现代美学产生兴趣以及进行诗歌创作，为小学生而创作。尤其是因两本作品的出版而名声大振：*L'Esquisse d'une morale sans obligation ni sanction*, Paris, Alcan, 1885；*L'Irréligion de l'avenir*, Paris, Alcan, 1888.
② Pierre Ulric, *Aux domaines incertains*, Paris, L. Theuveny, 1906; *Parmi les jeunes*, Paris, Grasset, 1911. 阿尔弗雷德·富耶作序。
③ Alfred Fouillée, *La Science sociale contemporaine*, Paris, Hachette, 1880. 在1910年版的序言当中阿尔弗雷德·富耶指明了这笔情感债务。

的历史》① 为例，他将儿童：与其周围的日常物品联系起来，然后建构了一个经典故事（正是他发明了一个略显残酷的故事：老师邀请学生参加年终盛宴，在那里每个人都可以随意享受美食，但唯一的前提条件是必须说出茶、糖和巧克力的原产地，这就使又笨又懒的学生饥肠辘辘，好学生则可大快朵颐）；与在其周围工作和为其工作的人联系起来；还与人类的伟大人物联系起来（例如，与富兰克林联系起来，他回到自己的家乡后，像安德烈和于连，先去了他父亲的家，然后又去了学校）；最后与上帝相连，即与至高无上的正义相联系。当居约先生和母亲围绕着小学生，在其周围编织互惠团结的紧密关系网络时，富耶先生在睿智的巨著中将他们的创作手法加以理论化②。

在这种园艺式的教学中，每个人都在另一个人的作品里切割、采摘和收集，都有具体的实践操作，例如在小奥古斯丁的教育上，居约从这个"年轻的孩子"那里借来他的"哲学范例"③，每个人都认真地关注着他的成长。他不会错过任何东西，既不会错过父母和祖父母的日常课程，也不会错过从尼斯

---

① Jean Macé, *Histoire d'une bouchée de pain*, Paris, Hachette, 1880. 教会学校最受欢迎作者喜爱的创作主题，且被极好地完成："多少只手在运动，为了能够喝到清晨的咖啡。"

② 例如，A. Fouillée, *La Conception morale et civique de l'enseignement*, Paris, Editions de la *Revue bleue*, 1902；或 *L'Enseignement au point de vue national*, Paris, Hachette, 1891.

③ 尤其参见其作品 *Éducation et hérédité*, Paris, Alcan, 1889.

中学来的老师，不会错过热内①（Janet）的辅导，也不会错过为了缓解独生子女孤独感而邀请表弟住在他家的机会，更不会错过祖母的教科书。奥古斯丁·居约的父亲很早就去世了，但是他平静的生活又因继祖父的去世而被打乱，最终又被战争摧毁。因此在富耶夫人虔诚地出版和作序的遗作②中，才得以有时间：谈论他法伦斯泰尔式③的"光鲜亮丽的童年"；感谢他的教育者；确认他准确地、严格地接受他们的信息。因为我们相信，对祖国的爱，在他的祖母在凉亭下给他送来《马塞尔之子》的瞬间即已被唤醒。

难道没有人来打扰这个世俗温室的秩序吗？居约先生和富耶先生都不反对宗教。即使在他最具挑衅性的作品《未来的非宗教》里也建议不要被"一种荒谬的古老偏见所激怒，要记住它已经成为人类的伙伴，也许已经有一万年了"。不过，富耶先生想要世俗葬礼，他在居约先生的葬礼时亲自讲述④："复活节，当信徒们在庆祝全世界所充满的希望时，我们却远离这种宗教盛典，只在朋友的陪同下跟随那个被抬走的人。"在富耶

---

① 奥古斯丁·居约 1907 年进入巴黎高等电力学校；毕业于工程师专业并且其论文指导老师是保尔·热内。热内在其匿名出版的作品中题词。
② 奥古斯丁·居约匿名的作品有：《旅行》（*Voyages*）、《活页》（*Feuilles volantes*）、《战争日记》（*Journal de guerre*）。遵照家庭的传统他撰写了一本关于祖父的作品：《阿尔弗雷德·富耶的哲学与社会学》（*La Philosophie et sociologie d'Alfred Fouillée*, Paris, Alcan, 1915），他总结了欠祖父的个人生平信息。
③ 法国空想社会主义者傅立叶幻想建立的社会基层组织。——译注
④ *L'Art, la morale et la religion, op. cit.*

先生给儿媳妇作品所写的序言中，仍隐藏着他的倾诉，我们可以感受到这两位女士甚至比两位男士更加依恋富耶先生所说的"某些希望的合法性"①。1886 年，当乌韦拉克（Hovelacque）教授质疑《双童环法记》的忏悔性质时，富耶先生给予回应："他的妻子现今不再隐藏对上帝的信仰，因为她可以得到恩惠，就像在不同时期她会隐藏自由主义思想，因为这些思想可能会被怀疑。"② 在富耶夫人平淡的故事中，对男女之间的形而上学冲突有着近乎痴迷的描述：要么父亲是地质学家，有着"专业科学知识"，女儿是理想主义者；要么母亲是天主教的信奉者，儿子是社会党人士；要么丈夫是一位历史实证主义教授，年轻的妻子将永恒的感觉置于"直接的确定性"③之前。居约夫人创作的核心主题是男人、父亲、儿子或丈夫的物质主义暴行对妇女的脆弱灵魂造成的破坏。

想象一下，这种男性和女性情感的不和谐（富耶先生在他的性别心理学中系统地描述了女性精神"天生倾向于寻求高于世界的活生生的正义和活生生的爱"④），如果不切割如此团结的小型教育团体，至少也要对其中的角色予以安排，这是不是太夸张了？这一假设无论如何都能证实《双童环法记》的宗教

---

① 阿尔弗雷德在《在青年中》（*Parmi les jeunes*）中，引用皮埃尔·朱尔里克（儿媳妇的笔名）的话语。
② 富耶集，藏于贝林典藏馆。
③ 一位屈服的女主人公说道："谁会知道，如果跳出复杂的圈子，我们的辩手们、学者们会在几天之后再次意识到他们的伴侣们无法喘息？"
④ A. Fouillée, *Tempérament et caractère selon les individus, les sexes et les races*, op. cit.

根源；理解法国女性形象的神圣化有助于提高女性的本领；总体上弱化两性心理的差异，调节两者之间相互扶持的情感。而在那时的共和制度下，两性差异确实促成家庭中真正裂缝的产生。

那么，共和主义者们达到目的了吗？他们试图在读者心中唤起的记忆是法国的记忆，还是共和国的记忆？丹尼尔·哈勒韦对《双童环法记》对旧制度的沉默颇有微词，而人们又一次抓住了其偏袒：确实，《双童环法记》中的孩子们很少参观法兰西共和国的纪念碑，但是从知识的角度来看，因人而异，这些建筑并非一个民族的象征，因此不一定需要去参观；国王也确实不是模范，总是要由伟人或伟大的女性来启蒙，路易十四（Louis XIV）由科尔贝尔（Colbert）启蒙，查理七世（Charles VII）由圣女贞德（Jean d'Arc）启蒙，作者真正的目标不是宣扬君主制，而是恺撒主义。尽管作者对拿破仑态度谨慎，但这被《双童环法记》所呈现的敌意暴露："拿破仑的统治对人民来说是一次沉痛的教训。"人们永远不能把自己交付给某位首领，不管他有多么过人的品质，因为拿破仑的探险使"法国大革命失利，征服帝国失败"。更不用说阿尔萨斯-洛林了，这是再一次放弃一个新恺撒。

很明显，假如背景是共和政体，那便是对帝国的摒弃。在富耶饱满的笔锋下唯一引人注目的便是作品关于厌恶制度的记忆："帝国统治之下，战争伊始，法官便被放逐，神职人员在祈福，人们在哪儿看过拒绝宣誓的？"富耶在对大学由衷赞美时如此写道。① 帝国被摧毁后，富耶理所当然地成为共和政党的支柱之一，这从其论文答辩时即已显露②。沙勒梅尔-拉库尔（Challemel-Lacour）和甘必大参加了此次答辩。然而，在自由主义和决定论之间并没有惊天动地的大举动。评审委员会中一个成员指责作者的冒失——"有爱才能理解"，右翼媒体紧随其后予以指责。由于担心迪庞卢主教（Mgr Dupanloup）在国民议会上发难，富耶先生被看护起来；朱尔·西蒙（Jules Simon）急切地盼望得到论文副本，位于乌尔姆街（la rue d'Ulm）的法庭引起了轩然大波。最终迪庞卢主教一言不发，富耶先生得以解禁。然而异端之嫌挥之不去，直至富耶被禁止进入学院③；据说富耶是一位社会主义者，又因是一个温和而坚定的德雷福斯派而受到不公正的待遇。尽管他盲目地认为，在哪个阵营都可以关注国家的荣誉和公正。至于说他是社会主义者，人们认为是在开玩笑，因为没有任何证据可以证明。富耶先生认为阶级斗争是"德国的"发明。

正如其作品所表现的那样，我们认为富耶先生及其家人堪称温和的共和国体制下有节制的人道主义者。在这种情况之下，《双童环法记》中吸引人的并不是保持着对旧制度的沉默，

---

① A. Fouillée, « La Réforme de l'enseignement philosophique et moral en France », *Revue des Deux mondes*, 1880, XXXIX.
② 弗兰索瓦·莫里谈及这次论文答辩发生在 1872 年，参见 *Figures et aspects de Paris*, Paris, 1910.
③ 1893 年他申请成为拉维斯的学生，但是热内、巴特勒米·圣-伊莱尔和他都因"社会主义倾向"而被拒之门外。这引起了他来自宗教传统主义对手奥雷-拉布吕纳的造势。

而是对新政权的沉默，因为通过阅读我们会相信，只有蚂蚁会生活在共和制度之下。因此我们理应了解共和国为什么没有被命名，而又无可争议地存在着。

为什么没有被命名？人们不能忘记这个年份——1877年。是在凡尔赛而不是在巴黎，安德烈和于连参观了国民议会和参议院。共和国还只是一个躺在摇篮里的新生儿，只有两岁，然而敌意和分裂的紧张气氛总是笼罩在它的周围，同样还有一些难以诉说的言辞。我们不能忘记这个无辜的新生儿是法国大革命的女儿，而这部长篇作品并没有提到这一点。米拉波（Mirabeau）、波塔利斯（Portalis），还有其他几位军官，是《双童环法记》赋予革命历史的全部内容，有可能会毒害社会的统一记忆。文本中所掩藏的内容，在这本伟大作品中被直接表述出来了：安德烈和于连参观了协和广场（la Place de Concorde）。这两个小学生被邀思考它们的名字的来源。这个地点是否一直致力于"协同合作"？啊！当然不是。据记载，8月20日，在"路易十六逃离杜伊勒里宫"之后，"路易十六不幸地用自己的头颅抵偿了其父亲的罪行，有三千人死于断头台"。因此"协和"这一地名仅仅是为了"消除"我们充满分歧的记忆（同词语本身的含义一致）。广场本身的规划设计旨在强调共同的爱国之情：法国城市之路恰是一次环法之旅（包括斯特拉斯堡，总是因不朽而绽放光彩）。

但是，如果共和国作为一个政权和历史的产物是不存在的话，那么作为一种理念它却总是存在着的。富耶夫人的聪明之处在于将无名的制度与现今较之以往更加优越的表象联系起来。过去的阴暗，现今的明亮，都可以用城市的灯火通明或者灯塔的倍增来证明，然而两者的时间划分已经足够模糊，但我们仍不能将现今的优越性直接归功于大革命，在这里，这部巨作负责点缀，并且这次并没有考虑到措辞是否谨慎，因为这不关乎大革命激烈的历史，只涉及其"成果"，可以说具有永恒意义。就波塔利斯事件来说，老师将会歌颂"法典"，这是革命的好处。就蒙热（Monge）的案例来说，1789年前对所有居民的征税并不平等。在德赛看来，废除奴隶制的荣耀属于国民议会和国民大会（他还会狡猾地补充说，是拿破仑重新建立的）。我们是否应该讨论遗产的问题？这可是个机会，可以说在法国大革命之前，"长者比其他人拥有的更多"。整个故事的结局："以前"是表达个人意愿的法律，而"现在"只表达国家的意愿。

当下呈现出显而易见的优越感，人们对法律绝对地服从，毫无疑问这一切与共和国的恒久稳定息息相关，其最终结果便是反叛行为失去威望。既包括政治反叛，当然又包括社会反叛。《双童环法记》最触动现今读者的地方便是富耶夫人的家长式作风，她将善良的品质延至穷人身上，她所描写的工厂童工朴实善良，她拒绝阐释剥削（只是让那些顽童为之下定义），她努力使每个人接受自己的命运。但这完全不意味着她对被剥夺的人缺乏同情心。[1] 很简单，作为一个好的神仙教母，她在

---

[1] 详情参见连载文章：Yveline Fumat, « La socialisation politique à l'école du *Tour de la France de deux enfants* aux manuels de 1977 », *Revue française de pédagogie*, n° 44, juillet - septembre 1978.

安德烈和于连的背包里塞进了一些东西以平衡社会的不快：一种见证，一种意志。

这种见证恰恰是他们在旅途之中所记载的内容：一切是那么美好，人类的生存条件以惊人的速度在改善！"但是，这并非一个故事"，正如富耶夫人经常明确指出的那样。这种暗示恰恰说明这有可能是个故事，因为孩子们想要出现在故事里，就像坐在既魔幻又美妙的南瓜车上。蒸汽时代加快了重要行业的发展，如此之快，如此之好，如厄比纳尔（Epinal）的造纸业、纺织机，这一切令人联想到热特吕德女士的精灵们，但是于连"非常清楚地意识到世界上根本没有精灵"。因此当下孩子们的生活可能就是昨日的奇迹。法国的国王，告诉他的学生米歇尔——这位居约先生笔下塑造的小学教师①，他可以参观他父亲（一位农夫）的房子："他将非常羡慕你所拥有的东西，并且不止一件。"因为米歇尔母亲衣柜里的衬衣比伊萨博·德·巴维埃（Isabeau de Bavière）② 拥有的还要多，显而易见，这意味着共和制的茅草屋已经超越了国王的宫殿。

除了这种见证，还存在一种意志，富耶夫人暂停解决当时所谓的社会问题。《双童环法记》是人类团结的舞台。在汝拉奶酪厂实行且普遍的合体形象中，存在一种构思，即它既不完全是一种有机的团结（尽管有机体这一隐喻被明确地使用），也不是一种正式的团结（因为它不需要在合同中定义）。一半

---

① Jean-Marie Guyau, *La Première Année de lecture courante*, Paris, A. Colin, 1875.
② 维特尔斯巴赫王朝的公主，1385 年至 1422 年为法国国王查理六世的王后。查理七世的母亲。

是有机的，一半是契约的，一半是生物的，一半是法律的，这种团结是一种道德意志，是自我对自我的工作。1879 年开始，富耶先生将法国定义为拥有四千万意志的载体，彼此之间相互承诺。他的妻子，早在他两年之前就已经在作品中播撒相互承诺的种子，并且故事的主人公以一种接力赛的方式共同完成这项事业。她对这个"类似合约"[1] 所表现出的信心完全诠释了她在处理阶级关系时的自如。

将"合约机构"的发明归功于富耶夫人，这一点儿也不荒谬，因为她丈夫补偿性公正的想法受她启发，[2] 即当代人和过去几代人按照合约共同承担集体债务，这样他们就亏欠了"那些仍觉得被抛弃的孩子们"[3]，没有给予其需要的仁爱、援助和教导。在这两个阿尔萨斯-洛林的孤儿眼中，没有人可以自由地行使慈善，因为试图弥补他们不幸的恰是严格的正义。这本巨著比文本本身更具有启发性，因为它在慈善和博爱之间构建了一种绝对的等价关系。[4] 将慈善纳入 1877 年签订的司法公约之中，彰显了共和与进步的特征。当反动的批评家[5]听到"如

---

[1] 关于共和思想与准合约之间的关系，参考：Claude Nicolet, *L'Idée républicaine en France*, Paris, Gallimard, 1982.
[2] 他在《当代社会科学》（*La Science sociale contemporaine*）的 1910 年版本的第二序言中承认："我们应该将这个想法的首次提出归功于富耶夫人，她在其代表作品中深入地讨论了经济及社会问题。"该作品指代的是《弗兰西纳》。
[3] A. Fouillée, *La Propriété sociale et la démocratie*, Paris, Hachette, 1884.
[4] 参考《双童环法记》中："为什么我们继续呼唤同胞之间的仁慈？因为它让我们意识到每个人都是兄弟。"
[5] A. Fouillée, *La Science sociale contemporaine*, seconde préface, édition de 1910, op. cit.

果从道德的角度来看，一切都必须是爱，甚至是正义，从社会的角度来看，一切都必须是正义"①，他们会感到羞愧，这毫无疑问。在这种准合同中，人们读到了对私人慈善事业的许多恶意，在她看来，这就是她最讨厌的共和国的新公共宗教：没有生成年份，脱离历史，包容普世社会。这部作品虽然对过去的共和国毫不关注，却如此顽固和高效地寻求构建一种永恒的记忆；与此同时，在推行自由的义务教育的第一年，新的事件在发生。显然，此处存在矛盾。怎么能从一本写于1877年的书中看出呢？法律是在1882年通过的，这一点恰恰足以证明。这个被认为很古老的文本一经出版，就像一个即将到来的谣言。《双童环法记》推动了学校的发展，颂扬那些早已扫盲的省份，动员其他省份赶超。应该让于连从法尔斯布尔把小学生的作业本②带走，以作唯一的留念。1877年的版本付梓，以至于1885年的版本毫不费力地以问题的形式评论道：法国每天都会增设新的学校吗？最重要的是，它们是从什么时候开始建立的？在这里，没有必要对原始文本进行修补，因为在编写正式方案的五年前，随着义务教育的出台，它奇迹般地进行了调整，这可是没有独裁的历史中的大事件，在这里只有教育家才能被加冕。《双童环法记》见证了历史的重要时刻，当时一切都是学校的责任。我们对王权之下的教育完全失去信心，这种

---

① A. de Margerie, « La Philosophie d'A. Fouillée », extrait des *Annales de philosophie chrétienne*, Paris, A. Roger et F. Chernoviz, 1897.
② 意义深远的是，战争之后，富耶夫人赠予芒通小学的纪念物是让-马里·居约的课桌。

教育蒙蔽了我们的双眼，我们难以看清富耶夫人所勾勒的清晰线索。这一线索使《双童环法记》成为一个记忆之场，因为它赋予了我们将不再看到的东西以感动和美好。

* La bibliothèque des Amis de l'instruction du Ⅲ^e arrondissement: Un temple, quartier du Temple

第三区教育之友图书馆:
圣殿区的一座殿堂

帕斯卡尔·玛丽　*Pascale Marie*

向　征译

马扎斯（Mazas）监狱，帝国反动派和马莱（Marais）的居民，以教育和理性为旗帜的科学艺术协会（Association philotechnique）夜校，让-雅克·卢梭（Jean-Jacques Rousseau）和欧仁·布里尤克斯（Eugène Brieux）[①]：1911年10月8日，

[①] 欧仁·布里尤克斯（Eugène Brieux，1858—1932年），剧作家，法兰西学院成员，曾创作了一定数量的通俗戏剧，其题材，如道德、正义、理性至上，深受当时自由资产阶级的喜爱。教育之友选择了此人，而不是一位政客，作为图书馆五十周年纪念日的主席，是因为："也许有些自负，我们自认为是文学共和国的臣民，与议会共和国相区别"。见谢尔盖·雅各布（Serge Jacob）致辞: in Bibliothèque des Amis de l'instruction, *Fête du Cinquantenaire*, Montluçon, Imprimerie ouvrière 1911（archives de la bibliothèque）.

第三区教育之友图书馆五十周年纪念日上的致辞提到的上述人名、地点和事件揭示了该节日的重要性。纪念日的目的是借创建者的传奇重燃记忆之火，昭示图书馆的双重根基——人民与共和国。

事实上，这座人民的记忆之所，位于老巴黎市中心历史悠久的圣殿区，长期不为人所知，那里有最早的国际主义者托兰（Tolain）的身影，有12月2日的殉道者博丹（Baudin）的身影。虽然马莱的历史指南没有忘记蒙特雷索（Montrésor）酒店，它饰有石雕的徽章与壁台的外墙，关于投石党运动（Fronde）① 英雄奥尔良公爵加斯顿（Gaston d'Orléans）钟爱的住所变为男子学校的记载也相当详尽，但是与蒂雷纳（Turenne）街54号的学校同一地址的教育之友图书馆却成为被尘封的记忆。

直到当地几位旧书爱好者的藏书辗转至一组专业历史学家手中后，人们才发现了在蒂雷纳街和几处档案存放地，有一座不可估量的资料宝库，它们描绘了图书馆在一个世纪间的变迁和集体记忆的缓慢沉淀。②

---

① 在17世纪，蒙特雷索酒店是克洛德·德·布尔德尔斯（Claude de Bourdelles）的住所，蒙特雷索公爵（Montrésor，1608—1663年），犬猎队队长，是路易十三的兄弟奥尔良公爵加斯顿的宠臣。在与黎士留和马扎然的异常激烈的斗争中扮演了重要角色，而后他被认为是投石党运动的英雄。蒙特雷索归附君主政体，终老于圣路易-马莱（Saint-Louis-Marais）街的酒店，现在是蒂雷纳街。在18世纪初期，这个酒店属于古格（Gourgues）总督，1909年巴黎市政府将酒店买下。

② 感谢劳伦特·泰斯、乔斯·波德、尼克尔·库尔蒂纳（Laurent Theis, Josée Beaud, Nicole Courtine）。据我们所知，此类著作中，玛丽安娜·卡博尼耶（Marianne Carbonnier）有关建于1830年的里昂新教图书馆的著作是仅有的一部以系统的档案研究为基础的著作。（M.Carbonnier, *Une Bibliothèque populaire au XIX*^{e}, *la Bibliothèque populaire protestante de Lyon*, mémoire pour l'obtention du titre de bibliothécaire, Lyon, 1976.）

斑驳的外墙，破旧的阳台，绘画剥落的窗户，除了几乎无法辨认的铭文"教育之友图书馆，建于1861年"之外，人们绝不会想到这座17世纪的破旧酒店竟然保存着一笔丰厚的文化遗产。然而，进入图书馆内部之后，游移于时间之外的美感与精神令人震撼。除了装帧干裂的书籍铺满墙面，直达屋顶，没有任何多余的装饰。书籍贴有标签，分类造册，如同阿拉伯童话中的某些人物，对于信教者活灵活现，对于不信教者死气沉沉。因为，除了文学基质，人们几乎本能地立即捕捉到这里的知识氛围和历史文化背景。

朝向外的窄小玻璃窗透出微弱的灯光；厚重的书卷和灰尘令骚动的世界变得柔和而低调；图书馆内格局未变——管理员的神秘之地，摆放着一张教授斜面阅书台，室内阅览桌上盖着被虫蛀的细毡子，老旧的卡片箱上的墨迹已泛黄：教育之友的世界处处带有19世纪的气息。登上旋梯，可达二层，那里甚至有一种特殊的——可以说是巴尔扎克式的氛围。参观出口处的两个小房间更是藏有至宝，正如脱落的、龟裂的金色书脊所示。其中有些是1862年的第一批藏书，而且是1840年前的书籍。

"阅读，有时是肤浅的精神娱乐，逐渐成为庄严的教育需求和对科学的逐步征服"：这是1909年图书馆"官方历史"所表述的雄心，教育之友的成功是一项艰难的使命。俯身靠近布满灰尘的书籍，看到100部无用且可笑的书名，我们便意识到，在1930年前后，人民的图书馆所经历的身份危机有多么严重：蒂雷纳街的身份，先驱者，也是最后的幸存者。但是，除了它的特殊性，在社会和文化变革尚未威胁到人民记忆中的这座城市"风景"的存在本身时,在这些变革尚未将这个充满活力的地方变为城市公墓之前,图书馆 60 年的沧桑已经见证了集体知识的沉淀,物质的和精神的沉淀。

要剖析这份沉淀的历史,首先要探索教育之友的记忆历史,乃至神话,它在记忆的双重价值积淀中结晶,它是双重斗争的结果:一方面反蒙昧主义,另一方面反政府独裁主义。然后,要展现加深记忆的历年的纪念仪式,这是对人民的和共和国的双重遗产的感谢仪式。最后,通过馆藏书籍,明确创建者们的理论基点,即共和国教育学的支点。

创始人致辞

图书馆由来的说法不一:"让-巴蒂斯特·吉拉尔(Jean-Bastiste Girard)因狂热地坚信人道主义而被帝国政府判罚入狱,在马扎斯监狱,他萌生了创建第一所人民图书馆的想法"[1];"双脚在圣殿的泥泞之中,他们同意携手合作"[2];"1860 年以来,在科学艺术协会上课的工人和职员苦于无法找到学习用书"[3]。相关记述伴随着教育之友生活中的种种事件,虽不是事

---

[1] Serge Jacob, allocution pour la fête du cinquantenaire, in Bibliothèque des Amis de l'instruction, Fête du cinquantenaire, op. cit.
[2] Bibliothèque des Amis de l'instruction du Ⅴ^e, Assemblée générale du 18 mars 1866, Paris, siège de la bibliothèque (Musée pédagogique).
[3] Syndicat des bibliothèques populaires libres de la Seine, Notice sur l'origine des bibliothèques populaires, Pièces diverses, Paris, Imprimerie Desgrandchamps, 1882 (Musée pédagogique).

第三区教育之友图书馆：圣殿区的一座殿堂 　　　　*　　　　129

实完整的忠实陈述，但具有文化意义。集体记忆讲述了图书馆真正的神话般的渊源，那里混杂着对现实的描述和史诗般的发挥。

只有创伤、痛苦和某种意义上的"外科手术式的"诞生为图书馆创立的神圣化创造了条件：在教育之友眼中，1861年至1870年这个英雄年代拥有的情感的感染力和整合力揭示了一个建立于战争之上的记忆。

创办者的社会文化根源足以定义这场战争的规模和重要性。让-巴蒂斯特·吉拉尔，作为代表性人物，传奇的鲜活化身，计划的直接提出者，在1861年是印刷工人。[①] 谁是他的追随者？可以确认10名"开明民主人士"，其中有皮革车工、箱包装配工、铜器装配工、鞍具工、雕刻工……都是手工业者，工人和小职员仅为一小部分。"社会造就的普通工人"：根据这一构成，当教育之友们决定以坚如磐石，却未获得地位的人民形象为自身特色时，掩藏了一部分事实。他们非常清楚自身的政治和文化特殊性，他们不断地——矛盾但容易理解——要求工人团体浑然一体，不可分割。然而，我们知道，他们其实是马克西姆·杜·坎普（Maxime Du Camp）钟爱的精英团体，一个"值得尊敬的、急切渴望工作的、节俭的，而且品德高尚的贵族阶级"。马克西姆·杜·坎普相信，"人在社会中，如同

[①] "勇敢的人，年轻时勤勉努力，艰难地从一个行业到另一个行业，步步高升（他从事过7个行业）……" Bibliothèque populaire des Amis de l'instruction du XIXe, *Assemblée générale annuelle du 23 février 1883*, Paris, Imprimerie nouvelle, 1883 (Bibliothèque historique de la ville de Paris).

士官在部队中"①。

　　这些人与众不同，他们早已如此，因为他们呼吸着巴黎的古老石头的气息，虽然在拿破仑三世时期，圣殿区比路易-菲利普时期要平静，街道仍不时遭受暴动的侵袭。小工坊的古旧风貌，"巴黎的物件"的古旧风貌，在这些小岛上，居住着众多著名工人，他们在第二帝国政治运动中扮演着角色。乔治·迪沃（Georges Duveau）认为，他们是"精神气息相对自由"的"有差别的群体"，产生了"了解时事，相对温和"② 的一些人物。小工坊是缓和的意识形态传统汇聚的地方，尽管被奥斯曼破坏了，它仍是这个街区的重要支柱。根据1860年巴黎商会的统计，第三区的铜器和金银器制造业，技术活（钟表业、鞍具业、装饰或制刷业）处于领先地位；印刷业、雕刻业、造纸业，仅次于学府区，位居第二。在工人生活水平研究的末尾，乔治·迪沃指出上述职业备受青睐。③ 这些工人经济条件

---

① Maxime Du Camp, *Histoire de Paris*, Paris, Hachette, 1875, t. Ⅵ.
② "在市中心，工人感受到的忧伤可以说有某种历史的厚度；它没有在郊区外表现出的那种野蛮和赤裸……这些位于巴黎市中心的小工坊有着不同的传统意识形态，当国际工人协会总部在这里招募新人时，巴黎公社未来的士兵将在美丽城（Belleville）和维莱特（Villette）成长壮大……" Georges Duveau, *La Vie ouvrière en France sous le second Empire*, Paris, Gallimard, 1946.
③ *Statistiques de la Chambre de commerce de Paris pour l'année 1860*, Paris, Imprimerie de la Chambre de commerce, 1864. 根据小时工资、生活水平和开销，乔治·迪沃所作的研究至少能够大致确定中产工人阶级的构成，包括工艺工人（雕刻工和装修工，但也有玻璃工、铜器工、钟表工等），建筑行业的工人，面包工，以及冶金行业的技师。这些相对安逸的职业和图书馆的会员形象之间的一致性也体现在教育之友的女性成员数量上（1862年为5%），主要是花边女工、女花匠、洗衣女工。

相对宽松，鉴于他们的政治性及其对知识进步的坚定信心，这些"幸福"的工人是知识精英。只需要看一下第三区教育之友的构成，就足以知道这一点。1861年4月，即图书馆正式开馆两个月后，就足足有400名成员。手工业者和技术工人（木工、鞍具工、金银器工、铜器工等）占造册人数的32%。与铜器工一样，印刷工是社会与政治斗争漫长传统的继承人，该社会职业群体具有良好的文化特殊性与内在协调性，仅这一群体就占了8%。职员和店员是重要组成部分，占最初的社团成员的21%，但是，自由职业者，工厂工人和学生只有少数人加入这个组织。"在图书馆借书的工人基本上是技术工人、铜器工、管风琴制造者，（但是）基本上没有大工厂的工人"[1]，这一推测在很大程度上得到了证实。

除了同业公会的回忆，还有教育之友对于人民教育和互助教学的积极性。可以说，后者维持着这个回忆。从社会角度定义、从历史角度定位这些人的首先是他们对成人课程的兢兢业业，以及他们对自学主义的欢迎。

希望夜校的精神——在第二帝国末期的工人眼中，课程带有共济会和革命传统色彩，而且其形象与光荣的三天混合在一起——成为蒂雷纳图书馆不可磨灭的印记，成为夜校作为集体想象的充分见证。奥古斯特·佩尔多内（Auguste Perdonnet），第三区教育之友图书馆的第一任馆长，与朱尔·勒什瓦里耶

---

[1] Georges Duveau, *La Pensée ouvrière sur l'éducation pendant la seconde République et le second Empire*, Paris, Domat-Montchrestien, 1948.

(Jules Lechevallier)一同,是综合工科协会的共同创办者,在七月巷战中,综合工科学校的学生对工人的友善让他们有了创办协会的想法。从 1831 年开始,协会开设了面向工人阶级的课程。[1] 东部铁路的管理人兼经理属于"年轻的圣西蒙主义者,通过铁路,他们将人道主义变为进步和幸福"[2]。通过铁路,同时也是通过教育之路。综合工科协会向圣安托万(Saint-Antoine)郊区的工人敞开大门,为他们开设职业教育和通识教育[3],在 1867 年博览会期间,得到了《工坊》(*L'Atelier*)编辑的赞赏,激发了许多工人代表的热情。[4]

此外,教育之友协会带有科学艺术协会的特征。1848 年,

---

[1] 工人阶层知识解放的承诺带有圣西蒙主义、傅里叶主义和实证主义的烙印,从 19 世纪 30 年代起,一些人,如卡贝(Cabet)(时任人民免费教育协会秘书)、奥古斯特伯爵或朱尔·勒什瓦里耶都投身工人教育。乔治·迪沃认为,致力于成年人教育的资产阶级是"1850 年 7 月在巴黎街道上扛起三色旗的人"(*La Pensée ouvrière sur l'éducation...*, *op. cit.*, p. 288)。

[2] Jean-Pierre Rioux, *La Révolution industrielle*, Paris, Éd. du Seuil, 1977.
奥古斯特·佩尔多内在 1850 年被任命,对法国铁路网的发展起到了重要作用。他著有大量有关铁路和开矿技术的书籍,长期致力于普及科学的研讨会。作为中央手工制造学校校长,综合工科协会主席,他在与教育之友创办者合作之前,于 1835 年在国旗厅为他的手工业学徒开办了一个小型图书馆。该图书馆不久后毁于火灾。据乔治·迪沃所言,"无论如何,奥古斯特·佩尔多内年轻时曾被当作烧炭党成员"。

[3] 会计、制图、几何,但也有基础普通课程,如语法、算术等。综合工科协会起初吸引了一定数量的受众,堪称先例。

[4] 工人运动的重要人物,如莱昂·巴尔比耶(Léon Barbier),圣安托万街区的白铁匠,1867 年至 1868 年工人委员会的财务主管,都对他赞誉不绝:"[向佩尔多内先生]致敬!受益于他的教育的人对其感激不尽"(*Le Pays*, 26 septembre 1865. 引自 Georges Duveau, *La Pensée ouvrière sur l'éducation...*, *op. cit.*, p. 288)。

圣安托万郊区几个工人另起炉灶,成立了科学艺术协会。他们不满在劳动管理中为来自综合技工学校的工人提供特权,更批评教学过于科学性,水平过高,这些是导致分裂的原因,但是这样的分裂不能掩饰共有的构想和模式(语义上的近似就说明了这一点,除此之外,还有当时对这个受古代艺术影响的术语的爱好)。新机构出自综合工科协会,其区别在于"有意偏向职业教育而轻视普通教育、主张开明与进步精神、有意回避政治与宗教斗争、缓解并调和智力教育与道德教育[1]"。

毫无疑问,因为科学艺术协会的核心地位,这种改良主义哲学持续地影响着蒙特雷索旅店的主人。蒙特雷索旅店产生了最早的创建者——所有人都是在杜尔哥(Turgot)学校参加夜校课程的佼佼者,它还为图书馆提供了场所——其教师随后成为管理委员会的主要成员,它还带来了不可或缺的政治支持,确定了最初的书目,基本为技术类和职业类书籍。

这并非教育之友的全部构想:互助协会似乎也成为未来图书馆管理人员的人才培养基地。上文我们从政派的角度提及共济会和革命传统的共同存在。事实上,我们知道,共济会的力量不限于广泛的意识形态上的同源性:图书馆最有影响力的管理员于1907年任职,他是第三区兄弟联合会秘书,他的老师不是别人,正是图书馆前任馆长[2]。让-马塞(Jean-Macé),教

---

[1] 参阅 Auguste Pressard, *Histoire de l'*Association *philotechnique*, Paris, siège de l'Association, 1899.

[2] Union fraternelle du IIIe arrondissement, *Convocation*, 15 juin 1916. 会议日程:"受到威胁的共和国机构:第三区教育之友图书馆。"

育协会的创始人，该协会似乎直接受启发于让-巴蒂斯特·吉拉尔的经验，根据让-马塞曾是熟练泥瓦匠的事实难道不能得出这样的推断吗？

反抗传统，提倡互助教育，与支持共和国和民主的团体密切接触：如此多的武器可以与蒙昧主义抗衡。为了回应那些认为应根据经济回报的三重目标，即指导、教化和提高，来精打细算地确立知识片段的人，教育之友提出"排斥任何神学、官方或资产阶级赞助的创新机构"[1] 的理念。创建真正的人民图书馆的目的，即由人民创立，而非为人民创立，让他们想到了一个变革方案：通过认捐的形式筹建图书馆，以共同出资取代资方赞助，读者分红，这在法国史无前例。会员既是使用者，亦是管理者：通过微弱的投资，他们不仅可以借阅书籍，还可以在全体大会上投票建设章程，推选工作人员，推荐入库书目。[2]

---

[1] Syndicat des bibliothèques populaires libres de la Seine, *Rapport au Conseil municipal et au Conseil général*, Paris, Imprimerie Desgrandchamps, 1883.

[2] 1862 年 2 月 2 日全体大会上制定的章程确定了会员可以参与管理的方式：
——管理费：男性 1 法郎，女性 50 生丁（第 6 条）。
——每月会费：男性 40 生丁，女性 20 生丁。
与 1864 年工人的薪水相比（参见 Georges Duveau, in *La vie ouvrière sous la seconde Empire*, op. cit., p. 319），这些数字足以说明，第一批会员在图书馆注册时经济上的分量。每月会费相当于 1 小时工作报酬。木工和缝纫工每小时的报酬为 0.4—0.45 法郎。比印刷工、首饰匠、铜器匠和锁匠报酬略低（每小时 0.4—0.5 法郎）。明显低于技工（每小时 0.5—0.65 法郎）。从预算上计算同样重要，因为这些从业人员有将近 4 个月的结构性停工。对于普通印刷工，停工、会费、管理费累计每月 48 生丁，也就是说，占实际月收入（87.5 法郎）的 0.55％。

第三区教育之友图书馆：圣殿区的一座殿堂

共和国的记忆？当图书馆馆长在 1911 年提到让-巴蒂斯特·吉拉尔因政治问题被捕入狱时，他令记忆犹新的听众印象更加深刻。教育之友以热情征服的这个英雄时代便是见证，马扎斯①监狱系统地检查囚犯入狱证登记簿正说明了他们的热情。因为，如果入狱的事实成立（因积极参与米歇尔-勒-孔德［Michel-Le-Comte］② 街道的工人联合会组织，他在 1850 年 11 月 15 日被塞纳刑事法庭宣判），那么，创始人致辞则无视

1862 年图书馆会员 5% 为女性（400 人中有 20 个女性），她们的会费也相当于大约一小时的工作报酬。洗衣女工、制帽女工和女花匠是教育之友的主要群体，每日报酬 1.5—3 法郎。

工资增长，初期会费并未马上增长，直到 1889 年，男性会费才涨到 0.5 法郎，女性会费为 0.25 法郎，而 1871 年的小时平均工资已达到 0.5 法郎，甚至 0.6 法郎。男性、女性管理费均为 1 法郎，直到 1919 年才出现押金（5 法郎，住在酒店的会员 10 法郎）。

应该看到，如此微薄的会费并不是钱的问题。奥古斯特·佩尔多内认为，"我们注重的是更为重要的东西。工人付钱，是因为他愿意消费"。

这一观点，即只有值得努力的东西才会被欣赏，出现在当时的许多与公众教育相关的资料中。

会员可以借 1 本书（自 1909 年为 2 本），期限为 20 天。周日、假日图书馆开放时间为 11 点到 13 点，平日为 19 点到 22 点。值得一提的是，周末工作，周一休息，仅涉及第二帝国时期巴黎的一小部分工人。对于他们而言，周日基本上是"家庭聚会、歇业、沉思的日子"。（Georges Duveau, La Vie Ouvrière ... op. cit., p. 243.）娱乐消遣的变化？自 1902 年，图书馆仅在 10 月 15 日至 4 月 15 日之间的周日开放，时间为 9 点到 11 点。

① 从 1850 年开始的这些登记簿可见于塞纳河档案。让-巴蒂斯特·吉拉尔未出现在其中。

在图书馆管理委员会的报告中，名为纽玛·拉凡（Numa Raffin）的人撰写了让-巴蒂斯特·吉拉尔的生平。我们未找到该书。

② Jean Maitron, Dictionnaire biographique du mouvement ouvrier français (1789 - 1864) Paris, Éditions ouvrières, t. II, p. 273.

事实，将故事变成了传奇。甚至地点也被混淆了（让-巴蒂斯特·吉拉尔曾住在圣德-佩拉吉［Sainte-Pélagie］），事件成了记号。此外，第一批创始人的政治材料没有令人生疑之处。在塞纳人民图书馆工会的笔下，他们是"有些社会主义倾向的久经考验的共和党人"①，这些人受到了巴黎市议会的欣赏，松根（Songeon）在 1882 年将他们称为"在国家政变中被流放的公民"②。

自 1861 年末，教育之友协会内部冲突显现，明确地表现了成员热烈的共和国情怀。起草、修订、确定终版章程需时三个月，由 6 月 23 日的全体大会投票表决。200 名会员到场选举领导机构成员，该机构负责书籍组织、管理和甄选，根据奥古斯特·佩尔多内的说法，工人阶级只能占领导机构人员的半数③。这一结构说明第二帝国对人民大众的不信任，这一结构注定分裂，综合工科协会主席早已指出其"弊端"，预言了早期的冲突：除了不同的动机——工人的勤奋与其他人员的经常缺勤形成对比，还有受争议的能力——工人"意愿良好，但是不懂事理，让讨论耗时耗力"。

讨论艰难，但也不至于混乱。的确，章程需要内政部部长的批准，手续繁杂，历时持久（仅仅是法维［Favé］上校——

---

① *Rapprot au Conseil municipal*, op. cit.

② Syndicat des bibliothèques populaires libres de la Seine, *Pièces diverses*, op. cit.

③ Auguste Perdonnet, *Notes sur les Associations polytechnique et philotechnique et sur la bibliothèque des Amis de l'instruction*, Paris, 1865（Bibliothèque natioale）。1862 年 2 月 2 日全体大会修订的章程未见条例。

他日后成为拿破仑三世副官将军——的保证,教育之友"历尽艰难"得到政府部门认可后才得到批准①),最终,图书馆得以开张。在图书馆搬到圣殿区政府属地之前,400 名会员经常去杜尔哥学校,秋天那里供他们使用。据 1862 年的目录,有书籍 1200 册。

从此,在历届选举中,推荐人员参差不齐,这证明了社团成员基层与"保护人"的合法性被质疑,出现了鸿沟。一群人集中在奥古斯特·佩尔多内周围,"在过去,他已名声显赫,社会地位高,令人刮目相看,表现出了不可置疑的教养",似乎能直接"自由行事,与当局平起平坐"。② 但是,随着人们远离部长的管辖,更需要谨慎,更需要"温和"和"智慧的精神"。这些工

---

① Bibliothèque des Amis de l'instruction du Ⅲ^e arrondissement, *Exercice 1861 - 1862*, Paris, Imprimerie Claye, 1862 (Archives nationales).
全体大会上宣读的报告强调了法维上校的作用,"综合工科学校的老师,学识渊博,手不释卷"。1869 年,法维成为将军,拿破仑三世的副官,并管理综合工科学校。在他的建议下,让-巴蒂斯特·吉拉尔于 1862 年创立法兰克林协会,用于推广人民图书馆。作为开明资产阶级和公众职能精英的聚会场所(朱尔·西蒙、阿梅岱·蒂埃里、沙思路-洛巴、让·马塞、阿道尔夫·岱沙塔尔、夏尔·罗伯特[Jules Simon, Amédée Thierry, Chasseloup-Laubat, Jean Macé, Adolphe d'Eichtal, Charles Robert]都是其成员),这个协会在人民图书馆的扩张运动上发挥了积极的作用。其月报,自 1868 年出版,堪称信息宝库(教育学图书馆)。

② *Assemblée générale du 2 février 1862*, *op. cit.* 1862 年 2 月 8 日的选举选出一位互助教育的长期拥护者作为管理者。艾米尔·马尔格林(Emile Marguerin)(为艾米尔·巴洛[Emile Barrault]主编的周刊《法国信使》[*Courrier français*]的撰稿人,与朱尔·西蒙[Jules Simon]同为杂志《思考的自由》[*La liberté de Penser*]的撰稿人)是杜尔哥学校深受工人喜爱的教育创始人,他担任该校校长。

人的政治觉悟不可抑制地发展着，从此，他们不情愿地屈从于政府对他们刚刚获得的自制原则的侵犯。当第三区区长阿尔诺-让蒂（Arnaud-Jeanti）决定在1862年夏季强加"某些公共治安条件"作为章程的反方案时[1]，在全体大会上，三分之二的教育之友反对其主要条款。将图书馆置于区长的管辖之下？这样会"以间接的方式，将权力引入协会"。这一疑虑蔓延至领导机构对申请书籍的审核程序：人们议论"黑房子""审查委员会""反自由的压迫"，要求领导机构证明其决策的正确性。[2] 这场斗争可以被看作开明资产阶级希望的社会调和与阶级合作的乌托邦的失败，他们的主张并非坚如磐石。对于奥古斯特，讨论仍然"非常平静，非常适当"，即使他也认为，大会似乎"被一些非工人阶级的人左右了"[3]。阿尔诺-让蒂也同意这样的看法，他认为"一小撮爱闹事的人"的叛逆特征"意味着行会的复苏"，这一点确信无疑。相反，万森（Vincent）的见解更有裨益，他是教育之友协会的副主席、法兰克林协会成员，他坚决

---

[1] 阿尔诺-让蒂在卡特-菲斯街（Quatre-fils）拥有一家商行，于1862年或1863年退出商界。阿尔诺-让蒂父子商行主要经营种子30多年，在这一时期解散。(*Grand livre des comptes courants de la Banque de France*, Banque de France.) 反方案涉及以下几点：
——章程第1条中有关区长的管辖权；
——取消阅览室，禁止在区政府停留、集会；
——在宗教节日或国家节日关闭图书馆；
——在投票十天前取消选举服务。
[2] *Procès-verbal de l'Assemblée générale du 9 novembre 1862* (Archives nationales).
[3] Auguste Perdonnet, *Note sur les Associations polytechnique et philotechnique*, op. cit. 塞纳河档案和国家档案共有的一封完整的信件可以带我们非常详细地追溯1862年的事件。

要求区长"向警察局长先生指出有必要立即纠正错误"①。

随着场所享用权被收回，章程审批被暂停，社团被解散，"自由王国"的局限性显现了出来，同时，起源的神秘化条件也形成了。作为政府武断的受害者，协会"因制定过于独立的章程并想要教化人民，被指有罪"②，一时间腹背受敌……出现了戏剧性的夸张局面："立即停止办公。必须在 12 小时内搬离"。教育之友对此记忆尤深。从 1863 年 2 月——批准重组——到 1868 年政府同意每年召开全体大会，在这段时间中，由于竞争，出现了众多图书馆，名称相同，宗旨相同，章程相同。③

---

① "为此重新确立有争议内容，并增加对于该机构良好治安精神不可或缺的一些条文。" *Lettre de Vincent à Arnaud-Jeanti*, Archives de la Seine. 这封信的多个片段令人多有猜测，万森，但也可能是其他人，在担任图书馆其他职务的掩护下，扮演政府的情报收集者的角色："作为法兰克林委员会的成员，我搜集其他信息，并负责在适当的时间和地点汇报给内政部部长。之所以人们通过教育进行德化，是因为在特定条件下，人们不会违背德化工具。"

② Serge Jacob, *Aperçu historique de la bibliothèque des Amis de l'instruction du IIIe*, Catalogue de 1909, Montluçon, Imprimerie Herbin, 1909.

③ 首先是下列图书馆：在拉穆鲁（Lamouroux）推动下建立的第 18 区图书馆；第 15 区图书馆建立于 1867 年；以艾德蒙·拉布拉耶（Edmond Laboulaye）为首的第 5 区图书馆创立于 1863 年 8 月，截至 12 月 31 日，该图书馆有会员 530 名，图书 3015 册。

1869 年，第 3、5、8、10、15、18、19 区的教育之友举行特别集会，目的是在各个街区建立图书馆，并以各种方法（公共研讨会、课程、文章）推动现有图书馆的发展。

1882 年，工会成立，集中了巴黎 12 所图书馆（第 3、5、6、7、8、12、13、14、15、18、19、20 区），雷奥穆尔街（Réaumur）的实证主义图书馆，以及巴黎郊区的 5 家社团。工会的目标是通过与图书馆有关的各种游行组织，以及不同资料的收集，"尽一切可能增加、发展、繁荣以协会原则为基础创立的图书馆"。其他几所图书馆（第 11 区的南特尔［Nanterre］、易瑟［Issy］、普莱纳-圣德尼［Plaine-Saint-Denis］图书馆），虽然基于同一基础、同一原则，但未加入运动。

协会服从的严格规章即说明了这个意识的"黑洞"。由区长管理，由内政部部长任命图书馆馆长，由内政部部长审核书目并行使审查权：协会向中央权力的屈从让教育之友蒙受耻辱。

然而，矛盾的是，这一时期似乎深化了人民精神上的压抑和"危险阶级"的幼稚化，但却见证了图书馆的极大繁荣。因为，教育之友在政府专横的管理中，获得了他们的生存之本和立足之地。自由气氛与继帝国之后的政府的好意所掩盖的其实是群众运动即将溃散，而且，随着市立图书馆的出现，竞争异常激烈。1868 年有会员 800 名，2800 册图书，开展讲座和游览后，有会员 1000 名：在亨利·哈朗（Henri Harant）[①] 管理时期，印刷工吉拉尔取得的非凡成就好景不长。

挥之不去的传奇

随着第二帝国的坍塌，喜迎共和国的气氛日渐浓烈，借助

加入工会的 18 所图书馆共有会员 8000 名，其中约四分之一为女性，借出图书为 13 万册。在 1882 年报告中，工会看到，加入工会的所有图书馆相当于"一个每天有 1605 人读书 2 小时的图书馆"。（Syndicat des bibliothèques populaires, *Rapport au Conseil général*, Imprimerie Desgrandchamps, Paris, 1883.）同年，15 所工会图书馆举办研讨会 188 场，听众约 1000 人。

图书馆会员构成大体如下：40% 为手工业者，30% 为职员，10% 为教师和自由职业者，20% 为业主、企业家和商人。

1898 年 1 月 1 日，工会有 14 所图书馆位于巴黎（第 2 区、第 9 区图书馆不在其中），然而，塞纳省的图书馆仅存有阿涅勒（Asnières）图书馆。当时借出图书总计达 238892 册。

① 综合工科学校的几何教师，于 1868 年接任去世的奥古斯特·佩尔多内。自 1875 年，政府慷慨提供补助金，以及位于塞维涅（Sévigné）街的场所使用权。据我们计算，补助金（1887 年为 2000 法郎）占 1895—1902 年间收入的 78%。

记忆之场的仪式，确立社团一致性的意愿出现了。胜利的弥撒，成名的记事，或者象征的选择：教育之友众志成城，以期创建并不断壮大社团，在或多或少严峻的历史情境中，在明确的、公认的空间中，确立它的地位。也许为了这个和谐的记忆，应该沉默，对于牵动国家命运的某些重大事件的沉默：奇怪的是，巴黎公社没有出现在记忆中。这个发生在首都的最后的重大革命运动只对1869年选举产生了微弱的影响：教育之友选区选出了1848年的社会主义民主人士班塞尔（Bancel），而不是埃米尔·奥利维尔（Émile Ollivier）。① 然而，如同巴黎东部和北部的大部分地区一样，圣殿区未能逃过骚乱。② 教育之友警惕地区革命与暴乱，只表达爱国之情，他们认为，"挫败和妥协"必然会发展为"内战的动乱"。③

人民图书馆利用国家主题不断吸引会员加入，1882年8月6日，工会为会员举办的节日就明证了这一点。组织者为了说明他们对共和国机构的无限支持，专门让当选者管理这个文

---

① Discours du président du conseil municipal Songeon pour la fête du cinquantenaire, in Syndicat des bibliothèques populaires de la Seine, Pièces diverses, op. cit.
② 参阅 Jacques Rougerie, Paris libre, 1871, Éd. du Seuil, Paris, 1971. "1870年9月5日，在巴黎第3区奥迈尔街（Aumaire），国际主义者召集积极参加抵抗的共和党人，有500人到场。'警戒委员会'的想法由此诞生［……］"（第33页）。"1月27日、28日夜晚相当混乱：国民卫队的军官聚集在第3区政府［……］1点25分，400人聚集在教堂区政府门前［……］"（第81页）。
③ 据让·杜沙尔（La Gauche en France depuis 1900, Paris, Éd. du Seuil, 1977）记录，在极端派那里几乎完全听不到关于巴黎公社的话题。根据 Notice sur les bibliothèques populaires en France（in Pièces diverses, op. cit），图书馆工会指出最初创建者中的两位死于布岑瓦尔（Buzenval）。至于之后图书馆会员如何积极参与巴黎公社运动，对此我们没有掌握任何线索。

化政治社团。市议会主席松根领导社团，市众议员和参议员[①]聚集在"保罗·勒贝格（Paul Lebègue）慷慨捐赠的共和国铜质半身塑像前"。罗卡德罗宫（Trocadéro）的大厅汇集了5000人。

在第三共和国初期，共和国传统已积淀，这次庆典犹如集体传奇与共和国精神的结合，甚至，用让·杜沙尔（Jean Touchard）的话说，是"共和国清教主义"。此处的结合有两层含义，因为对于渊源的叙述，作为教育之友记忆的核心支柱，是松根的杰作。庆祝的场域向什么敞开呢？那里有整个温和共和派人的精神世界。有拉卡纳尔（Lakanal）作为参照，有保罗·贝尔（Paul Bert）的存在，有对迎接新型人类的教育的信心：自由的公民，有责任感的公民。仍然是保罗·贝尔，他反抗教权蒙昧主义（"教权主义，就像根瘤蚜"），崇尚进步，这是公正意识的胜利。最后，公众教育的杰出议员激昂地声称祖国绝对先于一切。共和国民族主义训诫的核心人物，一个对共和国完全忠诚的人——德鲁莱德（Déroulède），是"在战场上被缪斯亲吻额头"的诗人。在机会主义时代的共和国意识中，爱国情感仍有空间。在呼吁为年轻人设立适合培养"激情"的节日讲演结束时，出现一个鲜活的象征，这不足为奇。共和党人就是这样的信徒。前法兰西剧院的女演员出现了，这

[①] 众议员：埃尔韦·芒贡、阿尔贝·费里、德·埃雷迪亚、吉沙尔和格雷波（Hervé-mangon, Albert Ferry, de Heredia, Guichard et Greppo）。
参议员：蒙泰尔、弗莱尔博士、雅克、罗比内和波尔（Monteil, Dr Frère, Jacques, Robinet et Boll）。

位在巴黎公社时期参加过各种游行的名人身着古装,手执三色旗,"高亢激昂地"歌唱《马赛曲》。①

这一时期,在教育之友组织的众多游览中,出现了"在敌人占领的战线上的散步"。②

毫无疑问,自 1868 年以来,与官方庆典活动一样,为弘扬文化遗产,人民图书馆组织了各种讲座和游览:通过科学主题的选择——弗拉马里翁(Flammarion)的关于碳、天文学的课程——实现了对实证主义遗产的肯定;组织参观格勒纳勒(Grenelle)水晶厂,或拉维莱特(La Villette)的煤蒸馏,弘扬了工人文化。就此,很有必要关注教育之友的运动所扩展到的巴黎其他区,这令集体想象出现了当时还陌生的传统:大工业的传统,"红腰带"的传统。如迪沃所言,"布朗基主义者战胜了普鲁东主义者"。

1909 年,教育之友在给目录寻找插图,并为协会确立象征时,公然无视这种激烈的、极端的意识形态。既没有奥古斯

---

① 此处指阿佳尔(Agar)小姐。据让·迈特龙(Jean Maitron)所言,"她 5 月 14 日在杜伊勒里宫,21 日周日,当凡尔赛的军队进入巴黎时,她仍在那里"。Jean Maitron, *Dictionnaire biographique du mouvement ouvrier français*(*1864 - 1871*),Paris, Éditions ouvrières, 1964, t. I. "沙尔凡,费洛伦斯·雷奥尼德(Charvin, Florence Leonide),人称阿佳尔(1836—1891 年),演员,自 1862 年,在法兰西喜剧院演出。在加入支持巴黎公社战斗者的游行之后,《费加罗》报纸指责她在马蒂尔德(Mathilde)公主的帮助下,成为法兰西喜剧院的成员,并且在她的支持者倒台后,朗读《惩罚集》(*Les Châtiments*)。她义正词严地回答,自从巴黎公社开始,她就为受害者战斗,并且忠于马蒂尔德公主。这些指责迫使她在 1872 年离开法兰西喜剧院。"
② 此处指第 15 区人民图书馆。第 3 区图书馆当时组织过相当多的游览,可惜我们不知其细节。

特·巴尔比耶（Auguste Barbier）钟爱的"胸部丰满的胖女人，魅力十足，棕色皮肤，眼中带火"[①] 的形象，也没有阿佳尔（Agar）小姐的激情，后者曾夸张地朗诵"鲁热·德·利尔（Rouget de Lisle）的优秀诗句"。教育之友没有借用任何革命的象征：没有弗吉尼亚软帽，也没有生动的造型，没有半裸体，也没有宝剑。一个女人正襟端坐，古代的袍子从脖子裹到脚踝，去政治化的庄重的女人形象给人印象深刻。科学？理性？教育？重要的是，不论哪个政治家族都需要道德和公民的象征的普遍性。如果资产阶级自由主题令我们震惊，莫里斯·阿居隆（Maurice Agulhon）选择使用"象征性工具"一词时却异常谨慎，甚至显得保守：头戴光环，进步思想与理性启蒙结合的典范；皇冠，权力的象征；桂冠，神圣的功绩和力量，以及书籍和理性的光辉。犹如有一股沉着干练、浑厚有力、老成持重的气息，使得教育之友似乎已经看到他们事业的胜利。植物主题，灯光主题：促进教育之友胜利的象征体系并未很好地让人联想到一个彻底的共和国形象。

然而，我们看到，在1909年主宰图书馆命运的人不是保守派。卡纳瓦莱博物馆（Carnavalet）前图书管理员谢尔盖·雅各布为人权联盟摇旗呐喊，他负责第三区的分部。[②]

在努力使图书馆具有集体性时，正如在集体记忆的积淀中

[①] Auguste Barbier, *La Curée* (iambes). 引自 Maurice Agulhon, *Marianne au combat*, Paris, Flammarion, 1979, p. 56.
[②] "笔锋敏锐的政论家，在巴黎大工会周报上尽显才华。"谢尔盖·雅各布葬礼上的致辞，他死于1915年（图书馆档案）。

发挥的作用，他得到了坚定的共济会员勒内·劳尔图瓦（René Lorthioy）的积极帮助。这是否进一步说明了政治上自由的共和党阶层，在情感上的人文主义之下有着根深蒂固的社会保守主义？

矛盾的是，在对 1909 年目录的历史概述中，我们看到了对于图书馆创始事件非常政治性的描述。真实版本——初期地位低微，创建者境况不佳；传奇版本——"法国第一家私人图书馆"。无论如何，既然是典范记忆的第一次呈现，都是正式版本。由于致辞反对任何的必胜主义，它首先被政治化了。因为，它用呼吁长期斗争的积极主动代替了象征带来的平静："人民信任民主政体，依靠民主政体，我们赋予人民自由和改革……但其中很多有负我们的希望。"面对他们取得的成绩，教育之友没有过早地欢呼胜利。继续推广创始人的功绩——希望延续下去的集体想象仍然遭受着衰落的困扰。

1911 年 10 月 8 日，图书馆五十周年纪念日被看作图书馆生命力的完美展现，也是对记忆的延续。创始人的英雄主义，其事业的绝对独特性，其行为引发的好胜心，其最具传奇性的风格，长期以来都是回忆的对象。还有什么比身处黑暗牢狱仍构建图书馆计划的让-巴蒂斯特·吉拉尔的形象更感人的？①

谢尔盖·雅各布认为，对马莱工匠们"长期的慷慨努力"

---

① 需指出，圣德-佩拉吉监狱有供犯人使用的图书馆。教育之友之父是英雄起源的鲜活代表——从庆典到揭幕仪式，1900 年离世。他在马扎斯监狱服刑的事情此后才被提及。为弥补这一空白，在周年庆典之际，人们特别强调了名誉会员中最初的三位信徒，即三位"英雄"，他们入会已有 48 年之久。

的致敬首先是公众道德的集中体现：理性与团结，正直与对工作的热情，对组织的忠诚与对传统的尊重。

由于这种家长式的人道主义和对"公平与理性所重构的社会"的信心，欧仁·布里尤克斯是名誉馆长的最佳人选。他在布尔-拉贝（Bourg-Labbé）和圣马丁街区（carré Saint-Martin）度过了平淡的童年，象征性地反对君主体制[①]，教诲式的大众文学作家，安德列·安托万（André Antoine）和他的自由剧场发现的这位富有戏剧性的作家自然融入了教育之友的精神世界。[②] 即使他的谆谆教诲[③]被当作"诱人的夸夸其谈"，也不让人感到意外。六十年来，与自由资产阶级一同拥护劳动阶级精神解放的工人们一直沉浸在这种近乎维多利亚时

[①] "我记得有一个'拿破仑三世奖'出了相当不正式的合订本"。Bibliothèque des Amis de l'instruction du IIIe, *Fête du cinquantenaire*, Imprimerie ouvrière, Paris, 1911, p. VIII.

[②] 安德列·安托万真正发现了欧仁·布里尤克斯。*L'Histoire littéraire de la France*, Éditions sociales, 1979. 该书认为他是一位拥护"自由"戏剧的作家，对时政大事感兴趣：《红裙子》（*La Robe rouge*）谈论死刑，《孤单的女人》（*La Femme seule*）涉及妇女解放。他的大部分作品，多为通俗戏剧和道德说教戏剧，已被遗忘。（1887—1896年，自由剧院上演了69位新兴剧作家的作品，其中有欧仁·布里尤克斯。）

[③] "可以说，是书籍让我们在一起……请比较读书的工人的生活和不读书的工人的生活。前者，晚饭后，坐在灯下，妻子缝纫，孩子做功课，他读书……不论读什么，当他无法一人体验读书带来的情感时，他会和家人交谈；这时，他高声阅读，让家人与他一同分享喜悦和满足，女人放下了手中的针线，孩子指在课本上的手指停了下来……女士们，先生们，有必要再向你们描绘不读书的人的可悲情形吗？他独自一人，痛苦，孤单。他会喝酒，寻求短暂的慰藉，但是无法找到安慰……" Bibliothèque des Amis de l'instruction du IIIe, *Fête du cinquantenaire*, *op. cit.*, p. VIII.

期的气氛中。

五十周年纪念日热烈地庆祝"旺盛的生命力",其时蒂雷纳街的图书馆有 420 名成员,近 1 万册图书,位列人民图书馆榜首。这份荣耀也许应该归功于谢尔盖·雅各布和勒内·劳尔图瓦的推动,他们是重要管理者的最后代表。在他们之前,随着图书馆的势弱,馆长更换频繁(先是莫格里[Maugery],然后是巴特利[Bartholy]任职至 1902 年,马克森[Maxant]任职至 1903 年,布兰克[Brancq]继任至 1907 年)。但是,每年入馆图书的变化节奏(在谢尔盖·雅各布管理时期,平均 500 本,近 1920 年时,为 380 本)掩盖了在图书馆创建之初就已注定的衰落,这既是适应社会的原因,也是其结果。

藏书的变化

"本馆藏书不专门面向大众阶层,但也绝无煽情图书。不涉及宗教或政治纷争,也没有被歪曲的历史……"章程开篇就被剔除的书籍列表说明了图书馆创立的意图:它承担着教育的功能。为了给他们的计划打上契约的烙印,创建者们"根据书籍的优点和有用性"严格确定图书范围。但是,论及"儿童和妇女"时,这一口号——深信书籍能够改变人的思想——就相当谨慎了。书籍"是真正的使者,能在家庭中传播健康思想和高尚情感"。首先,教育之友通过职业书籍和"实用科学"书籍实现他们的计划。但是仅有这些书籍是不够的,因为"科学不足以教育人类",而且"小说,小说本身",只要不是无聊的和不道德的，也可以进入图书馆。①

如果说教育之友大体上拥护共和党，是因为他们坚信社会的逐渐进步取决于物质的进步。科学艺术协会的课程分为14个部分，1862年图书馆的第一份目录就是为了不断丰富工人阶层的技术和职业知识，以适应工业革命可能的变化。几何、机械或者线路图，劳动阶层能够用到的这些工具，"也许能够将他们从沉重的枷锁中解放出来"。系列目录②与综合工科学校所教授的课程的对应关系说明：自成立以来，图书馆成为大部分会员所接受的职业教育的辅助工具。

在这些工人眼中，技工文化和实业家文化是职业和社会晋升的工具。首先是利益驱动着他们解放的步伐。关于立法、政治经济、卫生的书籍是同样的逻辑。精确科学扩展至有机化学、生物学、社会学，在第二帝国末期，伴随着公民道德的发展，拉斯帕伊（Raspail）和韦尔波（Velpeau）对卫生规则的赞同代表着为民主体制的到来所作的斗争。

如道尔恩斯（Dolléans）所说，教育之友置身于"声张权

---

① 我们可以通过图书馆历年的目录评价当时的藏书及其发展。Bibliothèque des Amis de l'instruction, mairie du IIIe arrondissement, *Catalogue 1862*, Paris, Imprimerie Claye; Bibliothèque des Amis de l'instruction, rue de Sévigné, *Catalogue de 1875*, Vouziers, Imprimerie de Frederick-Defrene; Bibliothèque des Amis de l'instruction, rue de Turenne, *Catalogue 1909*, Montluçon, Grande Imprimerie du Centre.

② Discours d'Eugène Brieux, *Fête du cinquantenaire*, op. cit. 1862年的14个系列目录如下：数学（算数、代数、几何、测量）；物理（化学、天文学）；自然历史；卫生；各类学科、年鉴；语言学、哲学；历史、法学、政治经济；地理、游记；文学；美术；机械工业、建筑；化学及各种工业；商业、会计学；农业。

利的世纪",他们拥有的科学和知识革命的主题建立在精确科学进步的基础之上。著名理性主义者——卡诺、克洛德·贝尔纳、贝特洛(Carnot,Claude Bernard,Berthelot)——的最初经验从根基上动摇了预设的普遍和谐的信条,图书馆会员热衷德国人李比希(Liebig)的物理、电学、有机化学,阿拉格(Arago)或弗拉马里翁的人体生理学或天文学。由于科技决定论的狂热信条,他们表现出了"紧随时代"的强烈意愿。在1875年的目录中,《物种起源》与《实证政治》同时出现,说明任何本世纪的文化大冲撞都未被忽视。实践理性主义和科技实证主义的压力确立的这种精神世界刻有综合工科和圣西门主义的印记,让梦想无处可存。天文学也许是"美妙的科学,它引领灵魂,将视野扩展到我们的星球的有限空间之外"[1]。小说同样如此,还有东方游记(1862年的目录中有42%为游记,如果算上远东的话,则占62%)。这一时期,图书馆拥有图书1200册证明了对教育和研究的有意倾斜,和对娱乐的牺牲:技术和职业书籍占比18%,教育书籍占比61%—68%,娱乐书籍占比14%—21%。[2]

教育之友有提出相当明确的参照系统作为他们的教学支点吗?各种影响会变得相互矛盾吗?有唯物主义哲学家必希纳(Büchner),也有费奈隆(Fénelon)和博须埃(Bossuet)。有

---

[1] A. Perdonnet, « De *l'utilité de l'instruction pour le peuple* », in *Conférences populaires faites à l'Asile impérial de Vincennes*, Paris, Hachette, 1867.
[2] 这个误差说明如此分割的武断性。在消遣读物中,有小说和童话故事,乐谱和歌本,艺术绘画教材,以及一些农业系列书籍。数量最多的仍是游记。

达尔文（Darwin），也有居维叶（Cuvier）。有奥古斯特·孔德（Auguste Comte），也有维克多·库赞（Victor Cousin）。然而，在图书馆的书架上，临近的学科，一些唯物主义理论，甚至科学主义，以及某些唯心主义和唯灵论的书籍，不应该迷惑我们。贝特洛的著作直到1920年才出现，泰纳（Taine）的著作直到1909年才出现。① 勒南（Renan）的《科学的未来》和《知识和道德改革》则始终未出现过（他的所有宗教历史的著作——如《耶稣的一生》，写于1863年，1870年前发行有一百万册——在1909年的目录中，位于教育学-哲学类目下）。无论如何，在跨越积极的无神论时的犹豫不决没有取代教育之友对信仰自由、科学理性和共和主义的坚定信念。② 从必沙（Bichat）到沃尔内（Volney），从斯宾塞（Spencer）到罗比内博士的《实证哲学》，从奥古斯特·孔德到皮埃尔·拉菲特（Pierre Laffitte）或者利特雷（Littré），在可选择的教义、哲学和政治的背景下所描绘的精神世界首先印有实证主义的烙印。

---

① 《拉封丹寓言评论》（*Essai sur les fables de La Fontaine*，1853）和《论智慧》（*De l'intelligence*，1870）在1909年之前的目录中未出现过。至于《批评和历史概论》（*Essais de critique et d'histoire*，1858），则从未进入过目录。
② 从政治意义上讲，在第二帝国后半期，实证主义始终支持共和党。如克劳德·尼科莱（Claude Nicolet）在其经典著作《法国的共和理念》（*L'Idée républicaine en France*，Paris, Gallimard, 1982）中所述，共和精神从不同的哲学传统中汲取养分，其中，唯灵论者、自然神论者不乏其身，比如朱尔·西蒙的《自由》（*La Liberté*）、《工人》（*L'Ouvrière*）或者朱尔·巴尔尼（Jules Barni）的《民主中的道德》（*Morale dans la démocratie*）。图书馆有博须埃的哲学书籍，或者费奈隆的《上帝存在论》（*Traité de l'existence de Dieu*），不足为奇。

乌托邦社会主义的相对缺席更加映衬了工人阶级首先想要贴合时代的出人意料的形象。1862年,图书馆既没有傅里叶,也没有普鲁东,更没有卡贝,他的《伊卡里亚游记》(1840年)直到1909年才进入图书馆!奇怪的是,虽然教育之友受到人类应用于事物的科学主义的现代主义气氛的熏染,他们很晚才对社会事件感兴趣。勒努维耶(Renouvier)(《人类和公民的共和国手册》)直到1909年才出现。① 至于社会科学的重要人物艾蒂安·瓦舍罗(Etienne Vacherot),以及社会学理性主义者涂尔干(Durkheim)仍旧完全不为人所知。从维勒梅(Villermé)到维勒诺夫-巴尔热蒙(Villeneuve-Bargemont),这些社会改革基督徒们的命运并无不同。作为在世纪末对于社会生理学的热情回应,1875年的目录中出现了较丰富的立法政治经济类目。其中有奥迪加奈(Audiganne)、勒瓦瑟尔(Levasseur)和勒普莱(Le Play)的《社会改革》,以及过期报纸《工坊》等。但是,与乐观经济主义者(巴斯夏[Bastiat])或自由经济主义者(老布朗基[Blanqui]、塞伊[J.-B Say])的系列丛书相同,傅里叶、路易·布朗(Louis Blanc)或者普鲁东的出现并未引起关注。

当然,直到1870年还存在的图书馆审查使得我们无法对图书馆下定论。但是其给人们留下的主要印象仍然是实证主义和实用主义的文化世界,在那里,乌托邦和社会改革文学占比很小。

该知识场域向哪一类历史文化敞开呢?虽然科学艺术协会

---

① 他在1848年才第一次提出以团结互助为逻辑的社会道德。

教授的课程中没有历史,但在 1862 年,历史类书籍占图书馆藏书的 25%,居各学科之首。在这个时期——甚至在 1875 年——教育之友与这一克洛德·尼科莱揭示的"逆潮流"混杂在一起,那时,历史书籍不再是"须避免的不良书籍",而成为"1789 年自愿行为所提出的原则的化身"①,并由此获得了重要地位。从 1875 年开始,在第一部目录中,被视为古代的、"异域的"历史成为当代政治的重要研究方法。② 在 19 世纪末,与历史的关系正是法国大革命确立的精神与政治分离的关系。1862 年,图书馆的书架上历史书籍很少:有孔多塞(Condorcet)和梯也尔的(八卷本《法国大革命》),但没有拉马丁(Lamartine)的《吉伦特派历史》),也没有米什莱(Michelet)的。圣西蒙主义者比谢(Buchez)的著作中,图书馆仅有两部《法国民族性的形成》(馆内阅读)。在 1875 年目录中,有关法国大革命的馆藏书籍状况混乱:终于有了米什莱和米涅(Mignet)的,但也有了托克维尔和布耶(Bouillé)侯爵的;有巴贝夫主义者邦纳罗蒂(Buonarrotti)的,也有罗伯斯庇尔党人阿尔让松(Argenson)的。③ 至于大革命中被流放的重要人物,基内(Quinet)和路

---

① Claude Nicolet, L'*Idée républicaine en France*, op. cit.
② 这一时期出现了多个二级分类:普通历史、古代历史、法国历史。奇怪的是,它们在 1909 年消失了。
③ 邦纳罗蒂,《格拉居·巴贝夫》(*Gracchus Babœuf*);阿尔让松,《与大革命有关的记忆》(*Mémoires relatifs à la Révoluton*);米什莱终于在哲学-道德系列中找到了自己的位置(《人民》[*Le Peuple*]、《我们的儿子》[*Nos fils*]),历史(《人类历史》[*Histoire romaine*]、《法国大革命史》[*Histoire de la Révolution Française*]、《女性和革命》[*Les Femmes et la Révolution*]),以及文学(《北方传说》[*Légendes du Nords*]、《山》[*La Montagne*]、《鸟》[*L'Oiseau*])。

易·布朗则完全被忽略了。这些共和党的杰出人物直到 1909 年才进入目录,还有饶勒斯(Jaurès)的两卷本《社会主义历史》,以及泰纳的《当代法国起源》。其他藏书选择也证明了对于历史的当代政治立场:东方时事和民族性出现在 1862 年目录中[1],宪法问题、英国议会、美国历史出现在 1875 年目录中。革命民族主义的遗产能够解释为何教育之友如此热情地选择了民族斗争吗?帝国的倒塌,以及法国与普鲁士冲突的波折,从卡尔尼-帕热(Garnier-Pagès)到特诺(Tenot),都引发了他们强烈的兴趣。

但是巴黎公社仍未出现。与这一时期围绕着图书馆生活的寂静一样,记忆滑向了 1871 年的政治事件……在 1909 年目录中,出于明确的折中主义考虑,教育之友终于给了巴黎公社一席之地:在巴黎公社历史学家利萨加雷(Lissagaray)的书旁边,还有马克西姆·杜·坎普的书。[2]

被设想并宣传为劳动工具、知识解放工具和社会晋升工具的教育之友图书馆有读者吗?从开馆的第三个季度开始,借阅节奏加快了(每位会员每个月两本书)。直到 1920 年,借阅节

---

[1] 仅列举如下:特谢尔,《意大利战争编年史》(Texier, *Chroniques de la guerre d'Italie*, 1859);勒诺尔芒,《叙利亚大屠杀》(Lenormant, *Les Massacres de Syrie*, 1860);巴赞库尔,《克里米亚远征记》(Bazincourt, *Les Expéditions de Crimée*);等等。

[2] 以及博西尔,《国外战争与国内战争》(Beaussire, *La Guerre étrangère et la guerre civile*);朱尔·克拉雷蒂,《巴黎围城》(Jules Claretie, *Paris assiégé, Le Dernier Montagnard*);德隆,《巴黎公社社员》(Delion, *Les membres de la Commune*);普罗莱,《法国大革命人物史》(Prolès, *Histoire des hommes de la Révolution*)。

奏都保持上升趋势：从 1862 年到 1868 年，基本每位会员每个月借阅 1 本书，1882 年为 2 本，1912 年超过 3 本，1917 年同样是 3 本……尽管这些数字很重要，但是还不足以说明最初的设想成功了。在最初的三个月中，35.4％的借阅书籍为文学系列（历史占 18.8％，地理占 5.6％，数学占 6.1％，手工艺占 1.3％）。即使职业书籍没有被忽视（其中 95％的书籍已经被借阅），它们远不能代表阅读的兴趣所在。宣传者的功利主义意识形态和阅读实践之间出现的裂隙逐年加大。在最初的六年中，一半的借阅书籍为纯文学书籍（小说、诗歌、戏剧）。纯科学和实用科学书籍仅排名第三位，在历史书籍和游记之后。目录的变化尤其说明了道德意图变得枯燥无味。从 1875 年起，教育系列的书籍几乎全部被"蚕食"。而且，在这一时期，文学藏书增加了 15 个百分点，技术和职业书籍仅占总量的 14.5％。

令人好奇的是，最初的清教主义和实际阅读之间愈来愈大的差距也总是出现在讲话中。1906 年 10 月的全体会议决定"为科学、历史、政治经济普及书籍留下更大的空间，为求知若渴的人提供满足其要求的书籍"，这意味着再次实现了——包含在其术语中——半个世纪前就已形成的良好期盼。然而，在 1909 年目录中，我们看到职业技术书籍占比锐减（仅占书库的 3％）。当教育书籍占比不断下跌时（历史类书籍从 20.6％跌至 12.5％），文学类书籍占比高达 51.3％。为五十周年庆典召开的全体大会的报告证明了这一点，"我们将新出现的文学书籍收入书库"。在此时期，纯科学让位于普及科学，60％的自然科学（其中 40％为物理和化学）藏书都早于 1870 年！

"由于各种形式的教育的传播，即使为读者提供学习书籍的愿望不是那么迫切，我们仍坚持（图书馆）创建者们的初衷，我们仍然是'教育之友'。""在 1911 年发表的这段讲话中，我们清楚地看到人民图书馆的两难境地——教育之友的图书馆在劫难逃。因为，在完成建立图书馆的任务的过程中——忽视教育的知识解放，图书馆就已看到自身注定会消失。"

早在 1920 年，无法避免的日渐衰落初现端倪。尽管不断维护，尽管有相对高的借阅率（1912 年，每位会员每月借书 3.5 本，1920 年 4 本，1930 年又回到 3.5 本），多种迹象表明图书馆的性质的确发生了变化。当最大会员数为 200 时，书目的选择说明图书馆管理处更多是为了适应下降的精神和道德的需求，而不是使这一需求与既定的教育目标相适应。除了图书馆的运作，受到动摇的还有其精神本身。志愿者们逐渐离开，收取保证金，严格的处罚措施：自 1920 年，图书馆内部建立的关系与传统的集体性彻底分崩离析。

在这一时期，曾经促使教育之友行动起来的精神上的贫瘠部分地被克服了。极具象征性的是在 1909 年目录中，出现了体育类目。这表明——如果需要的话——文化水平和生活水平有关。

教育之友图书馆一开始就远离政治斗争，然而这一立场未能保证图书馆存在下去。图书馆倡导的这种工人文化具有历史意义，却因诸多因素而难以为继，例如共和国的学校课程，向新的人民阶层的消遣文化的扩张。从此，图书馆不再具有特殊性，它不断面对市立图书馆的竞争（自 1880 年，市立图书馆实行图书外借制度），甚至，为了存活，教育之友图书馆也如此效仿。虽然在蒂雷纳大街 54 号还能看到第三区教育之友图书馆，但是对我们而言，它已成往事。

Le "Dictionnaire de pédagogie" de Ferdinand Buisson: Cathédrale de l'école primaire

费迪南·比松的《教学法词典》：小学教堂

皮埃尔·诺拉　*Pierre Nora*

刘文玲 译

在我们一系列严格的叙述当中，在人才荟萃的、丰富的历史当中，存在着一种确定的联系，是这种联系将革命与共和国直接联系起来，将共和国和理性、将理性和民主、将民主和教育联系起来；这种联系最终落实到初等教育甚至是国家存在的身份认同上。如果我们要推荐一部著作，而且只推荐一部的话，那应该是一个世纪以前的一部旧词典，这部词典现在已被人们忘记，甚至很难找到。[1] 当然，一些专家对这部词典还是

---

[1] 在法国国家图书馆，这本词典呈现为缩微胶片的形式，所以几乎是不可查阅的；在索邦图书馆，只存有1911年版本；在人文科学图书馆只存有1887年版本；在巴黎高等师范学校，缺少第Ⅱ卷；而社会博物馆没有存本；国家教育学院图书馆（馆长很热情地将他办公室的藏书借给我阅读）的查阅类表被撕毁，因此查阅起来并不容易。

相当熟悉的，但是，没有任何一个教育史学家对这部词典作过真正的分析。这部词典就是费迪南·比松的《教学法和初等教育词典》（以下简称《教学法词典》）。①

生涯

如果想了解这部词典的历史重要性和特性，就应该全身心投入其中探究。我们可以有选择性地来讲述它的历程。我们先翻翻词典的目录，比如，从字母 A 开始，"建筑"那一条，文章署名是维欧莱-勒-杜克（Viollet-le-Duc），而"天文学"那一条，署名是卡米伊·弗拉马利翁（Camille Flammarion）。法国的"历史"归功于拉维斯，而"法兰西"归功于兰波，"政治经济"归功于亨利·奥塞尔（Henri Hauser）。在那个时代这些伟大的人物没有一个人会拒绝参与合作。涂尔干负责编写三篇基础性文章，即"教育""童年"和"教学法"；加斯东·马斯佩罗（Gaston Maspero）与马塞兰·贝特洛（Marcelin Berthelot），奥拉尔（Aulard）与杜卢伊（Duruy）以及菲利克斯·拉维松（Félix Ravaisson）也都为这项工作合作过，这些还没有包括共和国教育体制的创始人

---

① 关于那个时期的历史和学校机构，我们可以参阅两本很优秀的教材：Antoine Prost, *L'Enseignement en France*, *1800 - 1967*, Paris, Armand Colin, 1968, et Françoise Mayeur, *De la Révolution à l'école républicaine* (*1789 -1830*), tome III de l'*Histoire générale de l'enseignement et de l'éducation en France*, Paris, Nouvelle Librairie de France, 1981.

保罗·贝尔（Paul Bert）、朱尔·斯梯格（Jules Steeg）和奥克塔夫·热拉（Octave Gréard）。面对这份汇集了所有权威人士署名的合集，我们不禁要对那位能够聚集这么多名人的人产生无比的敬意。应该说是两个人，他们懂得如何动员所有的人来完成这项事业，而不只是期待建立一个有内涵的组合。这两个人就是：费迪南·比松和詹姆士·季佑姆（James Guillaume）。

我们也可以翻开词典的中间部分，比如从字母 P 开始：从这里我们可以知道安普瓦兹·帕科里（Ambroise Paccori）大约于 1650 年出生于马耶讷省索塞市，曾担任奥尔良附近默恩公立中学的校长，他写了很多关于虔敬的著作，其中最主要的有《给在孩子教育中圣化的基督教母亲的建议》（*Avis à une mère chrétienne pour se sanctifier dans l'éducation de ses enfants*），这本书被多次重印。还有《基督徒自我圣洁化行为规范》（*Règles chrétiennes pour faire saintement toutes ses actions*），"这本书讲述了关于裸体的问题，阐述了让别人看到自己身体上本该遮掩的地方是多么不体面的一件事"。关于这个问题，我们在此不作赘述。我们来看看克里斯汀·帕尔默（Christian Palmer），他是蒂宾根（Tubingue）基督教的执事，斯图加特体育馆馆长斯密特博士的合作者，他们在 1858 年到 1875 年合作出版了《教学法大百科全书》，确切地说，《教学法词典》有希望成为能与之媲美的法语版词典；接下来是"学术界棕榈叶勋章"（Palmes académiques）词条，它是由萨尔万迪（Salvandy）创建的，在杜卢伊时有详细的规定，1885 年的法令只是重新采用了这些规定。我们再来看看关于"巴拿马"这一条，文章是这么写的：巴拿马 1903 年脱离哥伦比亚获得独立，领土面积为 87540 平方公里，1909 年人口约 418979 人，当时大约有 15690 个儿童在小学就读，学校费用约 395000 美元。但是关于彭卡潘迪（Marie Pape-Carpantier），那位著有《沙砾的秘密或大自然的几何学》（*Secret des grains de sable ou Géométrie de la Nature*）的幼儿教育理论学家，词典足足用了五栏的文字来介绍她，这会吸引读者的注意。彭卡潘迪 1815 年 9 月 10 日出生于拉弗莱什，为了谋生，她 11 岁被迫辍学。14 岁时，她感觉自己有一种诗人般的使命，写了很多"优雅而充满灵感"的诗歌。在二十几岁的时候，如果拉弗莱什市政府没有让她和她母亲管理即将成立的幼儿园的话，她很有可能成为一名女诗人。对于这项新工作，彭卡潘迪投入了极大的热情，她不顾自己的健康，甘愿做一个贵妇人的女伴的工作。但是，情况的变化又将彭卡潘迪带回被她放弃的工作上。勒芒市让她管理市幼儿园。这一次她真正走上了教育的职业生涯，她的第一部著作《论幼儿园管理》（*Considérations sur la direction des salles d'asile*，1845）对此有很多描述，这本书还获得了法兰西学术院的嘉奖。两年后，当朱尔·马莱夫人（Mme Jules Mallet）和萨尔万迪部长在圣安托尼区圣保罗新街建立一所师范学校，招聘幼儿园工作人员时，他们很自然找到了彭卡潘迪，让她来管理这所学校。从此，彭卡潘迪夫人（在那个时期，她嫁给了一个叫帕普的警官）在这个拥有信任和荣誉的岗位上工作了 27 年之久。

刚刚讲到彭卡潘迪夫人真正的职业生涯，我们不得不遗憾地略过这一段，跳过"巴拉圭"和纳尔希斯·帕朗（Narcisse Parent），后者曾在萨尔万迪之后、维尔曼（Villemain）之前担任了三个星期的共和国教育部部长，现在我们简单地介绍一下朱尔·弗朗索瓦·帕雷（Jules François Paré）。他曾担任执行委员会的秘书，后来在 1793 年 8 月 2 日担任内政部部长。翻过路易·皮埃尔·菲利克斯·埃斯基罗·德·帕雷约（Louis Pierre Félix Esquirou de Parieu）（正是他负责实施法鲁法）那几页，最后快速翻过十四页关于"帕里斯"（Paris）的小学教育史，我们看到另一段与"帕里斯"家族密切相关的历史，即艾梅·帕里斯（Aimé Paris）及其姐姐娜妮娜·帕里斯（Nanine Paris）的历史。艾梅·帕里斯于 1798 年 6 月 14 日生于坎佩尔。20 岁时因为一名客人指责他犯有偷窃罪而被迫离开律师行业，他那时还没有发明速记简法。后来因为这一发明，《法国邮政报》（*Le Courrier français*）和《立宪主义者报》（*Le Constitutionnel*）曾一度找过他，让其为他们的讨论撰写报告。但是这位智力超常的人受特拉西（Destutt de Tracy）的影响，打算致力于符号学的研究。在他 24 岁的时候，他已经是巴黎皇家学院的教授。他穿梭于各省大城市的各个议会，发表关于记忆术的演讲，直到一个疑心重重的省长下令禁止他的课程，借口说他使用的标记掩盖了反对国家制度的恶意影射。因此，直到 1828 年，他一直在比利时、荷兰和瑞士过着流亡的生活。从回到法国到 1866 年去世这段时期，艾梅·帕里斯基本上专心于普及音乐教育。他依据皮埃尔·加仑

(Pierre Galin)的方法进行教学,并得到了他的姐姐娜妮娜的大力支持和协助。他姐姐还出版了声乐和声的《基础方法》。读者如果想对这位卓越的学者、杰出的教育家和天才的发明家有一个完整的了解的话,可以查阅……我们真想完全沉浸于这些叙述。还有那些关于"教区"学校朴实无华的介绍,洋洋洒洒的文字对"帕斯卡尔"(雅克琳娜,最小的妹妹)表示的敬意以及一系列不可避免的 P 字开头的词汇,如"证书""赞助"及"女赞助人",无不引人惊叹。

但是我们没有必要按照字母的顺序展开阅读,因为《教学法词典》通过自己的注解方式,本身就需要我们展开比松式的阅读。在前面我们曾经提到过国民立法议会的第一位主席帕斯托雷(Pastoret)侯爵,他后来接替孔多塞担任公共教育委员会主席,正是通过对这位侯爵的介绍,让我们认识了他的夫人阿德莱德·皮斯卡托雷(Adélaïde Piscatory)。她为穷苦孩子提供了很多捐助。又通过阅读关于她的介绍,我们阅读到关于"托儿所"、"幼儿园"、"柯钦"(Cochin)医院、"马莱"(Mallet)夫人以及"米勒"(Millet)夫人的词条。在介绍学术界棕榈叶勋章(Palmes 词条,以字母 P 开头)的时候,我们已经往后翻到大学"荣誉"(Décorations)这一条,而这一条的介绍又将我们引导到"嘉奖"(Récompenses)上。通过"嘉奖"这个词条,我们又回到了"奖项"(Prix)这一项上。因此,慢慢地,这种看似任意的方法却形成了一定的秩序,接着,通过颁发"奖项"又指引我们阅读"演讲"这个词条。如果你在演讲时口齿"含混不清"(Bredouillement)的话,就会造成把［z］发成［s］或者把［s］发成［z］的发音错误，这就要求我们准确地"发音"（Prononciation）。在此，文章自然将我们带到乡村孩子们艰苦的现实生活当中，因为他们常常会遇到发音含糊不清的问题，r 音发得沉浊（grasseyement），存在将齿擦音读成前颚擦音的发音错误（chuintement），尤其是辅音发音错误（blèsement），比如将 gâteau 发成"dâteau"的音，将 cousin 发成"tousin"的音等。由此引出对正音机械的教育方法的详细有用的介绍，包括杜普宜特朗（Dupuytren）、胡叶（Rullier）、瓦赞（Voisin）、阿诺特（Arnott）及谢文（Chervin）等人提出的方法。谢文，也就是文章的作者，最后还建议采用位于巴黎雨果大街 82 号（82, avenue Victor-Hugo）的口吃矫正学院（Institut des bègues）的方法。就这样，在这个神奇的阿里巴巴百科山洞中，各种方法开始不断地被使用，从最简朴的到最重要的，从"卡诺"（Carnot）到"学生书包"（Cartable），从"衣帽间"（Vestiaire）到"伏尔泰"（Voltaire），通过儿童教育者的世界来重建整个世界，将偌大一个宇宙关闭在教室的四壁之中。

两部词典

实际上，《教学法词典》有两种不同的形式：一种是 1882 年到 1887 年之间出版的四卷词典，共 5500 页；另一种是 30 年后，即 1911 年出版的 2700 页的单卷册，取名为《新教学法词典》。这两种形式，无论是在厚度、出版时间、思想，还是结构以及制作的方式上都有区别。

第一种形式，整体来说（是否应该实话实说）让人感到一种紧迫感和狂躁。第一卷甚至没有说明用意。一上来就生硬地从"遗弃（Abandonnés）（孩子）"和"算盘（Abaque），欧洲古老的通用计算工具的名字"开始。直到 1883 年，第二部分第一卷出版，才开始介绍整部词典的结构；第一部分第二卷在 1887 年完成，结尾部分有一篇"致读者"，对这部词典的编著进行了解释。这项工作完全符合时代的要求，正如文章所说："本词典的出版与法国教育改革运动不谋而合，因此也可以说，它反映了法国教育改革的每一个连续的过程。这部词典是在 1850 年的立法制度下开始的，而它完成是在 1886 年 10 月 30 日新的机构法即'戈布莱法'颁布之时。"

因此，这部教育词典就是一部汇编，为那些从事公立和私立小学教育的人提供一个理论与实践指南。事实上，从那份 1500 名的预订者名单可以看出，这项工作主要还是依靠公共教育者的支持，它首先面向的是教育精英、学校校长及师范学校的学生。[1] 这部词典由两个完全不同的部分构成，每一部分分上、下两卷，构成一部独立的作品。第一部分包括初等教育理论、立法及历史。确切地说，就是按照字母的顺序，以文章汇编的形式，对现有理论教学法详细论述。当然，有些内容非

---

[1] 圣克鲁高等师范学校是在 1882 年创建的。参见 Jean-Noël Luc et Alain Barbé, *Des normaliens, histoires de l'École normale de Saint-Cloud*, Paris, Presses de la F. N. S. P., 1982; Gilles Laprévote, *Les Écoles normales primaires en France, 1879–1979*, Presses universitaires de Lyon, 1984.

常长，比如"制宪会议""法国历史""文献""裴斯泰洛齐"（Pestalozzi）等，都是一些独立的真正的论文。关于这些文章，最后那篇"致读者"提醒道："我们的指导宗旨就是本着自由的态度，以强有力的语气，风趣的思想和风格，在编撰百科全书的范围内，完成一部异乎寻常的工作，而不同于第二手资料的编译工作。"第二部分同样也分两卷，将教学理论应用到不同教学资料当中，以构成一套完整的初等教育课程。这套教程不是针对学生的，而是为了方便教师使用：

> 这不是一本字典，而是一部课程典籍。在每一门学科中有多少要解决的重要问题，教师就能从中找到多少相关的课程文章，或者应该专心研究的一系列文章。如果他想一次性以教学的顺序，比如算术教学的顺序进行回顾阅览的话，他就可以参考"算术"这一条。这一条中包括教学计划，指出每门课程在方法上的连续性，以及各种方法中相关的词，比如"计数法""加法""减法"等，依次下来，直到"对数""折旧"以及"银行"。相反，如果不想知道整套课程，而只是想了解教学的某个特殊问题，那么他就要看"算术"这一词条。在大纲里面，同时也是特殊词条的列表中看相关问题涉及的词，在所有特殊词条中没有单独的定义或者详细信息，而是关于整个问题的阐述，包括一套完整的、高效的、系统的教学方法的全面展开。

这部词典为教师提供了必不可少的教学工具，或者说战斗的精神要素，以准备应付最紧急的情况。情况的确非常紧急，从 1878 年 2 月开始，理论与实践两个部分同时出版发行，双页纸印刷，32 页，定价为 0.5 法郎，以每月至少出版两分册的速度发行。也就是说，在 9 年当中要出版 175 分册，其中第一部分仅订连成一卷。这样一来，这部 5500 页（大约 4300 万字[1]）的词典一直牵动着人心，似乎有些英雄主义气质。人们往往不得不参照最后几个字母的字来进行检索，像是对前面字母的字的补编一样。如此，就得在两部分中分别加上"补充"，为这项延续性工作提供一种补救措施。所以在第一部分增加的 47 个词条中会有一些奇怪的弥补现象，如遗漏了"拉默特·勒瓦耶"（La Mothe Le Vayer）或"圣西尔"这样的词条，而奥克塔夫·热拉用了至少 25 栏来加以补充阐述，还有像"教育学历史"等。同样，在"学校法"一词的词条之后选用了 1883 年以来发表的文章，作了 15 栏的阐述，还有 60 多栏的"机构管理条例"作补充。关于最近去世的人的介绍也作为补充出现，比如出版商皮埃尔-朱尔·赫特尔（Pierre-Jules Hetzel），尤其是法鲁（Falloux）和保罗·贝尔，分别用 9 栏和 5 栏加以介绍，这两个人都是在 1886 年去世的，他们的结合具有象征意义，因为对他们来说，这部词典就是他们哀长的挽歌，也是他们的赞歌。

---

[1] 就拿本书［法语版原书］作比较，本书的每一页文字包含 3200 个字。词典的每一页包括两栏：1882—1887 年的版本含有 7800 个字；而 1911 年的版本含有 8500 个字。

《新教学法词典》没有杂乱无章，没有不规则，也没有启蒙特征。理论与实践这两个部分的区别显得不再那么有必要。每一项教学内容仅以一篇长文来处理整体问题。有关1789年以来的学校法律及规则汇集为一，在有明显区分的七个词条中分别阐述。这不再是日复一日由那些可以将其带到国民议会或者部长办公室的人撰写的胜利简报，而是一份完整地纳入闭合式教学体系中简明而实用的汇编。其中还引用了一小部分官方的简介，包括关于公共教育部部长和内政部部长的系统性介绍，因为在一段时期内，公共教育部隶属于内政部。还有一个重要的特征，即从一本词典到另一本词典，在初等教育中出现了一种资本化现象。因此，在关于外国的详细介绍，一般是对侨民而言的详细介绍中，加入了一些相关国家的殖民地的完整词条。新的版本对健在的、依然活跃在社会中的那一代人进行了详细的描述，并将其放在刚刚开始的殖民地之前，这标志着殖民地的特征及其合作关系。另外，作者的文章和对死去的作者的悼念文章同时出现，有利于增强记忆效果，如：马塞兰·贝特洛、维克多·杜卢伊、奥克塔夫·热拉、让·马瑟、菲利克斯·皮考、兰波、夏尔·勒努维耶、朱尔·西蒙等。最后，随着小学教育机构的发展，出现了一些新的专栏，这是成熟阶段的标志，如教师们的"友好联盟"、老学员"联谊会"、假期"夏令营"、毕业后的"成果"、教育"垄断"、大家庭之"父"、教师"工会"等。然而，事实上，这是一堆重新修改过的文章，需要彼此作一个比较，才能从根本上把握变化的思想。举一个简单的例子：比松自己撰写了一篇"圣贤史"，在第一部词典中用八栏来完成，非常有争议性，而在第二部词典中就变得平和了很多，篇幅也缩减为一栏。

归根到底，真正的差异在于是否考虑到读者的接受程度。数字是最忠诚也是最有说服力的。1889 年，第一部第一卷的销售量是 9700 册，第二卷为 12100 册。第二部第一卷的销售量为 8750 册，第二卷为 12040 册。1911 年的单卷本销售量为 5500 册。[1] 如果我们考虑每一部的第一卷是通过分册来购买的（这也说明了 9000 册与 12000 册之间的数量差），尤其是如果我们将销售总体数量（12000 册和 5000 册）与每个时期的教师人数来作一个对比，即 1876—1877 年间公立学校教师的人数为 55026 人，而 30 年后，即 1906—1907 年间，公立学校的教师人数为 121182 人[2]，那么结论便很清楚了。我们发现，大概有 1/4 的公立学校教师购买了第一部词典，而只有 1/25 的教师购买了第二部词典。

我们并没有夸大两个版本之间的差异。新版的存在得益于它的便利性，旧版和新版混合了相同的方式。新版只是被改得

---

[1] 在此感谢阿歇特基金会档案管理部主任朗图瓦纳特（Lanthoinette）为我提供了这些数据。

[2] 莫娜·奥祖夫在她的著作中提供了这些具体的统计数据。参见 Mona Ozouf, *L'École, l'Église et la République*, Paris, Armand Colin, collection « Kiosque », 1963, éd. remaniée, Cana, 1982.

每个时期的教师人数

	公立教师/人	私立教师/人
1876—1877 年	55026	10725
1906—1907 年	121182	31896

温和一些、规整一些、精炼一些、文雅一些。在新版中，人们感觉没有最初编撰时的那种高涨的热情。那时，战前 120000 多名教师都急切地想明确了解他们的责任和义务。人们改变的不是词典，而是时代（共和国体制已经维持了 30 年）。两位主编，一位是季佑姆，已经 67 岁了，另一位就是比松，他看起来很健康，警惕性颇高，可马上也要到 70 岁了。借此机会，他们再次相逢。长久的师徒关系一成不变：他们没有平行的生活和交叉使命，但是却有平行的词典和交叉的命运。

交叉的命运

实际上，在这两本词典、作者的生命轨迹，以及他们之间奇特的结合中，有一种让人迷恋的东西。

费迪南·比松本应该值得我们对他进行特殊的研究，然而奇怪的是，人们并没有这样做。在所有关于第三共和国的书籍当中，他的形象往往只是与那些最为醒目的名字，如朱尔·费里、莱昂·布儒瓦（Léon Bourgeois）连在一起，而且往往与他的职务（初等教育总督察、激进社会党议员）混在一起，代表的是一些政府机构，如教育联盟[1]、人权同盟等。他一直保持这种谦让隐退的态度。当人们催促他写一部回忆录的时候，[2]

---

[1] 关于教育联盟，参见 Katherine Auspitz, *The Radical Bourgeoisie, La Ligue de l'Enseignement and the Origins of the Third Republic*, 1866–1885, Londres, Cambridge University Press, 1982.

[2] 这是由埃斯特·鲁塞尔（Ernest Roussel）在 1931 年 6 月 20 日世俗学校五十周年校庆举办的一次关于"比松的生活及著作"的讨论会中提出的。

他总是说:"谁会真正对我的生活感兴趣呢?"这非常符合他本人的性格。这一态度本身就反映了他的精神哲学和康德主义的实用精神。正是这种精神造就了他非常自由的新教徒的漫长生命(1841—1932年)的协调统一:他体现了在德雷福斯事件后,学院式的激进主义向政治激进主义的过渡,向卢梭式的思想意识过渡;由此,朱尔·费里思想的继承者在20世纪初与反教权的激进主义结合了起来。也许,正是重要人物的核心作用使他失去了坚强性格中的一部分个性,人们常常提及他的忠诚、谦逊、容忍,这些都是对圣徒的描写,他们也许会信以为真。

费迪南·比松首先代表的是一个模范式或象征性的人物。这一形象一直影响到词典出版初期,那时他刚好37岁。比松的父亲是一名小法官,父亲的去世让他过早地承担起家庭的重担。他学习优异,然而虚弱的身体使他不得不离开师范学校(尽管如此,他直到90岁还从事着高强度的活动!),但是他以真诚辛勤的努力获得了师范学校哲学教师资格。1866年,他因为拒绝宣誓效忠帝国而失去了工作,在埃德加·基内(Edgar Quinet)的建议下,他申请并获得了在瑞士纳沙泰尔的一个哲学与比较文学教席的职务。瑞士成为他的第二故乡。那时同样也被流放的共和主义思想家朱尔·巴尔尼(Jules Barni)也到了瑞士,加入这群被流放的法国人当中。当比松研究自由基督教、福音的正统思想以及《圣经》的时候,他参加了1868年在日内瓦举办的由朱塞佩·加里波第(Garibaldi)主持的第一次世界和平与自由大会,并参加了次年在洛桑由雨果主持的第二次世界大会。他找到了自己的使命，即成为教育工作者。色当战役时他回到巴黎，在包围战中，他加入了国民卫队。当新成立的市政府准备解散市收容所（这与一个叫普雷沃斯特的圣西门主义的老先生有关，后者早先在塞纳-瓦兹省的康普斯建立了一个老人收容院）的时候，他与博奴瓦·马隆（Benoît Malon）一起组织筹划建立市收容所，以收容他救助的那些流浪的孩子，包括孤儿。朱尔·西蒙于1871年任命他为塞纳省的小学监察员，但是在主教迪庞卢（Dupanloup）的多次攻击下，他放弃了这一任命，这让他再一次有时间完成他的论文——《塞巴斯蒂安·卡斯特利翁》(*Sébastien Castellion*)。论文写的是一名宗教宽恕主义的捍卫者。这篇论文直到1892年才发表，期间因为两次国外公务而中断：一次是1873年代表法国参加维也纳世界博览会，那是法国在战败后第一次在国际上亮相；还有一次是1876年作为公共教育代表参加费城博览会。一个细节典型地，同时也很好地确定了他的地位：他与朱尔·拉缪（Jules Lagneau）站在同一个阵营，都属于保尔·德贾丹（Paul Desjardins）[①]道德行为联盟的成员。因此，在5月16日危机爆发的时候，共和派

[①] 参见 Jules Canivez, « Lagneau républicain », in *Cent Ans d'esprit républicain*, Paris, Publications de la Sorbonne, 1978. 关于德贾丹，可以参阅 *Paul Desjardins, Témoignages et documents*, Paris, Éd. de Minuit, 1968. 另外，比松重新采用德贾丹的主要著作《青年人的责任》(*Devoir présent de la jeunesse*) 的题目，作为1899年3月10日在社会学学院举办的研讨会的发言题目，并于同年3月25日发表在《蓝色杂志》(*Revue bleue*) 上。

取得了政权，比松的坎坷经历得到了补偿，朱尔·费里在 1879 年 2 月 10 日任命他为小学教育部部长。而此时，即 1877 年 2 月的时候，他刚刚应阿歇特出版社的要求出版了《教学法词典》。

比松担任小学教育部部长职位 19 年，1896 年离开教育部到索邦大学，并连续六年担任教育科学教席主任。这个教席是为他而设的，后来由于德雷福斯事件他回到政界，涂尔干接替他继续主持这个教席的工作。从那时起开始出现第二个比松的形象，即共和国教学建设的关键人物，日复一日的坚固缔造者。比松不是一个理论书写者，但是他每天的工作也许比一切神学或哲学论述都更让他将理论和教义纳入各种机构制度当中。正是从他对各种形势的评论中，在他的文章、论述和序言中，我们才惊奇地发现他一直保持着《世俗信仰》① 所说的"世俗信仰"。正如让-玛丽·梅耶（Jean-Marie Mayeur）② 所言，"宗教自由思想"留有深刻的唯灵论思想的印记，渗透着这样一种信念，即宗教是人类灵魂永恒的需求，它应该成为世俗道德的基础，而后者正是未来宗教真正寻求的东西，它将在地球上建立上帝的王国。从这一点看，或许很少有行政工作能够将其与某种社会哲学连接起来，而这种社会哲学恰

---

① 《世俗信仰》（La Foi laïque），这是 1912 年在阿歇特出版社出版的演讲和书稿集，雷蒙·普恩加莱（Raymond Poincaré）为此书撰写了序言。
② 参见 Jean-Marie Mayeur, « La foi laïque de F. Buisson », dans Libre pensée et religion laïque en France（Journées d'études de Paris XII, 1979）, Strasbourg, Cerdic-Publications, 1980.

恰是比松在他的政治生涯中一直坚持应用的哲学。第三个时期，就是他担任巴黎众议员的时候。他战胜了自己的竞争对手，一个老布朗基主义者，成为巴黎十三区的议员。此人受瓦尔德克-卢梭（Waldeck-Rousseau）的庇护，是一个扎根基层、撰写了《激进政治》（1907年）（由莱昂·布儒瓦作序）的空论家，是克雷孟梭（Clemenceau）、欧仁·佩尔唐（Eugène Pelletan）、奥拉尔等人的朋友。直到1919年，他还在国民议会中占有席位。1914年比松继普雷桑塞（Pressensé）之后成为人权联盟的主席，1918年接替让·马瑟担任教育联盟主席。这一切都成就了他"公正、正直"的形象，并最终在1927年，也就是在他作为共和国的辛辛纳图斯①而活跃并开启退休生活的时候，使他获得了诺贝尔和平奖。

  与《教学法词典》编辑组的同事相对照。比松一直坚持着他的历史主线，以官方认可的历史进程为引导，与共和国的发展变化紧密相连，因为他既是共和国的产物，也是共和国的缔造者，他对共和国具有强烈的认同并极力捍卫着共和国的利益；而詹姆士·季佑姆则自始至终（1844—1916年）都处于边缘位置，他迫使自己接受这份无私奉献的事业，强迫自己完成这份充满博学思想的工作。过去曾经有过一个季佑姆，他曾参与第一国际；他具有参与政治活动的经历，但《教学法词典》埋葬了他的政治生涯，也标志着他政治生涯的结束。

---

① 辛辛纳图斯（Lucius Quinctius Cincinnatus，公元前519—公元前430年），古罗马共和国时期的英雄、政治家，曾任古罗马执政官。—— 译注

有很多历史条件和家庭条件都可以在开始的时候让年轻的季佑姆有一个极为美好的前程。[1] 季佑姆来自纳沙泰尔一个小工业资产阶级家庭，父亲从事钟表行业。纳沙泰尔从1814年起是赫尔维蒂共和国的一个小镇，但是属于普鲁士公国。季佑姆在伦敦出生长大，所以起名詹姆士。他的父亲是一个思想开放、知识渊博、具有强烈个性的人。他隐居在伦敦，在那里打理家族企业的一个分公司，同时也是为了躲避最终导致1848年革命的旧体制。他在那里与一个法裔姑娘结婚，她就是季佑姆的母亲，一名税务官，也是一名音乐家。季佑姆的父母十分关心儿子的教育，思想也非常开放。季佑姆思想敏捷，他们回到纳沙泰尔的时候，季佑姆的父亲成为激进党政府的顾问，从而成为先进的兼容各种文化领域的连接枢纽：其中包括一些英国人，如达尔文著作的翻译者，具有自由思想的、独特的女翻译家克雷芒丝·奥古斯特·华叶（Clémence Auguste Royer）；像神学家希欧多尔·帕克（Theodore Parker）这样的美国人；像法兰克福议会前议员卡尔·沃格特（Carl Vogt）这样的德国人；还有社会主义者皮埃尔·拉鲁，新教主义的捍卫者、自由派的移民菲利克斯·皮考，朱尔·斯梯格以及比松等一些法国人。年轻时的季佑姆非常引人注目。他是苏黎世大学的学生，不但掌握了英法文化，而且还具有扎实的德文和哲学知

---

[1] 关于詹姆士·季佑姆，马克·乌勒米尔（Marc Vuilleumier）写了一篇精彩的文章，发表于《国际共产主义：档案与回忆》再版的序言中（*L'Internationale, Documents et souvenirs*, Genève, Éd. Grounauer, 1980, pp. 1-57）。正是通过这篇文章，我才了解了季佑姆的一些生平事迹。

识。他本来具有很好的学术前程,但是一个偶然的机会,到洛克莱工业学校(École industrielle du Locle)任教一年,改变了他的命运。他原来的目的是筹集资金准备前往巴黎。自1865年到1866年间,他完全融入工人阶级之中,这让他从此投身于政治运动。他组织集体运动,在拉绍德封(La Chaux-de-Fonds)成立了国际共产主义运动的一个支部,期间他的弟弟突然去世。关于他这个弟弟,他在自传中以奇怪的口吻说,尽管彼此分开只有三年,但是"他就像我的学生一样"①。"我弟弟离世后,我一直很伤心,我的心一直处于悲痛之中。但是我想,如果我全身心地投入帮助被压迫人民的事业当中,帮助他们获得解放,那么我应该可以活下去的[……]。我想到乡村去当一名教师,这样我可以更加接近人民,然后又想成为一名排字工人,但是人们打消了我一个又一个这样的念头。他们说,如果我'降低了自己的等级',那我就几乎失去了所有我能够产生的影响。"所以,他成了汝拉省国际共产主义运动联合会的思想领袖和主要组织者,完全忠实于巴枯宁无政府主义和反马克思主义思想。十年间,他在最原始的工人合作环境中过着革命活动家的生活,但同时也经历了一些转折,最终以国际共产主义运动内部巴枯宁倾向的失败而结束了这段经历。因

---

① 这只是自传中的一个说明,是1906年写给他年轻的朋友,苏黎世一个名叫弗里茨·布鲁普巴赫(Fritz Brupbacher)的医生的。后者是一名自由社会主义者,他向季佑姆要他的简历,在《共产国际》第一卷《政治》杂志中作介绍。这个说明于1931年4月5日发表在《无产阶级革命》第七年第116期中,题目为《活动家的一生:詹姆士·季佑姆自传》(« Une vie de militant. L'autobiographie de James Guillaume »)。

为加入工人精英,他过着一种极不稳定的生活:他中断了与家庭的联系,丢掉了教师的工作,与父亲的关系十分紧张。以不平等主义和"事实宣传"为特征的革命极端主义的到来(对于这一点季佑姆是极力反对的),加上钟表业的危机加速了手工作坊的消失和大制造业的发展,[1] 这一切结束了汝拉省联合会的鼎盛时期。1877年3月8日,保罗·布鲁斯(Paul Brousse)在伯尔尼一次激烈的集会上展示了自己的影响力,终结了季佑姆的影响。为此,他还面临着轻罪审判。政治上的失败,加上物质上的贫困,正是在这极其困难的时候,费迪南·比松把他召回巴黎,要他与自己一起完成《教学法词典》的编撰工作。在巴黎,季佑姆痴迷于加深和巩固自己在革命历史方面的知识。

这两位是在一个很奇特也是天意造就的机会下相遇的,他们所代表的思想潮流各有不同,却奇怪地交叉相遇,他们的结合如同激进主义与社会主义在教育领域的结合一般。比松稍微年长一些,背井离乡,在四十岁的时候,开始从事胜利的共和国最具策略的行政事业。当他被任命为初等教育部部长的时候,这一任命让他那位从国外逃亡回来的、在警察署还留有记录的小弟弟(季佑姆)永远藏身在高高的、昏暗的编辑工作当中,将自己的经验和特殊才华重新投入人民教育和革命历史的热情当中去。别忘了,这位小弟弟曾经受到政治失败的洗礼,

---

[1] 参见 David S. Landes, *Revolution in Time. Clocks and the Making of the Modern World*, Harvard University Press, 1983, p. 325 et *sq*.

并打上了深深的烙印，但他的特殊才华却无法磨灭：他具有正直廉洁的思想和批判精神，融会贯通多种文化，博学多才，习惯于团队工作。

事实上，在编辑《教学法词典》的同时，他还承担着《教育学杂志》的编辑秘书工作。这本杂志由德拉格拉夫（Delagrave）出版社出版，汇集了关于教育与教学的各种新思想。在 P. 乔安尼（P. Joanne）的指导下，他先后编写了《教学法词典》和《法国行政地理词典》，另外还有法国登山俱乐部（Club alpin français）的出版物。但是相较于他那两部主要的文献性著作而言，这些只是维持生计的工作。

最为经典的是他编辑的八卷本《立法和制宪会议公共教育委员会会议记录》，那是历史科学工作委员会具有历史纪念意义的出版物，被列入 1907 年革命百年纪念出版物系列，成为革命历史文献的参考书籍。在这一点上，还应该感谢费迪南·比松，是他从 1880 年开始采取措施，遵循朱尔·费里的思想，支持"全面整理并系统出版从 1789 年到 1808 年公共教育方面的资料，为广大人民服务，使其成为国家的荣耀"。关于这一点，教育部部长也赞同："首先要做的事就是保证所有档案囊括（宪法中规定的公共教育）委员会的会议记录。我准备委派季佑姆先生进行考察研究，由您来领导。"[1] 政府一直坚持这方面的领导，从 1885 年开始在法国大革命百年纪念活动中成立

---

[1] Louis Capéran, *Histoire contemporaine de la laïcité française*, Paris, Marcel Rivière, 1960, t. II, p. 30.

了两个委员会：一个来自部长内阁，比较正式，但是参与的活动不多；另一个来自市政府，比较彻底，其目的以纪念为主。而季佑姆所隶属的是部长内阁成立的委员会。①

另一个领域应该源于他个人经验的回顾。在世纪之交的时候，他的私人生活和家庭遇到了一系列的不幸，他的女儿患有严重的抑郁症，由于病势反复而去世，接着他的妻子也生病去世。季佑姆想发表自己与妻子在订婚那段日子，即1868至1869年间的往来书信，目的是"重温我那些遥远的最幸福的日子"，这是他在1902年写给克鲁泡特金（Kropotkine）的信中说的。从这些信件中，"人们可以看到那个时期社会主义者的精神状态"②。然而他的计划发生了变化，他在拉绍德封与他的政治盟友重逢，同时经饶勒斯和比松的介绍认识了吕西安·埃尔。在他们的双重催促下，从1905年到1910年，季佑姆完成了《国际共产主义：档案与回忆》四卷本。这是讨论巴枯宁主义和汝拉自由生产者经验的极其宝贵的资料汇编。

---

① 在甘必大任部长的时候，比松发表了一份报告（参见 Journal officiel, 1881, pp. 6609-6610），之后由保罗·贝尔成立了第一个委员会，其中包括热拉、拉维斯、莫诺、佩尔唐、基什拉、兰波。尽管人们普遍肯定地说季佑姆从部长级的第一次委员会开始参加工作，但实际上他那时没有参加。事实上，这个由23位成员构成的委员会很快就被废止了。1885年由葛布雷成立了第二个委员会，这次由16名成员组成，其中包括季佑姆。这个委员会的目标没有第一个委员会的目标那么宏大，它只限于巴黎的资料。委员会依附历史科学工作组。这个委员会与市政府的委员会形成竞争关系，后者更为激进彻底，而且两个委员会的出版物从科学角度上看具有可比性，其中一些成员，比如奥拉尔和兰波等，他们列名于两个委员会。参见 Brenda Nelms, The Third Republic and the Centennial of 1789, Ann Arbor, University microfilms, 1976.
② 参见 Marc Vuilleumier, op. cit., p. XXVII.

费迪南·比松的《教学法词典》：小学教堂　　　　　*　　　　　179

　　季佑姆从来没有放弃自己的两个爱好。在新一代革命工联主义者眼中，这位马拉特斯他（Malatesta）、克鲁泡特金以及斯维特兹盖贝尔（Schwitzguebel）的老同伴，汝拉省的老战士，曾亲身经历过革命文化并从中退隐下来的老人，就像博那罗蒂（Buonarroti）在七月王朝时那样，是他们的前辈，他为自己的革命事业奉献了一生。后来《工人生活》杂志的创立者皮埃尔·莫纳特（Pierre Monatte）在1914年，为纪念季佑姆70周岁诞辰特别出版了一个专集，他这样评论季佑姆："季佑姆老爹悄无声息地引导着我们前进的脚步和我们的研究。"[1] 他最终以《新教学法词典》结束了自己曲折的一生，也是为了这本词典，比松再一次请求他参加编辑工作。

　　只有经常使用这部词典，我们才可以重新展现这部独特的集体合作成果的特色以及它的影响。比松在阿歇特出版社拥有一个办公室，出版社为他提供所有基础设施。（阿歇特出版社的创始人路易·阿歇特在1864年去世，人们在词典中向他致以崇高的敬意："总之，很少有人能比他更好地完成这项高尚而有意义的工作，并为此付出自己的所有。"）另外，从1905年开始，比松还在阿歇特出版社指导编写了一套真正的《初等教育通用课本》，那是从1832年以来就存在的一本周刊。但是主要的工作都落在了季佑姆身上。比松为他提供了自己独特的学术界和政治界关系网。1881年，季佑姆在给他母亲的信中提到："经比松先生的介绍，我渐渐认识了公共教育界具有名

---

[1] *La Révolution prolétarienne*, n° 145, janvier 1960, p. 10.

望或者占有重要地位的人；他们不时地将我引进一个委员会，我将毫不犹豫地坐在那里，因为那里的目的仅仅是教育，而不是政治。"两年后，他又在给母亲的信中说："我要离开你前往教育部，到比松先生的办公室工作，作为一个委员会的成员出席，其中还有热拉、皮考以及其他著名的人士。"这些书信非常有意思，因为这两封信明确表现了季佑姆对接受他的环境的心理态度。他在第一封信中还写道："我与比松先生以及其他我认识的人之间的谈话完全是自由的，我感觉很好。他们了解我所想的，而且也只询问与我思想相符的问题。所有的人都十分聪明、知识渊博，而且宽容大度……"在第二封信中，他写道："在法国我受到多数人的尊重［……］。而在瑞士，我是一个被遗弃的人。"①

另外，比松为他的合作者季佑姆提供了所有统计工具，这是以前维克多·杜卢伊主动采取的措施。但是，学校革新的需求大大加强。比松自己那时也是初等教育统计委员会的关键人物。这个统计委员会是1876年由亨利·瓦隆（Henri Wallon）创建的，当时他任公共教育和宗教信仰部部长，由勒瓦瑟尔（Émile Levasseur）担任委员会的主席。勒瓦瑟尔是法兰西科学院成员，法兰西学术院和法国艺术手工业学院教授。在《教学法词典》中还有一篇题为《教学统计》的文章。因为没有署名，很难确定是不是比松写的。第一版的"致读者"一文将比松和季佑姆两人同时列为主编。但是，只是在一些重要的哲学

---

① 1881年2月21日和1883年1月25日的信。在这里我只引用了节选。Fonds privé, Berne, in Marc Vuilleumier, op. cit., p. XIX.

理论和教义，比如"政教分离"[①] 等方面的文章才会清楚地署上比松的名字。再说，两人从本质上说是一种建立在深厚基础上的合作关系，这种友谊牢固地建立在新教徒的情感基础之上，个人的利益显得不那么重要："我应该说，那是我们的，或者确切地说，他的词典。"作为这项事业的主导者，他是这样评价他的主编秘书的："有能力收集这些众多而杂乱的事实和文章并进行总结、规整和协调的人，首先应该具备罕见的工作精力，掌握扎实的现代语言，能够从大量的法律和规范中准确地提炼出真正的思想和确切的表达方式，而且还要有耐心、不气馁，具备仔细坚韧的博学意识，严肃的批判精神和历史、教学以及哲学等综合而全面的知识。他应该是一个真正杰出的人才。我知道一个人，他符合这一切要求，甚至更优秀。而这个人具有高度的社会使命感和热情，然而这并没有妨碍他成为学识渊博的学者中最严谨、最正直的一员。"[②]

但是对季佑姆来说，应该将编辑的工作与作者的工作分离开。他的专业领域是很清楚的，正是这些专业特长，配合比松的大量的指导性文章，才赋予了词典强烈的个人特性。他的第一个专业特长来源于他在瑞士的经历。那是 16 到 19 世纪德语区同一时代教育家都具备的专业特长，他们既是思想家又是博爱主义者，是现代教学法和民间教育的发起人和先驱，这批人中包括夸美纽斯（Comenius）、弗里德里希·福禄贝尔

[①] 应该指出的是，从第一版到第二版，反教权主义思想不断加强，在第一版中，比松赞同教会成员的合并，而在第二版中比松持反对态度。
[②] *La Vie ouvrière*, hommage à James Guillaume à l'occasion de ses soixante-dix ans – 20 février 1914, 6ᵉ année, n° 106, p. 214.

(Friedrich Fröbel），以及亨里希·裴斯泰洛齐（Henri Pestalozzi，1746—1827年），后者还是诺霍夫（Neuhof）的慈善家。季佑姆用了60多栏来加以叙述，几乎相当于一部完整的书。[①] 他所喜爱的第二个领域是大众社会的适应方式，他曾经在洛克莱的夜校当过教师，这段经历让他撰写了如"书写"（8栏）和"阅读"（30栏）这样基础性的文章，同时还有"教材"（44栏）和"手工劳动"（30栏）。其他一些文章，尤其是关于革命的，数量庞大，强有力地改变了人们的整体观念，树立起要依靠国家历史这一巨大山峰的观念。从这个角度上说，无论对错，季佑姆都为强化这一共同路线作出了巨大的贡献。事实上，正如弗朗索瓦·傅勒和雅克·奥祖夫明确指出的那样，革命在基础教育的真正实践中，几乎什么也没有改变。相反，"革命不仅颠覆了立法，而且建构了学校的形象，将自己的未来投入学校当中。因此，革命使学校长期以来成为政治文化冲突的中心"[②]。在这种情况下，有一篇关于"制宪会议"的文章，该文为《教学法词典》那一代人的事业提供了前期规划。这一长篇大作自然是这部著作的中心。80栏洋洋洒洒的文字既包含了方法解释（"我们的陈述来自最原始的材料，详

[①] 关于裴斯泰洛齐的文章，内容非常丰富，最后成为一本独立的著作，参阅 James Guillaume, *Pestalozzi, étude biographique*, Paris, Hachette, 1890, 455 pages.《新教学法词典》这一词条主要考虑1890年以来的出版物，正如马克·维约米耶所指出的那样，这些出版物中很多都是出自季佑姆之笔。在他看来，这是法文版中关于瑞士教育学家最好的一部传记（参阅 Marc Vuilleumier, *L'Internationale*, *op. cit.*, p. 18）。

[②] François Furet et Jacques Ozouf, *Lire et écrire, l'alphabétisation des Français de Calvin à Jules Ferry*, Paris, Éd. de Minuit, 1977, t. I, p. 97.

细至极"),也有普遍性的介绍("国家统一的压力激励了整个制宪会议");既有社会主义职业信仰(最后对饶勒斯的评价),也有对山岳派谨慎的讨论(对比米西尔-埃德墨·波迪[Michel-Edme]和杜考斯[Ducos];最终赞同数学家吉贝尔·罗姆[Gilbert Romme]的观点);另外,季佑姆对法国大革命的定义,与雅各宾派代表性学者奥拉尔的定义完全接近,其中也许最重要的一点就是有关山岳派与雅各宾派的区别。法国、革命、制宪会议、公共教育,这些都涉及从未出版过的资料。这些资料使人们处于神话构成中心,同时也确定了历史方法的核心地位,还有就是构成个人生存理由的关键问题。①

关于编辑组的构成,各个层次都很容易辨识,其基础是由一个忠实的小集团来负责整个部门,比如:大学学区区长路

---

① 在《新教学法词典》中由季佑姆整理的文章达 61 篇,包括:« Athéniens (éducation chez les) », « Banquier », « Consulat », « Convention », « Destutt de Tracy », « Écriture-Lecture », « Égoïsme », « Falloux », « Fichte », « Florian », « Fourcroy », « Froebel », « Gerdil (le cardinal) », « Goethe », « Grégoire (l'abbé) », « Herbault », « Heusinger », « Jussieu, père », « Lakanal », « Langethal », « Lavoisier », « Lecture », « Le Peletier de Saint-Fargeau », « Livres scolaires » (1re partie), « Maîtres-écrivains », « Travail manuel », « Mentelle (Edme) », « Middendorff », « Milton », « Mirabeau », « Mnémotechnie », « Napoléon Ier », « Niederer », « Noël (Jean-François) », « École normale de l'An II », « Pastoret », « Pawlet (le chevalier) », « Payan (Joseph) », « Pestalozzi », « Philipon de la Madelaine », « Ratichius (Radke) », « Renouvier », « Rochow (Eberhardt von) », « Roederer », « Roland de la Platière », « Romme (Gilbert) », « Saint-Lambert », « Saint-Simon (Henri de) », « Sainte Aldegonde », « Salzmann », « Say (J.-B.) », « Schmid (Joseph) », « Sieyès », « Simon (Jean-Frédéric) », « Spartiates », « Universités (1re partie) », « Vallange », « Vatimesnil », « Vegio (Maffeo) », « Verdier (Jean) », « Vincent de Beauvais ».

易·马加罗（Louis Maggiolo）于 1871 年 60 岁时提前退休，开始自由自在地生活，他非常熟悉中世纪及旧体制下的教学体制；孔佩雷（Gabriel Compayré）曾任图卢兹学院的哲学教授、众议员，他曾出版过《十六世纪以来法国教育理论批判史》一书，这本书成为编撰自古代文化以来所有教育经典理论家伟大传记的基础。在这个小团体中，还包括纳沙泰尔州那些传统精英们，如：朱尔·斯梯格，他后来成为众议员、1886 年格布雷法的报告人；菲利克斯·皮考，成为初等教育总学监。在上层领导中，那些著名的专家们也尽力提供了支持。在国外，经常会由领事馆发出招标信息——除了德国，因为德国的百科全书整理工作比法国启动得早。法国团队与德国专家的联系主要体现在与耶拿大学的莱恩教授个人之间定期的书信往来。

记忆之场的活力

在这一系列复杂的变化中，最为奇特的是通过五花八门的术语，让人感受到两种类型的时间段、两个连续的节奏。它们之间本能而自然地相互结合，赋予这部著作一种内在的活力和冲击力，如同一部爆炸的发动机的两个时间段：一个是历史时间性，一个是新闻时间性。

事实上，从另一个角度说，《教学法词典》是历史学家的著作。一方面，它勾勒出那些被人遗忘的普通教育工作者的个人经历，因为在这部词典中，没有基督教学校的神父，没有巴伐利亚 16 世纪晦涩的神学家，也没有救济会慈善家们的身影。

另一方面，这部词典还汇总了许多著名的先驱、启蒙时期古代教育学家（Paideia）的生平，从教会的神父到共和国的奠基人，从复兴时期的伟大人物到奥古斯特·孔德。整个19世纪对学校及教学机构所持有的那份关注，以及复辟时期杜潘男爵（baron Dupin）所着手进行的统计工作（其中一些重大的回顾性调查研究，如马加罗所做的调查工作已经完成），在这里都得以实施。在这个重新唤起教育记忆及技能的特殊时刻，《教学法词典》带来了巨大而独特的贡献。这部著作在大众教育的关键时期及教学先驱们的身上投下了耀眼的光芒：例如人们在这本词典中还可以找到用法语写的关于捷克著名教育学家夸美纽斯的介绍，以及对他的三部著作（《大教学论》《语言入门》《世界图解》）之间的内在关联的分析。在此之前，没有任何一部作品对夸美纽斯有所介绍，并且在此之后很久也没有人介绍过这位伟大的教育学家。从这个意义上说，《教学法词典》具有积极的实证性，为了解这位教育家提供了强有力的论据，凝聚并记录了一种复苏的记忆。

同时，机构制度史也渐渐波及这片完全属于教育史的大陆，支配着这个为教学而战、热血沸腾的身躯。也正是这一点，为这部沉重的四开本著作提供了战斗的快感和新鲜的气息。正是这一群人，在前一个晚上为通过修正案而进行投票，第二天却迫不及待地将修正案编入词典的十戒当中，与孔多塞的草案及圣奥古斯丁的四术（quadrivium）并列。比松曾在他的"致读者"一文中提出这样的问题："是否有一天我们会有兴趣在这里重新找到那些参与并合作建立新体制的人的初次印象？"当然，对读者来说，他们是有兴趣的；对编辑们来说，兴趣会更大！能够直接载入伟大的史册当中，这难道不是赢得政治胜利所赋予的最大的合法性吗？《教学法词典》不仅仅是这具有决定性十年历史的关键资料，而且还具有连续性色彩。再现的历史和当代的讨论加强了它们彼此之间强烈的共存性。

这就是《教学法词典》的实际情况，它集中表现在这两个背景之间强有力的衔接及相互往来之上。实际上，将它们统一到一起的，正是对同一个历史的叙述，即关于小学教师关键人物的历史性出现的叙述。在这个刚刚从农村走出来就已经担负着共和国重任的年轻人身上，这部几千页的词典谱写了一个新的身份，巩固了一个脉络谱系，歌颂了一个全新的尊严，明确了权利和义务，照亮了他地位上升的狭长道路。在法律、规定、法规和条例的重重迷雾当中，今天的旁观者似乎有些迷茫，因为这些绵绵不断的叙述，确定了不同级别（学术院、初等教育、总学监）学督的职责。每一位使用者，无论男女，都能很清晰地看到摆脱地方权力限制的每一个过程，以及中央行政管理的最新成果。一些对于我们来说不怎么重要或者比较遥远的名字，比如"朗杜"（Ambroise Rendu）或者"吉朗多男爵"（Baron de Gérando）倒是提醒了一个重要而且明确的时间：1816 年。1816 年的法令是第一次在保留政府监督市政学校的法律原则基础上，鼓励人们从教堂和城堡的束缚中解放出来。在那些充满数据表格、处理方式、进程阶段、额外补助以及其他指数细节当中，没有什么让人感到吃惊的。这些都构成了规定身份认同的一部分。而且，关于这一点，它只在《教学法词典》出版以后才最终确定下来，而当时 1889 年 7 月 19 日颁布的金融法只给市镇预留了地方资金和教材资金。小学教师将要真正成为国家政府公务员，1882 年的文本写道："我们的小学教员是否在为他们新的命运而争得荣誉？他们是否懂得抵制自己的不幸，对那些奉承的话、那些虚荣的提议、那些野心勃勃的狂热以及那些激励他们慷慨激昂的热情之声充耳不闻呢？[……]我们真诚地希望他们会如此行事[……]。如果世界上有这么一个国家，如果世界上存在这样一种制度，在这种体制之下，类似的经验可以用成功的机会来完成的话，那么我们衷心希望这样的国家就是法兰西共和国；如果有这样一个阶级，值得我们寄予理性的信任，可以毫不犹豫地号召他们来承担这项新的任务，那么这个阶级就是法国的小学教师。"

这部词典有一个最为令人吃惊的特点，那就是，这种集体记忆在整个世界范围内得到普遍的、突然性的传播。所有的人通过教育这唯一的棱角鱼贯而入，只有在这一标识之下才得以体现。这一重建近乎一种权力的指挥台。马达加斯加从印度洋的虚无中崛起，只是因为将共和国优秀的学校与神职学校的可悲状态对立起来。人们对路易-菲利普感兴趣，只是因为基佐的存在；而对基佐，也只是因为 1833 年小学教育法，而且也是因为他娶了波琳娜·德·莫朗为妻，后者是《教育年鉴》的撰稿人，出版了《小学生：拉乌尔和维克多》与《家庭教育》两部著作。《教学法词典》用了三栏篇幅对她进行介绍。在这里，《教学法词典》选取一个名不见经传、只为孩子们写书的作者，这并不奇怪，因为这部词典就是为此而写的。亚历山大没有出现在这部词典中，那是因为亚里士多德曾经是他的家庭教师，而且他在巴克特里亚建立了几所学校。而"女人"，她们被编入词典当中，似乎只是因为三种类别，而这跟学校没有任何关系。这三种类别为："女孩"，将我们直接带入教育培训的立法历史当中；"小学女教师"，似乎是教育培训最正常、最普通的出路；"母亲"，她的存在就是为孩子的未来做准备。兰波的一篇题为《法国》的 30 页长篇论述就是一个很好的例子。在文章开头，他大胆地写道："在大革命之前，法国曾拥有（1）学术院、（2）科学院和专业学校、（3）大学、（4）中学、（5）初等学校（或者用当时的话说，就是小学校）……"而《教学法词典》，也算吧，但是它是在教学的镜头下对人们发出号召，并大胆地糅合了基本的集体记忆和普遍记忆。同时，《教学法词典》不再像主编从前那么谦逊地介绍的那样，是一本"实用指南，保证提供所有有用的知识"；这部简单的袖珍指南（*vade mecum*）成为一部厚厚的北欧纪传史、一部荷马史诗般的巨作、一部教育专家的创造史。

学校教师这个形象引出一部高质量的历史文献，是从乔治·迪沃（Georges Duveau）的一本很薄的书开始的，大概在 25 年以后才开始普及。这本书丰富精确，对这些"毫无名气的圣人"充满敬佩之情，同时又带有些许优越感。为强化这份同情之心，这部词典囊括了所有资料。看一下学校的建筑，"总是那么简朴，目的是反映学子们的心愿，安静而从容"，但是不应该将这些庄严朴实的原则推向极致，在建筑物周围栽种了许多"植物，它们的颜色与屋瓦、红色墙砖以及白色的墙面交相辉映"。还有那些反映对教学敬仰的朴实无华的教具：一支鹅毛笔，它的高度有学校学监的身高那么高；首批使用的钢笔，它的使用可以追溯到罗亚尔派那些隐居者，那时的钢笔是铜制的，直到1803年，英国人瓦兹制造了第一批铁制钢笔，价值仅有二十个生丁。但是它有一个不方便的地方，就是很快就与墨汁产生腐蚀反应，既不能进行着蓝处理，也不能加镀青铜，或者镀金处理。还有这些"墨水瓶"，木角制呈梨形的容器，它们的盖子是用螺丝开关制成的，后来被带有螺纹的圆柱形玻璃杯所代替。这些虹吸管型的玻璃墨水瓶不能稳固地放在桌子边缘，随手就可以丢弃，这些号称"神奇"的墨水瓶没有像广告中所称颂的那样取得很大的成功，直到后来巴黎的一个叫卡尔多的工程师制造出瓷质墨水瓶，才发生了真正的革新，再后来一个叫格兰的人发明了一种不可倒置的墨水瓶，这才解决了所有的问题。在这一章结束的时候，有这样一段漂亮的结束语："那些关注教育的人，他们看到我们如此详细地介绍每一个细小的教学材料，都不会感到吃惊。因为他们知道，没有比让孩子们养成细心使用这些工具、保持它们的整洁，尤其是尊重知识劳动的成果更为重要的了。这是良好教育的标志。"

多么明智的评论啊！这些话说明民俗的形象和情感掩盖了我们一种很深的记忆，这种记忆没有高尚的色彩，但是从人类学和文化的角度上看却具有更加丰富真实的内容，它是经过漫长的岁月，在日常生活中不断重复而形成的，具有一定的规范性，完成教育的所有行为：在那个书写如同一种手工劳作一样的年代里，粗笔画和细笔画的写法需要艰苦的书法练习，经过长期艰苦的努力，才将人们从蒙昧状态解救出来。这就是行为与习惯的记忆，没有那么惊人壮观，但却更加真实，是我们看得见、摸得着的。为此，《教学法词典》收集了一系列具有深远意义、出人意料的文章，比如"自私""整洁""意志（教育）"等。这些文章涉及精神和体质教育及风俗的形成，比如"礼仪"的发展和广泛传播。遗憾的是，在1911年的版本中没有出现这篇文章。艾莉·皮考（Elie Pécaut）博士用三栏的篇幅介绍了法国古老的礼仪习惯，它不只是"贵族的艺术作品"，另外，小学应该是一所礼仪学校，因为小学校首先应该是一所文明的学校："这不是一项简单的任务。当您看到一个乡村学校的老师亲手接受一群野蛮粗俗、孤僻害羞、无礼粗野并明显带有自私自利倾向的孩子们，最终把他们培养成一批受过良好教育、适应高等社会复杂生活、自制力强、谈吐讲究、自尊自爱、有分寸感，甚至还具有一定生活品位的人，这时，您不禁会产生钦佩之情，因为这是您能看到的最伟大的一幕。"

《教学法词典》就是这样汇集了各种类型的记忆，包括历史和日记式记录、团体和普遍性记忆、情感和民族学的记忆。前两种记忆来自作者，中间两种来自使用者，最后两种是今天我们读者自己的记忆。让这部词典成为一个记忆场所的是前四种记忆对后两种记忆的影响以及它们重新找回的记忆深度。这部词典希望成为当代人对当时的一个记忆场。但是，在这一初级层面上，这种意义已经消失，完全融入使用者的实践之中。

不过，对于我们来说，因为我们知道它的初始目的，只有在这个时候，我们才理解它是一个"记忆之场"。在我们看来，正是这种辩证法构成了现在我们看到的这部词典。

关于对象的描述，这部词典所讲述的有关 19 世纪 80 年代小学教师的那些回忆与他们自己留下的回忆没有什么区别。词典通过从其他既相似又有所不同的记忆之场获取的资料对这些记忆增加了一些详细的补充。比如，二十多年前雅克·奥祖夫提到的《美好时代的小学教师自传》[1]，还有莫娜·奥祖夫不久前介绍的《教师桑德拉家庭笔记》[2]（至少其中有一本出自约瑟夫之手）。这些补充具有统一性和意愿性，尽管如此，词典按照字母排序，具有实用性，表现了纯粹的中立立场，这一点是不容置疑的。这种中立性保证了它最好的记忆效果。比起那些交错醒目的专栏标题，一进门就能看到的重复了一千五百遍的教训来说，这部词典比任何一本回忆录或自述都能够更好地告诉我们，教育是一门科学，没有上帝的学校是学校的宗教，道德不是教堂里的教规，而是一种既没有强迫性也没有惩罚性的理性约束。与自述不同的是，这部词典不是为了唤起人们的记忆，而是为了有助于人们的成长。它真正的成功之处在于它建立在已经消失的重要的集体记忆之上，而这个集体本身给我们留下了更为个性化的证据和资料。我们也许更应该讨论这个"《教学法词典》的时代"，就像我们谈论"大教堂时代"一样，

---

[1] Jacques Ozouf, *Nous, les maîtres d'école*, Paris, Julliard, coll. « Archives », 1966.
[2] Mona Ozouf, *La Classe ininterrompue*, Paris, Hachette-Littérature, 1979.

因为这一时代也是世界的一面镜子。长期存在的记忆场所，也许就是那些结合了临时的一些不知名的人或事，虽然不稳定但却以永恒的方式庄严地存在着的场所吧。

说明：本译文初次出版于皮埃尔·诺拉：《费迪南·比松的〈教育法和初级教育词典〉》，《追寻法兰西》，社会科学文献出版社，2017年，第95—118页。本篇译文经译者再次调整修改而成。

Commémoration

纪念活动

*Les centenaires de Voltaire et de Rousseau:
Les deux lampions des Lumières*

伏尔泰与卢梭百年纪念：
启蒙运动的两盏明灯

让-玛丽·古勒莫 *Jean-Marie Goulemot*

埃里克·沃尔特 *Éric Walter*

李建英 译

> 说共和国就是母亲，
> 这是伏尔泰的错，
> 说它是只调皮的小狮子，
> 这是卢梭的错。

一个世纪以后翻开巴黎或外省1878年的报纸，当时的新闻报道依旧清晰：在外交方面，最为突出的是近东问题（Question d'Orient）和面对德国俾斯麦（Bismarck）的联合问题。国内政治则聚焦于三个主题。分权的主张被批准后，一次次的选举确立了共和派联盟的主要职责，这也自然而然加剧了共和国敌人的焦虑。但世界博览会（5月—11月）提供了和解的理由——它是国家复兴和恢复自由的象征。然而一场要求赦免巴黎公社社员的工人运动一夜兴起，同时，春夏在昂赞（Anzin）突然爆发的罢工破坏了新的多数党原本期望的经济繁荣局面——经济繁荣原本意味着社会安定。

共和党人传统的乐观主义同样隐藏着令人不安的因素：虽然时间对共和派的主张很有利，但局势远非如此。不但要维护共和党，还要使之站稳脚跟。与保守派不同的是，他们不怕发生革命：警方监视着原来的巴黎公社社员，左派盖德主义还处于萌芽状态，被解散的工会正在重新组织起来，成为支持左翼共和党的改良主义团体。来自右翼方面的威胁也由一变二：君主主义和教会统治。因为尽管正统派和奥尔良派之间存在冲突，君主政体的亡灵在天主教的保护下还一息尚存。1877年5月16日突发复辟就是例证，道德秩序严阵以待，试图抑制新闻媒体一种过于强盛的势头。"越过"新闻媒体，这个宏伟的目标依据1881年的法律才得以实现，而在1877年的5月到12月，它是打击贵族阶级"破坏自由的"独裁主义的武器。

危机于1877年爆发，那是因为各项共和制度自1874年起实施得过于缓慢而拖沓。瓦隆修正案（amendement Wallon）是一部关于参议院的法案，一部关于公共权力分配的法案：共和派和奥尔良派在议会上的妥协规避了冲突，这主要是因为甘必大（Gambetta）把他的左派观点调整得温和了，并打出了一张反教权主义的牌："教权主义？那是敌人"（1877年5月4日）。但是，在甘必大的人质朱尔·西蒙（Jules Simon）镇压天主教骚乱之际，迪庞卢主教（Mgr Dupanloup）和布罗伊公爵（duc de Broglie）推动拥护君主政体的麦克-马洪（Mac-Mahon）起来抵抗。这导致了5月16日的危机，但共和派力量强大，作出了回击——1877年10月的国民议会选举即为证明，1878年1月的市政会议选举又一次增强了共和派的势力。从长远来看，严重的政治两极化局面使法国资产阶级内部产生矛盾，加深了重要反动分子、教权派人士、君主制或帝国拥护者所组成的团体与在反教权主义主张下巩固地位的"第三等级议席"（J.-M. 梅耶［J.-M. Mayeur］）之间的鸿沟。"第三等级议席"从1789年的启蒙运动理想中获得动力，它的全面壮大有利于削弱教权、普及教育、消除等级差异，并帮助工人在共和国中获取一席之地。

取得制度进步和选举胜利，"共和思想"坚定地在这两个方面开辟道路。提出这种既包含冲突又体现统一的共和原则，首先来自对历史和政体的象征性记忆。1877至1882年，继往开来之年伊始，共和制很快就被机会主义者和布朗热主义者搞得黯然失色，"朱尔共和国"[①] 采纳了神圣论和救世说的治国方略。从雨果、费里到下层活跃分子，从共和国的信条里找回了革命末世论的重要性，但剔除了其中的暴力性和恐慌性因素。共和国觉得自己成了时代的主宰，想要在大革命曾经失败的地

[①] 1870年9月4日，在得知拿破仑三世皇帝在色当被普鲁士人俘虏后，立法机构的代表们立即在波旁宫开会，巴黎人很快就进入波旁宫，要求建立共和国。为了引诱和安抚群众，朱尔·费里提出组建一个由巴黎的共和派代表组成的政府。在立法机构的代表中，有多位"朱尔"：朱尔·法夫尔、朱尔·格雷维、朱尔·西蒙和朱尔·费里（Jules Favre, Jules Grévy, Jules Simon et Jules Ferry），史称"朱尔共和国"。——译注

方再站起来。1878 年 7 月 1 日，在共和国组织的集会上，马塞尔（Marcère）部长冷静地宣布"完成法国大革命"的计划：通过普选重新构建社会；通过公民教育改造人；兑现 1789 年未能兑现的政治性和象征性的变革诺言。整个 19 世纪 80 年代，共和政体的国家整体繁荣，并在各个方面积极进行调整。1879 年 2 月，《马赛曲》重新成为国歌。1880 年，议会从凡尔赛迁往巴黎，同时，7 月 14 日被定为国庆节。1885 年，雨果被安葬在先贤祠，他的贡献（始终饱受争议）最终得到肯定；与此同时，这位老翁的显赫名声神化了自己的作家形象，他跻身于国家和民众崇拜的伟人之列。[1]

然而，这个设立象征的过程从 1878 年起形成，它借助能为民主共和服务的哲学遗产，举办隆重的正式庆祝活动：5 月 30 日，无论是在巴黎还是在各省，反教权的共和主义者一起参加了伏尔泰逝世的百年纪念。7 月 1 日，他们在巴黎组织了一场庆祝共和国成立的活动，致敬卢梭（于 1778 年 7 月 2 日逝世）的祭礼仪式最后从 7 月 2 日改到 14 日，与攻占巴士底狱的周年纪念同时进行。于是，玛丽安娜[2]的加冕礼在真诚的怀念与无比的虔敬中举行。重建的共和国合法化了，她不再是孤儿。她的先祖来自大革命，同时也来自启蒙运动。在这一点上，1878 年的对立阵营似乎达成了共识：无论是好是坏，总

---

[1] 参见 Antoine Compagnon, *La Troisième République des Lettres. De Flaubert à Proust*, Paris, Ed. Du Seuil, 1983.

[2] 玛丽安娜（Marianne），法兰西共和国的国家象征之一。与代表法兰西民族及其历史、国土与文化的"高卢雄鸡"（Gauloise dorée）相对，玛丽安娜代表政治意义上的国家（法国）以及她的价值观念。——译注

之，经历了 1792 年和 1848 年的间歇才最终建立的共和国，的的确确是"伏尔泰的错"和（或）"卢梭的错"……加弗罗什（Gavroche）在战火中哼唱出苦乐交织的歌谣——在跟着节奏歌唱前，要知道这段副歌有一段意义深刻的历史。它取材自复辟时期伏尔泰的作品集。1817 年，有四家出版商各自出版了一部《伏尔泰全集》，贝兰出版社（Belin）则宣告完成《卢梭全集》。高高在上的神职人员对此发出强烈谴责。一天晚上在咖啡馆，J.-F. 夏波尼埃尔（J.-F. Chaponnière）滑稽地模仿了巴黎教区副主教的训谕："如果世上有什么悲惨的事，这是伏尔泰的错，这是卢梭的错。"贝朗热（Béranger）知道后如获至宝，拿过来改头换面，变成了自己的讽刺诗。一直到拿破仑三世时期，它都在共和派中广泛流传。之后，加弗罗什用讽刺的语言体系对这两句话进行了改编，这首两行诗就变成了俗语，雨果在他的光辉巨著《悲惨世界》中加以引用，同时，它也进入歌曲和图像资源丰富的共和国民俗创作中。[1]

有人喜爱他们，也有人厌恶他们；有人奉承他们，也有人抨击他们。但即使是景仰他们的人，也不认为他们始终能被同一种崇拜所概括。伏尔泰和卢梭是切断国家记忆的大革命的象征（不仅在 1789 年前后，也在 1789/1793 年的对立中），这两个形象 1878 年对拥护者的想象力产生影响，他们活跃了报刊，调动了政治力量，引起了宗教和国家，甚至大学或研究院的关

---

[1] 参见 Jeroom Vercruysse, « C'est la faute à Rousseau, c'est la faute à Voltaire », Studies on Voltaire, t. XXIII, 1963. 引用的歌词是《悲惨世界》（1862 年）手稿的一个变体。

注（在 1889 年、1907 年和 1912 年，不同派别纷纷活跃起来，有些是为了支持卢梭，有些则是为了反对他）。一个世纪以后，这两个图腾在政界遭到冷遇，但却被文化圈接纳，媒体忽视了 200 年悄然发生的转换。这段时间值得研究。第一个 100 年发生了什么？它向我们传递了哪些关于启蒙运动—大革命—共和国这条时间线的信息？又向我们提供了哪些纪念活动的组织情况？在"伏尔泰与卢梭，1778—1978 年"国际研讨会召开之际（巴黎，1978 年 7 月），会议集体和专家个人对这些问题进行了研究，研究还结合其他的调查，将话题拓展到纪念活动之外，从启蒙思想在实证主义和唯灵论、自由主义或社会主义的变形中，探究启蒙思想在 19 和 20 世纪的发展[1]。

---

[1] 关于启蒙运动的发展以及"哲学"遗产的纪念活动/共和制度下的适应，参考：Georges Benrekassa, Jean Biou, Michel Delon, Jean-Marie Goulemot, Jean Sgard, Éric Walter, « Le premier centenaire de la mort de Rousseau et de Voltaire », *Revue d'histoire littéraire de la France*, mars-juin 1979; Georges Benrekassa, « Entre l'individu et l'auteur: J. -J Rousseau grand écrivain national (1878‑1912) », *in Fables de la personne, pour une histoire de l'individualité*, Paris, P.U.F., 1985; Jean Biou, recherches inédites Sur la presse nantaise au XIXe siècle; Michel Delon, « Un centenaire ou deux? », *Annales historiques de la Révolution française*, octobre-décembre 1978; « Rousseau et Voltaire à l'épreuve de 1848 », *Lendemains* (Berlin), n° 28, 1982; « Voltaire: le texte et le mythe », étude inédite; Jean-Marie Goulemot, « La Harpe ou l'émergence du discours de l'histoire des idées », *Littérature*, n° 24, décembre 1976; « Candide militant ou le P.C.F. et les Lumières de 1944 à 1953 », *Libre*, n° 7, 1980; Éric Walter, « Luttes de mémoire, pouvoir intellectuel, imaginaire national: l'enjeu Voltaire-Rousseau dans les quotidiens amiénois de 1878 », Ire partie (pp. 9 à 83) de Claude Lelièvre et Éric Walter, *La presse picarde, mémoire de la République*, *Cahiers du C.U.R.S.A.*, n° 12, Centre universitaire de recherche sociologique d'Amiens, Amiens, 1983.

这一系列研究组成了一部综合的"文集",文集内容可被概括为四大方面:

——大量再版卢梭和伏尔泰的作品,尤其是伏尔泰的作品,内容涉及学术或教育、商业或军事。

——从拉阿尔普(La Harpe)到圣伯夫,从泰纳到莫拉斯(Maurras)、朗松(Lanson),再到饶勒斯(Jaurès),文学批评相当繁荣。

——论战小册子在1877至1880年间出现一个发行高潮,产生于复辟时期的这种形式实际从未退场。

——最后,也是最重要的,参与1878年大型纪念活动的方式,是对巴黎和外省新闻界介入政治的一次检验。①

---

① 在这些版本、文学批评和关于伏尔泰与卢梭的论战汇编中,参考一些专业的书目:Alexandre Cioranescu, *Bibliographie de la littérature française du* XVIIIe *siècle*, Paris, C.N.R.S., 1969, 3 tomes; *Catalogue général des livres imprimés de la Bibliothèque nationale*, 尤其是 t. 214 (2 vol.): « Voltaire », 1979. 关于 1877—1880 年的情况,参见 Louis Mohr, *Les Centenaires de Voltaire et J.-J. Rousseau. Aperçu bibliographique*, Bâle, 1880, 40 pages.
报刊汇编如下:
——从最激进的左派到中右派,巴黎的报刊有:《马赛曲报》(*La Marseillaise*,罗什弗尔)、《公共利益报》(*Le Bien public*,梅尼耶)、《号召报》(*Le Rappel*,与雨果相关的团队出版)、《人权报》(*Les Droits de l'homme*,倾向社会党的共济会刊物)、《时报》(*Le Temps*,坚定的中间派刊物),还有与迪庞卢十分亲近的《社会宗教抗争》(*La Défense sociale et religieuse*)。
——在凡尔赛(具有象征性的城市)以及塞纳-瓦兹(Seine-et-Oise),有两种共和主义报刊(《自由民主联盟》[*L'Union libérale et démocratique*]和《自由派》[*Le Libéral*])与正统主义的《凡尔赛信使报》(*Courrier de Versailles*)进行论战,与坚定支持右派的《凡尔赛日报》(*Journal de Versailles*)和《宗教简报》(*Bulletin religieux*)相抗衡。

下面您将读到的这篇文章，主要是通过有据可查的统计数字来论证的。对抨击文章的出笼所作的分析，首先聚焦于对重要报刊的分析。最受重视的档案显示：杂志的记录和记忆的抗争似乎是共存的。作为拥护者和活跃分子，1878 年的新闻舆论界制造了纪念事件，其效果远比它刊登的该事件更为轰动。该报开辟纪念活动论坛专栏，纪念活动成为论坛专栏的争论议题及焦点。与此相对应，对纪念活动的分析也帮助新闻界恢复它的多重功能，从而使 1878 年的读者在报刊上可以见证日常记录的"真实"，亲临政治辩论的场所，接受一种文化媒介的服务，如同成人有了一所学校；与此同时，分享对一种固定记忆的处理，这种记忆在已阐明的过去和有待建设的未来基础上，决定新闻事件传播的力度。

从这个角度来说，巴黎的新闻界唯一的优势就是能把政治领域内的一切细枝末节暴露无遗。因为，各省的日报由驻巴黎

——在南特，正统主义的《人民的愿望》（*L'Espérance du peuple*）和由乔治·施沃布（Georges Schwob）领导的共济会反教权刊物《卢瓦尔河上的灯塔》（*Le Phare de la Loire*）正面交锋。

——在亚眠，伏尔泰的百年纪念盛大举行，并获得了国家层面的回应，有必要仔细研究 1878 年的四种日报。在右派，《索姆回声》（*L'Écho de la Somme*）拥护正统主义、教权主义和民粹主义（5 生丁 1 张），《亚眠回忆录》（*Le Mémorial d'Amiens*）是前波拿巴主义、教权-君主主义的报纸。在中间派，《亚眠日报》（*Le Journal d'Amiens*）是温和的共和主义报纸。在左派，一家机构的两个版本信奉甘必大主义：《索姆之进步》（*Le Progrès de la Somme*，15 生丁）和《索姆之小进步》（*Le Petit Progrès de la Somme*，5 生丁，简称 P. P. S），后者是教育民众的重要工具。参见 Cl. Lelièvre et E. Walter, *La Presse picarde...*, *op. cit.*

的记者提供新闻，大量的新闻摘要，敞开了政见争论的大门，传递一种综合性政治话语，它一开始就说大众语言。但同时地方背景——这也是它们独特的财富——提供了碰撞的场所，丰富了纪念活动，使其以日常的、细微的形式被感知。报刊总是不自觉地过度解读斗争和仪式：选举的意见冲突、学校的联欢会、神父和市长从纪念碑到亡者产生的争执、一位受人尊敬的领导人的世俗葬礼、5 月 30 日为圣女贞德或伏尔泰纪念日制作的王冠……在赋予它们合法性的记忆中，这些利害冲突有时看似微不足道，却体现出了历史和文化的尊严。

像文风浮夸的纪念性演说一样，报纸大力提倡辩论，树立战斗信念风气。讽刺、抨击、嘲笑、反世俗的挖苦或"吃教士的"轶事：不管左派还是右派，语言上的攻击都登峰造极。它们声嘶力竭，语言尖刻，从传闻到社论，从社会新闻到专栏文章，舌战言辞无所不用其极。但论战与大众教育的语调并不矛盾。共和政治是启蒙思想的信徒，首要意愿是教育国民。在这一点上，保守派报刊抱残守缺，只局限于揭发、责难、规劝，最尖锐的共和派报刊才真正传递信息，增强人民的政治素养，并为俗教徒提供交流和宣传的途径。像《索姆之小进步》（*Le Petit Progrès de la Somme*）这样的刊物，每周都为通过广泛覆盖的社交网络（共济会、聚会、图书馆）吸纳的读者举行活动，提供连载作品、会议、研究、作品选、汇报等高质量的文化资源，从而为构建新的国家记忆奠定基础。

报纸的语言和纪念活动的宣传措辞之间存在着高度紧绷的张力。日报可谓现时或关于现时的写作，它即刻捕捉突发性的意外事件，其记忆策略是把不可预知的现时协调整合进被定义的过去当中，人们若以此为经验规划未来，可以规范化管理统一的、确定的国家记忆，避免"魔鬼事件"（皮埃尔·诺拉）发生。为了缩短突发事件和普遍规则之间的距离，报纸设置了一种多重的时间规则：重复性的仪式和创新性的事件具有短期特征，时机具有中期特征，稳定的形势或根本的断裂具有长期特征。纪念故事正是在这第三等级的时间上铺陈开的，试图讲述历史变化的意义。于是，想通过一个前无古人、后无来者的行为"完成法国大革命"的共和党派行动了起来。所以，共和制的进步，既代表了渐进的、线性的、不可逆的时间，又是一本注明了伟人逝世纪念日的神圣日历，上面标记着烈士、先驱、奠基者、大革命的发起人和共和国之父。[1]

"这两个伟大的灵魂是自由思想和大革命最好的化身"，百年纪念的完整计划从1876年开始酝酿。在举办时间方面，百年纪念与政府1878年举办世界博览会的计划偶然重合，而世博会对外是新法国的象征，对内是放下政治矛盾的休战期。双重百年纪念的创意来自巴黎市政会议的左派。共和主义的报刊也积极响应，此后，支持的呼声越来越高。1877年，埃米尔·梅尼

---

[1] 纪念性文本-讲话被看作共和主义圣经，在所有介绍纪念性文本和讲话的著作中，其中三部如下：Jules Barni, *Les Martyrs de la libre pensée*, Genève, 1862；Enne et Montprofit, *Le Panthéon républicain*, Paris, 1874；Joseph Fabre, *Les Pères de la Révolution*, Paris, 1910.

耶（Émile Menier）的《公共利益报》（Le Bien public，即后来的《伏尔泰报》[Voltaire]）组织了一场运动。梅尼耶是著名的巧克力生产商，也是甘必大阵营的众议员，他要求博览会用一个展厅设立伏尔泰和卢梭纪念馆。激进的左派报刊《激进报》（Le Radical）、《号召报》（Le Rappel），社会主义的共济会报刊《人权报》（Droits de l'homme），后来的中左派《世纪报》（Le Siècle），甚至中间派《时报》（Le Temps）都支持这一主张。很快，出现了三种意见。第一种是保持中立，政府有保留意见，宣布此次百年纪念活动属非官方性质。第二种是组织者的想法，他们不是要向文学家伏尔泰致敬，而是要向战斗先驱伏尔泰致敬，向那位说出"粉碎无耻之徒"的人致敬。第三种意见是这个反教权甚至反宗教的主题会给两场纪念活动制造困难，卢梭狂热的自然神论（更甚于其民粹主义）在共和主义者之间成为引发争议的不和谐因素。鉴于争论不断，纪念活动的组织者决定 1878 年 2 月将不在费内庄园和日尔瓦分别举行纪念活动。1878 年属于伏尔泰。

  1878 年 1 月 12 日，文学家协会要求维克多·雨果在纪念典礼上歌颂伏尔泰的历史记忆。2 月，成立了举办伏尔泰个人百年纪念的国家委员会。它动员法国各地省议会和市政会议，号召大家团结起来，争取把这次纪念活动办成一次国家盛事。塞纳省议会表决同意资助 1000 法郎，巴黎市议会决定资助 2000 法郎。省级刊物积极展开宣传活动，共和派代表也热烈响应。南特、波尔多、里尔、马赛、亚眠、欧塞尔（Auxerre）、埃唐普（Étampes）、凡尔赛、阿让特伊（Argenteuil），还有上百个更小的市镇都上演着类似的一幕。共和派刊物强调，随着世博会的临近（5月1日），越来越多的国家会参与其中。这些报纸详细地报道了众议院、参议院和市政会议在巴黎大会上的激烈争执。最后，它们一一清点了各地大量实施的创新举措：活动结合了私人仪式（莫莱［Maule］共济会会所3月6日致敬伏尔泰）和更盛大的仪式，将比议会的投票资助活动更为轰轰烈烈；活动包含公共集会、散发传单手册、时间定在5月30日或者6月初的戏剧表演（伏尔泰"爱国主义"的悲剧《唐克雷德》［Tancrède］先后在兰斯和南特被搬上舞台）等。

活动费用将从资助款中支付。同时，国家委员会还相应地为大量编辑发行的伏尔泰《选集》组织预售，不少人期待这本厚1000页的书籍造成轰动效应："它会进入每一个家庭，不过，如果每一个家庭都拥有一位伏尔泰，教堂就要关门大吉了。"（迪庞卢主教引用的委员会记录）为了展现斗争的热忱，共和派报刊公开了预购者名单。比如《索姆之小进步》，它从3月25日到6月9日每日如此。最大几笔购书款来自毕卡底省新当选议员，其他购书者是地方周刊，以及像亚眠象棋俱乐部（les joueurs d'échecs d'Amiens）或鞋匠工会（le Syndicat des cordonniers）这样的民间社团。个人预购者一般都公开表示，他们是伏尔泰作品的爱好者，来自普通家庭。他们被《索姆之小进步》称为"我们的政治教友"。这样认捐的有"一位激进的鞋匠""一位信奉伏尔泰的画家""一位追求民主的工人"，甚至"一位民主派的抗议者""一位年轻的小伙""一名年长的共和派"，还有人详细地介绍了自己："达尼古尔·约瑟夫（Danicourt Joseph），一名工人，一个启蒙思想的盟友……"可以发现伏尔泰的纪念活动激发了社会各个阶层的狂热情绪（除了墨守成规的贵族），尤其是工人精英或"新阶层"中的小资产阶级。那里还聚集了大众图书馆的读者、上夜校的学生、合唱团的演员和共济会的成员，他们来自各个教育场所，来自教育联盟（Ligue de l'enseignement），简而言之，世俗协会网络中的战士们反对教权主义团体，深入传播共和理想。为了渴望文化解放的民众，零售价5生丁的《索姆之小进步》竭力宣传：1878年2—7月，和南特的《卢瓦尔河灯塔》（Le Phare de la Loire）一样，这份亚眠的日报发表了带评论的伏尔泰和卢梭作品节选、批评文集的书评以及大量研究，内容涉及18世纪沙龙、国民公会政治家、依附共和国的贵族……《索姆之小进步》如此投身于教育，预示着德雷福斯事件之后平民大学的普及。

在反伏尔泰的阵营里，反百年纪念的抗议好似一场圣战。向伏尔泰发起的战役比针对卢梭的战役更加激烈，后者直到7月活动临近时才爆发。在这场偏重防守的战役中，右派报刊和教权派报刊接连发起了两场相辅相成的行动。一是将启蒙主义者渲染的神秘传奇面纱揭开，披露或讽刺伏尔泰主义者的所作所为。二是宣扬教士做赎罪或悔过弥撒等创举，并宣布成立一个由书目编撰学会（Société bibliographique）和一些法兰西学院院士组成的百年纪念委员会。斗争主要由奥尔良主教迪庞卢领导，他是中右派议员，是雨果的主要政敌，也是巴黎市政会议《书信》（Lettres）的作者，这些信件以畅销手册的形式低价销售，给反伏尔泰主义者的论战提供了配套武器。①

教权派报刊认为废除"神权和教权"，一场历史大灾难就会降临，他们跃跃欲试，准备大做文章。《凡尔赛宗教公报》（*Le Bulletin religieux de Versailles*）的观点与之相同，它揭露、嘲笑和抵抗伏尔泰思想。5月19日的一篇文章总结了反伏尔泰的观点并进行了彻底回击：

> 伏尔泰百年纪念活动有理由使所有真正的法国人和基督教徒感到愤懑。伏尔泰一度是亲普鲁士分子，他侮辱了法国，侮辱了我们最纯洁的骄傲——圣女贞德。城市尚未从战火中恢复如常，5月30日，法国人竟然就要在巴黎举办纪念活动。上帝无疑会让这场滑稽可笑又令人厌恶的活动落空，但是我们不能因此就减弱反抗和补赎。

《索姆回声》（*L'Écho de la Somme*）和《亚眠回忆录》（*Le Mémorial d'Amiens*）同样痛斥了亚眠市政会议的决议，拥护迪庞卢主教的创举，尤其是他在奥尔良重建1793年前的贞德像的计划，它们还支持天主教徒，为其复印宣传册。宣传册上面印着伏尔泰书信中的"反法"言论，通过邮寄、塞入门缝的方式传播，还被散发给学生们。亚眠教区的巴塔耶主教

---

① Mgr Dupanloup, *Premières Lettres à MM. les membres du Conseil municipal de Paris sur le centenaire de Voltaire*, par Mgr l'Evêque d'Orléans（4 lettres）, puis *Nouvelles Lettres...*（3 lettres）, enfin *Dernières Lettres...*（3 lettres）, Paris, 1878.

（Mgr Bataille）在《回忆录》上发表文章抨击对手，下令于 5 月 30 日为 "对上帝和耶稣的侮辱" 举办救赎仪式。尽管如此，新闻界仍然对杜弗尔（Dufaure）政府的中立立场存有怀疑，因为政府禁止上街示威游行，所有拥护百年纪念的市镇（欧塞尔、亚眠、南特、罗德兹［Rodez］、凡尔赛等）也效仿这一举措：他们试图阻止游行队伍，甚至打消人们对圣女贞德的敬意，这不也是自由思想家们虚伪的狭隘行为吗？

右派政党唤醒了人们对圣女贞德的记忆，她是 "圣洁的救星"，是基督教徒和爱国主义者心目中的女英雄，与圣路易齐名。反百年纪念队伍大多由女性构成，对抗共和派领袖，圣女贞德光辉灿烂的形象恐怕比任何号召都有力量。她们期待圣女贞德下一次的封圣，要求国家重新承认贞德是民族的骄傲。一个汇集了公爵夫人和市场上的 "卖菜村妇" 的妇女委员会保持着强烈的战斗激情。5 月 30 日（贞德牺牲的日子！）要去多雷米（Domremy）朝圣，这一天应竖立起圣女贞德的雕像，人们对她的缅怀应该持续整个 1878 年。《奥尔良少女》（*La Pucelle*）那渎圣的作者伏尔泰因言论轻浮而成为矛盾焦点，拥护者们必须冒着风险为他辩护！我们可以建立一个对比模型：贞德，她是奋起反对落后腐朽势力的贞洁少女，一个身份低下的牧羊女却敢于对抗强权，无疑是与普鲁士弗雷德里克大帝（Prussien Frédéric）阴谋抗争的爱国者。反神话的效果使人们一致拥护圣女贞德之名。伏尔泰分散民心，但贞德是民心所向……共和主义者打算将一位属于他们的贞德列入殉教圣人名册。甘必大 5 月 24 日发表了一项声明，反击战从此拉开了帷幕："我是贞德的虔信者，但这不妨碍我同时是伏尔泰的仰慕者。"正如伏尔泰是一位"世界公民"，他是以鲜血控诉宗教狂热的殉道者，是寻求宽容的战士，是（未曾预料的）反对耻辱行为的参与者，在米什莱（Michelet）的授权下，《索姆之小进步》不再称圣女贞德为"法兰西的女人"，而是重塑了一位"人民的女儿"，将她看作"欧洲的"女英雄，因为佩尔唐（E. Pelletan）在 5 月 30 日的亚眠讲话中说，如果贞德生活在 18 世纪，伏尔泰也会为其辩护，就像他曾替受迫害的年轻牺牲者拉巴尔（La Barre）辩护那样！就是在这阴影下的剧场里，两位贞德的幽灵相遇，共同铸就民族价值（祖国、人民、女性）的根基，两个阵营都试图通过逝者的干预，成为唯一的胜方。

1878 年 5 月 30 日的事件和此前的造势使悠久的论战传统重新活跃起来，再次围绕伏尔泰和伏尔泰的传说展开。伏尔泰的声誉、作品和形象逐渐趋于一致，在 19 世纪，对于如何定义伏尔泰的"荣光"，既难掩争议，又存在共识。争议围绕哲学家领袖和革命之父的头衔展开。共识则基于拉哈尔普（《高中》[Le Lycée]，1799—1805 年）对伏尔泰其他身份价值的概括——作家、编剧、诗人，以及选读和教科书宣扬的那种品德高尚之人。伏尔泰无疑是任何公众演讲都会援引的名字。1877—1880 年间出现的几十种檄文（莫尔 [Mohr] 的 30 页文献目录）不过是伏尔泰传说内部的二元论战，人们只是为了适应前所未有的局势而分别选择了支持或反对伏尔泰。因为伏尔泰的形象，无论是在 1778 年（在舞台上被加冕的在世作家）还是在 1791 年（国家改革后，成为供入神庙的自由之父），都比不上在 1877—1882

年世俗战争中所起到的关键作用。伏尔泰形象毕竟与1877—1882年世俗战争中的焦点问题（国家管理、教会地位、学校问题、社会问题……）没有联系。然而，从这时开始，文学逐渐具备介入社会事务的功能。伴随着《文学第三共和国》（*IIIe République des Lettres*）（A. 孔帕尼翁［A. Compagnon］）和德雷福斯事件及其后续，人们对"伟大的法国作家"的崇拜进一步加深，伴随着葬礼仪式，作家被授予了文学的神圣性，成为教化工具，同时也引发了少数群体或先锋或陈旧的争论。1878年的伏尔泰、1885年的雨果、1912年的卢梭、1924年的阿纳托尔·法朗士（Anatole France），都是如此……

　　这个惯例最初形成于伏尔泰时期。早在18世纪，伏尔泰就已高居畅销作家排行榜榜首。200年来，伏尔泰全集出版的次数是卢梭全集的6倍。① 从法国王朝复辟时期到1880年，各大出版社掀起伏尔泰作品的出版热，而且所有公众都为他狂热。出版社、报社、学校、教会都能在伏尔泰卷帙浩繁的作品中找到适合目标群体的文本，并加以出版。然而伏尔泰"堆砌成山"的作品并不全部是"伟大的存在"，"商业"行为不仅满足了学生和藏书家的爱好，还以伏尔泰的"色情作品"（《奥尔良少女》，故事诗）滋养了"特殊"阅读。教会援引伏尔泰自己

---

① 如果将《印刷品目录》（*Catalogue des imprimés*）（国家图书馆）上记录的卢梭作品和伏尔泰作品相比较，会得出以下数据：1760—1939年，卢梭全集或者作品选读共有65种版本；1732—1789年，伏尔泰全集或者作品选读共有160种版本；1732—1979年，伏尔泰作品共有325种版本。国家图书馆中包含"卢梭"的书目条目有762条（到1939年），包含"伏尔泰"的有5622条（到1979年）。

的作品来驳斥他犯下的"错误"。伏尔泰的支持者则将其作品中的"不良篇章"剔除，百年纪念活动选用的就是这种精选集。

于是伏尔泰的作品红极一时，广为流传。但在整个 19 世纪，神话保持着整体性。"双面"神话将两个相反面凝结成一个共同体。无论支持者还是反对者，他们都掩盖了作品原本的复杂全貌，代之以生平轶事、语录箴言、乌东（Houdon）创作的带有崇拜色彩的雕像所构成的传说，这个再创神话产生了与原义截然相反的解读。伏尔泰的一切，如同他永存于世的雕像，演变为一个符号，展现在世人面前，容纳了各种解读。他的生死、身体、微笑、双手等都被人们根据自己的爱憎，根据赞美的神话或抹黑的故事来辨读。伏尔泰的拥护者认为他是伟人，是个勇于为卡拉（Calas）辩护的人，在他们眼中，伏尔泰像象征着他超越身体极限的毅力以及雨果赞赏的仁慈之心。对于反对者来说，雕像提醒着无法化解的仇恨、渎神的恶毒，以及至死都在玷污圣洁的卑劣。至于他著名的微笑，有些人从中解读出自由微笑的活力，有些人却认为这是撒旦般否定的苦笑……"伏尔泰"不再意味着一篇文章，而是圣徒传记或破坏圣像者手中典型的关键资料。①

1878 年，雨果或迪庞卢主教的言论同样围绕伏尔泰那被

---

① 参见《伏尔泰专辑》（*Album Voltaire*, Paris, Bibliothèque de la Pléiade, 1983）中伏尔泰 1694—1791 年间的肖像集，以及法国国家图书馆的展览目录："伏尔泰，一个人，一个世纪，1979"。1878 年世界博览会展出了一尊罕见的伏尔泰雕塑，他显得面颊丰满，正在与教士激烈论辩。摄影家纳达尔（Nadar）从不同角度拍摄了乌东创作的伏尔泰雕像，人们将这些照片的底片印在硬纸板上售卖。

整体夸大的对立品质展开。一方面，他是共和主义福音书中的圣保罗，甚至是耶稣，是"代表正义和真理的人"（《索姆之小进步》）。另一方面，他又是被逐出教门的撒旦："这个巨大的深渊充满着污言秽语、愚蠢之见、大逆不道以及大肆欺骗。"（《回声》）由此可见，无论是左派还是右派刊物，伏尔泰的作品都以碎片化的方式被刊登出来并不断被加工：如毫无上下文的格言、被随意摘取的诗文，左派有不知出处的哲理诗，右派就有《奥尔良少女》以及书信片段这种比作品更能反映人本身的文本。伏尔泰派甚至运用间接引语的方式，杜撰出一篇伏尔泰的文章，作为共和派的问答读本。有时候，他们冒用伏尔泰之名发表文章：一位炮兵首领洋洋洒洒写了一首 160 行的十二音节诗回应《罗拉》（*Rolla*）："我睡得快乐，缪塞……"（《索姆之小进步》，1878 年 5 月 6 日）

"百年纪念版"的《作品选》（*Œuvres choisies*）构成了 1878 年论战的主要材料。有的人认为这是亵渎宗教的理论工具，有的人却将其奉为公民指南。它的结构清楚表明，编者在编辑"伏尔泰"这一主题时，在权衡利弊方面动了一番脑筋。作品共有 1000 多页，其中 1/4 与宗教有关，1/5 是小说创作。接下来依次是历史（150 页）、文学论战（100 页），还有一些不常规的类别，如"被压迫者的反抗、调侃的话语、哲学概论、《布鲁图斯》、伦理学作品与险些流逝的诗歌"。没有注释，没有引言。读者们在阅读时，仿佛在与真正的伏尔泰对话，从而通过阅读过程证实他们各自的伏尔泰神话。相应的论说也数量颇丰。为了回击迪庞卢主教，古斯塔夫·诺格拉（Gustave Nogra）建议伏尔泰的支持者出版一本题为《伏尔泰，生平与作品，他的思想在社会中的影响》(Voltaire, sa vie et ses œuvres, l'influence de ses idées dans la société) 的 80 页手册。至于迪庞卢主教的《信件》(Lettres)、《新的信件》(Nouvelles Lettres) 和《最新信件》(Dernières lettres)，受众不仅是巴黎市政会议，还包括最广大的人民群众。

迪庞卢主教的三本纸张粗糙的 50 页手册值得关注。首要原因是迪庞卢主教这位教权派领袖的个性。他是彻底的反伏尔泰人士，因恶意侮辱伏尔泰，引发了一场学生骚乱，失去了索邦大学的教职。1871—1877 年，他成为麦克-马洪和德卡斯特里公爵（duc de Castries）身边重要的政客。他学识渊博，对于对手参考的意识形态书籍了然于胸，对他们的内部较量也有所获悉。他的十封书信取得了巨大的成功，但他只在最后一封信中指责伏尔泰是"基督教亵渎者"。其余信件都在揭露启蒙运动传道士、斗士伏尔泰高尚论调背后的卑鄙行径。伏尔泰在凡尔赛和柏林卑躬屈膝，阿谀奉承，是毫无顾忌的投机分子，是藐视人民的资产者，是普鲁士的友人，他侮辱法国和圣女贞德，是戴着宽容与博爱的面具的伪君子。

根据这个令人厌恶的形象，右派的传单和报纸发出一连串仿若连祷的诅咒。反击右派的言论，共和主义者责无旁贷。为此，他们需要熟稔诺格拉手册的选段论点——这部作品实际上抄袭了德努瓦勒泰（Desnoiresterres）的著作[①]。他们有的强调伏尔泰的外交身份，提醒人们"欧洲思想之王"的学识威

[①] Gustave Desnoiresterres, *Voltaire et la société française au XVIIIe siècle*, Paris, 1867–1876, 8 vol. 宏大的《作品全集》(*Œuvres complètes*)（50 卷）由加尼耶（Garnier）出版社于 1877—1885 年出版。

望，有的承认他虽非"民主共和政体的代表"，但激励人们"保护弱小""教化人性"。(《索姆之小进步》，1878年5月) 这些不仅没有人响应，甚至有人还假设某位伏尔泰会被山岳派的专制统治推上断头台！(《回忆录》，1878年5月29日) 噩梦深深触动了伏尔泰的支持者们，他们关心怎样以梦想的哲学将革命呈现为一个没有矛盾的整体，1878年共和党人的汇聚由此合法化。伏尔泰哲学在国家层面将成为共和党反教权的官方学说，迪庞卢主教深知其中利害，打算压制潜在威胁。这是他参与的最后一场战斗——他于1878年10月离世。1878年5月21日，他向参议院质询，拉开了伏尔泰百年纪念的序幕。迪庞卢告发巴黎市政会议，要求严禁传播（由梅尼耶资助的）伏尔泰的《作品选》，他认为：作品充斥着对宗教的亵渎，只会引发一场反宗教运动，这也可能演变成一场内战。身为奥尔良大主教，迪庞卢呼吁舆论关注这场运动，呼吁政府作出明智决策，反对议会辩论伏尔泰逝世百年纪念议题。作为回应，巴黎市政会议主席杜弗尔声称保持中立，肯定纪念活动属于非官方性质，但同时，他不同意查禁《作品选》，认为不可对一本书求全责备。书中内容有好有坏，或者有令人厌恶的内容，但不会产生太大的负面影响。这一聪明又谨慎的决定为共和派揭露了主教的狂热。

5月30日星期四，法国各大城市都举办了伏尔泰纪念活动。首先，在巴黎，按省长部署，庆典一般在室内和私人场所进行。欢乐剧院（Théâtre de la Gaieté）举办了第一场纪念活动，这也是声势最大的一场。甘必大的得力助手斯普勒

(Spuller) 议员发表了讲话，随后 É. 德夏内尔（É. Deschanel）和维克多·雨果代表文学团体发表演说，这两位发言人都是反对帝国统治的重要人物。议会、巴黎市政会议、塞纳省议会、法兰西学院的代表以及"青年学生"都在受邀之列。舞台中央摆放着乌东创作的伏尔泰半身像，衣饰精美。剧场里坐满了前来参加纪念活动的群众，除了学生，很多人以高价求票，所有款项所得都捐献给了那些（雨果请求赦免的）政治犯的家人们。第二场纪念活动在美雅竞技场（cirque Myers）举行，人们在那里竖立起一座伏尔泰雕像。政治与艺术两个世界在此紧密相邻。政治演说之前，莫城（Meaux）军乐队领衔表演了一曲《伏尔泰大合唱》（Cantate à Voltaire）。竞技场约 5000 名观众，他们人数更多，情绪更激昂，举着三色旗或者共济会的旗帜。最后，大东方会（Grand Orient）晚上在大厅里举办了宴会：文学界人士（如埃雷迪亚）以及国外记者出席。人们纷纷为伏尔泰举杯，后来又为伏尔泰和圣女贞德共同举杯……尽管百年纪念委员会热烈动员，除了工业街区，很少有市民悬上彩旗，更不要说张灯结彩大肆庆祝。[①] 不过，整天都有商贩在大街小巷售卖百年活动纪念币。

  百年纪念的反对力量也发起了一些抗议和抵制活动。早上就有人试图闹事，警察制止了在贞德雕塑底座上敬献花束的代表。当天下午，大主教亲临巴黎圣母院，主持隆重的圣体瞻礼

[①] 1878 年 5 月 1 日版的《马赛曲报》强调了这些工业街区的旗帜和灯笼：它在那里看到了激进的无产阶级准备接管倒退的资产阶级的文化标志。

仪式。在熙熙攘攘的人群中，不乏反对伏尔泰纪念活动的议员。

　　灯光熄灭，焚香消散，但媒体的报道和评论纷至沓来，它们的传播和批评使关于伏尔泰的论战延续了数日。无论在巴黎还是外省，人们甚至能获悉海外相关活动的整体情况。意大利积极参与，它向法国发去的电报还在欢乐剧场里得到宣读。在博洛尼亚（Bologne）、米兰、罗马等城市，庆祝活动使学生和工人团体齐聚一堂。罗马的阿波罗剧场（théâtre Apollo）还上演了《扎伊尔》（Zaïre），并效仿1778年，在一群思想自由的人们的欢呼声中，为伏尔泰的半身像加冕。

　　至于各省纪念活动的整体风貌，则需要更加详细的报道。从报刊资料看，各地的活动几乎都有规律地遭到反对：赎罪弥撒、致敬贞德驳斥了伏尔泰的纪念演讲及共和派随后的例行宴会。在塞纳-瓦兹省（Seine-et-Oise），各个共济会竞相大摆宴席。里昂举行了6场宴会，波尔多、圣艾蒂安（Saint-Étienne）、马赛、凡尔赛、南特、亚眠等地各有1场宴会举办，鲁昂为了庆祝哲学家的胜利，竟然把一个气球升至3500米的高空！两座城市热闹非凡，因为他们的共和派领导层竭力要让伏尔泰的节日轰动一时。一座是亚眠，所有报纸都把报道重点放在纪念活动的胜利举办之上。另一座是南特，很难说南特是否取得了胜利，因为那里的1878年由一场"丑闻"开启，右派报刊称之为"革命性的"。1月16日，人们排演了一场帝国禁演的剧作——《马尔索或共和国的孩子们》（Marceau ou les enfants de la République），共和派的先锋刊物《卢瓦尔河灯塔》对其演出效果作了政治性测试。兴奋的公众们为罗伯斯庇尔这一人物鼓掌，当时军乐队（将会被他们的上司处罚）还在演奏着依旧有煽动性的国歌《马赛曲》……伏尔泰纪念活动虽然前期宣传热火朝天，却没能吸引公众。负面影响随着 6 月 6 日和 7 日爱国悲剧《唐克雷德》的上演越来越明显。《人民的希望》（*Espérance du peuple*）是南特正统的喉舌刊物，向来以讽刺犀利而著称，该报撰文认为，这次纪念活动搞砸了。

共和派刊物在庆贺纪念仪式时总结了百年纪念的经验。右翼党有位女党员，曾经主持过"民主狂欢会"，甚至还主持过模拟的巴黎公社成立仪式，她所谓的恐惧言论（或者是内心愿望）被事实揭穿了！《亚眠日报》（*Journal d'Amiens*）如释重负，温和地指出公共秩序毕竟丝毫没有受到扰乱。百年纪念无声的威力促使《时报》发表了希望双方和解的评论："伏尔泰作为正义、宽容以及尊重少数等宏大思想的伟大代表和传播者，得到了大众的赞赏。"（1878 年 5 月 31 日）混乱没有发生，右派报刊没能借机发难，诋毁 5 月 30 日活动的图谋显然遭到了失败。正统派的报纸《凡尔赛信使报》（*Courrier de Versailles*）注意到庆典没有工人群体的参与，是属于"小生意人"的时刻，他们将"埃米尔·德吉拉尔丹（Émile de Girardin）这个江湖骗子"的话当作"福音书的真言"。（1878 年 6 月 2 日）新闻评论不仅挖苦、背弃甚至憎恨"普鲁士的斯普勒"，语调讥讽地用宗教术语描述共和派典礼：入场券是"临终圣体"，鼓掌被称作"香炉的撞击声"，雨果则是"佛"或者"菩萨"！教权派刊物那接近阿尔贝·德·曼（Albert de

Mun）社会连带主义的想法发出了更典型的嘲讽声，他们想要通过共和主义式的救世主降临说，将误入歧途的群众拉入阵营。5月31日，凡尔赛的《宗教简报》（Bulletin religieux）传播了一则小故事：

> 星期四早上，亚眠的一位工人问一个市里的居民，伏尔泰百年纪念的弥撒要去哪里做［……］这表明我们可怜的人民完全在激进主义的旗帜下慌乱前行，根本不知道自己要去往何处。

5月29日，亚眠其实没有一丝慌乱。指令已下，这将是一个忙碌的筹备之夜。实际上，纪念活动的筹备工作2月份就已经开始了。分发传单和小册子，开始组织认捐，陆续展开舆论宣传，共和派的报刊毫不犹豫地用整个头版来进行"伏尔泰的"宣传。右派则举棋不定，犹豫到底是直接地彻底阻断这件事，还是见招拆招地反击。当地的迪庞卢主教德巴斯·德库尼亚克伯爵（de Badts de Cugnac）沉迷于以辟邪的咒语面向敌友双方：

> 感谢上帝，亚眠在一众天主教城市中占有光荣的一席之位，拥护法国的圣女贞德，反对亲普鲁士分子伏尔泰的呼声高涨。（《回忆录》，1878年5月28日）

1878年，在教会的支持下，这些麦克-马洪派虽然丢失了市政厅、市政会议和部分行政区域,但依旧掌控着教育和文化部门。他们有两份日报:一份"小报"——《索姆回声》,负责人 É. 伊唯特(É. Yvert)是正统主义的捍卫者;一份波拿巴主义、极端教权主义的"大报刊"——《回忆录》,它极具攻击性。作为应对,共和派的领导成员汇聚在 1869 年创办的《索姆之进步》(Progrès de la Somme)周围。这一集团由两代人组成:反对帝国统治的年轻一代和 1848 年革命的接班人。在这些"老派的共和主义者"中,有两位是全国出类拔萃的人物。1870 年,戈布莱(René Goblet)律师的仕途生涯开始了——他当选了省议员、亚眠市长和众议员。19 世纪 80 年代,他不仅成了激进主义者,更成了机会主义者,多次担任部长和省议会主席。跟随他的人,还有从瑞士流亡归来的哲学家、殉道士巴尔尼(Jules Barni)。1848 年,作为康德(Kant)的著名译者,巴尔尼与朱尔·西蒙、德夏内尔合作出版了一本具有社会主义倾向的反教权杂志《思考的自由》(La Liberté de penser)。被帝国免职后,他到日内瓦科学院任教并领导国际和平与自由联盟。这名共和国的捍卫者和甘必大是好朋友,后成为亚眠众议员(1872 年),他坚持不懈,还是记者、演说家、公民手册作者、大众教育的积极分子。[①] 1878 年 7 月 7 日是他的葬礼,共和联盟的成员都来了。依巴尔博莱(Barberet)改良主义的观点,甘必大主义左派与工人协会构建的共和国,

---

① 关于朱尔·巴尔尼、勒内·戈布莱,参见 Dictionnaires des parlementaires ainsi qu'Auguste Dide, Jules Barni, sa vie et ses œuvres, Paris, 1891. 关于亚眠百年纪念的总体状况,参见 l'étude d'É. Walter, op. cit.

已经在此场合展现了和平社会的雏形与前景。弗雷德里克·珀蒂（Frédéric Petit）表示赞成，他是自学成才的平民，是亚眠共和党的年轻领袖，与计划"通过报刊和讲座推动工人阶级的进步"的工人联盟交往密切。百年纪念组织者的计划可以被概括成赦免巴黎公社社员、推动工人教育、推进社会改革三项。基于此，必须理解1848年革命党人的口号，5月30日，精通腹语的欧仁·佩尔唐慷慨地把"照亮人民道路，使其获得解放"的口号归功于伏尔泰。亚眠共和党人的胆识正在于他们敢从语言本身理解这含混的口号，并拼尽全力使之成为现实。正是从这里，2月1日，《索姆之小进步》的号角声宣告了纪念运动的开始：

> 好啊！在成为进步之师后，资产阶级竟与从前的敌人（教士和贵族）相勾结，既然他们背弃了传统，我们就得向人民呼吁，要让富有力量的教育融入血脉，我们得教他们知晓伏尔泰的名字和作品。

在重大日子临近之际，这种极具征服性的民众主义势头高涨。5月28日，工人联盟开设了关于伏尔泰的公共课程。30日上午，该组织迎接并指导了"来自乡村的工人"。纪念前夕，巴尔尼的伙伴欧仁·佩尔唐在火车站受到共和党代表和高唱《马赛曲》的人群队伍的热烈欢迎。代表们从整个皮卡底地区和北加莱地区汇聚而来。《索姆之小进步》突出强调这场事件联合"知识精英"与"城乡劳动者"的意义，热烈地"歌颂伟大人物，尽管他们大多数从未读过其著作，但所有人都熟知其姓名，他们早已养成喜爱和赞美的习惯"。(1878 年 5 月 31 日)

人们巧妙地绕开游行禁令。他们在一些室内封闭区域庆祝伏尔泰百年纪念，但户外庆祝活动更能为伏尔泰追随者开拓整个城市空间：他们占据街道直至深夜……30 日周四在军乐队的奏乐声中开始。八支军乐队用欢快的喧闹声反衬着"赎罪的钟声"，他们在圣丹尼广场（place Saint-Denis）喝下庆祝酒，然后开始游行，途经一些悬挂三色彩旗的街道，到达蒙普莱斯广场（place Montplaisir）的凉亭。所有人最后在隆格维尔广场（place Longueville）上用来演讲的马戏场集合。阿布维尔（Abbeville）议员勃菲尔·拉比特（Porphyre Labitte）谈论一个血腥的幽灵——拉巴尔骑士，此人是哲学的殉道者，是当地、全国乃至世界性的伟人。① 欧仁·佩尔唐的报告讲述了1789 年、1848 年的先驱、斗士伏尔泰，他理所应当要进入"人文精神永存的先贤祠"。聚集的 3000 名听众（《索姆之小进步》称"男女皆有"）中，许多是共和派记者……军乐声再次响起。穿过《马赛曲》回荡的三石街（rue des Trois-Cailloux），音

---

① 1766 年 7 月 1 日，德·拉巴尔骑士在阿布维尔被处死，该事件经由伏尔泰及其大众媒体接班人的行动而成为一起典型的"哲学"案件。此后，随着协约恢复法令（1793 年 11 月 15 日），一起国家案件催生了共和党的善恶二元论，最后，从 1878 年到 1960 年，一起民主案件汇聚起从共济会到工人运动协会的世俗势力。1884 年，雨果领导为拉巴尔建筑筹备的捐款委员会。(1905 年，蒙马特尔）阿布维尔有其纪念碑（1907 年），位于左皮卡上区（haut lieu de la gauche picarde）。参见 Éric Walter, « L'affaire La Barre et le concept d'opinion publique », in Le Journalisme d'Ancien Régime, Presses universitaire de Lyon, 1982.

乐声响彻拉奥托瓦（La Hotoie）的宽广空地，经巴尔尼倡议，这个场所用来专供普通公民、老皮卡底人和各学校举行盛大的活动。作为游戏广场：有人在帐篷里玩老式棒球，戴着手套或光手接球，其他人打网球，"只有《伊利亚特》那样的史诗才能记述比赛者的伟大事迹"；弓箭手们是"纪尧姆·退尔（Guillaume Tell）的弟子"，他们射击稻草填充的假鸟；下午五点，自行车赛开始了。自行车队沿着索姆河行驶24公里的路程：

> 车手们个个眉开眼笑，头戴色彩鲜艳的直筒高帽，身穿紧身背心，在拉奥托瓦的大树绿荫下格外醒目。（《索姆之小进步》，1878年6月2日）

下午结束后举行了一场60人的宴会，共和国的显贵人物为亚眠、伏尔泰、佩尔唐、戈布莱、巴尔尼举杯祝酒。最精彩的是拉奥托瓦之夜，在一座凯旋门前燃放烟花，该建筑上"以不同颜色闪烁着那个名字：伏尔泰"（《索姆之小进步》）。《回声》勉强承认那里人山人海，但更多地将人潮归结于"烟花而非伏尔泰"（1878年6月2日）……由于禁止一切户外仪式，反百年纪念的活动只好在宗教场所进行：在教堂做弥撒，并敲响赎罪的钟声，以弥补对上帝的冒犯。至于伏尔泰纪念日——它大张旗鼓地在大街上宣传，教权主义报刊批评其中混杂着过度（"狂欢"）、欺骗（"一个巨大的骗局"）和烦恼（"一次彻底的失败"）：音乐声就是"哀乐"，旗帜也仅仅飘荡在"声名狼藉的酒馆和人满为患的出租屋"上空；佩尔唐的讲座听众极少，它只是因其"政治热度"而与众不同，《回忆录》（Le mémorial）一边抱怨，一边总结和驳斥报告人的讲话（1878年5月31日）。作为回应，《索姆之小进步》毫不掩饰自己的得意。在报道亚眠的纪念活动（6月2日）前，先特意引用了雨果的一段完整讲话。由于雨果激情洋溢，演说的结尾被升华到崇高的境界：

> 亚眠，尽管面前有某个陷于绝境的政党在搞阴谋诡计，尽管有来自讲道台的诽谤，尽管有一份破绽百出的报纸四处中伤，尽管面临上天惩罚和永久火刑的威胁，亚眠还是为伏尔泰举办了庆典。

对于亚眠的百年纪念，真正激起报刊热情或批判的，不仅是蜂拥而至的"浩荡人潮"，也不仅仅是半官方的纪念活动变成了民众的狂欢节。因为自大革命以来，一般是执政当局规划空间场地与时间的用途。为避免局面失控，他们会通盘考虑选择具有说教性、等级制、一体化和透明化的户外节庆日，安排日程。因此，波拿巴主义统治下的亚眠为了删除1848年6月的记忆，于1849年举办过纪念迪康热（Du Cange）的博学纪念日，1851年又以诗歌节的形式再次成功举办格莱赛（Gresset）诞辰纪念日。在大众团体的通力合作下，学术机构、民政机构和军政当局的政要名流都为了秩序党（parti de l'Ordre) 的利益，齐声赞颂知识与权力的联姻。[1] 5 月 30 日属于共和派，可以说是左派的盛事，它的某些特征让人联想起那些专制的纪念活动。它就像一部生产共识的机器，追求一致，排除异己，教权主义少数派被推挤进他们自己的宗教场所里。人们还在其中察觉到说教式的家长作风（"我们得向人民呼吁，我们得让强力的教育深入人心"），即发动大众一起参加盛大的记忆活动，却只给领导者、学问家和演说家保留阐述庆祝意义的特权。然而这一年 5 月 30 日的伏尔泰纪念日并不由秩序标记，而是表现了与共和国同建、为共和国而建的自由。于是纪念活动通过泛化的普选概念与自由相连，只不过它是甘必大主义而非全民决定的。[2] 1876—1885 年间，随着激进主义的发展和工人运动的复兴，大众精英开始进入公共辩论的领域，行使有限的公共纪念权利。

5 月 30 日的亚眠和 7 月 7 日巴尔尼的葬礼可以证实这一点，当时工人联盟参加了仪式。为了纪念伏尔泰，亚眠的工人们也模仿巴黎的做法，在城里挂满彩旗。他们与巴黎工人的区别在于，他们还参加报告会，组织军乐演奏，争取到了纪念活动的场地和时间，同时也为自己争取到了一个节日。的

---

[1] 关于 1849 年与 1851 年的纪念日和格莱赛的狂热崇拜，参见 Éric Walter, « Le vol du perroquet, 1734 – 1950. Notes pour une recherche sur la totémisation de J. -B. L. Gresset et sur l'exercice du pouvoir commémoratif dans les élites amiénoises », In'hui, n° 10, hiver 1980, Maison de la culture d'Amiens.
[2] 关于普遍选举，甘必大于 1881 年表示："其原则和标准并不取决于全体人民的知识状况 [……] 这是在成为有教养的合法受训者之前就拥有的一项权利。"（引自 Cl. Nicolet, op. cit., p. 260.）

确，工人联盟聚集着优秀的行业精英。然而，衡量共和党演说对这类精英的实际影响尚且困难，何况精确描述受到影响的千百种人，其中包括《索姆之小进步》的读者、佩尔唐的听众、拉奥托瓦的游戏人群，他们都创造了各自的"伏尔泰"与"启蒙运动"。但至少有一点是确定的：5月30日亚眠纪念日与教权派报纸中的记述截然相反，既非滑稽可笑的"狂欢"，也不是由激进派领导人操纵的机器。积极而富有创造性的各类人群聚集起来，纪念伏尔泰，这些民众并非整齐被动地从一种束缚被纳入另一种束缚，并非从教会的家长式监护中脱身，又被有力的共和统治制服！不仅如此，通过1876年至1879年三次工人代表大会的讲话内容，我们可以证实工人精英享有文化自由。他们对莫里哀、伏尔泰、卢梭、雨果、贝朗热和普鲁东（Proudhon）的评价表明他们追寻民族身份，渴求建立在知识和计划之上的尊严，并最终获得了一种来自大革命与启蒙运动意志的记忆。代表德穆兰（Desmoulins）在里昂工人代表大会（1878年）上疾呼："但是，请当心我们的措辞，因为措辞指代事物。"这种对演说之社会利害的敏锐意识足以表明工人运动与民族文化间的联系不能过于简单地以服从或分歧进行两极化的评判。[1]

公民德穆兰需要一种权威去证实"措辞指代事物"，于是

---

[1] 参见 Michelle Perrot, *Les Ouvriers en grève, France: 1871–1890*, Paris et La Haye, Mouton, 1974, pp. 197 *sq*. 查阅法国工人代表大会会议纪要（1876年巴黎，1878年里昂，1879年马赛），人们权衡共和党的救世主降临说对工人协会产生的影响，还有1878年罢工给后来分崩离析造成的深重裂痕。

雨果之名派上了用场。这位伟大的民族诗人同时是共和国之父和世俗宗教的先驱，于 1878 年在世时即已进入不朽者之列。当他在 5 月 30 日缅怀伏尔泰时，其举止似乎已经预示了自己将来葬礼的情形。1885 年 6 月 1 日，浩大队伍为天才、国家和主权人民共同构成的辉煌荣誉进行纪念。他致敬伏尔泰的名言被镌刻成石碑，把纪念者和被纪念者联结在同一场斗争、同一份荣光和同一段历史之中：

> 一百年前的今天，一位人物逝世了。他永垂不朽［……］他在诅咒声和赞美声中远去，他被往昔诅咒，被未来赞美［……］他不只是一位人物，他是一个世纪。

雨果的演说被教权派报纸删去（"被往昔诅咒"！），但却"被未来赞美"，占据了共和党报纸的"头条"版面。其严谨和果敢使这场象征性的演说凝聚起对伏尔泰的赞颂之声，带来了百年纪念渴望拥有的画面，将纪念话语的程式和形象提升到近乎完美的高度。雨果避免了简单粗略的反教权主义。他将演说对象扩展至包括伏尔泰在内的整个富有战斗性的 18 世纪，并对其最后的成果"大革命"表达敬意。雨果很好地组织了他最喜欢的主题：对战争的痛恨，对虚荣的揭露，这种"虚荣"导致了"这场被称为战场的糟糕透顶的世界博览会"的举办。

雨果对伏尔泰的神话极尽描述之词。他不再局囿于伏尔泰的文本，认为伏尔泰以作品进行战斗，他以手中之笔对抗"社会的焦虑"。卡拉之死，对拉巴尔的"司法"迫害（"被指控从一座桥上经过并且唱歌")——两个画面开启了对"光荣战争"的追忆,这场斗争通往的各条战线上,都充斥着偏见、不公和压迫。这一边,伏尔泰功勋卓著,进而被英雄化、神圣化为这项事业("人道"事业)的殉难者,成了基督般的形象;另一边,耶稣则在1848年被戴上弗里吉亚帽①。伴随着启蒙运动,得益于革命的伟人崇拜,耶稣的世俗化之路变得清晰(马雷夏尔[S. Maréchal]),但真正实现这场胜利的,是1848年如先知一般的革命党人:"耶稣成了鲜血淋漓的进步化身[……]我让基督从基督教中脱离。"(雨果于1856年6月9日写给米什莱的信)作为新的救世主,伏尔泰继续并且完成了耶稣之作:

> 耶稣基督的战争是伏尔泰完成的。福音书的增补部分是哲学著作[……]耶稣哭了,伏尔泰却笑了。

1878年5月30日的演讲是共和派救世主降临说的杰作,它在相应体系内完成了新的福音书。这是一个需要哲学家统一思想的体系,需要他们具有普适意义的合理论争,需要启蒙运动与大革命、大革命与当下共和国之间建立起直接的亲缘关系,从而使纪念活动根植于国家历史的最深处。共和国史诗般的历史女神克利奥(Clio)通过雨果之口,让旧制度光明的一面(哲学)与共和国成为一体,同时将作为整体的大革命内部

---

① 流行于法国大革命时期的红色小帽,后成为自由的象征。——译注

的断裂磨平（1789 年/1793 年）。这座共和党的殿堂以一种 18 世纪的神圣地理学为根基，或削除，或接受，将启蒙运动的一切分歧和哲学家之间的一切对立掩埋。伏尔泰是顶峰，在其周围聚集着孟德斯鸠（Montesquieu）、布封（Buffon）、博马舍（Beaumarchais）以及两座伟岸的山峰——狄德罗（Diderot）和卢梭。面对差异，卢梭和伏尔泰没有完全对立，而是相辅相成：一个代表人民，一个代表人类。因为有一项共同成果凝聚一切，这个成果就是大革命，是"他们的灵魂"：

> 大革命从他们而来，是他们光辉灿烂的结晶。这是场终结过去并开创未来的大事，在这令人赞叹不已的风暴中，随处可见他们的影响。

诗人像魔术师，在他犀利明亮的眼里，历史的昏暗与距离已经消失，成为一个因果相生共存的透明玻璃球。历史也成为一台歌剧机器，每一次固定必要的剧情进展都给各个演员指定了位置，使其成为符合预期和规律的直接继承人：

> 革命具有能透过原因看结果，或通过前景觉察暗流的透明性，人们看到了狄德罗身后的丹东，卢梭身后的罗伯斯庇尔（Robespierre），伏尔泰身后的米尔波（Mirabeau）。后者成就了前者。

雨果以史诗性的说教论调，开拓了关乎历史性未来的整体视野，其中暗含了一种狂热的因果论，一种善恶二元、坚信必胜的目的论，不同阵营通过作为历史始末的绝对事件——大革命——得到评判。因为共和国在大革命时期处于萌芽状态，正如结局寓于起源之中一样。一种非宗教的神正论由此创立，使历史从不完整走向完整，从相对走向绝对，从改良走到启蒙运动，走到大革命，再到它在共和国的实现。雨果的末世论调动了纪念话语，并因此丰富了共和派的遗产，拓展了亲缘关系。同时，它将预示1878年斗争并证明其合法性的国家历史据为己有，与教会和君主制相抗衡。但雨果演说成立的代价是不语和驱逐。不语的是"大恐怖"（Terreur），雨果引述卢梭与罗伯斯庇尔这对伙伴的话时，甚至也未提及此事。① 驱逐的不是巴黎公社社员，而是巴黎公社与凡尔赛军队这两个鲜血淋淋的阵营。甘必大主义左派要求特赦，即是说共和主义要与工人阶级达成和解，雨果与该党派观点一致，凭借恰当的升华语言赢得阵阵掌声："我坚信，宣布赦免之日，高居于星辰之上的伏尔泰也会微笑。"这份微笑是在流亡者的回归中宽恕、忘怀和重新统一民族的见证。但是巴黎公社的合法性用不着证明。面对流血周的死难者，共和党的先贤祠小心翼翼地关上了门，即使后来先贤祠的守护者实际上是甘必大而非梯也尔（Thiers）。

通过雨果的演说和诸多不同版本的报纸，5月30日伏尔泰纪念日产生了三种功能：巫术、预言和救世主降临。"伟大的

---

① 相反，笼罩"九三年"（1874年）的隐忧，是比"大恐怖"、旺代叛乱和巴黎公社运动还多三倍的人口损失，三重衰退造成万丈深渊并使人想到共和国难以想象的失败。

人物，祖国铭记在心"：先贤祠的箴言提供了一种含糊的世俗崇拜仪式范例，可以被包括学校、教材、博物馆、集会、选举宴会以及日常报刊在内的各个教育组织和活动机构采用。因此，日复一日，1878年的《索姆之小进步》使当年的逝者"先贤祠化"：反动势力的殉难者库尔贝（Courbet），作为榜样的斗士拉斯帕伊（Raspail），不可知论的大学者克洛德·贝尔纳（Claude Bernard），还有一些更早的逝者，库里耶（P.-L. Courier）、奥什（Hoche）、拉马丁（Lamartine）、伏尔泰……他们的纪念日以被神化的方式出现在共和党的日历上。这份逝者名单起到了巫术般的作用，它召唤亡灵，引述其理念，并重新发现丧礼布景的功绩。哲学家们热衷于这种后世的狂热信仰。（狄德罗说："人们直截了当谈论的只能是自己在坟墓底下的事。"）人们向杰出的逝者报答恩情，实际目的却是获取他们身上具有象征意义的剩余价值。亡灵作为伟大的先辈和榜样，为生者的行为作保，他们将这种行为转换为传统的一部分，赋予其普遍意义。不过，尽管逝者如此伟大，但他们没有权威，只有活着的人能赋予他们权威。而当生者再次赋予他们力量和话语时，其实是为了用死者的腹语术为自己代言，无论是斯普勒（Spuller）或佩尔唐大肆宣扬伏尔泰，还是路易·布朗（Louis Blanc）以卢梭之名陈述自己的观点，都是如此。同样，雨果在5月30日令人惊异的演说结尾，变成了巫师和先知：

我们要向伏尔泰、让-雅克·卢梭、狄德罗、孟德斯鸠求教……我们要让这些伟大人物发声……哲学家，我们的先辈，是真实的捍卫者：我们要引述这些杰出亡灵的思想……因为黑夜来自王权，而光明来自坟墓！（持久的全体欢呼。呼喊声：维克多·雨果万岁！）

作为立法者和教育者的共和派领导人通过与伟大逝者的对话，将共和国建立在一位看不见的先驱身上。作为新的大祭司，他们与教会展开争夺，试图垄断与隐形之先驱建立宗教联系的权利。这些留着大胡子、大腹便便的先生们是自然神论者、无神论者和实证主义者，他们宣扬科学、理性、进步，但只要假装能判定未来历史的走向，他们就会获得预言家的威望。纪念话语阐明了共和制民族国家的起源及最终命运，赋予它具有普遍意义的任务，使其具备历史合法性。共和思想因此成为一种先验形式的民族意识（见尼科莱［Nicolet］），它与备受期待的未来相交，滋养了一种并不过分狂热的救世主降临说，从中产生了稳固而有征服性的世俗宗教。[1]

加弗罗什的老调传播的主题或许也对 1791 年（伏尔泰）和 1794 年（卢梭）两位伟人迁墓先贤祠起过推动作用，并在整个 19 世纪发出回响：两位对手携手走向不朽，在去世后达

---

[1] Claude Nicolet, *L'Idée républicaine en France* (1789-1924), Paris, Gallimard, 1982. "对于法国人来说共和国等同于历史时间性的表达……因此它应该永久地结束……每个法国人应该通过内外结合的教育和集体记忆体验并重新体验革命的历史阶段……我们不再发起反对共和国的革命……但是那是因为我们能够，并且应该通过其他非暴力的方式完成"（第497—498页）。

成和解。1864年，雨果梦到他们两位在1814年5月的某个晚上被迁出先贤祠，他想象这个场景："两个头颅相撞；《哲学词典》（*Dictionnaire Philosophique*）作者的脑袋和《社会契约论》（*Contrat Sociale*）作者的脑袋碰撞出思想的火花，正是这道火花使他们重归于好。"（《威廉·莎士比亚》）。根据1876年的决议，1878年，两个伟人的纪念日将一并举办，旨在使共和派团结起来面对共同的敌人。这是路易·布朗及其盟友在1878年2月向伏尔泰百年纪念委员会陈述的主张：效仿大革命，在雨果的带领下，以同样的敬意将宽容的捍卫者和民主的捍卫者联合在一起。然而这一主张没有奏效。于是，1878年6月又单独成立了卢梭的百年纪念委员会，其中汇聚了参议员、众议员、区议会议员、学院机构和军队的成员、艺术家、大学生、记者、文人以及巴黎工人总工会[①]的10名代表。他们认为比起7月2日，7月14日更适宜举办纪念活动，因为它有严肃的象征意义，路易·布朗的演讲也相应强调了这一点："以人民主权的记忆来庆祝人民第一次行使权力的纪念日，是绝对合理的。"

7月14日星期天，卢梭的纪念活动在美雅竞技场拉开帷幕，大约有6000人参加。与伏尔泰的纪念不同，这场纪念既

[①] 参考 *Le Centenaire de J-J. Rousseau célébré à Paris sous la présidence de Louis Blanc*, Paris, 1878. 这个薄薄的册子包含委员会、路易·布朗、克洛维·于格等信息。Pour 1889, Castellant, *Centenaire de la Révolution*, *J-J. Rousseau*, *Hommage national*, Paris, 1899. Pour 1907, la presse. Pour 1912, une brochure intitulée *Deuxième Centenaire de J-J. Rousseau*, *1712 – 1912*, Paris, 1912. 包括所有的演讲（索邦、先贤祠、博塞、日内瓦、柏林）。

没有装饰性的小旗帜，也没有冠冕、雕塑，因而更加朴素。入口上方，在旗帜和花冠之间，放置了一尊共和国的雕像，一尊小小的卢梭半身像，并附有一句格言："他毕生追求真理。"还有两块盾形纹章：一块刻有他的生卒日期及作品年表，另一块刻有共和国所授予的荣誉。主席台上坐着三位发言人——路易·布朗、E. 阿梅尔（E. Hamel）、马尔库（Marcou），他们周围有政界名人巴罗岱（Barodet）、B. 拉斯帕伊、蒂耶索（Tiersot）、H. 马丁（H. Martin），音乐家西里韦尔（Sivry），军官维普芬（Wimpfen）（国王将色当的投降归咎于他）……两点一到，人们高喊"法兰西万岁"，乐团奏响《马赛曲》。路易·布朗宣读两则象征团结的消息：一则来自加里波第（Garibaldi），另一则来自日内瓦的市民。从6月28日到7月2日，日内瓦都在为出身当地的卢梭庆祝。随之是一系列演讲：先是马尔库的演讲，再是《村庄的占卜者》（*Devin du village*）选段，然后是路易·布朗及埃尔斯特·阿梅尔的演讲。人们还读了波尔多工会联盟发来的电讯。最后路易·布朗宣布要为政治犯的家人们募捐，人们齐喊"大赦"并合唱《马赛曲》……晚上，路易·布朗在圣法戈湖边（lac Saint-Fargeau）的饭店举行宴会，有800人参加。当时有三场讲话：弗卢什小姐（Mlle Le Floch）代表巴黎工人会演讲，梅尼耶代表巴黎市政会议讲话，维普芬将军则代表军队发言。克洛维斯·于格（Clovis Hugues）创作的《卢梭与巴士底狱》（*Rousseau et la Bastille*）则使宴会在读诗会中余韵悠长。

伏尔泰与卢梭百年纪念：启蒙运动的两盏明灯　　　　　*　　　　235

　　卢梭的百年纪念与攻占巴士底狱的纪念日结合在一起，必然会受到关注。但庆祝活动当天，杜伊勒公园（Tuileries）举行的合唱节（festival des Orphéons）抢走了风头。梅尼耶主持的这个"专注于音乐的全民选举"庆祝会以"共和国的巧克力"为旗帜，汇集了 20 万观众及 3 万参与者，为此需要调动 24 节车厢。斯普勒参加完伏尔泰百年纪念活动，又来到合唱会，同作曲家查尔斯·古诺（Charles Gounod）共同主持了合唱会。社会性的艺术，或者说带领人民融入文化的行为值得称赞，所以应向梅尼耶等先锋性的企业家致敬。7 月 14 日的三重奏在军乐的回响声中结束了，但合唱节仍在继续。1880 年，7 月 14 日正式成为国庆日。至于卢梭穿越国民意识的历险，只能重新开始。

　　这位名叫让-雅克的狂人将在 1878 年到 1912 年间进入国家的伟大作家之列。但这位语言魔术师同时也是流浪在外的先知，将他奉为民族遗产，必然会招致争议、纷扰，面临扭曲、矛盾，这也反映出卢梭极其复杂的关键性。伏尔泰引发的纷争、达成的一致都取得了广泛影响，相比之下，卢梭的重要性没有得到应有的重视。要知道，卢梭提出的关于写作、权力、真理，关于自我本质和政治性质的一系列问题都尚未得到解决，这造成了文化困惑，因此他的重要性不容忽视。1794 年 10 月的第一次全国性庆典只选择了卢梭在纯美田园和天真情感方面的象征意义，掩盖了卢梭主义在政治影响层面激烈冷酷的辩论：民主统治的教义、山岳派专制的屏障、对个人绝对权力的颂扬？但卢梭地位的特殊之处，实际上在于他混合了政治语言、作家语言与人的语言，作品的真实性应该有正直的人格作保证。"一位朋友，一位美男子，又是一位大师"[斯塔尔夫人（Madame de Staël）]，让-雅克就是这种意识的声音，引导读者超越文学。对于维尔曼（Villemain）、圣伯夫、米什莱或泰纳来说，卢梭的魅力是个体影响力（有益或有害）的形象化表征——它将个人置于语言的中心。①

在我们看来，这种复杂性足以解释 1878 年两位伟人纪念活动失败的原因。但通过阅读报刊，我们会发现真正决定性的原因，其实是自由思想家们抵触萨瓦地区代理主教所提倡的自然神论。我们是否也应该把这种决裂归因于对"革命者"卢梭的抛弃？即便是朱尔取代公爵领导共和国的时候，在埃米尔·德吉拉尔丹等温和派眼中，也依旧是卢梭影响了 1848 和 1871 年的革命者，以及所有相对于通过"上层"（"思想"）发动革命更喜欢通过"下层"（"街巷"）发动革命的人。因此，尽管雨果的演说试图调解矛盾，但自发的卢梭百年纪念计划成为激进的左翼民主派的专利。《号召报》的佩尔唐、《事件》（L'Evénement）的马尼耶（Magnier）以及《马赛曲报》的整个团队参与其中。《马赛曲报》可谓身负象征意义的刊物，不仅在 3 月 20 日庆祝了"公社"起义，还自称是"不分隔政治与社会问题的激进共和派"的喉舌。7 月 14 日，百年纪念活动的主办者与左派共和主义有着显著的界限，它作为一个中间区

---

① 详见乔治·班赫卡沙（Georges Benrekassa）的相关研究，1878—1912 年，"卢梭效应"（effet Rousseau）相关作品。

域，连接了 1848 年国会行动的前辈和激进主义最坚韧的成员。加贝（Gabet）的共产主义门徒纳道（Nadaud）、1851 年被放逐的傅立叶主义者加尼厄尔（Gagneur）、参与 1832—1834 年里昂暴乱的格雷波（Greppo），他们的方针与路易·布朗相似。但真正的敲门砖是他们对于巴黎公社的态度。作为大赦令的狂热支持者，1871 年，他们扮演了调停者的角色，竭力使共和派成为整体，进而占据社会之争的上风。很多成员都是如此，如 A. 若利（A. Joly）律师、纳凯（Naquet）医生、马尔莫唐（Marmottan）、前青铜商托伦（Tollain）（他曾是第一国际的创始人，现在是信奉互助论和律法统治的参议员），以及与克列孟梭（Clemenceau）谈判的格雷波及弗洛盖（Floquet）。弗卢什小姐、社会主义的合作者 E. 库迪拉（E. Couturat）和教师德穆兰则是工人会代表，他们不是盖德（《平等报》）的盟友，而是巴尔博莱改良主义的信徒。1878 年的卢梭为左派共和主义者提供了一个支点，帮助他们在国家团结与以改革取得进步的目标之间达成平衡。

这种双重需求体现在 7 月 14 日重要发言者路易·布朗的演说中，他重新塑造了卢梭的形象，通过对文本的把握，矫正某些"极端"。他适度的做法足以抗衡诽谤卢梭的人，那些人称卢梭的愤懑情绪粗俗不堪，他的乌托邦之梦增强了国家干预的论调。但应该要热爱情感充沛的卢梭，他是人民之子，专政之敌，还是自我权力与政治主体权力之间的调和者。激进的参议员马尔库极具说教性的演说同样敲响了钟声，他强调卢梭与百科全书派都以进步为目标，想以此促成双方和解，而这着实是个滑稽的心愿："我想要将卢梭的雕塑置于巴士底废墟的七月柱（la colonne de Juillet）之上。"巴黎市议员埃尔斯特·阿梅尔同样也为建立卢梭纪念碑发声。但是他演说的根本目的是展现圣人卢梭那典型而不幸的一生，这位人民之子、天造之才因为德才兼备而被"霍尔巴赫派"及君主迫害。

正如对伏尔泰的记述一样，歌功颂德的传记竭力制造卢梭神话。但人们能注意到两者的显著差别。卢梭相关文本的参考来源（尤其是自传）更加详尽和为人熟知。它们试图塑造一位坦诚自己错误的道德典范，这些错误可以被解释和谅解，更何况"这些弱点已由大量美德清偿"（路易·布朗）。至于伏尔泰，是他作为一位公共人物的战斗精神弥补了他的不足。为了卢梭，我们姑且不提卡拉斯事件，毕竟卢梭崇高的道德主要体现在他为人的真诚及作品的真实上。这两位人物都能满足主祭者验明身份的需求。雨果在日记簿中把自己看成流亡的伏尔泰。他5月30日的演讲将伏尔泰塑造成反压迫运动知识分子的典范。卢梭是"世间受罚者"的代言人、"民主共和国"的英雄、新人类的先知，他充当了极左派守法主义神秘的创始者，这个派系将路易·布朗奉为精神领袖，后者受到《社会契约论》的影响。

但还是要强调两个百年纪念之间的差距。伏尔泰与共和派阵营保持一致，而且除了伏尔泰主义者之外，甚至雨果也挑战和痛斥了伏尔泰的敌人，如谴责迪庞卢主教与帝国的卑鄙行径同流合污（1878年6月3日信）。卢梭阵营的中间立场迫使他们在共和派内部采取双重策略。在极左派这里，要忠于公社运动的记忆，路易·布朗及其盟友建议借助象征平等和民主的卢梭，归附共和国。但是，为了与伏尔泰的自由思想靠拢——不久之前被路易·布朗的《革命的历史》（*Histoire de la Révolution*）羞辱为"资产阶级"，左派的激进势力主张反教权主义的共和党人吸纳卢梭的文化遗产，包括自然神论信仰和"穷人之首"的说教。因此，双重百年纪念的失败只是相对的。共和思想的加冕礼在回顾历史的过程中将大革命与启蒙运动联系起来。在这一特定情境下，敌对的兄弟更多是相互补充，而不再产生矛盾。两人都被同一本教父学著作记录：伏尔泰是制宪会议之父，卢梭是国民公会之父。如果按雨果的看法，即卢梭应该从属于伏尔泰，如同公民（部分）应该从属于人类（整体），那么我们可以认为这种配对方式同样预示了恢复的平民权利和摆脱教权控制的资本主义之间应如何建立和平关系。简而言之，对启蒙时代的"圣皮埃尔"与"圣保罗"来说，两者的任务分配中包含着对于荣誉的好胜心：

> 对于伏尔泰、百科全书派来说，要消除卑鄙，破除迷信，从而使宽容及思想自由占据支配地位。对于卢梭来说，则是要攻击、否定王权并确保人民主权和人人平等。（路易·布朗，1878年7月14日）

两个伟人的纪念活动各自独立，又彼此呼应。得益于纪念行为的一致性，百年纪念为启蒙运动的两大思想，即反教权的理想主义（伏尔泰）和倾向社会主义的民众主义（卢梭），达成了令人愉快的和解。

1791 年，有了伏尔泰码头（quai Voltaire）。1870 年，欧仁王子（prince Eugène）大街更名为伏尔泰大道。这条大道将在 1879 年连接起共和广场（place de la République）（原来的欧堡［Château-d'Eau］）和国家广场（place de la Nation）（原来的王权广场［place de Trône］）。伏尔泰的名字出现在巴黎地名中，他的辉煌看起来根深蒂固，人们甚至可以期待他到 1944 年末享受新的国家荣誉。相比来说，卢梭的道路更加艰难，历经几个阶段，直到 1912 年才被列为伟大的法国作家。

阿梅尔在帝国末期就构思了纪念卢梭的计划，但直到 1884 年，在以 E. 阿布（E. About）、M. 贝特洛（M. Berthelot）、A. 杜马（A. Dumas）、F. 德·勒塞普（F. de Lesseps）为核心的委员会成立时，计划才得以实现。在他的努力下，卢梭的雕像于 1889 年在先贤祠广场上竖起，此时正值法国大革命胜利 100 周年纪念之际。法兰西学院院长朱尔·西蒙称赞卢梭是法国才华横溢的作家。荣誉委员会的设立基本印证了这种说法，委员会云集了布吕内蒂埃（Brunetière）、舍雷-凯斯内（Scheurer-Kestner）、克列孟梭与莱昂·都德（Léon Daudet）……

第二次致敬是在 1907 年。在这之前，大学的文学史课程也开始关注卢梭（朗松）。但德雷福斯事件改写了政治与文学之间的关系。受德雷福斯派的影响，名校和先锋艺术家被赋予新身份，即一种所谓的"神秘主义"（见贝玑［Péguy］），卢梭被塑造成甘为公正殉道的知识分子以及获悉真理的先知。为了回击法兰西行动组织中咄咄逼人的卢梭反对派，忠诚于共和派的大学机构于 1907 年 3 月 10 日在索邦大学阶梯教室组织了一次 5000 人规模的抗议。除了莱昂·布鲁姆（Léon Blum）、罗曼·罗兰（Romain Rolland），还有 J. 雷纳克（J. Reinach）、普雷桑塞（Pressensé）等德雷福斯派的领袖人物参与其中，尤其是大学机构里的斗争前辈：F. 比松（F. Buisson）、L. 利亚尔（L. Liard）、E. 拉维斯（E. Lavisse）、J. 贝迪耶（J. Bédier）、F. 布鲁诺（F. Bruno）、G. 朗松……虽然还不确定什么场合需要借卢梭的名义——可能是人道主义、自由主义的，但人们希望把他打造成支持德雷福斯派斗争的先驱，借其名义反对共和主义右派歪曲爱国价值观。

1912 年，卢梭诞辰 200 周年之际，政府以官方名义在全国调动起卢梭纪念的极大热情。先于 6 月 28 日在索邦大学举行了隆重的官方仪式，又于 6 月 30 日在先贤祠举行了卢梭墓碑揭幕式，墓碑是巴尔托洛美（Bartholomé）雕刻的。公共教育部部长吉斯托（Guist'hau）向"那位作家、雄辩家"致敬，而不强调他是公正、民主的捍卫者，在他眼中，公正民主是饶勒斯派社会主义的追求（1912 年法令）。人们想推动法国政府、政治和思想形成最大程度的统一：以桑巴（Sembat）及托马（Thomas）为代表的社会主义温和派，以普恩加莱（Poincaré）为代表的中右派，以民族和解见证人莫尔内（D. Mornet）和少校德雷福斯为首的青年教师团。通过证明"卢梭毕生致力于法国文化事业"，人们完成了卢梭的整体化。为了传播这位

"书写民主的古典作家"的名篇，人们发行了 10 万册仅有 8 页的小册子……

对此持反对意见的是法国行动组织，他们反德雷福斯，仇视犹太人的右派偏激声音甚嚣尘上。1907 和 1908 年，P. 拉塞尔（P. Lasserre）（《法国浪漫主义者》[Le Romantisme français]）及 E. 塞耶（E. Seillière）（《浪漫病》[Le Mal romantique]）推波助澜，在相当罕见的程度上攻击了卢梭，他们称卢梭是精神病人、装疯者、诡辩者、小丑和头号"革命神经症"患者。1912 年的纪念中，查理·莫拉斯、保罗·布尔盖（Paul Bourget）和另外几位盟友加入，将对卢梭的语言暴力推到顶点，他们仇恨"异己"，将一切要驱逐的形象凝聚到卢梭一人之身：疯子、"犹太人"、外国佬、虚假的狂热先知，他们称"他属于那群被魔鬼附身的人，从沙漠里冒出来，背着怪里怪气的旧包，围着驼绒围巾，满头灰尘，在西诺街上发出忧伤的嚎叫"（见莫拉斯 [Maurras]）。蒲鲁东圈子的主要作品（《女人气》[Les Femmellins]）对"女性化"的民主发出诅咒，该作品认为卢梭是雌雄同体的疯子，带走了国家的阳刚之气，这同样也是拉塞尔厌恶唾弃的形象："因为让-雅克自己扮成女人。他露天沉睡是为了获得最广泛的爱抚。他在昏睡中都能发出诡异的叫唤……"据另一份记录，巴雷斯（Barrès）在 1912 年 6 月 11 日的议会上披露政府结构之松散，称政府妄图将无政府主义的鼻祖也安插进国家记忆中。

现在还不到你们像打狗一样打击反社会者的时候，他们宣称社会崩坏，充满不公，为此歌颂无政府主义理论家们仰仗的那位。

带着这种微妙却不难驳斥的怨气，巴雷斯仅仅发起了落后于时代的战争。因为那位在 1912 年被共和国一致接受的卢梭既不是一个被边缘化的孤家寡人，也不是一个颠覆性的预言家。他关注民主的人道主义，总是作为语言的魔术师为人所称颂，同拉辛及伏尔泰一样，他是面向世界的法国式天才的化身。

纪念活动是法兰西民族崇拜的积极组成部分，参与了精神转化工作，促使共和国在神圣信念的支撑下构筑自身与时间、与死亡的联结：赋予人及公民权力的法国属于大众，比任何时候更应是米什莱眼中值得珍视的伟大国家。但纪念活动是政治实践的产物，它服从精心设计的策略，时而有目的性地举办，并依据形势风险、力量关系进行调整。经过 40 年不到的时间，伏尔泰和卢梭的致敬活动已经成为制度化的纪念程序，在 1870 年到 1882 年间，伴随着共和派力量的上升以及基础法律的颁布，呈现为一系列冲突和妥协。1882 年之后，由于布朗热主义的危机、德雷福斯事件、政教分离、法兰西行动组织及革命工会的攻击等动摇共和国的系列事件相继发生，纪念活动以滑坡、反复及矛盾为特征。因此应该在特定的背景下理解每一场纪念活动。1878 年，是斗争的记忆，也是赞成的、检举的、辩护的记忆。一边，一位反教权的共和派战士伏尔泰被塑造出来，反抗权势显赫的君主主义教会；另一边，路易·布朗所说的民众主义者卢梭则给左派的激进主义分配任务，要共和国将工人世界囊括进去。1889 年，卢梭的纪念活动通过求同存异最终统一了声音。1907 年，纪念活动却再次被赋予斗争性，以对抗咄咄逼人的法兰西行动组织。1912 年，政府向民主思想的先驱、法语语言的大师致敬，这成为全国性和解的标志。

应该将最后这场纪念活动与 1944 年 11 月、12 月伏尔泰的纪念活动对照来看。自由法国的精英们为了反对维希政府的"蒙昧主义"，恢复了启蒙运动的声誉。伏尔泰 250 年诞辰之际，除了苏联，还有法国共产党、社会党、左派、国家作家委员会，以及中立的机构如索邦大学、国家图书馆、法兰西喜剧院、广播电台，竞相为伏尔泰庆祝。即便还存在太多无法言清的问题，但一致的纪念行为意味着祖国的凝聚与复兴，法国人因文学遗产而再次团结在这个博爱的国家之中。[1]

在研究的末尾，依然悬置着不少未被解决的疑问。我们从中选取两个相关问题。

人们在 1944 年 11 月纪念伏尔泰时，实则致敬了国家所有的文化遗产，当时展出了一幅让·埃费尔（Jean Effel）的画：人们能看到以巴黎公社社员形象出现的兰波（Rimbaud）、极富战斗精神的诗人奥比涅（Aubigné）、《我控诉》（J'accuse）的作者左拉（Zola），以及在战争中受伤的阿波利奈尔（Apolinaire），这回应了维克多·雨果对"在场"的呼唤。画

---

[1] Jean-Marie Goulemot, « Candide militant... », *op. cit.*

名是《彼处的法兰西力量》(Forces françaises de l'au-delà)。文学的神圣性被广泛接受，取决于什么？作家如何在19世纪成为社会及不可见事物之间专属的中介？我们能够在扫盲、义务教育以及19世纪末以来向中小学生普及的"法语课本"中找到答案。文学的学院化及神圣化有助于凝聚民族意识，促使共和主义的民族国家取得合法性。这是否足以理解法国文学与政治、文人与政客间奇特的同盟关系？[1]

最后一个问题：文学信仰是否特指对作家或写作行为的崇拜？安托万·孔帕尼翁清楚地指出国家及人民对伟大民族作家的崇拜与文学史的关系，在朗松任职期间，文学史再度评判了共和主义信条的理念：爱国、民主、团结。我们同样知道贝玑、普鲁斯特或瓦雷里究竟如何凭借朗松主义，反抗将作品缩减为一小条信息，将作家职责降至主流价值的发言人的行为。早在1878年，福楼拜（Flaubert）就拒绝陪同一位巧克力制造商纪念伏尔泰，龚古尔兄弟也弄混了建伏尔泰雕像的计划和建无玷始胎节日祭坛的计划。从马拉美（Mallarmé）到索莱尔斯（Sollers），先锋派竭力抵抗官方或大众对民族作家的崇拜，他们自己发明了那具有秘传作用的宗教信仰：写作作为信仰，具有特殊的力量，成为通向本不可抵达之真实的通道。"知道什么是写作吗？一项古老的、特别模糊的，而又十分珍贵的行为，其意义存在于内心的神秘之中。"（马拉美，1889年）因此，作家的纪念活动不仅仅是伟人崇拜的一种特殊形式，抑或

---

[1] Régis Debray: *Le Scribe*, Paris, Grasset, 1980.

一个建构国家记忆的过程。政治较量、党派冲突、集体妥协都被容纳其中,但它真正的特征,实际上是始终存在的质疑,以及社会、文化对写作活动本身从未放下的疑虑。

Le 14-Juillet：

Du *Dies irae* à *Jour de fête*

七月十四日：从狂暴之日到庆典之日

克里斯蒂安·阿马尔维 *Christian Amalvi*

黄艳红 译

今天是七月十四日。
那一天，自由
在大地上苏醒，
在风雷激荡中欢笑。
面对过去这无耻的强盗，
人民在那一天怒吼，
巴黎在那一天掀翻
邪恶的巴士底。
那一天，一条法令
驱散了法国的黑暗，
而希望那端

无垠显出光辉。

维克多·雨果

1859 年 7 月 14 日[1]

这是一位流亡中的共和派诗人对 1789 年 7 月 14 日的孤寂颂歌,在它发表 21 年之后,整个法国都回荡着国庆日的欢声笑语,这个国家已经成为"共和国的长女",它的国庆日纪念的就是巴黎人民攻占巴士底的那一天。这一天是我们民族的集体意象,它承载着共和国的奠基者们虔心遗赠下来的众多符号、日期和象征标记。今天,这些东西在我们的集体记忆中还剩下什么呢?在历时一个世纪的仪式化之后,它们当初的必要性、它们的历史意义、附着在它们之上的情感经常是我们不能体味的,要回想 1880 年法国人正式采用的国庆日的奠基作用,要理解这个日子所引发的政治象征的多元性,要想象庆祝一个对我们来说早已没有政治含义且已成为民俗的日子所引发的激烈论战——尤其是在 1880 年到 1914 年之间——现在看来是有几分困难的。

这种淡忘有好几个原因:对我们而言,7 月 14 日已不再是年度标志,国民生活也不再围绕它来组织。当初它标志着学年的终结,对世俗人士来说,它的意义就好像是天主教徒的复活节一样——在整个宗教年份中,复活节是礼仪日历中确定方

---

[1] Victor Hugo, « Célébration du 14-Juillet dans la forêt », *Les Chansons des rues et des bois*, *Œuvres complètes*, *poésie*, Paris, Ollendorff, 1933, t. VII, pp. 241-245.

向的最关键日子。

当时的国庆节还没有出现11月11日、5月1日和5月8日[1]等"竞争者",因而它特殊的时间标志地位就更加强固了。最后,在政治层面上,我们可以认为,大体上说,从维希政权这个反革命的最后变体溃败以来,"革命已经结束了"[2];在政治竞技场上,大革命曾长期被各政治派别视为思想斗争的关键,现在已不是这样。但在1880年,共和国的支持者和反对者都有这样一种共同的意识:他们的斗争可直接回溯到1789年的那场大战役,这场新的"百年战争"催生了许多重大的史学论战,它们都围绕大革命的主要阶段,围绕着具有象征意义的攻占巴士底展开相互矛盾的党派性解说。

因此,就"此时此地"的状况而言,法国大革命已不再被视为决定性、关键性的记忆,我们今天经历的国庆节已经没有了历史和政治内涵。7月14日曾与朱尔·费里的世俗学校一起成为共和派理念钟爱的宣传载体,并不可逆转地征服了全国,从这个意义上说,第三共和国时期围绕"革命的狂欢"而展开的激烈斗争在第四和第五共和国已经见不到了,很可能是因为没有了战士。不过,最近《快报》(*L'Express*)的一次民意调查表明(70%的法国人认为),"大革命是民族意识的奠基神话",历史学家朱尔·克拉雷蒂有个简练的说法:"法国大革

---

[1] 11月11日是第一次世界大战停战纪念日,5月8日是第二次世界大战胜利纪念日。——译注
[2] François Furet, *Penser la Révolution française*, Paris, Gallimard, 1978, p. 11.

命史中结束的只有大革命本身。"[1] 这个说法在 1884 年很中肯，但一百年后再看，就有点过时了。

关于国庆日的集体记忆是如何变化的呢？7 月 14 日庆典中原有的历史、象征和社会属性最初只有左翼共和主义者认可，它们是如何逐步为全体法国人接受，成为整个民族的属性的呢？在右翼那里，7 月 14 日原本是"狂暴之日"，它是如何丧失这一身份，被全体法国人视作所有法国人的"庆典之日"的呢？[2]

一、日期的选择

"伟大的日子唤起伟大的记忆。对某些时刻而言，光辉的

---

[1] Jean-Bernard Passerieu, *Histoire anecdotique de la Révolution française*, 1789, Préface de Jules Claretie, Paris, 1884, p. Ⅰ.
[2] 从政治学到人类学和民俗学、从史学到记忆，对 7 月 14 日的研究并不意味着撰写这一节日的一部新历史——我们这里并没有提及罗斯蒙德·桑松（Rosemonde Sanson）的经典著作《七月十四日：节日和民族意识（1789—1975）》(*Le 14-Juillet: fête et conscience nationale*, 1789–1975)，巴黎，弗拉马里翁出版社，1976 年。本文只是一个对共和主义节日和记忆的人类学分析尝试，依据的是对政治话语、宣传手册和迄今为止很少使用的论战作品、报刊文章的解读。这些文献优先反映的是国庆日在法国西部的反响，因为根据安德烈·西格弗里德（André Siegfried）的看法，这个地区忠实于旧君主制的信徒对 1789 年原则的渗透的抵制最为强烈，但这里"世俗信仰"（费迪南·比松）对人们意识的影响与它所遭遇的敌意也是旗鼓相当的；另外，在西部，"人们的思想在不止一个问题上进行着持续的内战，这个说法并不过分"（*Tableau politique de la France de l'Ouest*, Paris, A. Colin, 1913, p. 510）。这里我特别感谢莫娜·奥祖夫、皮埃尔·诺拉和让·艾尔·加马尔（Jean El Gammal）的建议和指导。

记忆理所当然"①。1880年,当共和派议员被吁请选择一个"光辉的"日子为国庆日时,也许他们想到了维克多·雨果1878年的这番话。这种选择意味着对法国历史的某种动态的、意志论的线性观念,从一开始它就被赋予一种高级意蕴,即应该符合年轻的共和国的理想,并成为这个新政体确定无疑、不容撤销的奠基神话。不过从表面来看,事情似乎很简单:既然共和国自称是大革命的继承人,它当然应该纪念大革命。但是选择大革命的哪个时刻呢?是"机会主义"共和派青睐的1789年的资产阶级大革命,还是极端的左翼激进主义者热爱的1792年民主的大革命呢?②

如果要避免共和派的内部分裂,"等而下之"地选择某个现代革命,如1830、1848或1870年革命,岂不更好?然而,虽然这些革命也有各自的倡导者,但一开始它们就有无法克服的不利之处。例如:1830年留下了太明显的奥尔良主义的烙印;1848年2月24日也同样被否定,尽管路易·布朗(Louis Blanc)积极为它申辩。第三共和国的确打算奠定一种最终的政治体制,它不太愿意以一个为时短暂、结局悲惨的体制为参照,何况这种短暂和悲惨结局会让它自己从一开始就蒙上不祥之兆,并很可能会鼓舞王党分子和波拿巴派施展诡计。如果说

---

① Victor Hugo, « Inauguration du tombeau de Ledru-Rollin, 24 février 1878 », Œuvres politiques complètes, œuvres diverses de Victor Hugo reunies et présentées par Francis Bouvet, Paris, J.-J. Pauvert, 1964, p. 765.
② 关于日期的选择,Mona Ozouf, « Le premier 14-Juillet de la République, 1880 », L'Histoire n° 25, juillet-août 1980, pp. 10 – 19.

1848年2月24日有热情的支持者的话，1870年9月14日则没有赢得任何支持，因为左翼没有人愿意让人有这样的想法：法兰西共和国的复活得益于法国军队在色当（Sedan）的溃败。既然没有人想去纪念古代的共和国或纪念中世纪的革命，更没有人想庆祝巴黎公社宣布成立的3月18日，于是只有法国大革命可以提供一个恰当的日子了。

但是，在大革命的所有重大日子里，究竟选哪个呢？由于各个日子都有自己的支持者，他们之间的对抗实际上反映了当时的政治对立，因而这种竞争就更加激烈了。按时间顺序而言，1789年5月5日、6月20日、7月14日、8月4日和10月5—6日，1790年7月14日，1792年8月10日、9月20日或22日，1793年1月21日，1794年热月九日多少都有成为国庆日的理由，最后之所以选择7月14日，原因可能既在于它固有的属性，同样也因为想避免选择别的日期可能给共和派造成的严重麻烦。

1789年5月5日，路易十六允诺的三级会议开幕，但这一天似乎太有利于君主派。1789年6月20日，资产阶级的第三等级举行网球场宣誓，这个日子引起共和派的注意，不过在他们看来，这一天犯下了排斥大多数人民的严重错误（还有后面将会提到的其他难题）。1789年10月5日和6日很容易让人想起巴黎公社时期巴黎和凡尔赛的对抗，因而没有支持者。1792年8月10日，君主制被突然推翻，因而温和派对这一天很反感，它还有另一个不便之处，那就是太靠近帝国时代的国庆日——8月15日。瓦尔米战役和宣布共和国的纪念日（9月20

日和 21 日）可能有各种令人期待的爱国主义和政治性的保障，但它靠近 9 月的大屠杀，因而大打折扣……左翼人士中，除了流亡归来的急性子亨利·罗什弗尔（Henri Rochefort），没有人敢提议处死路易十六的日子。至于热月九日，如果将它视为国庆日，那只会对右翼有利，使 1794 年以来导致左翼分裂的重大分歧官方化、制度化，并将一个古老的争论置于反雅各宾主义的方向上，这可是个仍有现实意义的争论：1793 年及其悲剧性的伴生物（恐怖、最高限价令、内战……）是 1789 年的自然延伸和必然结局，还是对 1789 年的反常偏离呢？另外，热月九日是酝酿危险的消极日子，但在政治层面上，很难说它有什么迷人之处，因而也难以给一个新政体提供令人兴奋的奠基神话。

于是只剩下 7 月 14 日（攻占巴士底狱和联盟节）与 8 月 4 日夜。后一个日子标志着封建制度的死亡与贵族和教士"特权"的终结，由于它具有正式和自愿的特点，因而对两个阵营的温和派都有巨大的吸引力，尤其是在参议院；严肃的《辩论报》（*Journal des débats*）发现了它的魅力；而且，由于 8 月 4 日象征着没有暴力的民族妥协，右翼中间派和左翼中间派都可以接受这个日期。不过，虽说它的民族特征很受右翼的青睐，但这个特征让左翼感到不悦，因为左翼强调说，1789 年 8 月 4 日仅仅是 1789 年 7 月 14 日的结果。这里出现了一个真正的共和派十分珍视的观念，即与可耻的、最不光彩的旧制度决裂（*rupture*）的观念。这个论点主要继承自自由派和共和派史学，西斯蒙第（Sismondi）、米什莱、亨利·马丁（Henri Martin）是这一史学的杰出代表，他们把大革命描述为向专横的旧制度发起最后攻击的人民起义，这场漫长的运动开始于12世纪的公社解放运动，14世纪艾田·马赛（Étienne Marcel）的失败尝试是它的延续，1789年7月14日攻占巴士底的壮举则标志着它的完成。因此从道义上说，人们不能把一个并不牢靠的妥协当作共和国神话般的起源，因为它有一个严重的错误之处：掩盖了巴黎人民，贵族和教士等"特权者"却在这一天成了正面人物，而传统上说，这些人总是被谴责为专制主义最凶猛的捍卫者、自由的最可怕的敌人。

然而，这里的自由是个关键词，它应该凝练和象征大革命的成就，应该将它的意义赋予共和国的奠基日。从共和派的解放视角来看，唯有1789年7月14日可以无可置疑地界定无可混淆的从前和以后，可以在受诅咒的旧制度与最终摆脱了封建主义、教权主义和君主主义三重枷锁的现代法国之间画出一条无法逾越的边界——尽管19世纪曾有过各种反动尝试。简言之，随着中世纪阴森的巴士底的陷落，这个日子意味着"旧世界的终结和新世界的开端"。对共和派而言，选择1789年7月14日而非任何其他日子为国庆日，这就表明他们忠实于法国大革命的伟大捍卫者尤其是米什莱和维克多·雨果的作品。例如，1874年发表的《九三年》（*Quatrevingt-Treize*）肯定以其众多简明的词句让7月14日深入人心："1789年，巴士底陷落，人民的苦难终结。""7月14日是一次拯救。""掀翻巴士底，人类得解放。"不过，维克多·雨果特别强调说，他笔下的布列塔尼之塔拉图尔格①,"是过去的必然结局,这过去在巴黎谓之巴士底,在英国谓之伦敦塔,在德国谓之施皮尔伯格,在西班牙谓之埃斯科利亚尔,在莫斯科谓之克里姆林宫,在罗马谓之圣天使城堡"②。

"拉图尔格浓缩了一千四百年的历史:中世纪、效忠制、采邑、封建主义。"③

这种将巴士底等同于中世纪和旧制度的做法,同样体现在甘必大(Gambetta)1872 年 7 月 14 日在拉费尔泰-苏-茹阿尔(La Ferté-sous-Jouarre)的一次演讲中。在他看来,巴黎人民的奋起不是"为了掀翻石砌的巴士底,而是为了摧毁真正的巴士底:中世纪、专制主义、寡头制、王权!(掌声、欢呼声齐鸣)"④。

不过,1880 年人们庆祝的国庆日并不仅仅是纪念 1789 年 7 月 14 日。这个日期有两重意义,它既指攻占巴士底,也指联盟节,后者具有全民族团结的特征,因而能够去除前者的暴力

---

① 拉图尔格(La Tourgue)是雨果的小说《九三年》中布列塔尼的一座城堡,作者称之为"外省的巴士底"。——译注
② 这里说的施皮尔伯格(Spielberg)可能是指位于今捷克共和国境内布尔诺城附近的一座军事要塞,在奥地利帝国时期,它曾被用来关押三十年战争后的新教起义者和 1848 年的革命者;埃斯科利亚尔(Escurial)是坐落于马德里附近的一个西班牙王家建筑群;罗马圣天使城堡始建于公元 2 世纪,曾是罗马皇帝的陵寝和教皇的避难所。——译注
③ Victor Hugo, *Quatrevingt-Freize*, Paris, Garnier-Flammarion, 1965, pp. 117, 151, 342.
④ Léon Gambetta, *Discours prononcé à La Ferté-sous-Jouarre, le 14 juillet 1872*, Paris, Leroux, 1870, p. 10.

和血腥色彩，能够比较方便地消除温和派的疑虑。不过，对真正的共和派而言，国庆节首先并主要是向1789年7月14日致敬，虽然人民在这一天干下了一些血腥暴行。在他们看来，联盟节只是这一独一无二的事件的翻版，从某种意义上说，1789年7月14日已经在博爱的节日氛围中进行了自我庆祝和自我纪念，正如夏尔·贝玑在《克里奥》中明确指出的：

> 历史告诉我们，攻占巴士底是个名副其实的节日，这是第一次庆祝、第一次纪念，因此也可以说是攻占巴士底的第一个生日。或者说是"零"周年。历史说，大家弄错了。大家看到了一种意义，但应该看到另一种意义。大家已经看到了。首次纪念的不是联盟节——攻占巴士底的第一个周年日。第一个联盟节纪念的是攻占巴士底狱，后者是联盟节的源头。[1]

另外，这一天的主要角色是人民，无名的大众。通过歌颂人民的英雄主义，共和派可以达到两个目的：一方面，他们很方便地证实了自己的民主主义倾向；另一方面，特别重要的是，他们可以省去论战的麻烦，因为如果不选择7月14日，而是选择6月20日或8月4日的话，势必会产生关于第三等级这一主要角色在革命中的作用问题的争论。实际上，这些日子的英雄（巴伊［Bailly］、米拉波［Mirabeau］、拉法耶特

---

[1] Charles Péguy, *Clio*, Paris, Gallimard, 1932, pp. 114-115.

[La Fayette]等人）随着革命的激进化而逐步"向坏的方向转变"，这些人在革命进程中背叛，至少是放弃了革命，要把对他们的间接敬意视为对大革命的颂歌，确乎是很为难的事。

共和派赋予1789年7月14日的纪念仪式一种辅助性但具决定意义的功能，这就是大革命那无法回避、令人尴尬的历程，并将大革命置于时间之外。因为这个神圣的日子不只象征着法国大革命的曙光，而且象征着大革命本身的凝结和完成，它可以超越1789到1794年的各种戏剧性事件，尤其是可以用诺亚的斗篷（le manteau de Noé）遮盖"沉重的年代"（les années de plomb），即1793年和1794年，回想这些年份很可能引发论战，并违背"机会主义者"宣布的民族团结与和解的自觉意愿。

最后需要指出的是，在社会层面上，7月14日特别有利于温和派共和党人即"机会主义者们"的利益，他们极力否认存在"社会问题"，他们挥舞着巴士底的胜利者们团结一致的画像，画面中的巴黎市民、城乡百姓和军队像兄弟一样并肩前进，仿佛这就是当时法国社会的理想和真正的绝对价值。另外，甘必大在他的拉费尔泰-苏-茹阿尔演讲中对重建"道义联盟"的理念作了长篇发挥，他认为这种联盟是共和国社会稳定的基础，它在进攻巴士底的战役中自发形成，而19世纪的反动政府曾一度让它分裂。他在演说中甚至对1789年7月14日作了神圣化的处理，因为"8月10日……9月22日……法国大革命中的这些最具决定性意义的日子已经包括，已经暗含在首要事件中，这个事件就是涵盖着它们的1789年7月14日"。

"这就是为什么它才是真正的革命日子,这一天让法国战栗……大家知道,那一天我们得到了我的《新约圣经》,一切都应以这新《圣经》为本源(对!对!掌声)"[1]。因此,选择1789年7月14日为国庆日只对共和派有利。这一选择否认法国社会分裂为对立的阶级,从而省却了一段可能造成麻烦的历史,但是,当它宣称愿意继承大革命因缺少时间而未曾兑现的精神和思想解放之夙愿时,它便为未来基于科学、理性和进步之上的前景敞开了大道:在社会层面上,攻占巴士底宣告了平等原则,从而解放了法国人;在政治层面上,1848年2月革命在赋予法国人普选权时解放了法国人。留给第三共和国的任务是建立世俗学校、实现政教分离,从而将法国人从教权主义的奴役下解放出来。最后要指出的是,1872年以后,这个日子还从共和派每年私下里举办的一种礼仪活动中受益(正如甘必大在拉费尔泰-苏-茹阿尔演讲中表明的那样);某种意义上说,1880年7月作出的将这一天改为国庆日的决定使得此前的做法制度化了。

面对共和派的一致选择,右翼的表现显得惊慌失措,他们无法找到一个可靠的替代品,这主要是因为右翼分裂成三个相互竞争的派别:奥尔良派、波拿巴派和正统派。奥尔良派可能很难拒绝7月14日,不过路易-菲利普已经命人在巴士底的遗址上建造七月柱,纪念的不仅是1830年7月的死难者,还有

---

[1] L. Gambetta, *op. cit*, pp. 13–14.

1789 年 7 月的死难者。① 波拿巴派始终仰仗 1789 年的原则，要他们批评国庆日是很为难的事。而另一方面，攻占巴士底象征着旧制度被推翻，作为旧制度的辩护士，正统派并没有批评国庆日的顾虑；但整体而言，正统派没有任何其他的主意。旧法国的光辉日子当然不在少数（从托尔比亚克到约克镇②），但是，将旧制度和大革命对立起来，难道不就在事实上表明自己是找回逝去岁月的反动派吗？难道不就是像他们的共和派对手一样，承认 1789 年是法国历史中一个无法克服的断裂，这一断裂有如区分了黑夜与白昼、黑暗与光明，或者说区分了两个陌生的世界吗？最后，特别重要的一点是，对正统派而言，选择一个纯粹的历史日期来对抗攻占巴士底的日子就是放弃他们的天主教和君主主义理念：他们是王座和祭坛的坚定捍卫者，是克洛维和圣路易的古老君主制的祭司，他们不能设想法国还能有别的节日，除了纪念某位正统君主的节日——这种节日把君主的名字和某位伟大圣徒的名字联系在一起，而且一想到"教会的长女"③ 抛弃了 14 个世纪的天主教信仰，他们就痛心。

---

① "设立一个纪念 1830 年 7 月和 1789 年 7 月受难者的纪念碑，这一法则已于 1830 年 12 月 13 日表决通过"。Catalogue de l'exposition *Du faubourg Saint-Antoine au bois de Vincennes*, Musée Carnavalet, avril-juin 1983, p. 23, notice n° 24.
② 这里的"托尔比亚克"（Tolbiac）指的可能是 496 年克洛维率领的法兰克人击败阿勒曼尼人的战役；"约克镇"指的应是 1781 年美法联军攻占英军据点约克镇的战役。——译注
③ 公元 754—756 年，法兰克的宫相矮子丕平战胜伦巴第人，为教宗夺回领地，从此法国便有了"教会的长女"这一称号。——译注

因此正统派的首领要求他们的追随者纪念圣亨利（Saint-Henri）日，即尚博尔伯爵①的节日，它恰好在 7 月 15 日，这既可以弘扬"亨利五世"的事业和形象，又可以驱散那个渎神节日的魔咒。②

对右翼来说，唯一能做的就是在历史领域内进行一场斗争，驳斥 1789 年 7 月 14 日的象征意义。1871 年以后，为了反驳共和派对手们在整个大革命，尤其是巴士底的历史方面散布的"毁谤"和"谎言"，右翼发表的通俗小册子可谓层出不穷，从这个意义上说，他们的手法堪称高超。在有些小册子，尤其是 1873—1877 年以"道德秩序"为名发表的作品里，巴士底讽刺般地变成了苦役犯监狱的形象：数以千计的无辜囚犯戴着沉重的镣铐，蜷伏在腐臭的牢房里，1789 年 7 月 14 日，为了解救这些囚犯，巴黎人民掀起了自发的起义，正如米什莱所说的那样。在王党分子看来，这是个童话中的故事，是纯粹的谎言，最好还是用远不那么光辉的真相来取代这些东西，真相可用几句话来概括：1789 年 7 月 14 日，巴士底并不是被攻陷的，它实际上未经战斗就投降了；这些冒充的胜利者因屠杀无辜者而为人所不齿；而且，这些暴民在狱中发现的只有七个待遇非

---

① 尚博尔伯爵（Comte de Chambord, 1820—1883 年）是复辟王朝末代君主查理十世的孙子，长期被正统派视作法国的王位继承人，称"亨利五世"。——译注
② 然而，"一些王党分子笨拙地跑到了对手的立场上，他们竭力想在 7 月找到某种正统主义的色彩。但 1830 年 7 月攻占阿尔及尔并不能显示其分量，更不用说 1099 年十字军占领耶路撒冷了"。Pascal Ory, *La République en fête*, *catalogue de l'expositon de la B.P.I.*, Centre Georges-Pompidou, juillet-octobre 1980, p. 6.

常好的犯人——"一座防卫松懈的堡垒自行向暴动者敞开了大门,然而这些暴徒却在堡垒投降之后大肆屠杀手无寸铁之人:事实仅此而已"①。

右翼所有的小册子结论都很清晰:把暴乱、背叛、伪誓和谋杀当作国家节日,这种想法完全是反常的,因为"7月14日是恐怖的第一天,自由主义者不能把煽动群众的暴政的降临视为光辉的日子。自由的节日不能是炫示砍下来的头颅的日子"。

"7月14日标志着革命征服时代的开端,这个时代的著名日子有10月6日、8月10日、1月21日、5月31日,而这个时代的凯旋仪式就是路易十六的斩首台和国民代表的受奴役。"②

"巴黎市议会试图把7月14日当作国庆日来庆祝,但这个日子不只让人想起叛乱者的胜利,它还尤其让人想起酝酿了恐怖的屠杀和野蛮场景,这场景一开始就超过了后来的革命恐怖。"③

这一关于7月14日的世界末日般的修正主义画面又因为伊波利特·泰纳(Hippolyte Taine)的文学天才而得以强化和系统化。泰纳《现代法国的起源》(*Origines de la France contemporaine*)中论述1789年的一卷发表于1878年,标题——《大混乱》(*L'Anarchie*)颇具启示意义。从1880年到1914年,反动派的所有报章都为开动倾注着极端的反革命狂

---

① Léon de Poncins, *La prise de la Bastille. Brochures populaires sur la Révolution française*, Paris Société bibliographique, 1873, p. 28.
② *Ibid.*, p. 35.
③ Auguste Vitu, *Le Contrepoison*, extrait du Figaro du 21 mai 1878, p. 4.

热的战争机器而竭尽所能,其中的大部分论调是反对"谋杀的节日"和共和派的"纵情狂欢"。

左翼的共和派论战家对这类揭穿真相的努力十分愤慨,他们以同样的风格进行反驳,并在自己的小册子中铸造出这样一种观念:1789年7月14日见证着自由曙光在专制主义废墟上升起,正如米什莱、路易·布朗和维克多·雨果说过的那样。①

所有这些论战至少证明了两件事:在被接受为国庆日之前,7月14日在左翼和右翼那里都被视为一个承载着强大情感力量的象征;甚至在第一次庆祝1789年7月14日的帷幕拉开之前,拥护者和不可调和的反对者之间在这个领域内就几乎无法达成妥协,每个阵营都有"各自的真相",而且很长时期内都是如此……

二、仪式的生根

1. 战斗性的节日:1880—1889年

左翼:"自由引导人民"

对共和派来说,这个时期是国庆日的充满激情的战斗阶段,在当时,这个节日的英雄形象与主要发生在1881—1887

---

① Jacques Malacamp, *Vous en avez menti! Réponse péremptoirement prouvée adressée aux détracteurs systématiques de ce fait à la fois légitime et glorieux: la prise de la Bastille* [Bordeaux], 1874.

年的争取教育世俗化的斗争紧密相连，接着又与反对布朗热主义（boulangisme）的斗争联系在一起——这场运动虽然有些激进主义的套话，但它的反对者还是把它等同于反革命运动；在1880—1890年期间，1789年7月14日的周年纪念很可能是让共和国扎根于"深处的法国"的主要工具之一，尤其是在仍深受贵族和教士等传统头目人物影响的农村地区。左翼在民众阶层中发动了一场教育运动，以支持混杂着两重记忆的国庆日：一方面是严格意义上的历史记忆，它强化和夸大了关于巴士底狱的黑色传说，那里充斥着黑牢和专门用来折磨人民的可怕的酷刑工具；另一方面是象征性的，它以仪式化的方式歌颂在中世纪和旧制度的废墟上升起的自由曙光。我们且从数以千计的例子选取两个：

> 巴士底，这个有八个塔楼拱卫的阴暗可怕的堡垒，俯临着整个巴黎，专制暴政就在这里用脚踩在人民的肚腹上。在这里，专横贵族的受害者、逮捕密札上密密麻麻的蒙难者就是在这里的地牢中被折磨致死的［……］
> 于是，这个压在巴黎胸膛上的重负倒下了。
> 在人民的怒火中，这个贵族和特权者的现实的人格化象征像风中鸿毛一样飘散了。[1]

---

[1] Légende de l'estampe de Kürner: « *Sainte République-Fête nationale 14 juillet 1881: prime offerte par le Génie moderne* », Bibliothèque nationale, Estampes.

七月十四日！

光辉的纪念日！！

大革命的首次胜利！！！

巨大的人群向花岗岩怪物冲去；人民向支撑着整个封建制度的石头发起进攻；在摧毁巴士底时，巴黎给世界带来了强大的推动力，它破坏了君主制的轮系，掀翻了一种王权，铲除了一种原则，摧毁了一个特权等级，砸碎了锁链，让许多世纪以来佝偻的法国挺直了身子，它还赢得了独立，为自由创造了条件［……］

令人赞叹的人民力量！

人民！在斗争开始的时刻，他首先关心的是消灭贵族的停尸堆。市郊的雄狮啊，你终于在咆哮！你挺直了腰身！国王曾把那些令他们的姘头不悦、给她们惹麻烦的人埋葬在这个邪恶城堡的石头牢房里，而你只要动一下爪子就让这城堡灰飞烟灭。君主的傲慢、妓女的怨恨笼罩着这殉难者的巴士底，充斥其间的是呜咽，是叹息，浇灌它的是泪水，而你把它掀翻在地。

大革命开始了！［……］

这一天，人民第一次砸碎了锁链！[1]

此外，当共和国的拥护者和反对者之间的对抗直接延伸为"蓝"与"白"的对峙时，共和派决心在国庆日以象征性的、轰

---

[1] J.-B. Passerieu, *op. cit.*, pp. 115–117.

动性的行动证明自己是1789年的直系继承人。例如，1880年7月14日，在索米尔（Saumur）这个位于"舒昂党"（chouan）省份曼恩-卢瓦尔（Maine-et-Loire）的孤立的共和派城市，人们举行隆重仪式，将奥班·博内梅尔（Aubin Bonnemère）献给自己故城的一块巴士底石镶嵌在市政厅的正墙上，此人是巴士底的"攻克者"之一，而他的这块石头曾被19世纪的"反动"政府遗忘在仓库里；奥班·博内梅尔的后人、研究1789年7月14日的历史学家欧仁·博内梅尔参加了这场盛典①，共和派借两位博内梅尔的形象来表明他们忠实于先辈的教导和事业。

最后，国庆节的战斗性还体现在强烈的反教权主义意蕴中：如果说巴士底狱的陷落在社会层面上解放了法国人，那么在政治上，共和派则乐于强调，民族的道德和精神解放只有攻陷教权主义的巴士底才能实现，这个监狱一直耸立着，而且始终很可怕。在1880—1889年之间，天主教会顽强抵制公共学校的世俗化和法国社会的世俗化，因而这十年间的反教权主义斗争更形激烈了。在当时，反教权主义可能具有各种互为补充的说法，例如，在1889年的勒泽（Rezé），人们宣称"还有别的巴士底仍然矗立着，这些巴士底不像我们刚刚谈到的那个，有塔楼拱卫，有壕沟和吊桥防守，有无法攻克的城墙，但它们对自由的威胁丝毫不见得小：我们必须从多个方向进攻愚昧和迷信的巴士底，我希望你们能采取胜利的进攻行动，就像我们

---

① Eugène Bonnemère, *1789: la prise de la Bastille*, *14 juillet-4 août*, Paris, Librairie centrale des publications populaires, 1881.

的祖先在 1789 年进攻圣安托万街道上的巴士底一样"①。

在法国西部的其他地方，人们怀着苦涩的心情，在国庆日的寒酸和传统宗教节庆的隆重之间看到了因果关联。例如，1883 年，拉罗什贝尔纳（La Roche-Bernard）的共和派强调指出，"市政当局将尽其所能让［国庆］节日不能成功。［但］当巡视各教区的瓦纳主教来到拉罗什时，我们看到一座凯旋门神奇地拔地而起，房屋都张灯结彩，年轻人组成一支车马队伍前去迎接那位高级教士"②。

不过，最高明的破坏教会和天主教徒的"倒退"立场的手法是赞扬新教徒和犹太人的世俗态度，这些信徒的宗教建筑经常是唯一出于自发而被装点的。在南特，《卢瓦尔河灯塔报》特意强调"这一事实：当所有罗马天主教的建筑漆黑一片时，只有犹太教堂和新教教堂灯火通明"。"通过这一耐人寻味的对比，宗教建筑象征着它们各自代表的信仰的性质：这三种信仰国家都承认，但只有一种惧怕光明，只有一种拒绝参与民族的公共生活，只有一种带着痛苦的心情看待 7 月 14 日的节日——这个纪念给我们带来信仰、自由等各种福祉的伟大群众运动的日子。"③

这种批评还有拐弯抹角的形式：从"四八年革命党人"的

---

① *Le Phare de la Loire*, 16 juillet 1889.《卢瓦尔河灯塔报》(*Le Phare de la Loire*) 是一份创办于 1814 年的共和派日报，在第三共和国时期，该报是最重要的外省报刊之一。
② *Le Phare de la Loire*, 20 juillet 1883.
③ *Ibid*., 15-16 juillet 1882.

伟大传统出发，颂扬某种摆脱了教义束缚和教阶制的共和派天主教信仰，或者向被教会拒绝或谴责的非正统天主教徒表达敬意。例如，1883年的《卢瓦尔河灯塔报》赞扬了南特的一个饭店老板，因为他放在门前的基督塑像上裹着三色旗，塑像上的铭文还将福音箴言和共和国的座右铭联系了起来：

    自由   平等   博爱
  我来是为了拯救 无所谓第一和最后 你们要彼此互爱

  这种新颖的观念让人想起拉梅内（Lamennais）、乔治·桑（George Sand）和皮埃尔·勒鲁（Pierre Leroux）等共和派，而且这种观念取得了很大的成功。
  这种观念可能让某些人感到愤怒，尤其是那些眷恋今日天主教教义之人，他们是平等原则不可调和的对手，虽然基督曾是这一原则最早的布道者之一。[1]

  1885年，吕内维尔的共和派为格雷瓜尔神父（abbé Grégoire）的塑像揭幕，这是位忠实于法国大革命的高卢教派的伟大人物，但在当时的教皇至上派那里，此人尤其不受欢迎……
  不过，国庆日的党派性因为"机会主义者"的公开表白的意愿而有所弱化，因为他们宣称，纪念攻占巴士底狱是因为它是"一场最终的胜利，而不是一场重新开始的战斗"[2]。从这个

---

[1] *Ibid.*, 16 juillet 1883.
[2] *Ibid.*, 18 juillet 1880.

意义上说，一方面，仪式化、制度化的 7 月 14 日远不像右翼声称的那样，是对叛乱的正式号召，相反，它驱散了新的巴黎公社的幽灵。另一方面，虽然 1880—1889 年之间人们总是以攻占巴士底为参照，但对联盟节的纪念并未因此而受冷落：机会主义共和国旨在赋予法国和法国人一个平和的形象——博爱的联盟节、与自己的军队和历史和解的国家。此外，共和国还努力给外人营造这样一种日常氛围：法国如今能将秩序和进步、民主和自由结合在一起，并只须通过投票箱来捍卫这些价值。不过，1790 年联盟节的这一普世主义内涵，正是右翼所愤怒驳斥的，因为国庆日所保留的只有革命的遗产。

右翼："自由的幽灵"

右翼对这一共和派节日的反击在三个互为补充的层面上展开：首先是政治层面，接着是历史和记忆层面，最后是宗教层面。在对原巴黎公社成员实行大赦（1880 年 7 月 11 日）之后不久就庆祝合法权威的背弃者和反叛者的胜利，共和国政府显然是在鼓励新的武装起义，这是再明显不过的事实。巴黎公社成员的回归和首个国庆日刚好凑在一起，仅仅相隔几天，而根据 1880 年 3 月 27 日朱尔·费里的法令，耶稣会士被驱逐，这些事情更加加剧了天主教徒的悲伤。对天主教徒而言，这些接二连三的事件并非偶然：共和国正在蓄意驱赶"正派人"以便更好地接纳谋杀犯，为后者实施罪恶计划腾出空间。

南特人，拿起你们的灯盏！

拿起你们的灯盏，男女基督徒们，你们最珍贵、最深刻的情感都已受到伤害。——你们抱怨什么？修道院已关闭，苦役监狱已打开，现在旋转的是车轮。——拿起你们的灯盏！

拿起你们的灯盏！在 1871 年巴黎街道上的那场大战中，傻子的母亲和姐妹们打得头破血流。不幸的人，在面对敌人的嘲弄时，敢于揭起内战的旗帜。——你们的儿子已经为洗雪这种耻辱而奉献了鲜血。今天，你们看看墙上的那个红色招贴：它宣告一份重要报纸即将问世。请看清楚编辑者的名字：

罗什弗尔、菲利克斯·皮亚（Félix Pyat）、阿穆鲁（Amouroux）！居丧的女人啊，你们可认得这些幽灵？十年前，就是他们屠杀你们的孩子的。——你们还有几个年轻的儿子可以奉献。——拿起你们的灯盏！你们也是 1793 年受难者的女儿，拿起你们的灯盏吧！在这个我们明天就要庆祝的值得纪念的日子里，大胆的人曾品尝鲜血——他们觉得很不错——你们的祖先知道其中的某些事情。——拿起你们的灯盏！[……]①

不过，右翼很不情愿地注意到，国庆日远没有引发他们表

---

① L'Espérance du peuple, journal de la Bretagne et de la Vendée, 14 juillet 1880.《人民的希望，布列塔尼和旺代报》（L'Espérance du peuple, journal de la Bretagne et de la Vendée）是正统主义和教权主义右翼势力的主要喉舌之一。

面看来十分惧怕（但暗地里很希望）的混乱，相反它在公共生活中的成功在逐年增大，于是右翼降低了将该节日咒骂为巴黎公社之重演的序曲的分贝，转而退缩到他们熟悉的战场上，即历史和记忆的战场。

令人困惑的是，在历史领域内，共和派和保守派在一个具体问题上达成了一致意见：1789年是法国大革命的象征和总结，但双方的一致到此为止。在1881年到1890年之间，敌视共和国的报刊连篇累牍地表述这样的观点：1789年7月14日远不是光荣的一天，而是恐怖统治的血腥序幕，是革命狂欢的典范。

> D. ——您能老实跟我们说说1789年7月14日究竟是怎么回事吗［……］？
>
> R. ——1789年7月14日，无论是就当天的情形还是其结局而言，都是混乱的一天：是下层人的疯癫的暴动的一天；是个卑鄙和谎言的日子；是背信弃义的一天；是叛逆、背叛和军人开小差的日子；是抢劫的一天；是粗野残忍和暴虐的日子……总之，是为所有罪行正名的日子，是被恰如其分地称为恐怖的革命时代的真正开端。[1]

五万手执武器的野兽进攻三十二名雇佣兵和八十二名

---

[1] *Une leçon d'histoire ou le 14 juillet 1789 avec ses antécédents et ses conséquences*, Grenoble, 1880, p. 9.

伤残人，而大革命竟歌颂这些野兽的胜利，这是符合它的本能的逻辑的。这就相当拙劣地暴露出，它的光荣是多么贫乏。

每一方都会尽其所能。基督教庆祝的是它的上帝、它的英雄、它的圣徒和殉道者的日子；君主制拥有自己光辉的民族节日表：托尔比亚克、布汶、塔耶堡（Taillebourg）、马里尼昂（Marignan）、阿尔克（Arques）、伊夫里（Ivry）、罗克鲁瓦（Rocroi）、丰特努瓦（Fontenoy）、马伦哥（Marengo）、奥斯特里茨（Austerlitz）、耶拿（Iéna）、阿尔及尔（Alger）、塞瓦斯托波尔（Sébastopol）、马真塔（Magenta）。[1]——共和国庆祝的是卑劣、背叛和谋杀。这合情合理。[2]

不过，在1880到1889年之间，有一个战术是右翼特别喜欢运用的，这就是"灵魂的武器"[3]：教堂钟声的安息，拒绝装点宗教建筑，举行弥撒以追思"1789年7月14日为捍卫合法权威和国家之法律而不幸牺牲的遇难者"[4]，我们的神圣教会并没有冷落玛丽安娜（Marianne）的许愿日。一些好斗的教士甚至走得更远，如旺代塞泽（Cezais）教区的神父，此人在1882

---

[1] 所有这些名字都是法国历史上著名战役的发生地。——译注
[2] Eugène Roulleaux, *La Prise de la Bastille et la fête du 14 juillet*, Fontenay-le-Comte, Imprimerie vendéenne, 1882, p. 1.
[3] René Rémond, « La droite dans l'opposition », *L'Histoire*, n° 54, mars 1983, p. 29.
[4] *Œuvres de Mgr Charles-Émile Freppel*, *évêque d'Angers: œuvres pastorales et oratories* (5), Paris, Roger et Chernoviz, 1895, t. VII, p. 424.

年的布道词中指控他的信徒亵渎了墓地，因为他们沉湎于附近举行的纵情狂欢："对他们来说，庆祝 7 月 14 日还嫌不够……他们还要侮辱逝者，用灯光、焰火和一直射到逝者坟墓上的烟弹来亵渎他们的居所，所有这些还夹杂着野蛮的嚎叫和残忍的呼声。"①

"灵魂武器"的使用还表现在天主教徒的个体行为中。各个城市掀起的三色潮淹没了街道和广场，俨然成为一片耀眼的海啸——印象派和野兽派画家为我们留下了令人炫目的记忆。此时，一小批天主教活跃分子并不满足于以避居乡间、躲在百叶窗后、力戒任何夺人眼目的装饰来表达内心的反感，有时他们会在阳台上放置一些宗教雕塑和物品，似乎这些赎罪象征物的存在能去除大革命象征物的魔咒。1883 年，南特《卢瓦尔河灯塔报》不怀好意地报道说，一座房子的"阳台上显然没有任何旗帜和灯盏，相反摆放着一排石膏圣母小雕像，[放在那里]大概是当作护身符和抵御共和国的污染的"②。耶稣圣心崇拜同样披上了圣绪尔比斯的（saint-sulpicienne）装扮：天主教徒试图通过 1689 年 6 月 28 日与 1789 年 7 月 14 日的对照来击垮本质而言实属邪恶的 1789 年原则，前一个日子是耶稣圣心在帕赖勒莫尼亚勒（Paray-le-Monial）向玛格丽特-玛丽·阿拉科克（Marguerite-Marie Alacoque）的一次重要显灵。1889 年最好还是不要作为不祥的大革命的百年纪念，而是要作为帕

---

① *Souvenirs judiciares de la République aimable et neutre: process de M. l'abbé Murzeau*, *curé de Cezais*, Fontenay-le-Comte, 1882, p. 20.
② *Le Phare de la Loire*, 16 juillet 1883.

七月十四日：从狂暴之日到庆典之日

七月十四日的节日仪式：
共和广场上的阅兵及学生兵纵队。
廉价印刷品，1883年。

赖勒莫尼亚勒神迹的两百年纪念，"教会的长女"在重回天主教君主制的怀抱时，也将最终摆脱延续了一个世纪的革命混乱。总之，"1889年的法国将拭去1789年的法国"①。

然而，这些笃诚的希望因为共和派对大革命百年庆典的神化而落空了，何况这次庆典还因为巴黎世界博览会的成功而更具光彩，更为隆重。在旧制度覆灭一个世纪后，共和国可以通过黑白分明的对比方式来自我庆祝了，对比的一方是象征中世纪的巴士底，另一方是埃菲尔铁塔，它是理性、科学与进步战胜专制主义、宗教狂热和蒙昧主义的鲜明例证：一方是粗矮阴郁的堡垒，它固守着可憎的过去，另一方是座年轻、透明、修长的丰碑，它向空中喷薄而出的力度象征着共和国将在旧法国的废墟上赢得未来。② 十年富有战斗性的纪念活动确保了共和国的胜利，并特别有利于国庆日在外省的扎根，而节日的仪式从此也日臻完善，此后长期维持原样。

2. 节日的空间和时间

7月14日从一开始就不是对一个难忘日子的抽象纪念，对这个节日的发起者来说，它是共和主义价值观的行为和表象的集中体现，这些价值观将通过精心组织的集体庆典活动而内化为个人的价值观。这个"特别的日子"不仅仅是"追忆中的

---

① *Les Trois 89: 1689 - 1789 - 1889 par M... B...*, Paris, René Haton, 1889, p. 44.
② Estampe de P. Clemençon: *Gloire au centenaire*, 1789 - 1889, Bibliothèque nationale, Estampes.

岁月"，它还是当下经验的时光，是人们在界限分明的确定空间中情同手足地分享的时光。共和派的这一事业随着1880年的成功而臻于完美，而且也有助于共和派长期赢得普选的胜利。这一成功不再为时短暂，它可能得益于各种重要趣味性要素的巧妙组合，如日期的选择、节日空间及其装饰、不同角色的分配，以及活动与场面的调节等。

日期当然不会给国庆日的光彩制造麻烦：良好的天气自然有利于户外庆祝活动，如阅兵、宴会、游乐、体育比赛、舞会、焰火等。7月14日大致处于一年的中间，此后很长时期它都是假期的开始，对工人、手工业者（当时还没有假期）和农民（恰好在收割之前）来说是一次休息，一个难得的缓冲，某种免费的日常解脱。

通过将各种国庆元素（雕塑的落成、游行、各种纪念活动、火炬游行）移植到公共空间中，共和国夺回了世俗生活领域的控制权，从1815年以后，这一权力原本几乎完全掌握在天主教会手中；在节庆和游乐领域，共和国将神圣色彩从宗教事物转移到了世俗和公民性质的事物身上。过去的街道喜欢用挂毯作装饰，经常有人扛着笨重的教区旗帜在街上展示，这里还时常摆上圣洁的临时祭坛，总能听到唱圣诗的歌声，总能见到圣体瞻礼节上缓缓前行的游行队伍，但如今上演的是"玛丽安娜"还愿日的世俗节庆，这样的庆典热闹非常，阳台上点缀着三色旗，各种灯笼流光溢彩，气氛就像主保瞻礼节，其间充斥着爆竹声、欢快的音乐和街区里的喧闹声。但人们注意到，与宗教庆典不同的是，国庆日装饰的繁简并不取决于市民的贫富，而是取决于其共和主义信念的强弱。比如，在巴黎，北部和东部平民区居民庆祝共和国的热情，就像"高档街区"逃避或无视"无赖"的周年纪念一样明显。因此，在巴黎和其他大城市，国庆日不同的装点程度勾勒出的明暗画面，准确地反映了法国城市的政治情感地图。节日本身分为前后两个阶段：上午一般是官方或党派游行活动，下午是群众游乐。在这两个阶段中，三种节日角色——官员、活跃分子及其支持者、广义上的群众——承担着互为补充的角色：上午的活跃角色更多是由官员和活跃分子担任，他们通过自己的演讲和政治活动来确定庆典的基本要旨。从1880年到1890年，在巴黎，在左翼力量根深蒂固的红色南方，在西部——共和主义记忆若要长期植根于此，就需要以象征手法表现出来——经常可以看到寓意雕塑落成的场景，这类雕塑如"玛丽安娜"胸像，如共和派纪念1789年的先驱或被视为政治先驱的人的雕像（1885年的伏尔泰、1886年的狄德罗、1888年的艾田·马赛），纪念19世纪政治斗争中的重要人物的雕像（1885年的贝朗热［Béranger］、1886年的拉马丁［Lamartine］、1889年的拉斯帕伊［Raspail］等），纪念去世的共和国奠基人的雕像（1888年的甘必大）。①从这种党派性观点来看，纪念攻占巴士底狱不仅意味着纪念一

---

① Paul Marmottan, *Les Statues de Paris*, Paris, Henri Laurens, 1886. 关于共和主义民俗，请特别参阅莫里斯·阿居隆的著作：Maurice Agulhon, « Imagerie civique et décor urbain dans la France du XIXe siècle », *Ethnologie française* t. V, 1975, pp. 34-56. « La statuomanie et l'histoire », *Ethnologie francaise*, t. VIII, n° 2-3, 1978, pp. 145-172. *Marianne au combat: l'imagerie et la symbolique républicaines de 1789 à 1880*, Paris, Flammarion, 1979.

个永远固定在历史特定时刻的孤立事件,而且意味着纪念一系列先定的日期,这些日期之间存在必然而非偶然的联系,而共和国就是它们的终点和直接延续;从某种意义上说,这就是集体丈量共和派的记忆和想象,是设置这些记忆和象征的里程碑式的、标志性的关键时刻:1789年、1792年、1830年、1848年、1870年、1880年。例如,在巴黎,这种革命空间和时间在莫里斯(Morice)创作的共和国浅浮雕中可以看得到,雕塑于1883年7月14日在水堡(Château-d'Eau)广场(今共和国广场)揭幕。[1]

但是,并不是所有官方参加者都是共和国事业的同情者或斗士,很多人出席庆典,只是出于被迫和无奈,教士和军官尤其如此。根据教务专约(Concordat),教士作为国家公职人员,必须全力敲响教堂的钟声以向"玛丽安娜"致敬,在政治和宗教对立情绪强烈的地方,这一要求引发了很多冲突。至于军官们,虽然他们的君主主义信念确定无疑,[2] 但他们还须率领士兵参加传统的军事检阅,所有驻防城市都有这样的检阅,并逐步成为节日里的"华彩篇章"——尤其是巴黎的隆尚(Longchamp)阅兵式,构成景观中的景观(如镶有彩边的军服、骑兵和军乐……)。

---

[1] 达卢(Dalou)的这组浅浮雕表现的是1789年6月20日、1789年7月14日、1789年8月4日、1790年7月14日、1792年7月11日、1792年9月20日、共和二年牧月十三日、1830年7月29日、1848年3月4日、1870年9月4日和1880年7月14日。

[2] 参见 William Serman, *Les Officiers français dans la nation*(*1848-1914*), Paris, Aubier-Montaigne, 1982.

军事检阅通常在上午进行，下午是群众游乐，两组活动之间会安排传统的共和派宴会，这是左翼社交的高级场所，是世俗化的弥撒，人们可以和亲密友人一起歌唱，一起为共和国的健康干杯，一起回想过去的光辉斗争，一起辩论时下的政治问题。正是在博爱宴会的热情和兴奋中，演讲者在事先就已赢得的听众面前才能坦白地表达有关共和国记忆的党派性激进观念：他们的演讲有时会追溯 12 世纪以来第三等级反对封建制、教会和王权的那些伟大斗争，而且总是以千篇一律的热情欢呼攻占巴士底这一为大革命和民族奠基的壮举。宴会是一个借用了天主教仪式的特别场合，而天主教仪式对广大人民的强大吸引力和古老习俗似乎让"玛丽安娜"的信徒着迷；对宗教连祷的嘲弄当然是开玩笑式的反教权主义①，但谁知是不是出于神化世俗节日，将宗教性质融入共和国的模子这一秘不示人的意愿呢？不管怎样，1880 年 7 月 14 日，卢瓦和谢尔省（Loir-et-Cher）蒙市（Mont）的宴会参加者就朗诵了奇怪的共和"祷文"：

主祷文

主在民族圣地，蒙您名字的荣光，愿您使自由、平等、博爱主宰大地，我们的 1789 年祖先意在使人成为自己的主人，愿他们的意愿能够实现；请每天赐予我们自由，请宽宥我们对共和国可能犯下的过错，请赐予我们捍

---

① 这本共和主义小册子的无名作者宣称："我们的节日将和圣徒的节日一样长存"。*Réponse à la prétendue leçon d'histoire ou le 14 juillet 1789*［Grenoble］，［1881］，p. 7.

卫民主三位一体的力量，请将我们从无意间对此造成的不幸中解救出来。

但愿如此。

圣母颂

我向您致敬，哦，亲爱的自由女神，法国人唯一的神明，有您才是真正的幸福；被压迫的人民向您感恩，和睦是您带来的硕果。

神圣的自由女神，自然之女，请保护您不久前还是奴隶的孩子，我们将至死都以赤诚之心捍卫您。

但愿如此。

信经

我信赖共和国，信赖它忠实的儿子、我们的同胞格雷维（Grévy）和甘必大，他们乃为维护人权而生，他们在帝国时代蒙受不幸，生不如死；但他们在1870年9月14日复活，并在成为国民议会议员后不久登上了讲坛；在讲坛上，他们，这些道德秩序的使徒，对叛徒进行审判。

我信赖平等，信赖高贵的共和国，信赖人民的团结，我期待宽恕乌托邦，期待共同幸福的复活和博爱生活。

但愿如此。

忏悔

我向保护被奴役人民的自由之神忏悔，向法律面前的平等之神忏悔，向所有高贵灵魂的博爱之神、向构成体面人和忠诚公民之本质的所有美德忏悔；我为因自己的各种过错而在思想、言论和行动上深陷奴役而悔恨；这就是我为什么恳求民族的三位一体——自由、平等、博爱之神看护我们的国家，俾使理性的统治最终降临我们中间。

但愿如此。①

晚祷时分，公共娱乐——因地方风俗而异——重新开始，群众此前主要是消极的观众，现在则成为积极的参与者；他们还通过地方体育协会和音乐协会而和市政当局主动接近。业余的戏剧团、社区合唱团、乐队、运动队（从水上比赛到球赛和九柱戏）、公共学校的教员和学生组织的露天游艺活动使得午后的气氛格外活跃。这一天最后的活动是持续到深夜的社区或村庄舞会，对很多小民来说，这是个难得的跳舞机会，舞会无疑给 7 月 14 日平添了传奇色彩（见勒内·克莱尔[René Clair]的作品），并肯定给国庆日带来了相当大的成功。

不过，这一天的成功很大程度上依赖于群众的积极参与。1880 年以来，除了西部以外，广大群众给了国庆日的倡导者以慷慨支持，这个节日终于成为共和国乡间的一道亮丽风景，如果不是最亮丽的风景的话。这种局面首先来自一种精心求得的平衡，这就是共和派赋予上午游行的政治目标与下午纯粹的

---

① J. A. M. Bellanger, *Prières d'un républicain et commandements de la République et de la Patrie*, Blois, 1880, pp. 23-30.

娱乐活动之间的平衡；成功还因为这样一个事实，即从大革命以来，普通法国人第一次不再觉得自己只是官方娱乐的旁观者，而是被邀请参加他们自己的节日，因为立宪君主制和帝国时代的此类活动是排斥他们的。另外，1880年以后出现了这样一种论点：7月14日是"法国的自我庆祝日"[1]；国庆日是所有人的节日，家庭、孩子和老人的节日，这一天似乎抹平了严格的社会等级——在风笛舞会上，在手风琴的琴声中（尤其是在城市里），资产阶级和女裁缝学徒并肩而行，小工匠和女店员一起跳舞。短暂的相聚虽然充满幻觉，但在一个依然因为社会秩序和道德秩序而分割的社会中，日常秩序的断裂可能使得一年中其余的时光更能为人承受。

至少在1914年之前，国庆日的仪式整体上很少变化，并像所有仪式一样，最后都走向了僵化。我们也可以看到，1880—1889年的十年间，围绕国庆日的论战十分激烈，但在1890年以后，这种论战明显淡化了，只有西部例外。这种情况的原因首先是布朗热主义失败之后政治紧张局面得以缓解。特别是因为1889年世界博览会的积极作用，共和派才得以挫败那位"正派将军"的古怪支持者们对现政权构成的十分真切的威胁。共和国如今胜利了，它应该通过国庆日来隆重地再次确认那些伟大原则和伟大记忆，这种必要性比任何时候都更加紧迫。更何况，在1890—1899年之间，法国政府是由十分温

---

[1] Paul Berne, *Souvenir du 14 juillet 1880: trios dates: fête nationale du 14 juillet 1880-le 14 juillet 1789-le 14 juillet 1790*..., Lyon, 1880, p. 6.

和的内阁（如梅利纳[Méline]内阁）掌舵，他们主动表达出"绥靖"的意愿，而右翼自身则陷入深刻的分裂，一小批"归顺派"被怀疑愿意投靠任何人，而不光彩的君主派多数虽然极力谴责共和国及其支持者，但几乎不再敢要求恢复王权了，因为那几乎等同于复古旧制度。1894年以后，右翼大举纪念5月8日，即1429年贞德解救奥尔良的日子，他们把这个天主教民族节日视为某种反共和派的示威行动，不过这样一来，他们就更加没有理由再次对国庆日发起陈旧的论战了。①

还应该指出，布朗热主义煽动的法国民族主义的发展突出了隆尚阅兵的地位，并使其深入人心：隆尚阅兵逐步成为一个重要的看点，甚至是国庆日的象征，但这就掩盖了国庆日最初的历史意义。在这种情形下，当越来越多、越来越热情的群众急于"一睹法国军队的风采并向它致敬"时，右翼怎能让法国人相信7月14日培植的是对1789年的叛乱和法兰西卫队背叛的记忆呢？1899年7月，当德雷福斯案件闹得不可开交时，在各大城市的7月14日阅兵式上，人们甚至能看到支持和反对重审该案的人士相互对峙。

不过总体上说，纪念攻占巴士底所引发的论战不再像1880—1889年间那样辛辣，但有一个令人困惑的例外，这就是激进的左翼的革命派。在19世纪的最后10年中，他们将"资产阶级"的7月14日和5月1日的工人示威激烈对立起

---

① Rosemonde Sanson, « La fête de Jeanne d'Arc en 1894: controverse et célébration », *Revue d'histoire moderne et contemporaine*, XX, 1973, pp. 444–463.

来。1892年7月圣纳泽尔（Saint-Nazaire）工会的态度便可以为证，这家工会宣告说，"让资产阶级去庆祝7月14日吧，攻占巴士底狱只是让他们得了便宜。想想今天我们还和1789年一样受伤害，我们别参加任何活动了，从此我们只承认五一节，这一天是全世界劳动者表达他们要求、哀悼富尔米（Fourmies）的死难者的活动的一天"[①]。

不过上述情形并不普遍，而且并未妨碍法国人，包括大多数工人，满怀热情地参加国庆活动，参与"他们的"节日。国庆仪式和历史记忆已经深深地融入"法国的激情"，要想扰乱这种仪式和记忆，或使其获得与1880—1889年的盛大场面相似的独特性质，还需要内外局势出现特殊状况……

三、七月十四日的亮点时刻

国庆日在20世纪的重大时刻（1906—1914年、1935—1936年、1939年、1945年）远不是具有相同性质的，而是7月14日原初记忆的各种独特变体，这些变体每次都因为当时的政治、社会和国际背景而再次获得现实意义，这就决定了这一特别的官方仪式和民众行为无法等同于传统的节日庆典（尤其是在人民阵线时期）。

[①] *Le Socialiste*, n° 95, 17 juillet 1892. 转引自 Maurice Dommanget, *Histoire du premier mai*, Paris, Société universitaire d'édition et de librairie, 1953, p. 358.

1. 1906—1914 年："鄙视的岁月"

20 世纪的头几年，共和国受到政治生活中两个极端的最为猛烈的指控；这种激烈指控主要通过对共和国各种最富象征意义的表象，尤其是对国庆日的谴责和嘲弄而展开：民族主义、反犹主义和仇外主义等极右势力愤怒地指出，攻占巴士底是……德国人的功绩（！），而激进的左翼的革命派则对这个资产阶级节日怒不可遏。

1890 年到 1905 年间，极左翼还处于恢复阶段，他们批判、抵制并以五一节来对抗 7 月 14 日的行动完全是零星的、地方性的。1906—1914 年间，他们的斥责变得更加系统化，也更为尖锐。这种情况自然与革命工团主义（syndicalisme révolutionnaire）的兴起关系密切。革命工团主义的组织核心是法国总工会（C. G. T.）和劳工联合会，它对议会民主及其象征物（国旗、节日和国歌等）和制度，尤其是对被视为镇压工人斗争的主要工具的军队，都表达出发自肺腑的蔑视和极端的敌意。另外，在乔治·克雷孟梭（Georges Clemenceau）的威权主义内阁（1906—1909 年）期间，警察和军队曾介入德拉维耶（Draveil）和维尔纽夫－圣乔治（Villeneuve-Saint-Georges）的罢工和示威活动，并发生流血事件，此举激怒了工团主义者，他们拒绝工人参加任何国庆活动。[1]

---

[1] Jacques Julliard, *Clemenceau briseur de grèves*, Paris, Gallimard-Julliard, 1965.

激进的左翼革命派之所以谴责国庆日,并不仅仅是因为反军国主义情绪,他们还对国庆日提出了另外两个重要责难。7月14日是资产阶级虚伪做派的顶点,它回荡着煽动家们空洞的牛皮声,众多工人非人的生活和工作状况每天都在揭穿这些人关于自由、平等、博爱的矫情言辞。尤其重要的是,这一天被视为酗酒之日,资本家和政府试图让工人忘记自己的悲惨命运,让他们把人的尊严丢到下水道中:7月14日是人民的鸦片。《人民之声》在1910年嘱咐说:"愿五一节不要成为无产阶级的7月14日,后者除了浮夸言论和官方宴会就是纵酒和呕吐。"[1]

阿里斯蒂德·德拉努瓦(Aristide Delannoy)是20世纪初最杰出、最辛辣的讽刺漫画家之一,1907年,《黄油盘》(*L'Assiette au beurre*)杂志的一期专号上曾刊登过他的作品,没有比这更能反映"美好时代"的无政府主义革命极左翼的怨愤情绪了。所有荣誉都归于老爷们:化装成"警察"的克雷孟梭推开舞厅的门,向肥胖丑陋的玛丽安娜进献用肉店包装纸裹着的花朵……共和国国庆日的虚伪鲜明地体现在一个官方讲坛上,讲坛上的法官十足像只毛发浓密的猫,资本家手臂上戴着黄金,顶着骷髅头的士兵手执血淋淋的剑,三人就坐在"自由·平等·博爱"的箴言下面,而在讲坛的脚下,一个工人正挥舞着十字镐,口中喃喃道:"——这些话……就是罪孽。"

另一幅漫画讽刺的是7月14日散播的那些一本正经的蠢

---

[1] *La Voix du peuple*, 1ᵉʳ-8 mai 1910; cité par M. Dommanget, *op. cit.*, p. 360.

左翼的蔑视:
玛丽安娜接受鲜花,
一个克雷孟梭警察血迹斑斑的双手。

话。当一个官员满嘴浮夸"祖先……巴士底……政府……共和国"时,一个工人问他旁边的人:"他向我们宣扬什么?"

"——总是那一套……不过今天叫得特别欢。"

有几幅素描揭露的是让人民堕落和屈辱的酗酒恶习,其中一幅强调说,如果说 7 月 14 日对当局而言是"光荣的日子","对选民而言则是喝酒的日子"。第二幅素描表现两个勾肩搭背的醉鬼,素描的说明文字大概是德拉努瓦对民众"酗酒日"的明确评判:

七月十四日

——自由、平等、博爱,喝酒吧,尿一泡!万岁共和国!哦!膀胱!耶!废话!

法利埃(Fallières)的话一语道破了粗俗的木偶游戏的本质,这个胖得像猪一样的政客指着阳台下跳舞的人群厚颜无耻地说:"他们跳舞,我们就安宁了!"[1]

极左翼的严厉语气同样出现在极右翼那里,后者很乐意附和左翼的腔调,以放大共和派阵营的分裂,服务于君主派的利益:《人民的希望》甚至把法国总工会在 1907 年散发的布告纳入自己的文稿。[2]

但是,当共和派陷入手足相残的争斗时,极右翼并不甘于

---

[1] *L'Assiette au beurre* n° 328, juillet 1907, pp. 246–259.
[2] *L'Espérance du peuple*, 14 juillet 1907.

做个旁观者,从 1906 年起,他们再次开始发动已经冷却十几年——西部除外——的古老论战。政治气候的恶化首先与政教分离后天主教徒掀起的紧张气氛相关,这种紧张体现在 1906 年对清查运动①的抵制上,1909 年后则表现为反对世俗化的伦理课本和历史课本的斗争,这些课本被控违反了学校的中立原则。另外应该指出的是,1909 年 9 月,主教团之所以将历史课本列为危险品,一项主要不满正是它们"歪曲"了整个大革命的历史,尤其是 7 月 14 日的历史,这种歪曲明显有利于共和派。例如,发行量很大的天主教小册子《插图民众传单》揭露说,攻占巴士底"象征着两个法国:一个是失败的、民族的法国,另一个是与外国结成联盟的、胜利的、耀武扬威的法国……7 月 14 日的人们疯狂杀戮和抢劫,它们代表被外来邪恶教义腐蚀了的法国,这些外来因素包括:犹太人、新教徒、启蒙哲人、共济会成员。这些人是由德国和英国豢养,用以败坏这个国家的;他们的任务是摧毁构成法国力量之根基的天主教信仰,从而为瓦解法国做准备"②。

因此,对右翼来说,抗议也表现在反革命史学的复兴上。例如,1909 年,古斯塔夫·博尔(Gustave Bord)发表了一部煽动性的著作,其标题就很能说明问题:《1789 年的革命阴谋、帮凶和受害者》(*La Conspiration révolutionnaire de 1789, les complices, les victimes*)。《人民的希望》立刻对它

---

① 清查运动指的是 1905 年政教分离法规定的对教会礼拜用具及动产的清查。——译注

② *Le Tract populaire illustré*, périodique bimensuel, 1914.

大肆吹捧，并从中汲取了很多抨击"谋杀者之节"的新论据。①

不过，极右翼对国庆日的强硬语气和顽固态度可能主要是因为极右翼自身的转变，因为1905年以后，法兰西行动联盟（Ligue d'action française）的喧嚣登场让极右翼备感振奋鼓舞。这个派别从前是个畏首畏尾的王党卫士，其成员大多是正统派小地主贵族，他们已经行动不便，老是纠结于忠诚和哀怨之间。但如今，接替他们的是一批强健有力、精力充沛的青年"王党宣传队"，他们只想和"侮辱贞德的人"及1789年的谄媚者打架，他们既长于挥舞大棒，也善于运用宗教言论，既像莱昂·都德（Léon Daudet）一样精通拉伯雷式的辱骂，做起祈祷来又能滔滔不绝。因此，对7月14日最恶毒的抨击出现在1907—1908年绝非巧合，恰恰是在这个时期，法兰西行动的报纸于1908年3月变成了日报，于是这个组织成了王党运动的尖刀部队，虽然一些年迈的老贵族时有怨言，但它在教士中间赢得了狂热的支持。随着夏尔·莫拉斯（Charles Maurras）的《君主制研究》（Enquête sur la monarchie）的问世，极右翼拥有了一个对抗共和制原则的系统学说。

然而，莫拉斯的"纯正民族主义"内在的仇外性也波及当时王党报刊散布的有关攻占巴士底的漫画形象。除了"谋杀者之节"和"砍头之节"这一永恒的主题，现在又增加了一个新的历史因素，这个因素将巴吕埃尔修士（abbé Barruel）提出

---

① *L'Espérance du peuple*, 15 juillet 1909.

的共济会阴谋这一古老论调的复兴，与富有进攻色彩的民族主义结合在了一起。于是，人们十分严肃地解释说，圣安托万街上的那座堡垒之所以会陷落，是源于在外国（首先是德国）策划的、由普鲁士人有计划地实施的、可怕的共济会密谋，这个密谋还得到巴黎暴民的支持，目的在于推翻天主教法国，后者是抵御共济会、新教徒和启蒙哲人的三重颠覆野心的最后堡垒。这种谵妄的论调让人想起反德雷福斯派的反犹主义滥调，这种论调认为，攻占巴士底不是巴黎人民的事业，也不是法兰西卫队的事业，而是由一小撮叛徒支持的外国佬干的，这些叛徒来自社会最底层，完全是"反法国"的象征。这些论调声称有不可辩驳的文献作支撑，在阿加迪尔事件[①]（1911 年 7 月）后的 1911—1914 年，它们的影响达到了顶峰，当时的民族主义和反德狂热进入高潮。兹举一例来说明这一误入歧途的批判浪潮：

1789 年 7 月 14 日或由外国人策划的法国大革命
法国大革命不是由法国人进行的。
法国大革命首先是一场"战斗"。
它由外国人决策，军事入侵的主要方针计划
都由外国人确定，它的执行者是一伙
为此而进入法国的外国盗匪。

---

① 阿加迪尔事件（coup d'Agadir）即第一次世界大战前的第二次摩洛哥危机，德国军舰"豹"号访问这个摩洛哥港口城市，引起法英与德国的严重对峙。——译注

> 大革命的计划［是］在德国的共济会支部中拟定［……］
> 德国共济会支部的作战计划不仅
> 让法国陷入长久的动荡，网罗众多心怀不满、
> 嫉妒、毫无廉耻和信义之徒：一句话，
> 他们要借法国人之手推翻君主制。
> 但这些法国人心里有数，知道这不可能。
> 所以还要借助外国人，一支外国侵略军。
> 因此，为了发起举行暴动、施行暴力的信号，
> 共济会把一支名副其实的盗匪军队引入法国。
> 1789 年初，这支军队进入巴黎［……］
> 这些人由他们的首领精心组织，所有人都背下了暗号，
> 口袋里装满印着特殊标记的盾形纹章，
> 和被网罗起来的法国国内的盗匪汇合［……］
> 德国人［才是］巴士底的胜利者。
> 是他们攻占了巴士底［……］①

在这个政治紧张的时代，法兰西行动不满足于在媒体上散布有关自己信仰的漂亮言论，它还组织公开的讨论会并散发传单以驳斥关于那座监狱的黑色传说。例如，在 1911 年和 1912 年的几次会议上，贝尔热拉克（Bergerac）的王党集团把这座城堡描绘成"智障者的隐蔽避难所，因为当时有人希望他们不要在疯人院里受罪"，出于医疗和社会理由，应该恢复这座监

---

① *L'Espérance du peuple*, 15 juillet 1911.

Détruisons la Bastille !!!

A tous les Français !

« On a tellement fêlé le cerveau de ce pays, disait Henry Maret, qu'il s'imagine n'être plus opprimé lorsqu'au lieu d'être opprimé par un **seul** maître, il l'est par **plusieurs**... »

Le fait est que *si un* **Roi** *ou un* **Empereur** *avait fait le* **quart** *du mal qu'a accompli la République maçonnique* les barricades se seraient dressées toutes seules dans la rue !

Pourtant si le peuple tient un peu à sa liberté il ne doit pas plus supporter l'oppression maçonnique qu'aucune autre oppression.

EN 1789	AUJOURD'HUI...
En 1789, le peuple français était persuadé — ou plutôt certains meneurs avaient cherché à persuader au peuple qu'il ne possèderait la véritable liberté que le jour où la Bastille — prison d'Etat — serait à terre. Le 14 juillet 1789, le peuple de Paris renversa la Bastille mais... la liberté ne vint pas. Il renversa la royauté, guillotina le meilleur des monarques et... ce fut la tyrannie sanglante et jacobine qui s'installa au Pouvoir.	Après plus d'un siècle écoulé, Après avoir fait trois révolutions, Après avoir conquis le suffrage universel, Sous une République *soi-disant* démocratique... le peuple de France est PLUS ESCLAVE QUE JAMAIS.

D'où vient cela ?

Cela vient de ce que, sous cette étiquette *menteuse* de « République », la secte maçonnique qui détient le pouvoir, a rétabli à *son profit et en les aggravant*, **tous**

右翼的争议：

共济会巴士底狱，

为高尚报刊和正直人士所推翻，1908年。

狱的声誉。[①] 另外，在 1912 年 7 月 14 日前夕，南特的法兰西行动支部在城里张贴了一份具有强烈民族主义和反犹主义色彩的布告：

> 建立在巴士底废墟之上的共和国，
> 以断头台、溺水、枪决等手段谋害了两百多万法国人
> [……]
> 一句话，攻占巴士底对我们意味着什么呢？
> 一个压迫我们的无名的集体暴政。
> 共和派自身在撕裂，也撕裂着法国。
> 那些有头有脸的犹太人，那些手段高明的骗子
> 以重金收买议员们的保护，而共和派的巴士底
> 押满了工团主义者和国王的信徒。[②]

另外，我们还需指出"巴士底"一词在第三共和国语汇中的丰富含义、它的党派性意义的演变，以及它在 20 世纪初论战中从左翼的用语向极右翼用语的转向。在 1880 年，共和

[①] Maurice d'Auteville, *La Bastille*, *légende-histoire: conférences données aux membres de L'Action française*, *Bergerac le 25 novembre 1911 et le 10 mars 1912*, Bergerac, 1912, pp. 84, 111. 莫拉斯本人在 1907 年和 1911 年 7 月发表的文章中也为巴士底作了辩解，这些文章后收入《在卢浮宫和巴士底之间》(*Entre le Louvre et la Bastille*, Paris, Éd. du Cadran, 1931, pp. 64 – 77, a fait l'apologie de la Bastille)。

[②] *L'Espérance du peuple*, 14 juillet 1912. 同一期刊物还用阿纳托尔·法朗士（Anatole France）的《众神饥渴》（*Les Dieux ont soif*）来反对国庆日，虽然这部 1912 年发表的作品很快被左翼接受。

派曾在集体记忆中将旧制度和关于巴士底的逮捕密札这一糟糕回忆联系起来，从而让旧制度信誉扫地，因为逮捕密札是王权专制和"朕的意志"的鲜明表征。但是，25 年以后，极右翼以其人之道奉还左翼，它将共和国描绘成新的巴士底，共济会的成员把守着它的城墙：1902—1914 年，一份名为《巴士底：反共济会报》（*La Bastille*, *journal antimaçonnique*）的插图周刊极力号召"正派的法国人"推翻这座监狱；刚刚被列为真福者的圣女贞德也被罗致到这支反共和派巴士底的十字军中[1]。

> 议会难道不就是首要的**共济会巴士底**吗？那个邪恶的宗派难道不就像埋伏在堡垒里一样，秘密打造奴役人民的沉重镣铐吗？他们炮制的法律对一个天主教民族而言难道不是最具杀伤力的炮弹吗？
>
> 世俗学校难道不也是**共济会的巴士底**吗？人民的孩子去那里就读难道不就是被交给了灵魂的刽子手吗！……那些目无神明的教师难道不就是在剥夺孩子对神的信仰、对更美好的世界的期待吗？
>
> 那些阴暗的巢穴不也是**共济会的巴士底**吗？卑鄙的传单每天早上都从那种地方流出，它们就像锋利的匕首一样刺伤我们孩子的纯真、我们祖先的名誉、我们军队的光荣

---

[1] J. Le Lorrain, *Sous l'étendard de la bienheureuse Jeanne d'Arc: appel à la France*, Paris, Téqui [1909].

和旗帜、我们祖国最可敬最神圣的传统！①

虽然左右两翼的极端派施展了这么多宣传技巧来诋毁国庆日，但它们的革命论调或修正主义见解看来只涉及一个很有限的信徒圈子：法国总工会对 7 月 14 日的资产阶级记忆的咒骂、法兰西行动关于普鲁士共济会阴谋的抨击，都没有感染老实的城市居民，对他们来说，国庆日是个假日，是难得的庆典。1911 年 7 月，《卢瓦尔河灯塔报》可以庆幸两翼"抗议者"的失败和军事游行的成功，后者已成为国庆日的"亮点"，虽然"人们回到家中已经疲惫不堪，满身尘土，但人们并不因疲惫而抱怨：大家都觉得法国还依然存在"。

"这种检阅真正是国庆日的一大景观。人们很高兴去看发射气球，去参加学校的露天游艺会，去观看焰火。这种情况别有意义。"②

实际上，在表决通过雷蒙·普恩加莱（Raymond Poincaré）三年任期法案后，激进的左翼革命派、和平主义者和反军国主义者扰乱 1913 年 7 月 14 日隆尚阅兵的企图失败了……但是，当时在法国泛滥的民族主义洪流不仅特别看重阅兵，它同样注意援引历史，抹黑关于 7 月 14 日的记忆。1914 年 7 月，莫里斯·施沃布（Maurice Schwob）在《卢瓦尔河灯塔报》发表题为《复活的巴士底》（« La Bastille ressuscitée »）的文章，在

---

① *Tract affiche du Petit Patriote*, « *Détruisons la Bastille ！！！* », Auxerre, Imprimerie du *Petit Patriote*, 1908, p. 2.
② *Le Phare de la Loire*, 15 juillet 1911.

当时的国际紧张局势和仇德气氛下，文章在提到德国法庭审判汉希（Hansi）时，把德意志帝国比作一个庞大的巴士底，终有一日要攻占这座监狱，解救阿尔萨斯和洛林这两个不幸的囚徒："德国打开他的巴士底之日，就是我们庆祝摧毁我们自己的巴士底之时。"

"压迫与自由势不两立。"①

那么是不是说，到了 1914 年，即使是在西部，国庆日也已经完全融入民间习俗，以至于视攻占巴士底为建国神话、怀念 1789 年 7 月 14 日"英雄聚会"已经淹没在普通的集会游行中了呢？在这个问题上，肯定的回答可能将大城市的集体生活和乡村的社交混为一谈，与某个不知名的城市相比，乡村更能将政治对抗融入日常生活和家庭与友情联系网。再如，虽然南特的《卢瓦尔河灯塔报》报道说，国庆日并不需要追溯其历史根据，它的政治和象征意义早已深入人心，但是，在这份报纸的内页中，原文刊登了几篇演讲稿，演讲是在下卢瓦尔省（Loire-Inférieure）的几个小地方发表的，在这些地方，7 月 14 日似乎还原封不动地保留着 1880 年的那种解放意义，如在 1908 年的库埃龙（Couëron），共和派还依据地方政治变迁再次强调这一自由节日的解放性质：

> 公民们！今年我们还有另一个庆祝的理由，因为我们也推翻了自己的小巴士底。的确，我们过去的反动市政府

---

① *Le Phare de la Loire*, 15 juillet 1914.

也像个小堡垒［……］

像 1789 年 7 月 14 日一样，这个崩溃中的巴士底的瓦砾下也掩藏着各种特权和弊端，各种性质的偏见，以及最明目张胆的社会不公，前几次市政选举把暴君拉下了台，让受奴役的人民成为主权者，从而终结了库埃龙的政治反动。①

在西部，"蓝"与"白"之间的世纪争斗到处都在延续，这里的共和派居于少数，或只占微弱多数，面对反对派的敌视和压力，他们需要用仪式和咒语唤起伟大的原则和伟大的记忆，他们要想维持内部团结就必须这样做：我们从中可以看到一种新局面，不过这一次它在整个法国都是如此，这就是人民阵线那非同寻常的岁月……

2. 1935—1936 年，"重现的时光"：重新拾起的记忆

1918 年大战胜利以后，工会运动、社会主义和共产主义等左翼势力继续鄙视国庆日，总是把它谴责为资产阶级民族主义的表现。② 不过，1935 年，在 1934 年 2 月 6 日的震动和极右

---

① *Le Phare de la Loire*, 16 juillet 1908, p. 4.
② 例如，我们可以在 1930 年 4 月 20 日第 49 期的《工会职员》(*Le Fonctionnaire syndicaliste*) 中看到："人们庆祝［7 月 14 日］就像出于习惯或为了娱乐而庆祝圣灵降临节周一和 8 月 15 日一样……从此没有人赋予这个热月的日子特别的'社会'意义，而工人们……也知道它已完全失去了革命意义。"引自 M. Dommanget, *op. cit.*, p. 361.

组织给共和国造成的"法西斯主义"危机之下，人们看到 7 月 14 日所具有的民主、解放和群众性意义的陡然复活。1934 年 2 月 6 日之后，此前一直分裂的左翼终于实现了和解，在政治层面是社会党和共产党的和解，在工会层面是法国总工会和统一劳动总联盟（C. G. T. U.）的和解。1935 年 7 月 14 日，左翼共同庆祝这次伟大的联合：当拉罗克（La Rocque）上校的火十字团密密匝匝地在香榭丽舍大街的帝国轴心线上列队游行时，约五十万群众在重新找回的团结的喜悦中，在对更美好的明天的憧憬中，穿过巴黎东部的平民区，从巴士底广场游行到共和国广场，此举使得 7 月 14 日完全找回了革命解放的性质。在这样的壮观场面之前，历经政治斗争的老兵和工团主义者满心赞叹地意识到，自德雷福斯事件的斗争以来，他们还从未见识过如此重大的群众运动。① 另外，这类现象不仅限于巴黎，外省也对人民阵线的盛大之日贡献颇多。

1935年7月14日的"精神"特质在于抵制"法西斯主义"，因而这一天的巨大影响远非国庆日所能囊括：它为1936年春的竞选活动提供了动力和支持，从而为人民阵线的胜利作出了贡献。"选择只能有一个：2月6日或7月14日！"激进派报纸《创造》（L'Œuvre）曾以这样言简意赅的话语描述这次大选的要害所在，② 而两轮立法选举就是在这样的口号下进行的。在这种情形下，巴黎和外省数以百万计的热情男女见证了1936年7月14日的胜利节日，他们不仅把这一天视为群众对2月6日和煽动性极右组织的回应，而且把它当作向政府表达人民的感激之情的机会，因为政府刚刚授予劳动者从未有过的带薪休假等权益。1936年7月14日的成功具有感染效应，1937年五一节仿佛就是第2个7月14日，对于这种局面，像乔治·迪穆兰（Georges Dumoulin）这样纯真的工团主义老战士是难以认可的："不应该这样歪曲和贬低五一节的行动，以至于要去效仿资产阶级的节庆和11月11日的欢声笑语。"③

但是，1936年夏天的"热烈幻觉"没有经受住事态的考

---

① Le Populaire, 15 juillet 1935. 正是在1935年7月14日，雅克·迪克洛（Jacques Duclos）发表了他著名的讲话："我们把三色旗看作过去的斗争的象征，我们的红旗则是未来的斗争和胜利的象征"。Les Cahiers des droits de l'homme: bulletin de la Ligue des droits de l'homme, 31 juillet 1935, p. 527.

② Louis Bodin et Jean Touchard, Front populaire, 1936, Paris, A. Colin, 1961, p. 62.

③ Syndicats, n° 29, 29 avril 1937；引自 M. Dommanget, op. cit., p. 290.

验，应该尽快从幻觉中警醒，7月14日催生的"宏大期望"很快就被西班牙的悲剧和经济困难一扫而空。1937年以后，人民阵线瓦解了，左翼再次陷于分裂状态，因此1939年纪念攻占巴士底一百五十周年的庆典气氛萧索；在慕尼黑阴谋的沉重背景下，1939年7月14日不可能像1935年和1936年的7月14日一样，成为民族记忆的亮点。

人民阵线虽然为时短暂，但它对7月14日而言是个重大转折：人们见证并欢呼"左翼人民"有意识地重新获取、和平地重拾起共和主义记忆和革命的象征物，如三色旗，如《马赛曲》，如攻占巴士底等。而右翼曾以歌颂1918年的胜利来驱散这些象征物，来歪曲它们本来的含义。于是，1935年，人权联盟主席维克托·巴施（Victor Basch）曾充分"认识到今天的日子……与1789年7月14日和1790年7月14日这样的光荣日子相仿"。

"1789年7月14日，巴黎人民一块块地拆毁了国王的城堡的塔楼，同样，1935年7月14日，人民决心向残留的巴士底发起进攻，这就是法西斯主义的巴士底，邪恶法律的巴士底，苦难的巴士底，经济和金融寡头的巴士底，战争的巴士底——一百五十年的激烈斗争和四场革命从没有失败过！"[①]

次年，人民阵线的胜利自然强化了1789年和1936年两场人民运动的平行关系：

---

① *Les Cahiers des droits de l'homme*, op. cit., p. 517.

> 令人难忘的 1936 年 7 月 14 日，唤醒的是永葆青春的法国大革命精神，是 1789 年精神。
>
> 一切都展现在人们的脑海中：攻占巴士底的景象、弗里吉亚帽、重新成为人民圣歌的《马赛曲》，还有被法西斯分子夺走，但再次成为自由象征的三色旗！
>
> 我们不太想说［……］但我们能感觉到：1936 年 7 月 14 日的业绩就像 1789 年 7 月 14 日一样伟大……①

最后，人民阵线还以大量艺术品来进行自我表现，它还有一种别出心裁的尝试，以大革命记忆为核心创建一种高规格的、真正意义上的大众文化，我们举两个最有名的例子：在共产主义历史学家让·布吕阿（Jean Bruhat）的建议下，让·雷诺阿（Jean Renoir）对《马赛曲》作了改编；罗曼·罗兰的剧作《七月十四日》在阿尔罕布拉（Alhambra）的再次上演受到群众的热烈欢迎。

> 7 月 14 日夜，从巴士底回来的人们纷纷涌向阿尔罕布拉［……］在赋予 7 月 14 日意义之后，人们晚上想听听它最初的歌声，想寻找它的源头。
>
> 人们来这里与"去歌剧院"是不同的［……］人们来这里是为了占领巴士底，为了认识它们最早的首领，为了

---

① Albert Bayet, *La Lumière*, 18 juillet 1936; 引自 L. Bodin et J. Touchard, *op. cit.*, pp. 134-135.

争取自由。

真是太奇妙了。一阵持续的强风从观众大厅吹向舞台，仿佛故事的虚构和几个世纪的隔阂都不存在。这不是演员在扮演角色，而是实实在在的马拉（Marat）、德穆兰（Desmoulins）、奥什（Hoche）［……］在讲话，在向1789年的人民演说，向观众厅里的人演说［……］巴士底狱真正被攻占了，就在1936年的这个夜晚。演出快结束时，演员、群众角色、观众一起高唱《马赛曲》和《国际歌》，这时没有人在听，在看，也没有沉浸在角色中的演员。①

法国共产党非常善于利用1789年神话的复活和共和主义记忆的复兴来打破自身的政治孤立，以重新融入民族共同体：该党因为思想上的宗派主义和教条主义，因为无条件向苏联看齐而经历了十五年的内部流亡。1939年，为了纪念攻占巴士底狱150周年，《人道报》在它日历的封皮上（以摄影合成的手法）附加了巴黎无套裤汉的形象，以及在红旗丛中的七月纪念柱下的敬礼场面：法共的主要领导人多列士（Thorez）、迪克洛、马蒂（Marty）、加香（Cachin）向法国大革命敬礼。1793年巴黎的革命运动与共产党人的政治行动之间的这种历史亲缘关系在这样一句著名的套话中得以强化："我们延续着

---

① François Lassagne, *Vendredi* 24 juillet 1936；引自 L. Bodin et J. Touchard, *op. cit.*, p161. Jean Bruhat a évoqué son rôle auprès de J. Renoir dans *Il n'est jamais trop tard: souvenirs*, Paris, Albin Michel, 1983, pp. 98-99.

法兰西。"这句话把法国共产党视作革命人民的唯一继承者，并让它充任共和主义记忆乃至民族记忆的特选的守护者！①

3. 1919—1945 年：两次胜利的记忆

1945 年 7 月 14 日，巴黎经历了一次新的凯旋日，这一天至少乍看起来让人想起了 1919 年的盛大游行：和 1919 年声望卓著的军事领袖福煦（Foch）和霞飞（Joffre）一样，德拉特尔·德·塔西尼（De Lattre de Tassigny）不也是率领部队走在热情的群众的前头吗？但他们走过的路线很不一样：1919 年是从凯旋门到协和广场，1945 年是从巴士底到星形广场。尽管有些表面的相似，但 1945 年的法国和 1919 年的法国天差地别，我们只要回想两对民族记忆的极点及其承载的象征意义，就能衡量两次胜利之间法国国际地位的衰落。

1919 年 7 月，在香榭丽舍大街的轴心线上，霞飞和盟军总司令福煦率领的法军走在所有战胜国队列的前面，虽然《凡尔赛和约》令人失望，但胜利的幻觉还是让法国相信他们的民族找回了昔日的世界性优势地位。而在 1945 年 7 月 14 日上午，参加检阅的只有一支法国军队，而且他在"三巨头"的雅尔塔会议和波茨坦会议上已经没有发言权。1919 年，法国表达的是竭尽全力赢得胜利与和平之后的喜悦，而 1945 年 7 月的法

---

① *Calendrier de l'Humanité: cent cinquantième anniversaire de la Grande Révolution, 1789 - 1939*.

国之所以庆祝自己的解脱，是为了向他自己、向投以怀疑目光的世界证明，他还活着，他熬过了历史上最惨痛的灾难。在前一次庆典中，国庆日赋予冲突光辉的亮色，而后一次的国庆日在重现战前节庆传统的同时，试图向人们证明，一切都恢复正常了，一切都进入了各种可能世界中的最佳状态。总之，如果说1919年7月14日旨在为法国过分高估的强大提供证据的话，1945年7月14则仅仅表明在一个动荡的世界里它始终存在。但是，尽管戴高乐将军作出了各种努力，法国已不再是一流大国了。

当然，人们始终可以像《世界报》那样认为，"6年来的第1个法国人的7月14日比1919年7月14日还要伟大。1919年时人们庆祝的只是胜利。今天，庆典有双重含义：胜利和自由"[1]。但是，这个说法不也暗含着这样一种意思：1945年的胜利不仅是法国军队对德军的胜利，而且也是法国人对另一些有通敌之罪的法国人的胜利吗？

不过，在民族记忆的层次上，《世界报》的评论还是很中肯地指出了1919年7月14日与1945年7月14日的差别之处：在1919年，胜利的喜悦是如此强烈，以至于爱国主义和军事庆典完全淹没了对攻占巴士底的纪念；而在1945年，要把眼下的重获自由与过去巴士底的陷落联系起来是很自然的事。但是，这种联系的实现伴随着政治上的盘算，这些盘算十分明显，这就使得国庆日被歪曲成当时各派势力运用的压力工具，

---

[1] *Le Monde*, 15-16 juillet 1945.

以便增强各自在新的宪政规划以及必不可少的制度改革中的地位。的确，1919年胜利的共和国在经历战火考验后显得稳固而强大，但1945年，在一个遭受战争和占领蹂躏的国家，应当重建的不仅仅是经济基础设施，在第三共和国于1940年毁灭后，还要重建政治制度。因此，解放以来的第一个国庆日是在围绕法国政治未来的各种深刻分歧的背景下展开的，也是戴高乐将军和共产党之间新一轮较量的关键。戴高乐主张强有力的行政权，并在7月12日的广播演讲中为他的观点进行了辩护；共产党很善于利用抵抗运动之后的有利局面，从7月10日起，不失时机地在巴黎召集"法国复兴三级会议"（États généraux de la renaissance française），要求选举一个最高制宪议会（它很想控制该议会），但戴高乐将军强烈反对这个计划；共产党还号召人民于7月14日在全法国举行示威游行，"以恢复所有的民主自由"，这显然是针对戴高乐方案的行动。于是，7月14日出现了两个阵营、两场游行之间的对抗。①

　　7月14日的阅兵看起来像是戴高乐主义记忆和共产党记忆之间的妥协：前者试图把这次军事游行置于法国不朽这一神话中，而这种不朽曾先后体现在他的众多天定"救星"身上，如贞德、亨利四世、拿破仑、克雷孟梭、戴高乐；共产

---

① 7月14日置于各种纪念性仪式的整体之中，其中包含着共产党和戴高乐将军之间的众多政治对抗，关于这些斗争的详细描述，参见 Gérard Namer, *Bataille pour la mémoire: la commémoration en France de 1945 à nos jours*, Paris, S. P.A.G./Papyrus, 1983, pp. 89–113： « Le 14 juillet 1945 entre le serment du Jeu de Paume et les gloires de l'Empire »。

党的记忆则试图将这次阅兵与巴黎的起义传统联系起来，象征这一传统的是 1789、1830、1848 和 1871 年的革命。第一种记忆"与其说是共和主义的不如说是民族主义的"①，它希望与 1919 年的胜利日重建联系；第二种记忆是雅各宾主义的，为了掩盖共产党赞成《苏德互不侵犯条约》而造成的尴尬，它设法唤醒人民阵线的伟大时刻。虽然官方观礼台设在巴士底广场——这就赋予该仪式某种民主及共和性质，但受阅步兵在万塞讷大道（cours de Vincennes）上列队，他们在那里接受戴高乐的检阅。特别重要的是，机械化部队只行进到香榭丽舍大街，因此，由共产党表现的共和主义记忆被戴高乐与军队象征的民族主义记忆吸纳和平衡。至少纸面上是这样，因为巴黎人民也已经修改了游戏规则，他们赋予这个节日的革命意义更加符合关于这一著名事件的记忆。正如《世界报》指出的，"今天上午，巴黎再次为军队而欢呼。但人民已不是涌向贵族的林荫道，而是在巴士底广场的周围，在覆盖着联盟色的'光荣的三天'纪念柱之下。士兵们就从当初为了自由而在街垒上慷慨赴死的街区走出来"②。

当天下午，当"法国复兴三级会议"正在进行时，法共和法国总工会及其下属组织的头面人物从相反的方向即从协和广场向巴士底游行（在这一点上，地点仍具有强烈的政治和象征色彩），于是，雅各宾主义的记忆似乎强化了它的优

---

① G. Namer, *op. cit.*, p. 27.
② *Le Monde*, 15 - 16 juillet 1945.

势地位。在同一时刻，塞纳河上举办水上游艺以分散巴黎人的注意力（以及消遣娱乐），但人们的印象仍然是，法共才是节日的最终主宰者。戴高乐将军要等到 1959 年 7 月 14 日才能进行报复。

在 7 月 14 日被确立为国庆日百年之后，那些在戏剧性局面下曾赋予该节日独特光彩的持续争斗，在今天的法国已不再具有现实性了。这个仪式已经成为每年的例行公事，而且沉浸在旅游氛围中，这样的节日看来早已失去一切党派性和战斗性色彩，因此人们可以无所用心地将 7 月 14 日推入著名的"死亡的神明沉睡的紫色裹尸布"中。然而，1983 年 7 月，取消 1989 年世界博览会引发了激烈情绪，这似乎表明，关于大革命记忆的和解态度的形成为时尚早。的确，这场争论一开始只涉及财政问题，因为经济危机使得这次活动成了难题，但论战很快就转向了博览会本身，转向了对攻占巴士底和法国大革命二百周年的隆重纪念。这就再度点燃了人们一度认为已经熄灭的争论，而且人们通常很有兴趣再次看到一个世纪前国庆日（及共和国）的反对者和支持者之间的论争，当时的政治斗争——如关于社会党人的经济、社会和文化政策的争论，关于左翼知识分子的角色的讨论等——使得这些论争又一次具有现实意义。

右翼的攻势是由《费加罗报》组织的，它的语气比一个世纪前沉着和从容得多，右翼知道自己势头很顺，它几乎不需要抬高声调来表述那些对它而言属于简单常识的真理。例如，蒂埃里·莫尼耶（Thierry Maulnier）曾问道，"7 月 14

日那著名的攻占巴士底之日，它真的是一个历史转折点，是否配得上在我们的共和神话日历中的首要地位"，他随即回答说，"巴士底是个快被改用他途、守备松弛的监狱，那一天的骚乱跟巴黎历史上的很多其他骚乱相仿，骚乱之后，要塞司令的头颅竟被挑在枪尖上，这种攻占巴士底的日子是不值得纪念的"。① 1983 年 7 月 14 日，《费加罗报》象征性地再现了这颗血淋淋的头颅，它是一篇文章的插图，该文检举了"巴士底传说"和将一个次要事件捏造为建国神话的行径。② 左翼虽然掌握着政治权力，但在思想领域内处于防御地位，它希望夸大当时的局面，把自己打扮成受到威胁的共和主义记忆的守护人，并像在第三共和国那些最美好的日子一样，把他们的对手视为共和国的敌人。马克斯·加洛（Max Gallo）在《世界报》上这样抨击新右翼对大革命遗产的文化攻击（或假想中的攻击）："一些评论者在到处传播莫拉斯关于法国大革命的论调，对他们而言，1789 年是'谋杀法兰西民族的典范'……从此之后，科尚（Cochin）③ 就给出了关于 1789 年的一切'严肃认真'的思考。"④ 而《人道报》则几乎不择辞令地驳斥了右翼对世界博览会的批评，7 月 9 日，它的首页上有这样的标题：

---

① *Le Figaro*, 8 juillet 1983.
② "米什莱把它描述为专制主义的巢穴，但实际上那里面的囚犯只有四个造假货的人、两个疯子和一个躁狂症患者"。*Le Figaro*, 14 juillet 1983.
③ 这里的科尚可能是指法国革命史学者奥古斯丁·科尚（Augustin Cochin, 1876—1916 年），政治上倾向于君主主义。——译注
④ *Le Monde*, 26 juillet 1983.

保卫共和联盟①反对世博会
他们
更喜欢巴士底

7月14日，安德烈·维尔姆塞（André Wurmser）复职，这一次，他很严肃地将右翼比作反革命的流亡贵族：

> 公民们！对这个耻辱提高警惕吧！巴黎不容许法国以世界博览会来庆祝法国大革命二百周年，警钟第一次敲响了。我们需要雨果或阿拉贡（Aragon）来驳斥这些麻烦制造者。所有党派的民主分子们，你们至少知道自己在1983年面对的是资本外逃的时代，正如面对贵族流亡科布伦茨（Coblence）的时代；你们面对的是核威胁的时代，正如面对1789年以来欧洲联合反对大革命的时代……

不过，虽然作者将革命时代法国的局面与当代现实进行漫画式的比较，但有一点是显而易见的：关于整个大革命，特别是7月14日的记忆已经完全成为民族记忆的组成部分，这些记忆超越了那些导致法国人分裂的政治分歧。1983年，

---

① 保卫共和联盟（RPR），二战以后法国政坛上的主要右翼政党，从1947年戴高乐创建的法兰西人民联盟演变而来。——译注

人们不是在法国王位的觊觎者巴黎伯爵[①]致法国人的《信件》中发现了最佳证据吗？伯爵在信中说，他并无痛苦地承认，"以攻占巴士底为象征的事件有某种根本不应去谴责，甚至不应去惋惜的性质"，因而他泰然将这一我国现代史上的奠基行为置于民族的历史连续中。[②] 在两百周年即将到来的时刻，大革命似乎不像一百周年的"美好的古老时刻"那样让左翼和右翼势同水火，而仅仅是左翼自己为难自己，难道不是这样吗？……

[①] 巴黎伯爵（Comte de Paris），生于1933年，七月王朝国王路易-菲利普的后人，被君主主义者视为法国王位的继承人。——译注
[②] Henri, comte de Paris, *Lettre aux Français*, Paris, Fayard, 1983, p. 31.

Les funérailles de Victor Hugo:
Apothéose de l'événement spectacle

维克多·雨果的葬礼：戏剧性事件的辉煌

阿夫纳·本-阿莫斯 Avner Ben-Amos

何红梅 译

他本人啊，是那独特的雨果，是流行的皇家节日之王，送葬队伍之君，重大葬礼之公爵，各国使节的引荐人，国葬的杰出组织者。始于主持女性亲人的葬礼，他乃盛典之友，甚至是葬礼的盛典之友；他乃盛典之友，甚至是共和派的盛典；他乃悼词之友，甚至是葬礼的悼词。

——夏尔·贝玑（Charles Péguy）[①]

最近的临时仪式转变成政治节日并非共和派的创举。旧制度时期，皇家葬礼亦是新王登基后颂扬君主制庄严权威的大好

[①] Charles Péguy, *Œuvres en prose*, Paris, Bibl. de la Pléiade, t. I, p. 821.

时机。在近代，大革命后最初几年，由于先贤祠向当时的重要人物敞开大门，丧葬活动骤然升温。在同一精神指导下，第三共和国把组织国葬活动变成了拿破仑三世统治时期无法想象的一门艺术。第二帝国可能曾经授予不少杰出人物荣誉，但选择的对象几乎无一例外地都限于政府官员、军队将领和皇亲国戚。第三共和国对此进行了改革，使丧葬活动彻底地变成了共和国的教育典礼，并转移了缅怀的意义。从 1878 年至 1940 年，共有 80 名值得公众景仰的功勋人物要么享受国葬待遇，要么由国家负担丧葬费用，要么迁葬先贤祠或荣军院，其中有近四分之一是音乐家、作家或学者（参见本文后的《附录》）。这种普及含蓄地认可了个人与社会、国家与公民之间的新契约。无论是为国奋斗终身，还是为国捐躯，任何对祖国作出重要贡献的杰出公民，都有权成为永垂不朽的英雄，镌刻在恒久的共和国的记忆中。而雨果并未名列这份名单之首。在道德秩序瓦解后，1878 年 2 月由国家出资举办的第一场丧礼是克洛德·贝尔纳（Claude Bernard）的葬礼。在紧闭 34 年后，先贤祠的大门才向雨果的遗体敞开。雨果本人去世时的时代因素、政治时机、教育形势、媒体发展状况的独特作用，使他的葬礼成为一处记忆的爆发之所和一次记忆的教育活动。作为大众时代的新生事物之一，雨果的葬礼是法国在巴黎公社和德雷福斯事件之间典型的"重大事件"[1]，并成为典范，预示着后来的其

---

[1] 参见 Pierre Nora, « Le retour de l'événement », in Jacques Le Goff et Pierre Nora, éd., *Faire de l'histoire*, Paris, Gallimard, 1973, t. I, pp. 210 - 228.

他典礼。

1885年5月，雨果葬礼的举行恰逢两种政治传统交汇之时：民众自发上街游行的葬礼形式消失了，而为了现政权的至高荣耀，大众愿意恢复旧有的形式。[1] 在19世纪对抗时期举办的好几场葬礼险些转变为革命之日，如1832年拉马克将军（Lamarque）的葬礼和1870年新闻记者维克多·努瓦尔（Victor Noir）的葬礼。第二帝国曾两次颁发政命为两位拥有非凡影响力的共和派异端人士举行国葬，一位是学者弗朗索瓦·阿拉戈（Fr. Arago），他的葬礼于1853年举行，另一位是诗人贝朗瑞（L. Béranger），他的葬礼于1857年举行。但这两场葬礼的意图，确切说是想将两位共和国支持者的遗体占为国有，并通过官方的积极参与打消民众任何游行示威的念头。维克多·雨果的葬礼举行之时，诞生不久的政权面临的问题是吸纳民众情感、消除威胁，是组织过激力量，扩大共识基础，将声势浩大的示威游行变为对右翼和极左翼的实力展示，是检验共和国的团结稳定。因此，第一共和国时期那些悲剧性的葬礼并无任何意义，除却向民众展示了既暴力又恐怖的景象，就是在夸大共和国与内外敌人的冲突。与此相反，雨果的葬礼是团结的、世俗的公民悼念活动，悼念那个完全有资格代表完美"伟人"综合形象的人。

维克多·雨果确实很幸运，他亲自创造了"伟人"的双重形象，该形象承自启蒙主义，奥古斯特·孔德（Auguste

---

[1] 参见 Michelle Perrot, *Les Ouvriers en grève*, Paris, t. II, p. 558.

Comte)对此作过系统的阐述,他把伟人视为特别民主的人物,伟人唯一伟大的头衔就是为人类谦卑地效力,伟人是公民,也是一家之主。这个形象还与崇拜天才的浪漫主义思潮一同诞生,并因名人拿破仑而得到褒扬。与此前的形象相反,它赞扬的是圣赫勒拿岛或者盖纳塞岛上那位孤独的英雄,他屹立于卑躬屈膝的人群之上,以个人意志挑战现实的力量。为了有利于共和主义意识形态,雨果统一并超越了这种双重形象。他是君主,但仅是词语和想象里的君主,同时又是普通公民,为了正义、为了共和国投入反对暴政的战斗中。

需要补充的是,雨果健在时就已经享有不朽的名声。正如贝玑所言,雨果的高寿不仅使他成为"百岁世纪寿星",成为祖父的绝对形象,成为跨越整个19世纪被人们怀念、致敬的最后一位人物,也成为19世纪20年代人中最后一位尚存者,一个痛失多位亲人离世的老者:他失去了两个兄弟、四个孩子中的三个孩子、一个孙子,还有他的夫人和情妇。而且雨果的长寿使他成为共和国取得胜利以后认可度最高的伟人,得到了所有学校教科书的认可。

小学教科书选文中浮现的雨果的双重形象其实只有一个:亲密的祖父与帝国的反对者合二为一。事实上,雨果有两首诗歌经常被人吟诵,其中一首是《爱国儿童》,这首诗号召火药和子弹。作为一份背诵练习的教材这首诗在最后增加了这句忠告:"请用富有同情心的语调吟诵这个段落,孩子的回应里语调会变得……强劲有力"[1]。另一首是《黄昏之歌》中的《颂

---

[1] A. Delapierre et A.-P. Delamarche, *Cours supérieur. Exercices de mémoire*, Paris, Picard et Kaan, 1882, p. 49.

歌》，写于 1831 年 7 月，为"光荣三日"（Trois Glorieuses）的逝者纪念仪式而作："为祖国英勇捐躯的烈士们/有权享有大众在他们棺木前为他们祈祷……"① 雨果逝世前的数年间，他对学校和对公民的影响无比深刻，甚至有关他的传说和家庭生活也被世人关注。一本 1883 年出版的公民道德读本里曾经提出过以下问题。"您知道维克多·雨果为什么在盖纳塞岛居住过一段时日吗？""您觉得维克多·雨果的行为中值得赞赏之处是什么？"② "在这些日子里，年幼的共和国开始勉强稳住了摇摇晃晃的初始的步履"，罗曼·罗兰（Romain Rolland）之母是保皇派，又是天主教徒，却极其渴望这位子孙满堂的老人伸出"肿胀的老手"祝福她的儿子。罗兰记得他曾经跟着父亲去田野里，父亲同几个农夫交谈。"突然一个农夫兴致勃勃背诵《惩罚集》中的一首诗，其他人欣喜万分，低声提示接下来的诗句……"雨果若在费里初等教育法令实施之前，或在麦克-马洪退位之前去世，将发生何种状况？1885 年，雨果已经进入教材的圣殿、心灵的圣殿，这让他的葬礼成为他一生辉煌的顶峰，成为一首已被谱写的民间弥撒曲的延续，成为对记忆政治的哪怕不确定的挑战。

---

① 这首《颂歌》常具有更为明确的题目：《献给为国捐躯的烈士们》（例如，Charles Labaigne, *Le Livre de l'école*, *choix de lectures*, cours moyen, Paris, Belin, 1885, p. 136）或者《为国捐躯的逝者》（例如，E. Cuissart, *Premier Degré de lecture courante*, Paris, Picard et Kaan, 1882, p. 32）。《颂歌》后紧跟如下格言："必须为国而生，为国而死。"
② Gabriel Compayré et A. Delplan, *Lectures morales et civiques*, Paris, Delaplane, 1883, p. 163.

探首窗外之人

"我多少次——我消失于人群,而他成为所有目光瞩目的中心——出现在雨果面前?"《人民之声报》记者吕希安·默尼埃(Lucien Meunier)如此写道。逝世赋予诗人又一个瞩目的机会,或者更确切地说,巴黎人民认为雨果不是众人注目的中心,而是多次探首窗外之人。

正如《时代报》在 15 年后回顾的那样,雨果首次露面是 1870 年 9 月 5 日,他流亡 19 个春秋后回到了巴黎。泰奥菲尔·戈蒂埃(Théophile Gautier)的女儿当时陪伴着雨果,她对当时的场景进行了描述。热情的群众匆匆赶往火车北站,险些使他喘不过气来。他不得不躲藏在一个小咖啡馆里。在这里,"保尔·莫里斯……打开面朝广场的窗户,一阵巨大的喧哗声响起。维克多·雨果就是从这个窗口向巴黎人民发表了讲话"[1]。他说道:"公民们,我曾经说过:'共和国复国之日,我就回来',现在我回来了。"当天晚上,雨果不无满意地在日记中记道:"无边的人群在等着我。欢迎场面难以描述……大家高唱《马赛曲》和《出征歌》。人们高呼:维克多·雨果万岁!……我握了六千多人的手。从火车北站到拉瓦尔街,这点路就走了两个钟头。"(《司空见惯的事情》)在那以后的数年

---

[1] 此故事引自 Joanna Richardson, *Victor Hugo*, Londres, Weidenfeld et Nicolson, 1976, p. 216.

间，雨果的名字对共和派当局起到的影响一直在增长。1871年2月，雨果继路易·布朗（Louis Blanc）之后，但先于艾德加·基内（Edgar Quinet）、甘必大（Gambetta）、亨利·罗什福尔（Henri Rochefort），在波尔多国民议会上被选为巴黎众议员，但因抗议国民议会和平主义的态度，抗议其拒绝接受加里波第（Garibaldi）当议员，他辞去众议员职务，但1876年2月又重返政坛，被选为巴黎参议员，在参议员职位上一直履职到去世。

雨果再次出现在窗口时，共和国已经变成了共和派的共和国。这是1881年2月27日，恰逢他80岁生日，共和派急不可待，提前1年给他庆祝生日。朱尔·克拉雷蒂（Jules Claretie）说，雨果"像夏尔坎那样见证自身享受颂扬的场面"，对他而言"此乃自身至高辉煌的预兆"，这是他葬礼的预演。一切装饰已经完全到位，就连叫卖雨果画像的小贩都在大声叫喊："请求见到我们的国民大诗人！"只是雨果依然精神矍铄，他站在窗口，左右是他的两个孙子，他向热情的人群致意。这个激动人心的场面后来成了拉法利（Raffaëli）一幅油画的素材，唯有法国国旗的颜色在这幅作品中明显出现[1]。

法国大东方共济会发起并组织的庆祝会是在路易·布朗和阿纳道尔·德·拉福热（Anatole de La Forge）领导下举行的。时任议长朱尔·费里（Jules Ferry）亲自登门拜见雨果，代表

---

[1] Raffaëli, *Fête des quatre-vingts ans de Victor Hugo*, avenue d'Eylau, à la maison de Victor Hugo.

政府向他赠送了一个塞福勒出产的大花瓶。当天的活动在特罗卡带罗宫以"文学节"形式继续进行，最后以多个"社团、群体和行会"参与的群众游行结束。游行路线方向与葬礼行进的方向相反，从凯旋门开始，向雨果寓所进发，在雨果寓所前还放置了一尊共和国的半身雕像。甚至媒体对之所作的描述都预示了葬礼的场面。《号召报》报道说："场面恢宏，闻所未闻，独树一帜，从未见过这般场面。"

在后来的四年中，雨果的生日庆祝会成为一个重大的共和派"节日"。官方的荣誉，民众的欢呼融为一体，每次庆祝活动的高峰都是熟悉的场面，在1885年2月27日上演了最后一次。当维克多·雨果"出现在寓所一扇窗户前，人群摘下帽子，在恭敬的静默声里，维克多·雨果发表了几句激动人心的讲话。然后人群慢慢涌动，更起劲地为他们深受敬仰的诗人欢呼"（R.莱斯克利德夫人）。又过了11个星期，《号召报》这份与雨果关系密切的报纸头版刊登了一篇小短文："维克多·雨果星期四晚上感到身体不适，起初似乎身染微恙，后来病情突然加重。他家人向我们透露如下情况：维克多·雨果心脏受损，患上了肺充血。——日耳曼·赛大夫、艾米尔·阿历克斯大夫"。第二天，首都各大报纸转载了此条消息，这个神奇的名字又一次占据了人们的视线。整整两个星期，一直到葬礼结束，雨果都没有离开过各大报纸的头版位置。达官贵人们开始去诗人的寓所无穷无尽地、虔诚地朝圣，寓所周围聚集了狂热的人群。

80年后，提及约翰二十三世逝世场景时，人们才发现媒体报道一位伟人弥留之际的手法很矛盾："文章开始，因为去世极有可能发生,就如同完全正常的结论一样,死亡被模糊感知,人们有所准备,但是一会儿叙述者又倾向于表明希望,渴望把握希望不大的康复,并以他的期望为中心写作他的文章。"[1] 但在报道雨果时,媒体表现得就不那么矛盾:"从发病开始,任何希望都不存在,大家满怀忧心等待着那个注定的结局"(《人民之声报》)。还出现了不少不太主流的说法,由医学杂志发布,还有那些"最新"的小道消息,宣称病情有"轻微好转的趋势"(《费加罗报》),病情"相对稳定"(《不妥协报》),或者肯定"病人病情再次恶化"(《不妥协报》)。虽然这些消息几乎没有给人们带来任何希望,但至少满足了大众渴求消息的欲望,吸引了对雨果的关注。看望弥留之际的雨果成了政治义务和社会义务。诗人寓所大门处的签到名册记录的要人名单,有政府官员、外国使节、政治要人、作家、艺术家等,新闻媒体也作了登记,简直就是19世纪末法国的"名人录"。只有特权人物可以进入公寓,其他人只能像记者一样在外面等候。罗曼·罗兰讲述道:"一得到雨果患病的消息,我就跑向他坐落在埃洛大街的住宅,课也不上了,站在马路上忐忑不安地等着,与成百上千个看热闹的人一起,他们大多数是工人。当有人从寓所走出来,大家就上前打听,一丝消息也不错过。"人们匆匆来到雨果的雕像下,继续默默等着,"我们猜测,那扇紧闭着的窗户后就是他,是维克多·雨果"(朱尔·克拉

---

[1] Jules Gritti, « Un récit de presse: *Les derniers jours d'un Grand Homme* », *Communication*, 8, 1966, p. 96.

雷蒂)。随着时日的推移，人群越聚越多，于是出现了新的风景，"内政部派遣两名专员急匆匆亲临现场，帮政府打听病情"(《号召报》)。

在人群翘首注目紧闭的屋门后，正发生着 19 世纪典型的一幕，即浪漫的逝世场面，媒体兴致勃勃专注于每个细节。雨果那么多次主持过祭礼，赞美过可怕的墨杜萨[1]的美貌，他具有浪漫死亡的两个特征：死亡是平静，是世人急不可待沉浸其中的温馨结局；死亡也是世人绝望抗争的卑劣怪兽。"这是一个死人在和你们说话。"第一次病危结束后，雨果对家人如此交心说道，心甘情愿担当起垂危者的光荣角色(《辩论报》)。在家人的一片抗议声中，他补充说："这就是死亡。它很受欢迎。"接着又用友善的责备口吻埋怨说："死的过程时间很长，实在太漫长了"(《法兰西共和国报》)。但是，在这些痛苦难熬的日子里，死亡也显露出如女人一般冷酷的另一面：凌晨三点钟，雨果"揭去被子，边冲向……街上，边大声叫喊：'站着！站着！我要站着死！'然后他好几次伸手摸摸自己的额头，仿佛想让最后一缕光芒喷出大脑，突然吟出了这样一句诗：'这里进行着昼与夜的较量'"(《高卢人报》)。谈到他颇具浪漫特色的死亡场景时，菲利普·阿里耶斯和米歇尔·奥维尔两人均指出，[2] 垂危的雨果在家人与密友陪伴下，准备赴另一个世界

---

[1] 参见 Mario Praz, *La Chair, la mort et le diable dans la littérature romantique du XIXe siècle*, Paris, Denoël, 1977, chap. I.
[2] Philippe Ariès, *L'homme devant la mort*, Paris, Éd. du Seuil, 1977, et Michel Vovelle, *La Mort et l'Occident, de 1300 à nos jours*, Paris, Gallimard, 1983.

与他已经谢世的亲友团聚：1885 年 5 月 22 日星期五上午，维克多·雨果就这样永远离开了他的两个孙子，在"亲朋好友陪伴下温馨平静地"（《不妥协报》）去世了。临终时刻特别平静。《号召报》满意地刊文报道说："看到如此美好的一生以如此美好的死亡结束，大家感到很高兴。"

雨果逝世时是浪漫主义者，而非天主教徒。雨果在 1883 年 8 月 2 日书就的遗嘱中写道："我相信上帝"，并请求"为所有的灵魂祈祷"，但拒绝"所有教会的悼词"。[①] 雨果本人就引发争论，围绕他的遗体的争论还在延续。他的葬礼因此成为世俗的共和国与保皇的天主教会间的一场战役。极左翼后来也加入了战斗。敌意早已滋生，甚至在雨果去世前，红衣主教兼巴黎大主教吉贝尔在给失去儿子夏尔后和激进议员结婚的洛克鲁瓦夫人的信中提议，他 2 月 21 日以后能给"著名的病人"……提供服务，"倘若他想见我们神圣宗教的牧师"。5 月 21 日，爱都瓦·洛克鲁瓦（Édouard Lockroy）给他回信，坚决但礼貌地拒绝了，证实说雨果"最近还是宣称他生病期间不愿意得到任何宗教、任何牧师的关照"。这封信被《高卢人报》一公诸世人，天主教报纸就揭露说那些信奉无神论的共和派人士甚至不愿征求雨果本人对此的意见，擅自"在维克多·雨果先生临终床前守护着，害怕他回想起昔日的信仰，阻止他重新有意公开表达愿意回归上帝的意愿"（《寰球报》）。共和派报纸

[①] 遗嘱主要被收入《全集：言与行》（*Œuvres complètes*, *Actes et paroles*, Paris, Ollendorf, 1940, t. Ⅲ）。

非但没有否认这些指控，反倒觉得能为此承担责任光荣无比。《正义报》肯定道："人们大可放心，维克多·雨果病痛的身体在床上受到悉心照料，免受天主教可怕的侮辱，侮辱施加在上天打败的病人们身上，目的是侮辱他们的作品，不仅试图损毁遗体，甚至还要摧毁思想和荣耀。"19世纪70年代的法国，在道德秩序试图通过各种可能手段抑制反教势力膨胀的情况下，世俗葬礼已经成为该势力的重要体现之一。19世纪80年代，共和派取得的胜利没有明显削弱斗争的锋芒，[①] 尤其斗争的对象是"一位著名的病人"。亨利·罗什福尔（Henri Rochefort）在《不妥协报》上撰文指出："维克多·雨果要是被埋进圣母院，教士的反应就如同路易十六面对巴士底狱被攻占了一样。"

"不幸的消息"

这件事的余波才勉强平息，逝世的噩耗又引起了更强烈的风暴。22日星期五下午，当维克多里安·萨尔杜（Victorien Sardou）走出寓所，宣布了这个"不幸的消息"时，骤然间一切都变了："工人们恭恭敬敬地脱下帽子，老人们开始默默哭

[①] 参见 Gérard Jacquement, « Edmond Lepelletier et la libre pensée à Paris au début de la Ⅲ^e République », in Libre Pensée et religion laïque en France, Journées d'études de Paris Ⅻ, 1979, Strasbourg, Cerdic, 1980, pp. 104-125; Jacqueline Lalouette, « Les enterrements civils dans les premières décennies de la Ⅲ^e République », Ethnologie française, t. ⅩⅢ, 1983, 2.

泣，贵夫人和平民女子擦肩接踵，因相同的绝望之情而聚集（此时第一次出现这样的话题：诗人一逝世，全国人民团结在一起了）……噩耗很快就传到了巴黎市中心。新闻记者在寓所附近已守候三天三夜，纷纷返回各自的报社。过了不到一个钟头，这座大都市的所有街区都有人在售卖报纸特刊"（《吉尔布拉斯报》）。几个小时，巴黎就改变了氛围，开始准备一场新共和派节日。家家户户的窗口出现装饰黑纱饰带的三色旗。未来的文学评论家菲尔迪南·格雷格（Fernand Gregh）当时才12岁，还在米什莱中学上学，听到这个噩耗时，他正在学校食堂用餐："大家口耳相传，逐桌传递，顷刻之间，消息传遍了整个中学。当时的学生们，这些第三共和国的儿女，都是在热爱荣耀、崇尚天才的环境里成长起来的小小理想主义者，我们都觉得有什么东西拂过……是一阵微风，是一阵美丽与死亡的战栗气息，是胜利的死亡之翼扇起来的一阵劲风。"在现场，民众全家出动，一直到举行葬礼那天，人群都在不停地聚集。每天大约三五千人的朝圣人群促生了现代公共葬礼的另一特征。雨果寓所周边的小生意格外红火。吊唁簿上写满了悼念的话语。前来报道的媒体数量，如同前来吊唁者的数量一样，已经达到新高。23日星期六，巴黎17家报纸出版的头版统统加上了黑边框，《号召报》到葬礼那天都一直如此。接下来的日子里，有关雨果以及他即将举行的葬礼的报道占据了报纸头版大部分版面，画报则充满了雨果寓所的图片、他去世时房间的图片、人群在大街上耐心等待的图片，还有诗人的生活与作品的其他画面。出版社也不甘落后。埃泽尔·康坦出版社赶在葬礼举行之前，急忙出版了一部小型文选，内容包括雨果的亲笔签名和遗嘱，副标题是"纪念版"，因为销售收入准备用作修建雨果纪念碑的基金，所以旗帜鲜明地强调他是国家荣耀的歌颂者，是反对帝国的代言人。夏庞蒂埃出版社迅速重版了阿尔弗雷德·巴尔布（Alfred Barbou）曾出版的系列丛书《法国的伟大公民》中的雨果传记。最渴望读到《雨果纪念文集》的读者不久就能读到《隐秘的维克多·雨果：回忆录与书信》，由阿尔弗雷德·阿斯利纳执笔，马尔篷和弗拉马里翁出版社出版，或者冲向《维克多·雨果的一生》制造的悬念，这两家出版社允诺会推出"六十五到七十册"，但没有公布作者的姓名。

　　雨果再也不能带给他的仰慕者们惊奇了，时刻已到，该确定他的历史地位，评估这位非同一般人物的伟大了。共和派一致赞扬他，费尔迪南·格雷格甚至低声抱怨说他们"为此用尽了所有赞美之辞"。比如对《吉尔布拉斯报》而言，雨果是"伟大的诗人，他刚刚踏进坟墓，宛如消失在海面上的一轮太阳"；《号召报》则宣称，随着他的逝世，"我们陷入了说不清的某种黑暗中"。但最常见的两份赞誉没有使用光明和黑暗的隐喻。

　　在雨果逝世前4年，第1份赞誉是路易·布朗给出的，又被《法兰西共和国报》重新采用："维克多·雨果去世了，尚在生前就已走入不朽地去世了。"夏尔·弗洛凯在议会演讲宣布雨果逝世的消息时，概述了这个矛盾的世俗不朽的观点："从今以后，他将永远活在后世的景仰里。"也就是说，活在人类的集体记忆里。后一份赞誉尽量不按固定的时间顺序来悼念雨果:"19世纪将是维克多·雨果的世纪,如同18世纪是伏尔泰的世纪一样"(《费加罗报》)。共和派言论经常参照伏尔泰,也有助于确定雨果在促进人类进步、同反动教权主义斗争中的地位,有助于他"永垂不朽"的品质在当时的现实社会里万古长存。难道雨果本人没有促进这两种称号融为一体吗?1878年,雨果时任伏尔泰忌辰一百周年纪念委员会主席,赞扬这位"去世时已永垂不朽"的先辈"是一个世纪"的见证人,是唯一"向社会各种不平等现象宣战的人"[①]。面对反对之词,我们应想到雨果并不一直是共和派,他曾相继是正统派、天主教徒、波拿巴主义者、奥尔良党人和神秘主义者,我们应说他"恰恰在他的才华不断升华,即将到达顶点时"加入了共和派(《法兰西共和国报》),"甚至在歌颂国王们的时候,他也流露出了共和主义的情感"(《不妥协报》)。

死亡赋予国民诗人的形象更为神奇的权力。泰奥多尔·德·班维尔要求用这位"父亲"的雕像迅速取代死者的形象,"因为我们需要随时看到他在我们面前,需要在众多公共广场凝视这位见证者的形象,在他面前多恶毒卑鄙的举动

[①] 雨果在伏尔泰逝世一百周年纪念会的讲话被收入《全集:言与行》(*Œuvres complètes*, *Actes et paroles*, Paris, Ollendorf, t. XIX, pp. 177–181)。G. 邦勒卡萨等对这篇讲话的分析,题为《伏尔泰和卢梭逝世第一个百年纪念:纪念活动的意义》(« Le premier centenaire de la mort de Voltaire et Rousseau: signification d'une commémoration », *Revue d'histoire littéraire de la France*, mars-juin, 1979, p. 282)。

都不敢发生"①（《吉尔布拉斯报》）。然而，举行葬礼的时间才激起了共和派最丰富的想象力，因为法国被内乱折腾得四分五裂，将会在朱尔·克拉雷蒂称为"维克多·雨果休战"之时而统一。《号召报》对此作了美好的描述："工厂将停工，剧院将停演，激情将会平静。旧政体支持者们将联合大革命的子孙们，共同悲伤地、沉思着陪伴这位高尚赞颂者的遗体，他歌颂了一切荣耀、所有苦难。"

共和派解释说，面对雨果的伟大、其死亡的教育意义，一切无聊的政治争吵都应该停止。但是，共和派消除前嫌的愿望遭到了一些人的强烈反对，他们把这一梦想的实现视为共和派的胜利。欧也尼·维伊洛指责赞美雨果的共和派人是"爱嚷嚷的苦行僧"，试图诋毁诗人的文学声誉，因为诗人"为了自己深受欢迎，不停地在酝酿最恶毒的天性"。接着，他揭露共和国意图对遗体实施可耻的政治剥削："维克多·雨果的葬礼不仅仅是世俗葬礼，而且也是蛊惑人心的葬礼"（《寰球报》）。天主教徒认为，这正是雨果最严重的罪孽，比他的共和主义思想更严重，比他亲近公社社员更严重。他的遗体将被当作"组织一场地狱般游行的借口"，游行只是在"歌颂恶"（《十字架报》），这是不可原谅的。但是右翼竟然也有些人支持共和国操办雨果纪念活动。他们准备不理会世俗葬礼，更偏向于强调其合法性，

---

① 好几个组织，如巴黎报业工会、文学工作者协会，立即决定修建一座雨果纪念碑。6月29日，一队艺术家成立了一个执行委员会，负责全国募捐。关于共和派修建纪念碑的情况，参见 M. Agulhon, « Esquisse pour une archéologie de la République », *Annales E.S.C.*, janvier-février 1973.

因为他们认为他只在上了年纪以后才偏离了正统,所以他们邀请老百姓"无困惑、无遗憾地尊重这位确信会后继有人的伟大思想家,他仅有的疏忽源于我们的对手"(《高卢人报》)。

极左翼的观点更受到赞同。有些人喜爱《悲惨世界》的作者,因为他表现了"人民"的疾苦;有些人只愿意回忆《恐怖年代》的雨果,他因为公社被过激镇压而反抗。分界线似乎是意识形态和不同年代人想法的问题。"遗老们"激动回想起雨果与第二帝国斗争,为公社社员慷慨提供庇护之地,他总在要求赦免公社社员;而马克思主义的"后继者"却不能原谅他资产阶级的出身和代表资产阶级的价值观。在一篇抨击《维克多·雨果传奇》的文章里,保尔·拉法格把他描绘成一个有"商人"头脑的诗人,处事准则是"生意第一,政治第二"。如维伊洛那般,他断言雨果"把他的才华都用在讨好付钱的大众的趣味上了",指责雨果大量敛财,当时估计积攒了五百万法郎的财富。照他说来,雨果反对"小拿破仑"的斗争,只是想服务于"资产阶级"的利益而已,所以资产阶级现在迫不及待地赞美他以示感谢。朱尔·盖斯德在雨果葬礼三天后举行的报告会上概述了维克多·雨果的马克思主义观点,宣称诗人成了过去之人,因为对他来说,最重要的当数家人和上帝,此时皆已气息奄奄了。因此,前途无量的阶级从他身上学不到什么了。

国家大事 *

对于必须筹办盛大国葬的政府而言,雨果逝世得不是时候。朱尔·费里政府垮台后，1885年4月6日组建的布里松内阁自认是个过渡政府，当前主要任务是筹备10月份即将举行的全民选举，并确保选举成为共和国的成功案例。实际上，选举可能证明了右翼势力处于明显上升态势，保守派势力重新开始整合。[①] 除了大部分的部长是机会主义者外，临时政府还有三名温和的激进派，政府希望给人的印象是个"和解团结的内阁"，一心为全国人民谋利益。于是就有"共和国中央集权政策"这一术语产生，即中立消极的政策，尽量不冒任何风险。

从雨果去世到雨果的葬礼日这段紧张的时日，这种观望政策就显得特别不合时宜，因为形势需要迅速作出种种稳妥的决定。维克多·雨果逝世的前一天和第二天，政府两次召开会议，专门讨论他的丧葬问题，最后选择了最佳方案：把葬礼改为国葬，将遗体停放在凯旋门，后送往拉雪兹神父公墓安葬，雨果家族在那里买有一处墓地。此外，内政部部长阿兰·塔尔热成立了治丧委员会，其中两名最有影响力的成员是政府高官，一个是主管美术事务的副国务卿杜尔凯，另一个是巴黎市政工程局局长阿尔方，其他成员有建筑师加尼埃，画家博纳、纪尧姆、布盖罗，雕塑家达卢、梅西埃，还有厄内斯特·勒南，参议院副议长佩拉，《号召报》总编、雨果生前密友奥古斯特·瓦凯里，以及巴黎市议会主席米什兰。有意思的是治丧

[①] 有关政治形势和选举形势分析，参见 Jean-Marie Mayeur, *Les Débuts de la III*^{e} *République*, 1871 – 1898, Paris, Éd. du Seuil, *Nouvelle Histoire de la France contemporaine*, t. X, p. 162; O. Rudelle, *La République absolue*, Paris, Publications de la Sorbonne, 1982, chap. VI.

委员会里没有一个雨果家族成员。显而易见，葬礼变成了一桩国家大事。埃杜瓦尔·洛克鲁瓦抱怨说："我们表达的仅有的几桩心愿都没有得到积极满足"(《吉尔布拉斯报》)。

　　选择凯旋门停放遗体似乎是不言而喻的。雨果生前是参议院议员，他所属的参议院议长勒鲁瓦耶却缺乏想象力，居然建议将遗体停放卢森堡宫，如同第三共和国起初几桩重大国葬举行时那般，如1883年甘必大的遗体停放波旁宫。雨果的名字于是又一次与拿破仑的名字联系在一起。贝玑在解释拿破仑一世与拿破仑三世的变迁对雨果在整个19世纪的生活留下多么深刻的影响时，写道："为世界创造了拿破仑一世的任命法令就包含了为雨果创造拿破仑三世的任命法令。从不曾有如此丰富的现实成为一位艺术家的创作素材。"[①] 选择"这堆以诸多荣耀为基筑成的石门"(《心声报》)，凯旋门曾见证过能与雨果的国葬仪式不相上下的唯一一次葬礼，也很符合实际需要，凯旋门及周边足够广阔宽敞，可以容纳和疏散等待吊唁诗人的众多民众。

　　维克多·雨果的遗嘱并非没有给葬礼的组织者造成任何麻烦。"我捐献五万法郎给穷人。我希望死后用他们的灵车送我去公墓。"这句话是这份简练遗嘱唯一影射葬礼仪式的话语。于是便发生了葬礼上著名的"戏剧性"变化，其虚伪遭到多人的揭露。"穷人使用的灵车只有为一个穷人送葬时才具

---

① Charles Péguy, Œuvres en prose, op. cit., t. II, p. 304. 同时参阅 Maurice Descotes, La Légende de Napoléon et les écrivains français du XIXe siècle, Paris, Minard, 1967.

有意义……其最充足的反命题恰好是他提出的最糟糕的论点之一"（安德烈·贝勒索尔）。使用一辆黑色简朴的灵车，这种想法可以追溯到拿破仑的"遗骨轮回说"。在《司空见惯的事物》里，雨果给我们作了详细的描述。描述完豪华灵车以后，他心情沮丧地发现"真正的灵柩是看不见的。人们把灵柩放进墓穴，导致激情退却……灵柩隐藏人们想要看见之景、法国渴求之事、民众期望之物"。只有穷人的灵车才享有"真正的豪华"。

为了把葬礼办成"国葬"，政府必须得到上下两院的批准，这并不困难。在议会解释说雨果的声音是民族生活的组成部分后，亨利·布里松（Henri Brisson）向议会提交了法案："全国人民都将给他送葬。"[1] 法案在预料之中，反对声虽然嘈杂却不多，法案被采纳，408 票赞成，3 票反对，几乎全票通过。正在那时，当着吵吵嚷嚷议员们的面，阿纳道尔·德·拉福热提出了一项建议，即先贤祠的世俗化问题，将雨果遗体下葬先贤祠，该提议产生了炸弹爆炸一般的效果。

争夺先贤祠之役

"先贤祠不再是一座纪念建筑物，而成为一个标志"（《高卢人报》）。一位保皇派记者在谈到圣日内维耶山圣殿时说道。实际上，自拿破仑三世把先贤祠交给天主教教会以后，想把先贤祠变成人们景仰共和国伟人之地的意图萌芽于 1876 年，几

---

[1] 有关议会所有的引文，参见 *Journal officiel*, *Débats parlementaires*, mai-juin 1885.

个激进的议员曾提出一项法律议案。1881年，议会最终通过一份类似的法案，但在参议院被否决。极左翼的许多人把雨果逝世视为他们转败为胜的一次机会。一得知雨果逝世的消息，激进的巴黎市议会就表达"愿望，希望先贤祠能够回归最初的用途，希望雨果的遗体能在此地安葬"。极左翼报纸立即效法它："神父们，请让位。请从先贤祠迁走你们的圣人，好让我们在此安葬我们的伟人"（《战斗报》）。贝玑认为，先贤祠"象征君主政体，永远属于民众，是今日仅仅属于共和派，但明日就随需要而变的纪念建筑物"之一，雨果同先贤祠之间的联系，几乎同他与凯旋门的联系一样密切，正如前文已提及的《颂歌》见证道："为了这些已故之人，高高的先贤祠才耸立云霄，这里欢迎他们的亡灵。"不管怎么说，拿破仑修建的凯旋门更符合雨果的品位。他向理查德·莱斯克利德（Richard Lesclide）坦言："凯旋门确实雄伟，我怀疑先贤祠是否曾如此伟大。我的疑问不仅源于先贤祠像一块萨瓦大蛋糕，而且因为这座屋顶、穹顶、三角楣层叠交错的建筑物，没有什么能让我感到惊讶，没有什么能吸引我。"这些反对之辞却都不能成为不将他葬入先贤祠的理由。《号召报》在葬礼结束后刊登的文章，提及他死后的复仇："维克多·雨果已经进入小拿破仑阻止伟人进入的那座先贤祠。"

尽管阿纳道尔·德·拉福热的提议酝酿了很久，但它似乎让政府措手不及。这个提议被宣布为紧急提议之后，阿兰·塔尔热就发表了讲话，以征求雨果家人意见为由，要求推迟讨论。政府由于有言在先，反对将先贤祠世俗化，以避免在此番敏感形势下激发公开的争议，结果还是陷入了困境，政府设法赢得时间。因为堂堂的共和国政府怎能拒绝做路易-菲利普（Louis-Philippe）1830年就已经做过的事情呢？极左翼趁机用雨果家人的论据攻击政府，德拉特尔反驳道："维克多·雨果家族是法国最伟大的家族。"他借此想说只有国家在此事上才最有发言权。右翼没有再引用这个论点，但声称政府实际上是在设法分裂法兰西民族："全法国原本可能聚在一起满怀崇拜之情悼念刚刚辞世的伟大天才。有人不愿意这样做，把人们正在筹备的吊唁活动变成一个政治游行还不够，有人已经使之成为宗教挑衅活动。"第一个回合结束，政府取得胜利，先贤祠世俗化问题被推迟讨论。但问题远没有得到解决。雨果的遗体有可能安葬在某个世俗先贤祠，这无疑加剧了葬礼的变数：此事不仅关乎纪念雨果，而且也是轰动一时地恢复1791年由国民议会倡导的纪念伟人崇拜活动。天主教派受到威胁，他们频繁展开攻击。《寰球报》呼吁在先贤祠组织"一次既是祷告，又是抗议与赎罪的游行活动"，并要求那周正在巴黎举行的天主教代表大会牵头动员"信奉基督教的信众"反对这般亵渎神明的举动。《寰球报》声明坚决反对"自由思想家"，因他们有意"让法国为了这位世俗天才被神化而脱离宗教"，这是在放纵"异教的疯狂邪说"。

　　极左翼呢？他们坚信共和派的共和国不应该错过如此良机。《激进报》声称："诸位国王已拥有过圣德尼大教堂，作为'王后'的民族有权拥有她的先贤祠。"极左翼决心督促政府朝"正确"方向推进。"如果民众根本不理解政府的循规蹈矩，根本不体谅政府的犹豫不决，一时感情冲动，调转灵车直奔先贤祠而去，难道政府敢使用武力阻止吗？政府敢命令部队屠杀护送维克多·雨果灵柩的民众吗？"《红灯报》用略带威胁的口吻如此问道。巴黎的大学生们也不甘落后，于 5 月 23 日星期六进行集会，投票选出一个方案，呼吁政府将雨果的遗体下葬先贤祠。第二天，大学生们从先贤祠出发前往诗人寓所，途中绕到凯旋门，凭吊过世的雨果，以此为他们的言论赋予了行动的力量。

又一个革命日？

在当局被两方压力左右束手无策之际，纪念"流血周"的活动又给有关雨果葬礼的争论增添了新的困局。雨果去世前一周，《战斗报》刊登文章号召读者 24 日星期天去拉雪兹神父公墓。近几年来，一年一度在公社社员墙举行的谒墓活动已经成为第三共和国历史上声势最浩大的反共和国示威活动之一。就 1885 年的纪念活动而言，持强硬立场的阿兰·塔尔热决定修改现行的规章制度，禁止在举行纪念活动期间悬挂红旗。公社此标志长期以来与"人民"有着紧密联系，很显然不仅是"暴乱的象征"，也是煽动内战的标志。作为甘必大的优秀门徒，塔尔热明白要想争取法国人的民心并得到他们的选票，共和国必须与那些可能会制造暴力与动乱之人，或者可能会威胁私人财产安全之人保持距离。因此，当局只能允许红旗在共和国警察的监视下悬挂，在距离选举仅五个月之际更要如此。但革命者并不准备这般放弃他们神圣的象征，冲突仍在持续，余波到举行维克多·雨果葬礼时仍在蔓延。

在拉雪兹神父公墓举行的活动演变成警察和示威者的激烈

对抗，示威者估计有两千到五千人。《战斗报》给报纸头版增加黑框，指责布里松政府对"拉雪兹神父公墓谋杀事件"负有责任，因为有三十多人受伤。

极左翼迫不及待将该事件同雨果的葬礼联系上了："政府刚刚以血浇灌了我们民族诗人的棺椁，杀气腾腾地庆祝了他提前的葬礼。"（《不妥协报》）保皇派报纸也迅速发出警告，并断言无政府主义者"只会单独料理维克多·雨果的葬礼，葬礼将被视为组织示威的借口"。同时媒体还乐于宣称大街小巷很平静，只有共和国的利益受到了威胁，因此得出结论："共和国的蜜月期已经彻底结束"。对共和派阵营，倒霉透顶之事还将发生：在纪念活动和雨果葬礼之间，两位公社前领导人的葬礼在拉雪兹神父公墓举行，这似乎是上天安排的灾祸，平添许多困难。

第一场葬礼是福德克里克·库尔内（Frédéric Cournet）的葬礼，政府竭尽所能机智地施展谋略。政府虽没有对"暴乱标志"作出合法的定义，但对（允许的）会旗和（禁止的）普通旗帜作出区别，对公墓"神圣的"内墙和外部作出界定，示威者在外部应遵守当局设置的安排。近一万名示威者尽管怀着复仇的心理去参加葬礼，但葬礼进展很顺利，直到一群无政府主义者决定从一面黑旗后现身时为止，未发生任何意外事件。[①]另一位公社社员的葬礼在第二天举行，这让共和派阵营极其不

[①] 库尔内的葬礼原则上应该在圣旺公墓举行，那里有库尔内家族购买的墓地。但政府最后又决定将库尔内安葬在一处更临近市中心、更方便的地方。警方报告指出游行示威者认为"当局对库尔内棺椁表现出的尊重在扩散，甚至可以使送葬的人群也不会受到侵犯，无论革命者的态度如何，也无论革命者前一天被禁止悬挂的标志是什么"。在葬礼期间，红旗和黑旗"紧随着棺椁，可以说某种程度上是想得到它的庇护"。

安，但阿穆鲁（Amouroux）的葬礼最终没有发生冲突事件。他生前是议员，可享有军事葬礼的荣誉，但有官方代表团光临，葬礼的战斗性便打了折扣。政府制定的程序得到了遵守。公社社员墙前简短的瞻仰仪式结束后，大约一万五千民众"无比平静地散去了"。尽管这一幕场景让人放心，但右翼报纸仍继续大肆攻击说"血红色的这种落魄，揭开了耻辱和罪行的往事"（《辩论报》），声称于拉雪兹神父公墓事件中感受到"一股新生革命力量"诞生的前兆，"下一个巴黎公社"正在酝酿，这些游行示威活动只是"一次全面的彩排"（《高卢人报》）。

当右翼担心维克多·雨果的葬礼会演变成"新的革命日"时，极左翼已经召开了多次会议进行相关的筹备。警察人员每次都要急忙奔赴这些集会，向极其关注革命者意图的上级递交警示性的报告。不管革命者出于何种动机，是真诚纪念"他们的"雨果，还是报复侮辱过他们的政府，出于宣传的目的利用群众集会获益，极左翼仿佛一心要组织葬礼游行，假如遇到阻拦，就将采取暴力。但是也有反对的声音，建议极左翼不要以任何形式参加葬礼，或因为参加"维克多·雨果这个老偶像"的葬礼没有必要，或更平常是因为无边的民众将反对展示任何社会主义或无政府主义的标志，而且示威者会因为需要警察的救助而受到新的侮辱。这一切活动被警惕性很高的右翼报纸察觉，其建议读者们在葬礼那天待在家里，或者最好去乡下躲一躲，因为"公社要抢夺维克多·雨果的尸体……进而夺取城市"（《高卢人报》）。这种宣传让共和派开始感到不安，共和派担心"红色巴黎"这个形象会影响外省持怀疑态度者的思想。拉雪兹神父公墓两场葬礼过后,《吉尔布拉斯报》撰文指出:"假如这样的动乱一再发生,那需要秩序、和平和工作的法国人民最终将相信……现行体制会将我们引向无政府状态,右翼候选人在即将举行的选举中将会大获全胜。"

然而,公社社员动乱的第一个受害者不是政治家,而是文学家马克西姆·杜康(Maxime Du Camp)。早就有人试探杜康,让他代表法兰西学院在雨果葬礼上致颂词。然而,杜康因仇视巴黎公社而出名,所以在极左翼看来,他没有在葬礼上发言的资格。自雨果逝世后,《战斗报》就发起了反对"无勇无能之徒"的运动。"无勇无能之徒"会"用恶毒的赞颂之辞中伤雨果的躯体,因雨果曾在1871年要求得到在家中接待公社失败者的特殊权利"。社论末尾郑重地发出警告:"我们绝不会……让仅次于梯也尔和麦克-马洪的这个巴黎最恶毒的刽子手在拉雪兹神父公墓发表讲话。如果他胆敢张口,我们就坚决让他闭嘴。"媒体大战得到了巴黎大学生的支持,在拉雪兹神父公墓事件发生的第二天,目的就圆满达到了。在他向《法兰西共和国报》透露实情之前,杜康就声明如果法兰西学院希望如此,他准备回避:"唯一让我有点畏惧之事〔……〕是我将有可能光着头步行跟在灵车后,从凯旋门走到拉雪兹神父公墓的安排。"第二天,杜康告知大家法兰西学院决定把这项棘手的任务交给诗人埃米尔·奥吉埃来完成。

事后不久,政府提出了一项新倡议,让其支持者和反对者都感到意外,围绕神圣问题展开的争论于是转移到新的领域。

为了回应有些人对政府过于瞻前顾后的指责，政府在 5 月 27 日星期三的《政府公报》上颁布两条政令。第一条政令规定"先贤祠恢复其最初的合法用途。值得国民怀念的伟人遗体将葬入先贤祠"。第二条政令明确道："根据 1885 年 5 月 24 日法律有关葬礼的规定，维克多·雨果的遗体将安葬在先贤祠。"政府运用突如其来的政令，而没有按照惯常的议会方式行事，是希望避免司法纠纷的风险和一场艰苦的公开辩论，因为公开辩论只会加剧政治紧张局势。实际上，政府根本无法平息右翼的愤怒，只能部分实现第二个目标，因为反对派动用了质疑权。

攻克先贤祠

在极左翼为"攻克先贤祠"的决定和公社的正当报复欢呼时，天主教报纸却在头版添加黑框，宣称"撒旦取得了胜利"。雨果的国葬已不再"仅仅"是一个世俗葬礼，而是更为严重的事情，因为共和国占有了一座久富象征意义的教堂。《寰球报》指出："我们将撵走上帝，把位子让给雨果先生"。而《十字架报》却煽风点火，声称葬礼可能是"脱离教会的法国因崇拜共济会而疏远"的迹象。先贤祠世俗化趋势之所以显得更触目惊心，是因为人们不仅从中感受到一座教堂世俗化的转变，而且见识到"以异教方式崇敬故人仪式"（《寰球报》)回归的象征，雨果的神化由此开了先河。这种异教仪式将取代基督教，其源于罗伯斯庇尔创立的太上主宰节。第三共和国追随罗伯斯庇尔，"迫使法国接受城镇的宗教，崇尚大众。现代社会的辉煌实际上通过先贤祠具体体现"。一套"宗教节日新体系"正在酝酿中,如同在大革命时期一样,必须付出巨大努力才能阻止世俗潮流蔓延。

富有战斗性的天主教媒体不是唯一反对改变先贤祠用途的媒体,其他媒体诸如《时代报》和《论战报》也都反对。第一个反对的论据关乎当时的政治形势:政府不是将雨果的葬礼搞成一个仪式,让"所有法国人"通过"信仰文学,信仰祖国,崇拜伟人"进而达到思想和感情的一致,而是使之成为没有任何天主教徒参加的"党派游行"。第二个反对的论据关乎未来:鉴于法国人政治热情不稳定,考虑到先贤祠的历史和葬入先贤祠的历史人物,"针对相同的人物,他们的荣誉、侮辱都要可怜地具有连续性",必须承认不太可能存在某种政体能够超越"我们每天日常的无谓争吵",必须崇敬在该政体之前业已存在的政体尊崇的伟人们。最后一个反对的论据源于世人相同的观点,19世纪60年代至19世纪80年代,其产生的根源是一些五花八门的提议,目的是将巴黎的公墓迁往城外。为伟人们建祠堂?主意确实不错,但为什么一定要把祠堂和墓地联系起来?祠堂里塑一尊雕塑或立一块铭牌纪念伟人,可谓是"更崇高、更高尚、更富有精神意义的事情",也是比"举行具体的葬仪"更可取的做法。

先贤祠事件使政府受到议会和参议院两次新的质询。阿尔贝·德门和拉维尼昂男爵指责政府屈从巴黎公社支持者的压力,亵渎圣日内维耶教堂以便为雨果筹备"葬礼的节日"。在将自身置于合法地位之后,政府通过公民教育部部长之口,再次宣称葬礼将不会是"革命日",而是"国家感谢荣耀祖国最优秀儿女的盛大活动"。两次质询都因占数量优势的反对票而遭到否决,雨果遗体安葬在先贤祠,再无任何障碍。

当激烈的辩论还在议会进行之时,政府就采取了必要措施,准备把这座基督教建筑物,改造成世俗教堂。天主教徒们关注着这个亵渎行为的每个阶段。天主教报纸讲述说 5 月 28 日星期四"下午,当数名信徒围绕圣人遗龛祈祷时,几个戴着帽子的人在那里闲逛,大声喧哗。圣水缸水面痰迹斑斑。警察对此不闻不问,态度冷漠,或者确切说对亵圣行为某种程度上已习以为常,说明这伙人根本不信宗教"(《十字架报》)。那天下午,先贤祠没有对公众开放。第二天一大早,"五点半钟的时候,五名受政府委派的工人攀上教堂的三角楣,开始用锯子锯十字架,好拆掉十字架的双臂,然后挥舞镐头以起出十字架的立柱……亵渎宗教建筑物的暴行发生在这个凌晨时刻,几乎没有见证人。从破坏者的作案情况来看,犯下强盗行径的这伙匪徒事先选好了作案时间。共和国效仿巴黎公社完成的这个亵渎行为,使全法国的基督教徒得知消息后都气得发抖"(《寰球报》)。矗立在教堂圆顶上的铁十字架是圣殿基督教历史上的唯一遗物,现在遭损毁引起了人们的广泛注意。《战斗报》在头版刊登文章呼吁"取下十字架",可是十字架太沉重,无法在葬礼举行前及时拆除。① 先贤祠广场上的气氛顿时紧张,警方

---

① 暂时拖延变得遥遥无期。1903 年,政府否决了一项法案,该法案以经济原因为由,要求"取下先贤祠顶上的十字架"。*Journal officiel*, *débats parlementaires*, Chambre des députés, 29 novembre 1903, p. 3005. 故而十字架一直矗立在先贤祠顶上!

和媒体是见证者：自5月29日星期五至5月31日星期天，天主教徒和自由思想家就发生了好几起斗殴事件。但总体来看，本周在巴黎举行的天主教大会宣称国家必须"让自己听到自己的声音，必须要求尊重其信仰与自由"。该声明被解读成呼吁人们进行和平抗议的号召。

寓所变圣地

就在先贤祠这般失去神圣性时，雨果坐落在城市另一端的住所及遗体被一团神圣的光晕包裹其中。雨果刚逝世仅几小时，就出现了最初的迹象："达卢在那儿……做铸模。他打算把头部做成半身胸像……博纳用神来之笔把维克多·雨果临终前的情形绘成一幅精彩画作……最终，灵堂也被纳达尔拍摄了照片"（《吉尔布拉斯报》）。这仅仅是艺术家们的第一波浪潮，报纸上尽是他们的画作与照片，一个围绕国民诗人逝世发展起来的纪念品行业随之诞生。诗人那"漂亮、苍白、冷漠"（《法兰西共和国报》）的面容被极度细致地修饰，为了能把诗人遗体公开陈列于凯旋门，人们已进行了防腐处理。[①] 装饰灵堂的鲜

[①] 防腐处理似乎不成功。在最后一刻，政府决定将雨果遗体入殓后陈放凯旋门，民众极其失望。天主教徒认为，有不容置疑的迹象表明，是上帝拂了雨果面子（《十字架报》）。由于遗体被遮盖，所以就像贵族和上流社会传统所提倡的那样，雨果姓名的起首字母代表遗体。它们不断出现在灵柩台上、星形广场的装饰上、灵柩车上、先贤祠的黑纱上，以至于奥古斯特·瓦凯里参加完葬礼归来后说了这样一句话："圣母院塔顶都是他姓氏的H形状"（Jules Claretie, op. cit. p. 244）。

花是特意从诗人自家花园里采摘而来的,床对面摆放着克雷赞热制作的共和国半身胸像,灵堂变成了亲朋好友叙说共和国情感与家族情谊的圣殿。当然,这样不但能够维持某种亲密关系,而且也许不会破坏在凯旋门公开陈列遗体的效果。诗人去世了,诗人之死使他的寓所立刻名垂千古。十六区区长主动提出使之变为圣地,在给塞纳省省长的信中他写道:"雨果的寓所已经具备神圣特征。如果弃之不用任其成为私产,那就是亵渎圣地"(《法兰西共和国报》)。他得出结论,因而恰当之举便是把该寓所接收为巴黎市的财产。① 应由市议会采取第一个措施,将在巴黎市内确立维克多·雨果纪念标志,在雨果逝世那天市议会便决定把埃洛广场命名为雨果广场,把从埃洛广场到凯旋门的埃洛大街这部分也命名为雨果大街,另一部分在庆祝雨果八十岁诞辰时就已命名为雨果大街了。诗人的寓所目前已经成为全世界的中心。世界各地发来的唁电蜂拥而至,外国政府、最重要机构的唁电名单在媒体上长长地刊出,在众议院和参议院被高声宣读,更强化了这种看法。十六区区长用雄辩的语言概括这种感受时说:"世界刚刚失去了维克多·雨果。在世界上,雨果属于法国。在法国,是巴黎曾经拥有过雨果。在巴黎,是帕西区,这位伟人来此安享光辉一生的最后几年时光"(《吉尔布拉斯报》)。

---

① 1832 年至 1848 年,雨果事实上都生活在位于孚日广场的那幢房子里。巴黎市政府 1873 年买下这幢房子,并于 1903 年改造为维克多·雨果博物馆。

共和国的压轴计划

　　筹备世俗国葬，意味着共和国要给雨果举办的葬礼在任何方面都不逊于近代法国举办过的一切宗教国葬：这是治丧委员会的主要任务。法国不是首次举办世俗国葬，当杜尔凯坦承有意"把这次活动搞成一个真正盛大的活动"，灵感源自"国民公会的盛大庆典，而雨果当之无愧"时，他就已经意识到这一点。[①] 所有的问题只在于如何利用凯旋门和先贤祠，以最充分地彰显共和国雄厚的实力。治丧委员会决定把凯旋门装饰成某种"明亮的灵堂"，遗体将在此陈放一天一夜，让尽可能多的民众来此瞻仰雨果的遗容。委员会采纳了巴黎歌剧院设计师夏尔勒·加尼埃精心装潢凯旋门的建议：按照广场广阔空间的大小设置一个巨大的灵柩台，点缀凯旋门内部，而其余装饰则把象征拿破仑荣耀的此地同人们对逝者的怀念结合起来。[②] 早在两年前的甘必大葬礼上，凯旋门左侧就曾用黑纱搭过一个巨大

[①] 开始时，治丧委员会考虑按照革命者的丧葬传统，制作一些能放在手推车上推着走的、具有寓意的巨幅雕像，由于时间仓促，这种设想被放弃了（*Procès-verbaux des séances de la commission des funérailles de Victor Hugo*, Archives nationales, F1C1 - 187b）。

[②] 有人指责夏尔勒·加尼埃给灵堂增加了一些共济会的象征，如太阳、星星和金合欢叶（《寰球报》）。有这样的象征物存在并不奇怪，或者至少其阐释的意义是如此。两名政府官员，一个是他上司，另一个是内政部部长，就像治丧委员会某些如奥古斯特·瓦凯里那样的成员，也都是共济会的会员。公民教育部部长当时都被认为是共济会的支持者。此外，送殡队伍里有许多共济会会员。意大利共济会的一位代表在先贤祠还发表了一场演说。

的顶篷，同装饰众议院的顶篷很像。广场上竖立的旗杆上悬挂市旗，所有枝形灯柱上的胜利纪念旗被罩上了黑纱，挂上有维克多·雨果作品名称的标语牌。正是这个宏伟计划，与其他任何因素相比，最终决定了葬礼日期的选择。该计划没有预计在29日星期五前完成，遗体的停放仪式必须在星期六上午才能开始，星期日将举行葬礼，在雨果逝世九天后，也就是说外省人和外国人有足够长的时间赶来参加葬礼。路线已经敲定，似乎相当漫长，方便民众参加送葬行列：从凯旋门出发，经香榭丽舍大街及林荫大道一直到共和国广场，最后到达拉雪兹神父公墓。途中在共和国广场作短暂停留，在此期间，歌剧院和戏剧院的合唱团将唱起哀歌。葬礼的音乐监制由卡米尔·圣桑负责，他为诗人八十岁诞辰专门谱写的《维克多·雨果颂》会在凯旋门遗体出殡时演奏。但布里松政府又一次陷入了困难境地。一方面，政府希望给雨果举办"成功的葬礼"，另一方面又担心葬礼过于隆重而具有无法控制的风险，如同几个月前发生的事情那般。1885年2月，朱尔·瓦莱斯的葬礼演变成一场公社社员大游行，导致工人和怀有民族主义思想的大学生多次爆发激烈冲突。因此政府采取的首要措施就是改变葬礼日期，星期天显得太遥远了。如《高卢人报》所言，政府若保留此日期，就"给公社社员留下了组织起来的时间。它将见证成百上千个革命代表团从外国各地蜂拥而至，就像召开某个国际革命全体大会，将给政府招来最严重的麻烦"。

政府增加装饰星形广场的工人人数，他们夜以继日赶工，同时向治丧委员会施加压力，希望将葬礼提前到星期六，这个日子格外合适，因为它是个工作日。但雨果家人和治丧委员会都对这般提前葬礼日期的可能性表示怀疑，怀疑也显得有根据。事实上政府只成功将民众的注意力转移到即将发生的重大事件上。夜间施工现场因为有了"现代奇迹"的电力而被照亮，电力由爱迪生公司无偿输送，"许多人"约在此见面，"被从协和广场都能看见的明亮灯光吸引而来"。终究广场装饰工程未能按时竣工，葬礼不得不推迟到6月1日星期一举行。政府决定借此机会，让剧院停止演出，学校停止上课，政府会给剧院以补偿。总之，政府认为小学生们不会惹是生非，葬礼是他们接受共和国教育的组成部分，[①] 但政府"考虑月初第一天暂停商业活动会导致严重的不良后果"（《吉尔布拉斯报》）而拒绝走得更远，决定不颁布这个星期一为节日的政令。

此外，为了确保葬礼有节制地和平举行，政府没有让治丧委员会确定出殡路线的停留问题。政府不想让送葬队伍走大道，希望棺椁从协和广场出发，经巴黎贵族气息最浓郁的圣日耳曼大街，直驱圣米歇尔大街。政府明显缩短了行程长度，降低了民众动乱的风险，取消了最初考虑途中暂停队伍演奏哀乐这一冒风险的设想。行进路线的改变引起了极左翼媒体的愤怒，其从中察觉到对诗人的背叛。《战斗报》抗议道："他们要经由反动道路把维克多·雨果运送到先贤祠。"政治因素不是政府的决定引起大家愤怒的唯一理由，因为政府的决定还使沿

[①] 雨果葬礼的教育效果不仅仅涉及中小学学生。从1885年开始，《初等小学普通教程》就建议教师以巴黎学生和外省学生开展书信交流活动的形式出作文题 (t. VIII, n°23, 6 juin 1885)。

途大街的商人利用参加葬礼的巨大人群借机大赚一笔的希望落空了。商人有怨言，商会出面交涉，巴黎议员聚集议会开会，最终也没能使政府收回成命，因此原先安排雨果遗体经过雨果心目中又一圣地巴黎圣母院并作短暂停留的设想，现在也不可能实现了。

严控意外发生

　　路线一旦确定，接下来就要管理好游行队伍，为此，希望参加送殡队伍的所有代表团必须提前去市政厅登记。登记是十六区区长的提议，在十六区区政府率先实施，但面对报名人数的迅速增加，密切关注送殡队伍人员构成势在必行，政府决定将登记处迁到一个更合适的地方，采取措施防止任何意外发生。《战斗报》抱怨道："有人问你一大堆问题。你们团体何时组建？成员有多少人？没受到大革命的影响吗？你们团体有一面旗帜，还是有一面会旗？旗子什么颜色？上面有何文字？"发给每个团队负责人的信件表明当局严肃对待红旗的威胁："除了国旗和参加葬礼的外国代表团打出的国旗，任何旗帜均不允许出现在送殡队伍之中。登记时申报过的小旗、花环、纪念品或其他标识均被允许使用。"

　　葬礼安排、送殡队伍顺序、代表团详细名单都刊登于5月31日的《政府公报》上。媒体转载了主要内容，以便让民众能够毫无困难地了解仪式的流程。代表团、社团、协会和各种组织的名单十分可观，已经登记的团体就有一千一百六十八个，其中大部分宣称是共和派或者左翼，还有一个举足轻重的团体：爱国者联盟代表团。① 被允许携带团体标志参加游行的代表团认为，送殡不仅仅是吊唁已故诗人的方式，也是在向祖国致敬，而且是让团体为广大民众所知的绝妙途径。游行队伍的顺序是阿尔方确定的，不符合第一帝国时期于1804年颁布的"地位与席次"顺序，反而同共和国将在1907年采纳的"地位与席次"顺序相符。其主要原则如下："承认民众的至高权力"，"赋予民选团体与其重要性相符的地位"。

除了送殡队伍重要的传统阵容——军政民政当局、代表团队、军队士兵、军乐队，还要考虑逝者的特殊身份，留出一些机动位置给临时参加者。灵车和家族成员是送殡队伍的中心，前有"特使"，他们是雨果家族选定的十二名青年诗人团体、一个来自雨果家乡（贝桑松）的代表团、一个新闻媒体代表团和四个艺术协会团体。

遗体停放凯旋门

遗体停放凯旋门拉开了葬礼的序幕，遗体本该几乎奇迹般

---

① 代表团数量确切分配如下：185个（15.8%）是市镇代表团，161个（13.8%）是音乐、合唱艺术团体，141个（12.1%）是工会、行会和工人协会代表团，128个（11.0%）是（社会主义、激进共和派与民主派）社团和政治组织，122个（10.4%）是学校和教育团体，107个（9.2%）是射击和体操代表团，76个（6.5%）是外国代表团，72个（6.2%）是储金互济会和互助会代表团，61个（5.2%）是自由思想协会，46个（3.9%）是军人、爱国者协会代表团，40个（3.4%）是共济会代表团，29个（2.5%）是其他社团。这些数字并没表明代表团的规模，规模是有变化的。

地在此出现。亲属希望在周六、周日夜里将雨果遗体转移到凯旋门，他们对确切的转移时间保密，希望遗体在寓所尽可能长久地待在亲近的氛围中。但这个计划完全被打乱了。二十个区的区长风闻转移雨果遗体的消息后，立即来到雨果寓所，与雨果家人、密友汇合，唯恐错过了起灵仪式。灵台搭建完成稍显延迟，送殡队伍早上六点钟才能上路。此时，彻夜等候在寓所外面的小群民众已大量增加。送殡队伍出发是雨果逝世以后遗体首次公开出现，舒缓了一周来人们积聚的心理压力。于是在人群"维克多·雨果万岁！"的高喊声中葬礼开始了。但当时谁都没有想到用这个字眼来描述接下来36小时发生在黑色朴实灵柩周围的事情。不是缺乏字词，诽谤葬礼者或雨果敌对者口中都不缺乏，大家对葬礼的本质看法一致，但对葬礼意义意见不一："可耻狂欢""死神之舞""瞎喊乱叫的队伍"（《十字架报》），"丧礼狂欢"（《洛林报》），"嘈杂混乱的人群"（《寰球报》），或"疯子的节日"（《高卢人报》），夹杂着有些人认为"一片混乱"（莱昂·都德）或"狂欢节漫步"（保尔·拉法格），相反另一些人从葬礼中感受到的是"才华与荣耀的节日"（卡米尔·贝勒唐），是"精彩的演出""一次凯旋"（《辩论报》）。

无论用什么词语，葬礼毫无疑问给出席葬礼的人们留下了深刻的印象。雨果同时代人的记忆给我们提供了活生生的证据。因此，莫里斯·哈布瓦赫（Maurice Halbwachs）在专门论述集体记忆的书中讲述道："闯入我童年纷杂记忆的第 1 个事件，就是维克多·雨果的葬礼（我当时 8 岁）。"朱尔·罗曼当时也在人群中："我当时还只是个 6 个月左右的胎儿……我年轻的母亲怀着我，也在人群中站立着，她确实需要勇气，她也觉得这事情很重要。她对我多次讲过当时的情景……我不得不佩服，一个出身农家，如此朴实的年轻妇女已经意识到，她有义务去那儿，有义务安排我拥有这次短暂接触的机会。"葬礼引起的反响也一直传到了上马恩省的瓦雷纳絮拉芒斯村，那里是马塞尔·阿尔朗（Marcel Arland）度过童年之地。"记住雨果这个名字。"当地的药剂师、奥梅先生完美的转世者洛朗先生向他建议道："他过世以后，我们完全可以说天都阴了。人们把他的灵柩安放在巴黎凯旋门底下，有人通宵达旦为他守灵。我当时就在现场，不做祈祷的我，用自己的方式做了祈祷。我们就应该这样来怀念伟人。"接着他对"伟人"这个共和国幻想的创造物作出了自身的定义。此定义距离雨果心目中拿破仑的英雄形象相去甚远："伟人是不为自己着想，而为他人着想的人。伟人引领他人前进，伟人拯救他人的性命。伟人是他人的灵魂，这你懂吗？巴斯德也是一个伟人。"阿尔朗补充说："但我作了选择，我想象整座城市夜里都会守护在灵柩周围。"

年幼的马塞尔·阿尔朗的想法符合现实，只是人们没等夜幕降临就开始了他们的朝圣。那天是星期日，天气晴朗。费尔迪南·格雷格说："潮水般的人群……更密集地一直涌向星形广场的凯旋门。"执勤的"学生团"夜里被即将参加送殡仪式的十二名青年诗人替换。于是，灵柩停放凯旋门，让人们可以追忆雨果一生政治生涯和文学生涯的方方面面。这个隆重场面的另一特征没有躲过罗曼·罗兰的关注："所有人都喝醉了。"《费加罗报》指出葬礼成为"一个真正的集会日"，除了有商贩售卖葡萄酒和食物外，一种新型商贸活动的出现使葬礼变成了一个不折不扣的普通集会。世人崇拜伟人的风气，萌芽时期的大众文化都促生了整个纪念品产业：纪念章，金属小竖琴周围环绕着黄色、紫色或红色的毛绒花圈，雨果站立着的全身画像和临终躺在床上的半身画像，"甚至还有电镀的维克多·雨果肖像领带夹。发明者在媒体'国殇'栏目内刊登这些产品"（朱尔·克拉雷蒂）。有些肖像画上还附有雨果简短的生平简介，强调他的共和派观点与无神论观点，有些肖像画是用一对富有寓意的落泪女子去表现他：她们象征着诗歌女神缪斯和共和国。商贩哼唱的歌谣更加重了这种怪异的氛围。其中一个小贩"哼唱的歌谣是调子单调的抒情歌，歌名叫'天才之死'，小贩在两段的间隙，就卖几样东西"，《吉尔布拉斯报》如此讲述道。"法国人民啊，我们怀念逝去的伟大天才。是的，唯有你的名字是我们的火炬，维克多·雨果啊，我们将歌唱你的荣耀"。这首《爱国歌曲》的叠句这样唱道，其韵脚与雨果在拿破仑骨灰回归时所写的那首短诗《1840年12月15日》韵脚一致，但此时吟唱的是《小孩们的7月14日》的曲调。事实上，大家想起了7月14日的气氛，不久前这天刚被确立为国庆节。这两个庆祝活动还有另一个共同点，游行队伍吸引了巨大的人群，产生了评述雨果葬礼时最常用的隐喻：戏剧化。

送殡路线最后一公布，房东们就开始出租能看见送殡队伍经过的席位，价格由窗口位子几十法郎到阳台位子几千法郎不等。最供不应求的街道是直通先贤祠的苏福洛街。那里的房子"就像首映戏票，真得费一番口舌"（《高卢人报》）。没有钱租到位子或者没有朋友住在送殡路线沿路的人只好另想办法解决问题。"希望我们的阳台不会被咱家人和客人的体重压塌喽。"路易·巴斯德给儿子写信说道。巴斯德的女儿恰好在送殡队伍经过的街上有套位置极佳的公寓。[1] 于是，葬礼那天早上，大家可以看到"不计其数的人夜宿香榭丽舍大街就为了在这条中心大道上占个第一排的位子，同时也有人群大量聚集在协和广场上"。

警察局长在葬礼仪式开始前的报告里写道："一切措施都已采取，旨在拔除革命者试图扯起的旗帜。"政府不想冒任何风险，做好了最坏的准备。波旁宫前的台阶是议员和家眷们的看台。波旁宫、卢森堡宫、爱丽舍宫和内政部都被置于龙骑兵的保护下。送殡队伍经过的不同地段也都集结着部队，待命以应对突发事件。巴黎卫戍部队官兵的假期统统被取消，总体印象便是"治安措施已经完全到位"（《寰球报》）。要想顺着送殡路线自由行走，必须"穿制服或礼服"，要携带"通行证、流动卡或者盖印戳的证件"等众多证件中的任何一种，没有证件被逮捕之人立即定为嫌疑犯（《人民呼声报》）。现代监控人民的

---

[1] Louis Pasteur, *Correspondance 1840 – 1895*, Paris, Flammarion, 1951, t. IV, 1885 – 1895, p. 20.

手段在这个时候大显神通,但不是没有好处:"当局大大限制和缩小了范围,激情在此必须受到抑制,政府稳稳地控制了热情,他们本担心将见证热情恶化为不满"(《人民呼声报》)。阿兰·塔尔热和总统都没有出席送殡仪式,这点就意味深长:如果朱尔·格雷维缺席葬礼可以解释为礼节原因,或者敌视这位民族诗人①,那么这两个人都待在办公室似乎就是惧怕聚集在一起的民众。他俩一个想更加严厉地控制民众,一个想完全逃避民众。

动员整个国家机器打击一小撮激进分子,事过之后看似乎很可笑,但在当时危险似乎确实存在。如果事态发生恶化,会大大损害共和国的声誉。事实上,送殡队伍在行进过程中没有出现一丁点"煽动性的标志",当天的活动顺利结束,没有发生任何严重事件。《政府公报》结束简练的葬礼汇报时,带着一丝满意之情:"在此次隆重葬礼的整个过程中,最完美的秩序一直存在。"葬礼一结束,阿兰·塔尔热就给各警察局局长发出电报,电报流露出他轻松的心情:"维克多·雨果的葬礼结束了,当时人山人海,民众态度恭敬而沉重,并无任何骚乱。"他没有夸大其词。17面红黑色旗帜甚至在还没展开时就被没收,人们能够看见的唯一一面红旗是那些"1851年被流放之人"的红旗,它被获准可以使用,但"必须遵循的明确条

---

① 雨果八十一岁生日时,朱尔·格雷维宣布:"我不喜欢维克多·雨果。雨果是法国人品位最恶劣的败坏者之一。他于词语中、于反衬手法中寻求效果,而非在观点中。" Bernard Lavergne, *Les Deux Présidence de Jules Grévy*, Paris, Fischbacher, 1966, p. 134.

件是旗杆上方得挂一条三色飘带和一条黑纱巾"。

送殡队伍穿过巴黎

上午 10 点半，在荣军院另一处唤起人们对拿破仑的回忆之地，21 响礼炮发射，葬礼仪式正式在炮声中拉开帷幕。整个葬礼期间，礼炮每隔半小时鸣放 1 次，不仅是向诗人致以军礼，同时或许是提醒试图忘记之人，军队也在严阵以待。礼炮停止鸣放后，开始致悼词。先后致悼词的总共有 19 位。政府代表、大省代表和巴黎市代表被安排在凯旋门队伍开始出发时祝悼词，艺术团体代表、外国机构代表或者地位次一等的显要人士则在先贤祠祝悼词。埃米尔·奥吉埃肯定说："我们不是参加葬礼，而是参加祭奠仪式。"弗洛盖更高调指出："这是神化的仪式。"在先贤祠，我们听见悼词代表说："这个葬礼仪式比任何葬礼都辉煌、都隆重、都成功。"他们赞扬雨果的文学素养和热爱共和国的品质，这个人"既超脱了我们的情感，也超脱了我们的论争"（勒内·戈布莱）。于是，雨果转变成民族的象征，转变成继 1870 年军事失利受辱后法兰西荣耀的代表人物。勒内·戈布莱在他演讲之初就自豪地宣称说："全世界都在纪念维克多·雨果，但他却属于法兰西。无论他的才华具有怎样的普遍性，他首先是我们法兰西公民。他来自我们当中，成长于我们的传统、我们的种族……当然骄傲的法国也将从他身上获利。法国因为他而光荣，今天为他举行国葬也使法国自身名扬天下。"朱尔·克拉雷蒂表达了同样的情感,并指出:"是文学与艺术,是小说,是历史进一步确保我国在世界上的霸主地位。"①

漫长的送殡队伍于上午十一点三十分从凯旋门出发,十九点才到达先贤祠。共和国卫队最后一支分队压后。行程因沿途好几处纪念性场景而变得节奏分明:埃克高尔·勒梅尔创作的象征永垂不朽的巨幅寓意性雕像,竖立在工业展览馆门前;民众涌上圣日耳曼大街,一天工夫便改变了街道的面貌;雨果的巨幅坐像安放在索福洛街口,雨果仿佛凝视着先贤祠。应形势需要,先贤祠披挂上长幅黑纱,黑纱悬吊在第二个灵堂上方,旨在再次营造出凯旋门阴郁的氛围。

军队特别是法国陆军的出现,几乎成功地转移了人们对"穷人灵车"的关注。一路上,军队将领和队伍受到了热烈的欢呼迎接。《法兰西共和国报》肯定道:"这是巴黎人民在欢迎另一部分人民,他们在部队为法兰西服务。"并解释说:"人人服兵役和全民自由的进步已收获团结,团结是法兰西共和国和法兰西民族最坚实的基础。"如贝玑宣称,这或许也是为何人民总是要求"军队多搞一些只有军队才能搞的大阅兵活动"。实际上,这两种说法相互并不抵触。先贤祠当时是法国社会各阶层最神圣的价值观存放地,社会各界团结一致希望复仇,尤其是一支真正的民族军队建立以后,他们体现了爱国情感,

---

① 所有演讲都在《政府公报》上转载(Journal officiel, 2et 5 juin, pp. 2810-2818 et 2859)。

7月14日阅兵就为爱国情感的公开释放提供了机会。[1] 将有一天，法兰西的荣耀不再只局限于艺术领域。

发言结束了，仪式继续在先贤祠内进行，不可能不引人注意。陪伴雨果灵柩及亲朋好友进入先贤祠的有一群众议员、参议员和其他不想错过这个特殊时刻的名流们。灵柩被送入先贤祠地下墓室。14年以后，乔治·罗丹巴施描述灵柩在地下墓室的位置时说："灵柩一直处于临时位置，滞留在支架上……周围摆放着以前的花圈、鲜花和花束，全都皱缩干瘪了，干枯，颜色暗淡。绶带已褪色发白，过道里的题词、硬纸板做的竖琴已经散架，玫瑰的残花以及残花枝也已散落。"

但先贤祠的仪式并非"庆典"的结束，"朝圣还在继续"，《号召报》在6月4日的报纸中如此指出："吊唁活动只是换了地方，先贤祠接替了凯旋门……两万多人涌向先贤祠，导致先贤祠栅栏门被关闭……整个区都热闹非凡。民众往南到索弗洛街，在圣米歇尔大道喷水池前竖立的维克多·雨果雕像前停下脱帽致哀。有关维克多·雨果的小册子、照片、纪念章、素描画、首饰不计其数地销售。人们像购买珍贵纪念品一样，凡是有雨果名字的一切东西都被争相购买。"

---

[1] 参见 Raoul Girardel, *La société militaire dans la France contemporaine*, Paris, Plon, 1952, et *Le Nationalisme français*, *1870－1914*, Paris, A. Colin, collection U, 1966, rééd., Paris, Éd. du Seuil, 1983.

护送之评

葬礼过去好几天了，但一直居于各家报纸的头版头条，报社不厌其烦地报道葬礼，并试图探讨此事的意义。没有人意识到葬礼和平举行达到前所未有的重要意义。每个人都赞同安德烈·贝尔索尔曾表达的情感："我从没见过死亡气氛如此淡薄的葬礼。"此外，该观点受到赞同，还因葬礼没有完全脱离神圣领域，只是将之易位而已。天主教徒声称，无上帝的葬礼不能算名副其实的葬礼，共和派人士的做法更为不堪：他们欠缺之处是"不尊重死亡和死者。维克多·雨果成为维系每个人获取欢乐或者获得利益的铆钉"。葬礼是地道的渎圣行为："游行没有灵魂，喧哗不带思想，庸俗作秀，粉饰着愚蠢的异教徒们。"对其无耻下流，《十字架报》再一次剖析根源："如娼妓一般的智慧女神被一具尸体所取代"，人们竟然兴高采烈，围着尸体"又鼓掌又跳舞"。当《十字架报》以"我们要消灭偶像！"的战斗口吻结束全文，《寰球报》则对崇拜伟人会彻底失败显得更有信心："一个没有祷告声的先贤祠，仅仅是一座博物馆。如果好奇心强烈之人不再光临，天神雨果就将失业。"右翼反对派承认葬礼没有演变成"革命日"，宣称宁愿"与公开暴乱抗争……也绝不放任大家被革命思想所侵蚀"。而《高卢人报》的结论是："我们恰好处在这个当口。"

在政界方面，保尔·拉法格谴责葬礼的言辞相当接近天主教徒们的观点。他确信葬礼"与人们崇拜的死者身份不仅相符，也与护送遗体的阶级身份相符"。葬礼的商业气氛过于浓厚，"无数民众既不哀悼死者，也不怀念作家"，而是"对时机与场面表示满意"。极左翼的其他批评声"缓和"得多。于是《人民之声报》竟自豪地写道："人群中有穿长工作服的，有戴鸭舌帽的，有穿短工作衣的，也有穿工作裤的，他们是真正的巴黎人民，前来向伟大诗人的遗体致以最崇高的敬意。"除了表明阶级觉悟外，极左翼和共和派人士都深信，葬礼不是也不可能成为别的活动，而只能是一个节日："他的灵柩从人群中经过时，人们没有必要撕破自己的衣裳表示哀悼，每个人脸上体现的将不会是悲伤，而更多洋溢着隐秘的喜悦，一个掌握自己命运的自由民族，悼念天才散发的喜悦。而在从前，要悼念就只能悼念独裁统治者"（《战斗报》）。

"成功的葬礼"不仅表明雨果深受人民的爱戴，而且也向共和派人士表明，人民是如何随时准备参加共和派组织的庆典，尤其是悼念伟人的活动。甘必大的合作伙伴欧也尼·斯皮莱在葬礼后胜利地宣称："现在，共和国组织的庆典拥有百万民众作为观众，与 15 世纪罗马天主教节日吸引的朝圣者人数几乎不相上下。"[1]《法兰西共和报》也宣布葬礼标志着一个新纪元的开始："我们感受到人群饱含深厚的情感，他们怀着新理想，憧憬着新未来。有意思考此问题的哲学家们将会思索，他们为何这般郑重热切地参加这场没有宗教色彩，只在虔诚悼

---

[1] Edmond et Jules de Goncourt, *Journal*, 1879 – 1890, Paris, Fasquelle—Flammarion, 1956, t. III, p. 459.

念无私服务祖国、全心荣耀全人类之伟人的葬礼。一个巨大变革正在民众的意识里酝酿。古老祭礼的神父们正密切关注着这个变革！"欧也尼·斯皮莱不是唯一将崇拜雨果与天主教教理相提并论的人。共和派有关崇拜伟人的言论受到基督教观点的影响，有助于表达民众对死得光荣者的崇敬之情。朱尔·克拉雷蒂在悼词里把雨果说成个"使徒"。《吉尔布拉斯报》认为，他的坟墓已经成为"祭坛"。《电信报》在一段文字里把他的葬礼比作"升天"，文中还充满悖论地肯定说葬礼证明共和国没有教会的协助，照样有能力歌颂共和国的英雄人物："此次无与伦比的共和国活动是一次哲学盛会。遭遗弃的宗教信仰不复存在！神父们也被驱逐了！这具尸体和创世奥秘之间，不存在宗教这个媒介了。万古流芳的死者与深不可测的无限直面相对了！"如此语言使雨果变成了一个基督徒，其死亡不应视为人类的失败，确切而言应看作实现被期待许久的救世之胜利、实现民族统一之胜利。英雄的牺牲促成了人民的团结，就像部落在代人受过者逝世时，会颂扬整个部落一般。[①]"这是整个法兰西、巴黎人以及我们所有省份的代表，这是被此次非宗教祭祀活动人格化了的祖国，护送着《惩罚集》与《世纪传奇》不朽作者的遗体走过巴黎……一支庞大的送葬队伍在国歌声中徐徐行进，目睹这个场面的人认为，人群中既不存在社会阶层，也没有了政治派系，分歧在某些时刻消失了。"（《法兰西共和国报》）在某些共和派人士心目中，这种大喜大乐的状态类似于象

[①] 参见 René Girard, *La Violence et le sacré*, Paris, Grasset, coll. « Pluriel », 1982.

征国家统一、新纪元开始的 1790 年联邦节的氛围。于是，雨果的葬礼具有双重功绩的历史意义，可以将其视为共和国新秩序的开始，也可以将其载入温和共和派久远的传统路线中。《吉尔布拉斯报》肯定道，人民甩掉宗教存在已久的压力，在寻求新宗教和新信仰："人民在无个性的 7 月 14 日国庆节，然后在甘必大葬礼上已开始寻找。但这两个活动现在和曾经都只具有纯粹的政治特色。相反，崇拜维克多·雨果能得到民众的广泛理解。"

事件的现代性

于是雨果葬礼创造了一个神秘空间，在这个空间中，政治的紧张形势似乎暂时缓和了。莱昂·都德在回忆葬礼及其新颖性时，喜爱揭露共和国的"神秘性"，指出"遗体的政治开发是共和派的一个传统"。巴雷斯在《背井离乡者》一书中毫无讽刺之意将一篇文章命名为《遗体的社会美德》，他在此指出其他概念也可以融入这个神圣空间："从协和广场一直到距离灵台二百米处，人群潮水般涌向惊恐的马匹，为创造了一个天神而欣喜若狂。"在小说主人公向巴雷斯"大地与逝者"超民族主义和反共和主张皈依的过程中，这个场面起着决定性的作用。弗朗索瓦·斯图雷尔是离开故乡洛林来巴黎成名的七个"背井离乡者"之一。当他正在考虑应不应该去警察局告发自己的两个同伴杀害了一名漂亮的亚美尼亚女孩，这个夜晚的星形广场使他发现，深刻的联系把所有法国人凝聚在一起共同缅怀诗人,于是他决定不背叛自己的同胞。无论那两个同胞的行为多么卑劣,他们都属于永恒的法国,而那个亚美尼亚女孩则与法国非亲非故,因而她的死亡不应该促使他去削弱这种"民族元气"。第二天的葬礼仪式更使斯图雷尔坚信他的新信念:"整整一天与组织有序的法国,与民选政权,与著名人士,与各种行会一同行走,使他辨认出那巨大的源头,而他的生命只不过是其中的一个小波浪。"《不妥协报》就把葬礼看作一项国际性活动,葬礼有助于"加强各国人民间的友谊"。但巴雷斯借机指出,由于各民族的独特性,这样的友谊不可能存在。共和派组织的庆典竟促使巴雷斯的主人公拥护反共和派的主张,此悖论清楚地表明官方讲演者的发言根本没有详尽挖掘国庆节全部的意义。这样的活动其实从来都不是一元性的,有时候会出现的形式——夜间的火炬、士兵的钢盔、人群的私语——所具有的重要性超过了演讲的内容。保尔·戴鲁雷德是爱国者联盟的负责人,在希望将一个德国社会主义代表团排除于送殡队伍之外,他率领爱国者联盟的大型代表团参加了送殡活动。后来他在联盟报纸《红旗报》上写道:"我们的民族过去是一个名副其实的民族,像任何一个不愿消亡的人类团体一样,我们热爱自己、为自己而自豪、爱自己胜过爱他人。"于他,如对巴雷斯而言,这是一个令人鼓舞的迹象:祖国团结在诗人灵柩周围,部队也积极参加了,祖国做好了复仇的准备。夺回巴雷斯书中背井离乡者故乡的失地只是时间问题。民族主义报纸《联盟报》声称,先贤祠大门本应再次向雨果关闭,只会向这样的伟人再次敞开:伟人本会"以向民众要求不朽作为交换,将丧失的省份索回归还民众。昨天，我们曾热泪盈眶、心怀希望向这些失地的省旗致敬"。这个任务马上将交给布朗热将军，他优雅的身影已频频在政界亮相。①

有关葬礼的说法无论多么矛盾，从诸多描述中脱颖而出的真正英雄并不是维克多·雨果，而是广大群众。② 现代都市的这种新现象，根据瓦尔特·本雅明的分析，波德莱尔将之比作"一个电能库"③，这已经引起大多数评论家的注意，他们为群众的规模和行为而着迷：这两个概念在当时人们的思想里是不兼容的。参加葬礼的人数到底有多少呢？据估计有一两百万人，其中许多是外省人和外国人，他们挤满火车来到目的地巴黎，住满首都旅馆所有的客房。即使承认最低估计数字更接近现实，人们仍然能理解观察员们面对参加葬礼人群"前所未有、如此之多"流露出的惊讶心情，如果我们想到此人数将近巴黎人口三分之一的话。④ 但最令人意外之处，与大家对群众举止持有的看法相左的，"就是群众人数虽数不胜数，但没有发生一丁点的骚乱"。群众的冷静令人印象如此深刻，以至于

---

① 布朗热将军即将在 1885 年 10 月选举产生的内阁担任陆军部长。实际上，福煦元帅于 1929 年有幸获得爱国者的承认，他的遗体曾陈放凯旋门，并安葬在荣军院。
② 参见 Susanna Barrows, *Distorting Mirrors*, *Visions of the Crowd in Late 19th Century France*, New Haven, Yale University Press, 1981, et Serge Moscovici, *L'Âge des foules*, Paris, Fayard, 1981.
③ Walter Benjamin, *Œuvres*, vol. II, *Poésie et révolution*, Paris, Denoël, 1971, p. 251.
④ 参见 Louis Chevallier, *La Formation de la population parisienne au XIXe siècle*, Paris, P.U.F., 1950, tableau p. 284.

《号召报》将雨果灵柩穿过"人山人海"与摩西带领人民穿越红海的奇迹相提并论。在《群众与权力》一书中,艾利亚斯·卡内蒂(Elias Canetti)把这种类型的民众描绘成"开放的民众……自由地放任自我天性发展",他认为这是现代都市人口增长的成果。但他从中也察觉到无时间性现象的征兆:一种新型崇拜兴起,它在反抗旧的崇拜,后者隔离于一个封闭空间,封闭空间始终限制参加某个典礼的人数,会产生排除的感觉。大革命的那些节日表明民众普遍喜欢露天开阔的空间,与教堂内部或教堂外广场有限的空间形成对比。[1] 雨果葬礼被纳入相同趋势之中,因为在任何时刻葬礼都没有在封闭场所举行。行走在灵车后面不是雨果家族唯一的特权,不是某些社团的特权,而是三十万到八十万群众的特权。尽管当局要控制各代表团的身份以及他们佩戴的标志,参加送葬队伍的广大群众与围观群众根本上没有区别。正如贝玑在另一场合所言:"主要是他们,是人民在经过、在游行,人民在围观他们经过、他们游行,人民在观看着自我经过、游行。"[2] 由此产生的葬礼平等的意义没有躲过观察家们的眼睛。于是,德·沃居埃也被庆典期间个别群众汇成人群这一现象所吸引,认为他们组成了"一个集体智囊团,在这个智囊团里,存在着一种明确的想法;孤立个体不能完全理解它,联合起来就可以完全理解了"[3]。这个群

---

[1] 参见 Mona Ozouf, *La Fête révolutionnaire*, *1789-1799*, Paris, Gallimard, 1976, chap. Ⅵ.

[2] Ch. Péguy, *Œuvres en prose*, 1898-1908, *op. cit.*, t. Ⅰ, p. 815.

[3] E.-M. de Vogüé, *Spectacles contemporains*, Paris, A. Colin, 1891, p. 124.

体颂扬"既有人类天才的王权又有他自己的王权",这两种因素从表面上看是矛盾的,却都代表着一种不承认其他权威只承认自身权威的新生民主力量。沃居埃把它与纪尧姆一世葬礼时展现的军事实力、阶级实力作了对比,不无担忧地声明他比较喜欢第一种实力,"因为包含着人类所向往的理想",即自由。但是倘若没有"强有力的约束",这种力量有可能变得不仅对自身十分危险,对他人也极其危险。弗里德里希·尼采当时在尼斯逗留,他的判断显得更为明确。看到大批素质低下之人涌入欧洲,尼采心里对这一场景充满了恐惧,谴责"落入愚昧与庸俗境地的法国……给维克多·雨果举行葬礼时,法国陷入各种低级趣味、得意自满的真正狂欢里"[1]。

从此以后,法国和巴黎市有规律地每隔一段时间举行一次维克多·雨果生卒纪念活动。1902年,德雷福斯事件的余波还在回荡,当局就在先贤祠组织了一次所有国家重要机构人员参加的盛大的封闭式纪念活动,以演讲、音乐和朗诵雨果诗歌的方式缅怀诗人,他"曾经捍卫由正义与友善构成的共和国理想"(乔治·莱格语)。巴黎市议会认为有必要在孚日广场举办一场更亲民的露天纪念活动。因维克多·雨果的寓所就坐落在孚日广场,一年以后就该对外开放了。此次活动最精彩的一幕是给一座"大师"雕像加冕,并由人民这一缪斯在古斯塔夫·夏庞蒂埃的领导下完成。夏庞蒂埃是作曲家,四年前就曾主持

---

[1] Frédéric Nietzsche, *Par-delà le bien et le mal*, Paris, 10-18, 1968, p. 199.

过纪念米什莱生辰的同类活动。1902年以后，曾先后组织过1935年、1952年纪念活动。路易·阿拉贡借1952年纪念活动之机，再次提到了对雨果的马克思主义思想的评价问题。[①] 当时正值冷战时期，阿拉贡选择强调诗人思想的国际主义特征，即体现"和平机遇"的特征。在雨果去世后不久，厄内斯特·勒南就这样问道："1985年纪念维克多·雨果先生忌辰一百周年时，会发生什么事情呢？"这个问题仍然没有答案。

附录

第三共和国时期国家操办的葬礼清单

本清单包括国葬、由国家出资举办的葬礼、遗体迁入先贤祠或荣军院的迁葬仪式。我们只统计了共和派取得彻底胜利之后，即1877年10月选举后，而且在道德秩序瓦解后的葬礼。

1878年	克洛德·贝尔纳
	丹费尔-罗什洛上校
1880年	阿道夫·克雷米厄
	艾马尔将军
1881年	克兰尚将军
1882年	路易·布朗
1883年	莱昂·甘必大（国葬）

[①] Louis Aragon, « Hugo vivant », *Europe*, février-mars 1952, n° 74–75, p. 245.

	商齐将军
	亨利·马丁
1885 年	维克多·雨果（国葬，先贤祠）
	库尔贝上校
1887 年	保尔·贝尔
1889 年	饶勒斯海军中将
	欧也尼·谢弗勒尔
	博丹、马索、拉扎尔·卡尔诺、拉图尔·多维涅（先贤祠）
	费代尔布将军
1891 年	朱尔·格雷维
1892 年	埃尔奈斯特·勒南
1893 年	朱尔·费里
	麦克-马洪元帅（荣军院）
	夏尔勒·古诺
1894 年	萨迪·卡尔诺（国葬，先贤祠）
	奥古斯特·布尔多
1895 年	康罗贝尔元帅（荣军院）
	阿尔贝·马丁
	路易·巴斯德（国葬）
1896 年	朱尔·西蒙
1897 年	阿尔芒·卢梭
1899 年	菲利克斯·福尔（国葬）
1902 年	诺埃尔·巴莱

	阿尔努将军（荣军院）
1904 年	拉图尔·多维涅遗体心脏（荣军院）
1905 年	皮埃尔·萨沃尔良·德·布拉扎
1907 年	马尔瑟兰·贝特洛及贝特洛夫人（国葬，先贤祠）
1908 年	埃米尔·左拉（先贤祠）
	让·居约-德塞涅
1911 年	布兰将军
	贝尔托将军
1912 年	亨利·布里松
1913 年	阿尔弗雷德·皮卡尔
1914 年	皮卡尔将军
1915 年	鲁热·德·李斯勒（荣军院）
1916 年	加列尼将军
1920 年	无名战士（凯旋门）、甘必大之心（先贤祠）
1921 年	卡米尔·圣桑
1922 年	保尔·德夏内尔
1923 年	泰奥菲尔·德尔卡塞
	莫努里元帅（荣军院）
	皮埃尔·洛蒂
	夏尔勒·德·弗雷西奈
	莫里斯·巴雷斯
1924 年	阿纳道尔·法朗士
	加布里埃尔·福雷

	让·饶勒斯（先贤祠）
1925 年	克雷芒·阿代尔
	勒内·维维亚尼
	莱昂·布儒瓦
	朱尔·梅利纳
1928 年	法约勒元帅（国葬，荣军院）
1929 年	萨拉伊将军（荣军院）
	福煦元帅（国葬，荣军院）
1931 年	霞飞元帅（国葬）
	第一次世界大战期间指挥战斗的元帅们、将军们、上将们（荣军院）
1932 年	安德烈·马奇诺（国葬）
	阿里斯蒂德·布里昂（国葬）
	保尔·杜梅（国葬）
1933 年	乔治·莱格（国葬）
	保尔·潘勒韦（国葬，先贤祠）
	艾米尔·鲁克斯（国葬）
1934 年	杜巴伊将军
	皮埃尔·帕基耶及战友们
	利奥泰元帅（国葬，1961 年迁葬荣军院）
	路易·巴尔图（国葬）
	雷蒙·普恩加来（国葬）
1935 年	爱都瓦·勒纳尔及战友们
	菲利普·马尔孔布

1936 年	让·沙可和"为什么不？"船组船员
1937 年	加斯东·杜梅格（国葬）
1938 年	维勒瑞夫事故受害者（弹药爆炸）
1940 年	爱德华·布朗利

致谢

我要衷心感谢莫里斯·阿居隆、克里斯蒂安·阿玛尔、林·亨特、帕斯卡尔·欧利、莫娜·奥祖夫，感谢他们对我研究的指导和鼓励。我要特别感谢皮埃尔·诺拉，感谢他在这篇最初用英语写作的文章酝酿、成形、写作过程中提供的帮助。

参考资料

此研究主要以三种参考资料为支撑：报刊、档案、纪念文章和回忆录。为简便起见，我们在此对参考资料作一归类：

报刊

我们系统地、仔细地查阅过 1885 年 5—6 月间出版的下列报纸：《战斗报》《人民之声报》《十字架报》《费加罗报》《吉尔布拉斯报》《高卢人报》《不妥协报》《辩论报》《政府公报》《正义报》《红灯报》《激进报》《号召报》《法兰西共和国报》《时代报》《寰球报》。

档案

警察局档案:Ba 类 74,Ba 类 95,Ba 类 884
雨果之家图书馆:葬礼资料
国家档案:F1C1‑187b
塞纳省档案:VK^{3}84

纪念文章和回忆录

Marcel Arland, *Terre natale*, Paris, Gallimard, 1938.

Maurice Barrès, *Les Déracinés*, Paris, Plon, 1922.

André Bellessort, *Victor Hugo*, Paris, Perrin, 1951.

Jules Claretie, *La Vie à Paris. 1885*, Paris, Havard, s. d.

Léon Daudet, *Souvenirs littéraires*, Paris, Grasset, 1968.

Edmond et Jules de Goncourt, *Journal*, *1879‑1890*, Paris, Fasquelle-Flammarion, t. Ⅲ, 1956.

Fernand Gregh, *Études sur Victor Hugo*, Paris, Charpentier, 1905.

Maurice Halbwachs, *La Mémoire collective*, Paris, P. U. F., 1950.

Paul Lafargue, *La Légende de Victor Hugo*, Paris, Jacques, 1902(réimpression).

Richard Lesclide, *Propos de table de Victor Hugo*, Paris,

Dentu, 1885.

Mme Richard Lesclide, « Le dernier anniversaire et la mort de Victor Hugo », *Les Annales politiques et littéraires*, 25 mai 1935.

Georges Leygues, ministre de l'Instruction publique, « circulaire » citée in *Les Fêtes du Centenaire de Victor Hugo*, Paris, 1902.

Charles Péguy, *Œuvres en prose*, Paris, Gallimard, Bibl. de la Pléiade, t. Ⅰ et Ⅱ, 1957.

Georges Rodenbach, *L'Élite*, Paris, Charpentier, 1899.

Romain Rolland, « Le Vieux Orphée », *Europe*, février-mars 1952, n°74 - 75.

Jules Romains, *Amitiés et rencontres*, Paris, Flammarion, 1970.

Eugène Melchior de Vogüé, *Spectacles contemporains*, Paris, A. Collin, 1891.

Le centenaire de la Révolution française

法国大革命百年纪念

帕斯卡尔·奥雷　*Pascal　Ory*

唐　毅译

　　法国注定为1789年大革命的百年纪念举行活动。显而易见，当时的执政者需要这一遗产。而且，这样一个周年纪念日在舆论中必然引起的震撼状况，也为历史学家提供了极为丰富的素材。纪念活动持续一整年，其复杂的主题——纪念，使得对它的研究无穷无尽。本文不仅要分析百年纪念，更要借此机会一瞥该时期共和派纪念活动的运作机制，他们结合历法和政权的力量，利用百年纪念的一切资源①。

　　考虑到政治背景，我们也应注意，在布朗热主义风潮中标

---

① 我们认为，百年纪念仅仅构成当年纪念进程的一部分，它是安妮·菲利普 (Annie Philippe) 在国立文献学院 (École des chartes) 的论文题目（参见 *Bibliothèque de l'École des chartes*, Positions des thèses, 1981, pp. 213 - 223）。

榜着"共和传统"[1]的人所面临的挑战。确切来说，这一风潮在年初的 1 月 27 日巴黎部分选举之时达到顶峰。况且，在此征兆下，这一开放年份实际上是执政多数派得以延续并彻底恢复平静的一年。这主要归功于，在面对修正主义同盟的混杂局面时，自费里（Ferry）至克雷孟梭（Clemenceau）的执政都遵循着"共和规章"的效力。1887 年，共和党人已经展示出克服第一次严重内部危机的能力，在共和国总统官邸，在一位伟人缺席的情况下，选出一个伟大的名字，赋予其一项纪念仪式的艰巨任务。[2] 在恢复单名投票选举之后，2 月 21 日，蒂拉尔（Tirard）政府发动反击，中右翼阵营以支持博览会精神[3]之名表现出的平静，与高效的康斯坦借助国家政权手段的强力复苏，微妙地混杂在一起。人们不会忘记一系列直接牵涉政治的事件强化了当年的纪念活动。百年纪念的最后一场公众游行安排在 9 月 21 日，这绝非偶然。当晚是国民议会首轮选举前夕，共和党将在这场选举中大胜其对手。

这一政治成果导致了同样的回忆产物吗？对这些阵营来说，阐述其观点的时机再好不过了。然而，值得注意的是，在修正主义者和共和党人之间似乎并未就此产生分歧，前者表示

---

[1] 关于这一概念引出的问题，参见 Odile Rudelle, *La Notion de tradition républicaine dans les années 1938 - 1939*, rapport multigraphié pour le colloque Daladier, F.N.S.P., 1975.

[2] 仅 1888 年，就有不少于 6 部关于拉扎尔·卡诺（Lazare Carnot）及其家族的著作。为免赘述，需要说明的是，伊波利特·卡诺（Hippolyte Carnot）及其子萨迪（Sadi）先后担任法国大革命史学会的主席。

[3] 在 23 日委员会主席的授职讲话中，这一"大度、包容和睿智的"政策与"世界博览会的成功"之间具有明显的联系。

无法依赖于一段由阿尔贝·德曼伯爵（comte Albert de Mun）和乔治·拉盖尔（Georges Laguerre）共同缔造的历史。在（19世纪）70年代的两位老对手之间，围绕回忆纪念的交锋具有戏剧性。另外，在他们之间，主要贯穿着三种极不均衡的纪念形式：历史文献、纪念性建筑和纪念仪式。对于每种形式，尽管共和党人的概括有细微差别，甚至存在分歧，但还是比其对手技高一筹。而其对手则必然采取守势，并将遭受百年纪念博览会的决定性一击。

知识

阿尔贝·索雷尔（Albert Sorel）预言："将会有一个百年纪念的图书馆"[①]，其中收藏了关于纪念日的各种作品。为了不留传于后世，他还弄混了这些忽略文献版本的评论以及丰富多样的通俗文学。在这方面，很显然一大批人都是1789年的继承者。

这就是文化史的贡献，它重视历史文献形式的整体；而在这方面，思想史教导说，最近25年为伊波利特·泰纳（Hippolyte Taine）的对立性重读所主宰[②]。《当代法国的起源》第4卷于

[①] *Le Temps*, 30 octobre 1889.
[②] 此外，这一年以2月21日勒南（Renan）在朱尔·克拉雷蒂（Jules Claretie）加入法兰西学院的仪式上的讲话为起点而展开。这次讲话是对百年纪念的抨击——"没有什么比让现时生活遵照过往的节奏更糟糕的，尽管过往是不同凡响的"；也是对其价值观的抨击——"一个信条在一百年间耗尽一个民族，它名不副实"。不过，这一切都夹杂着对作者的习惯性怀疑的温和态度（*Le Temps*, 22 février 1889）。

1884年11月面世。它终结了自说自话式的大革命叙述。此后，随着《现代制度》（1887年2月至1890年5月）第1卷里著名的《两个世界的杂志》发表，评论性的新闻明显增多。众所周知，虽然这座建筑未能如期完工，但其反革命用途早已被利用，正如一些人（如爱德华·古米［Édouard Goumy］、费尔内耶［Th. Ferneuil］）和另一些人（如阿方斯·奥拉尔［Alphonse Aulard］）的参考文献所证实的那样，也正如勒普莱（Le Play）成立的社会经济学会与联盟代表会议的元老主席（1889年6月13日至20日）的明确支持所证实的那样，多达40篇的系列专题文章一致反对1889年的"哲学诡辩"。1887年，索雷尔出版了《欧洲与法国大革命》第2卷，并将接替泰纳在法兰西学院的职位。此外，他已发行一种评价温和的版本，供法兰西学院内部使用。在百年纪念之年，埃米尔·法盖（Émile Faguet）发表的《十八世纪》也对同一主题进行了深入挖掘。在反革命看来，它结束了"一场大溃败，这场溃败表现为以大革命社会体系及其直接或混杂的后继者的崩溃"。① 但泰纳的力量存在于第二帝国时代之前的自由主义者奉行的系统论和唯科学主义之中，其缺陷则在于，关于保守的历史论述的知识来源含混不清，而此种论述与天主教保皇党的论据密切相关。

---

① *La Réforme sociale et le Centenaire de la Révolution [...]*, Paris, 1890, p. 185. 此外，我们知道1889年事实上是《弟子》（*Disciple*）的年份。在小说领域，是《号召战士》（*L'Appel au soldat*）的年份，这本书流露出对8月4日拉扎尔·卡诺进入先贤祠的批评与暗讽。

这种论据受到一个完整的历史文献网络的支持。天主教学校构成它的大学发源地。1875 年，议员夏尔·弗雷佩尔（Charles Freppel）主教创办了昂热的这类学校——前不久成为比尔克（Burke）发行人的勒内·巴赞（René Bazin）在此任教，这些学校是最活跃或起码是最具斗志的。凭借 1 月 1 日这一象征性日期出版的《法国大革命》一书，弗雷佩尔大主教当之无愧地成为参与百年纪念集会的第一人。这场集会不仅有一般性的总结（德肖多尔迪伯爵［comte de Chaudordy］、拉乌尔·弗拉里［Raoul Frary］），还有深入的研究（阿尔贝·巴博［Albert Babeau］）。不过，大革命的对手也拥有针锋相对的专门机构。《大革命杂志》比德博库尔侯爵（marquis de Beaucourt）的《历史问题杂志》更为专业，是他们主要的机关刊物。该杂志于 1883 年由夏尔·德·里科（Charles de Ricault，人称德里科［d'Hericault］）创办，印有百合花图案，它轮流刊登反对百年纪念"诽谤者"或共济会专制的博学研究性文章和新闻讽刺性文章。德里科本人既学识渊博又平易近人，甚至还是小说家。他在这些重要的历史宣传领域占据一席之地，但其对手也在这些领域里以更大规模开展运作。从 1887 年至 1893 年，他每年都在高姆出版社（Gaume）以平民主义的口吻和精选趣闻的形式发布大革命年鉴。然而其影响远不及同样为德博库尔侯爵的通俗出版与目录学学会（1868 年）出版的年鉴。该学会是《二十五生丁书库》的出版方，二十五生丁正是"与宣传作品一起创建的循环书库"的基数。该学会能够单独成立一些负责反对 1889 年庆祝活动的省级委员会，也就是说，不失时机地散发表示反对的宣传单和小册子①。

对称性特点让我们能在另一阵营中轻易地找到这些五花八门职位的对等物：大学、协会和学术性杂志，以及大众出版公司。确实，相同类型的职能创建相同类型的机关，但力量之间的关系是无法相提并论的。面对泰纳一人，广为人知的米什莱（Michelet）、基内（Quinet）和亨利·马丁（Henri Martin）的名字显得更具分量。在拉雪兹神父公墓（Père-Lachaise）建立其大型建筑 12 年后，即在 1885 年维克多·雨果进入先贤祠的历史时期，米什莱晋升为新兴共和国的"主教"之一。1889 年，国家历史文献的唯一法案是表决通过《法国大革命史》②的全国性版本。面对"起源"的哲学史，共和党的历史哲学与正统的孔德实证主义学派一道，掌控着一条局部而奇特的"防火线"。知名人士皮埃尔·拉菲特（Pierre Laffitte）是《大革命》（1880 年）的作者，他认为 1789 年开启了"人类伟大典范"（1874—1897 年）③ 英勇的延续性。他为百年纪念培养了罗比内博士（Dr Robinet）。罗比内是虔诚的丹东主义者、《孔多塞》（1887 年）的作者，而且也是中心人物的传记作家

---

① *Les réformes et la Révolution en 1789.* 这本书由亨利·德莱皮努瓦伯爵（comte Henri de L'Epinois）于 1889 年出版，它是目录学学会的第 22 份"大革命宣传册"。在春季艾蒂安·多雷（Etienne Dolet）雕像落成前夕，自由思想家们揭露了同一机构散布多种小册子的行为，这些小册子极力树立英雄形象。
② 此外，朱尔·鲁夫（Jules Rouff）在一本半月刊上推出一个受大众欢迎的版本，每册 10 生丁。同年，基内的《大革命》一书再版。
③ 9 月 14 日，法国和英国的实证主义者以踏着第三等级的足迹朝觐凡尔赛和向当地伟大人物奥什（Hoche）致以独特敬意的方式，隆重纪念法国大革命。

(1889年就有两部关于丹东的作品)。

不过,历史文献纪念的中心在别处。此前,也就是1881年前后,《法国大革命》杂志的创始团体内部以及外省地区由此诞生的学会或百年纪念委员会才是中心。最初的雄心抱负不可分离地混杂着研究进展(重要文章、文献版本)和通俗化(地方博物馆开放、革命主题的宣传册和铜版画推广),一切都在一种纯粹的思想视野里进行。这种混杂起源于《大革命杂志》的反击,它成为学会的力量,也成为模棱两可的东西。终有一日,学会将作出选择。

该学会组织的成员包括一些政治人物,多数为大学里的激进人士[1]、博学人士、外国人士——奥拉尔除外,此人未受过专业教育。在中间派里,一些"政论家"左右逢源。不过,传教士或本笃会修士把大部分精力投入这场狂热的公众纪念之中。第一级别由1885年成为加尔省(Gard)参议员的奥古斯特·迪德(Auguste Dide)牧师和同年当选塞纳-瓦兹省(Seine-et-Oise)[2]国民议会议员的执法官员让-克洛德·科尔法夫鲁(Jean-Claude Colfavru)[3]掌控:此二人是共和主义、自由新教(迪德是当时最有名的自由新教支持者)和共济会的两大精神源泉的代表人物[4]。古地理学档案工作者艾蒂安·沙

---

[1] 起初,学会受到路易·布朗(Louis Blanc)和欧仁·佩尔唐(Eugène Pelletan)的庇护(资助)。
[2] 法国旧省名,今属上塞纳省(Hauts-de-Seine)。——译注
[3] 1848年《杜申老头》(*Père Duchêne*)的编辑。
[4] 迪德同时还是教育协会领导人之一。

拉韦（Étienne Charavay）的父亲是当时首屈一指的文献学专家，代表着整个"蓝色"的博学阶层。从这一阶层中，将产生与其政治历史事业对口的教育协会或巴黎市政府。因为他们重复啰唆的刊物，律师保罗·罗比凯（Paul Robiquet）、医生罗比内、记者西吉斯蒙·拉克鲁瓦（Sigismond Lacroix）或基内的弟子夏尔-路易·沙桑（Charles-Louis Chassin）都成为小小的权威人士。

在建起一个相当精密的地方委员会网络①之后，这份杂志应在其活动中设立一道更加清晰的界线。1887年，半月刊《法国大革命》，百年纪念学会机关刊物以及负责动员当地庆祝力量的"宣传委员会"承担起直接宣传的任务，比如推动纪念性建筑的建立。但宣传简报不会跨过秋天，这些通俗出版物也仅限于1888年再版的西耶斯（Sieyès）的两个基础文本。这些学会本身倾向于转变为学术性组织，它们同年整合为一个统一的协会，旨在"运用科学方法开展法国大革命研究"，并且附带提及对"1789年以来法国历史"的研究（条例）。该协会所办月刊的副标题为《现当代历史杂志》。这一转向表明，阿方斯·奥拉尔成为历史文献学的权威，并将使这份杂志和"法国大革命史学会"成为其阵地。

通过系统占领学术性历史文献学领域，以使人重视并永续共和党对国家历史之阐释，这种愿望激发了国家和巴黎市政府联合实施的创举，旨在将一种共和党历史科学的基础树立为那

---

① 根据日期和活动，最早的网络起于里尔。

个时期具有威望的典范——教授职位和文献档案。这种联合由两股很不均衡的势力组成，以极为卑微的姿态起步。共和党左派擅于揭露政府科学政策在该领域的畏缩不前，直到 1886 年，政府的政策也仅局限于一个普通的机构，即一个负责出版 1789 至 1808 年间公共教育史文献的委员会①。这年 12 月，一切开始逐步提速。与科学和历史工程委员会的社会经济科学部门②相区别，12 月 4 日政府决定成立一个关于大革命全部未出版文献的委员会，由官方人士奥克塔夫·格雷亚尔（Octave Gréard）领导。迪德或沙拉韦是该机构的成员，但沙桑不是。因被官员嘲讽为自学成才者，沙桑十分气愤。他毫不犹豫地向公众披露了此事。

目前，委员会踩着议员的步调前进，仅仅出版了《卡诺书信总集》③ 和由奥拉尔负责的《公共礼仪委员会文书汇编》。就在格雷亚尔的委员会宣布成立的第二天，巴黎市政府组建的相关委员会所从事的近乎狂热的活动与之形成强烈反差。得益于利耶维尔（Liesville）的捐赠（1881 年）和刚刚建成的卡纳瓦莱博物馆（MuséCarnavalet）馆长朱尔·库赞（Jules Cousin）的能力，首都巴黎得以拥有一座名副其实的大革命博物馆。更进一步，收藏品被转化为不容置疑的严肃科学符号：原始书面

---

① 该委员会的建立可以追溯到 1881 年 11 月 28 日，归功于以费迪南·比松（Ferdinand Buisson）为顾问的公共教育部部长保罗·贝尔（Paul Bert）。
② 新近设立的部门（1883 年），旨在开展试验，并选择一些针对 1789 年商业时代的历史工程（Archives nationales, F17 2922）。
③ 1887 年，在阿尔贝·迪吕伊（Albert Duruy）死后，沙拉韦重启前者的计划。

资料的目录表。

沙桑并未对潜在的政治得失置之不理。1887年1月26日，他在市政委员会宣称："只有经过一种广泛的历史调查——通过积极方式搜集的事实来证实先辈要求的合法性之后，全国性的1789年百年纪念才会以一种理性的信念举行庆典，也才会被用于对新生代的公民教育和爱国教育。"[1] 在雄心勃勃的"关于法国大革命期间的巴黎历史的文献丛书"项目里，他的名字也赫然在列。[2] 该项目从1888年开始，大量运用科学的和政治的手段。从第1年起，12卷就被编撰完成，其中6卷在百年纪念当年就已面世，[3] 此外还要提到百年纪念与塞纳省总理事会联合的一项创举。布罗卡（Broca）的弟子、语言学家兼人类学家阿贝尔·奥弗拉克（Abel Hovelacque）是当时市政委员会主要的智囊成员之一，他与政论家、卡诺（Carnot）的传记作家埃克托尔·德帕斯（Hector Depasse）一道促成巴黎决定的产生。在经过投票通过对大革命期间巴黎历史的目录学手册给予资助的同时，他使该版书籍的前景瞬间变得更加广阔，紧接着档案工作者亚历山大·蒂耶泰（Alexandre Tuetey）整理

---

[1] Préface à *Les Élections et les cahiers de Paris*, t. Ⅰ, p. XIX.
[2] 由市政委员和专家组成的委员会的会议纪要得以出版发行。这些已出版的卷册被呈送给一个主管委员会，后者毫不犹豫地建议削减发行量。这就是莫南著作的遭遇。
[3] 其中，4卷是沙桑的《选举和巴黎的宣传册》，1卷是莫南的《1789年巴黎状况》，还有1卷是奥拉尔的《雅各宾派》。卡诺的著作也是同样的主题，在巴黎的多菲内人宴会上，欢呼"当地的求索"旨在"于坚实的基础上树立民族的信仰"。

的手稿清单之后,《法国大革命》的合作者莫里斯·图尔纳(Maurice Tourneux)负责整理该手册。

然而,他们与1884年沙桑关于该时期原始资料总目录的方案,以及两年后罗兰市政学院教授伊波利特·莫南(Hippolyte Monin)的方案都相去甚远[1]。后者提议为百年纪念建立一份1789年与1889年法国政府的对比清单:统计数据、"财产状况工程"等。一份行政调查表似乎确实就此呈送至巴黎市行政长官,但它已不知所踪。[2]

同样的担忧促使一些总理事会表决通过文献的出版事宜,正如它促使一些"先进的"市政当局决定开设讲授大革命历史的市镇学校(而非国家讲堂)。我们知道1886年3月12日奥拉尔创办巴黎私立学校,此人是年轻的文学教授,莱奥帕尔迪的研究专家,还是激进记者,克雷孟梭的合作者。凭借《大革命期间的议会演讲术》的研究视角,他刚在历史文献学领域站稳脚跟。不过,鲜为人知的是,同样在巴黎,这一创举因索邦大学开设的第二个自由私立学校而成效倍增。该学校由莫南主管,围绕"大革命前夕巴黎议会管辖范围内的财政区的政治、行政和社会状况"而展开。而且,该举措还经由里昂(埃米尔·布儒瓦 [Émile Bourgeois],1887年)和图卢兹(让-贝尔

---

[1] 依次是1886年2月19日在地理学会上,和5月1日在学术协会代表大会的闭幕会议上。

[2] 1889年及其前后年份,地方的专著至少在增多。其中一些,如约讷省(l'Yonne)的著作,响应着沙桑的计划。我们以典型案例乃至讽刺漫画的方式,援引当地两位饱学之士(一人为反教权的建筑师,另一人为天主教神父)间关于《塔朗泰斯地区之法国大革命》的名为"博雷尔"(Borrel)的论战。

纳·帕斯里厄［Jean-Bernard Passerieu］，1889年1月）的市政委员会传播到外省地区。如此多的决定变得扑朔迷离：图卢兹大学生激烈的示威游行甚至促使市政当局将该学校迁往一个乡镇。

推广此工作依赖于单一孤立的举措。奥古斯丁·沙勒梅尔（Augustin Challamel）和德西雷·拉克鲁瓦（Désiré Lacroix）就于1889年在茹韦（Jouvet）出版社出版了《百年纪念画册：1789—1804年大革命的伟大人物和事件》[1]，而事实上，它主要是由一个协会负责。时至今日，该协会似乎早已是共和崇拜的伟大缔造者[2]，它就是教育协会。1881年，它明确地以国家联合会的形式组建起来（秘书长：埃马纽埃尔·沃谢［Emmanuel Vauchez］）。最初，它的工作与《杂志》的完全相似，只是时间稍晚——直到1884年才在图尔召开的第二届代表大会上作出决定：会议周期、书籍准备、铜版画印刷、百年纪念学会……不过，这一网络因国家担保而显得牢固，其密度和效率则完全是另一种规模。[3]

得益于1885年创建的百年纪念委员会的付出，该协会在

---

[1] 正如发行《百年纪念国家年鉴》的同一家出版社的作序者在3年后所言："我认为，这本简洁的小册子以其巨大的成功，将比其他任何书籍更能重建'伟大时代'的声誉。"（第11页）

[2] 参见 Pascal Ory, « La commémoration révolutionnaire en 1939 », in La France et les Français en 1938 – 1939, Paris, Presses de la Fondation nationale des sciences 1978, pp. 115 – 136.

[3] 最活跃的学会是由政论家、《里昂通信》(Courrier de Lyon) 的主编阿德里安·迪旺 (Adrien Duvand) 于1886年3月在里昂创办的，这家学会自创立起就吸收了一万名会员。

推广方面进行了最大限度的革新。它向预订者推荐不少于四种用于阐述该主题的文献。其中三种体现出三个层次分明的介入标准："会议文献""公共读书会资料""家庭聚会资料"。后两个表明这一年共和党在推广专题文献方面的广度，同时新式小学也建成使用。在梯也尔（Thiers）、路易·布朗（Louis Blanc）、米什莱、亨利·马丁一派周围聚集着一些标榜左翼的通俗小说家（阿尔弗雷德·阿索朗［Alfred Assolant］、埃克曼-沙特里安［Erckmann-Chatrian］），不过最大一部分人却来自一份积极推广者的长名单。其中就有阿方斯·埃斯基罗斯（Alphonse Esquiros）、卡米耶·佩尔唐（Camille Pelletan），还有经常谈论教育方向的作品（弗朗索瓦［H. François］的《法国大革命图景》、爱德华·吉永［Édouard Guillon］的《大革命简史》、沃谢的《国民教育手册》……），以及一些目的论方向的书（莱昂·巴拉康［Léon Barracand］的《12—19世纪的乡村》、马克·博纳富瓦［Marc Bonnefoy］的《美好旧时光史》、欧仁·博内梅尔［Eugène Bonnemère］的《昨天与今天：农村居民》……）。该协会总是置身于现代性的最前沿，还对玻璃及其使用方法提出一系列的见解。①

---

① *Catalogue du Centenaire de 89. Vues sur verre* [...], Paris, s. d. 这是三本未编页的小册子。比如，三个等级的服装图画说明，三级会议上陈情表的主题："仅仅展示一种视野。它用吹毛求疵的，但极不协调的只言片语来指出，君主政体面临因其错误和财政浪费而迫使其煽动事端的斥责。"

建筑

当然，纪念活动不应囿于一些有限而转瞬即逝的材料。因此，它转向纪念性建筑。在《法国大革命百年纪念历史博物馆》中，埃米尔·班（Émile Bin，1825—1897 年）仍然采取中性的表述。班是"一名积极的爱国者，一名醉心于法国大革命及其百年前宣布的不朽原则的追捧者"[1]。只是一座博物馆而已，不过贵族式的、永久的言辞所用的术语本身就是意味深长的；确切地说，它是一种空间的教学画册，与真画尺寸相当。而这是在肖蒙高地（Buttes-Chaumont）举办的一场展览，展出 20 幅画，位于"光学房间"的尽头。它们囊括了整个世纪的国家历史，并全部配有说明性的条目。通过基本选定的形式，人们停留在由配图板画进行共和宣传的领域："埃米尔·班先生的 20 幅画能更好地让前来博物馆的参观者铭记历史，但梯也尔、米什莱和梯耶里（Thierry）等人却未必能够撰写出 20 卷书稿。"[2]

在我们的话题中最有意思的是，班不仅是历史画家和肖像画家，同时还是第十八区的区长。[3] 在这个见证纪念性建筑进

---

[1] Norbert Le Marié, *Musée historique du Centenaire [...] Notice*, Paris, 1889, p. 7. 亦参见 *Le Musée historique [...]*, Paris, 1889.
[2] *Ibid*., p. 41.
[3] 1871 年，他是克雷孟梭的助理。1880 年，他为其绘制肖像画，后于 1888 年转而为布朗热画像。

程鼎盛的共和世纪末期,政府、地方团体或一些开展相同性质工作的协会所进行的公共协作、订购或购买行为,成为艺术实践和政治实践的结合点。前者更具有长期不被认可的意识形态倾向,后者既惦记新制度的发扬光大,又关心公共精神的培养。[1]

人们会看到,亨利·热尔韦(Henri Gervex)的世纪全景画成为百年纪念博览会展出作品中的压轴之作。除了热尔韦,1889年在美术展或博览会上获奖的大多数画家都从历史的或爱国主义的脉络中获取灵感:如弗朗西斯·塔特格兰(Francis Tattegrain)、保罗-埃米尔·布蒂尼(Paul-Émile Boutigny)。值得一提的是,亨利·马丁的《联合会的节日》(美术展金奖作品)被政府购买,乔治·卡安(Georges Cain,1856—1919年)凭借《1830年革命》获得铜奖。[2] 雕塑家中间显得更加泾渭分明。两项金奖分别授予埃内斯特·吉尔伯特(Ernest Guilbert)和奥古斯特·帕里斯(Auguste Pâris),前者创作了莫贝尔广场的艾蒂安·多雷(Étienne Dolet)雕像,后者于当年创作了"1789!"雕塑,同时还抢走了奥德翁广场丹东雕像的风头。当年度最为成功的大艺术家,乃是所有人中最为"介

---

[1] 皮埃尔·韦斯(Pierre Vaisse)的论文(*La IIIe République et les peintres [...]*, Paris, 1980)为艺术界的"政治社会学"开辟了道路,有待进一步探索。
[2] 乔治·卡安为政治画家,他是《集市的马拉半身像》以及《山区议员之死》的创作者,并被巴黎市政府任命为卡纳瓦莱博物馆馆长。关于这些艺术家,参见蒂埃姆/贝克尔(Thieme/Becker)、贝内齐(Bénézit)的《辞典》和《大百科全书》。

入"的朱尔·达卢（Jules Dalou）。他先后获得荣誉军团十字勋章和博览会大奖。某些艺术家甚至直接出自政坛。在这方面最为活跃的是巴黎市政委员会的两名委员，他们分别是画家菲利克斯·若贝-迪瓦尔（Félix Jobbé-Duval）和雕塑家莱昂·德洛姆（Léon Delhomme）。①

国家建筑和装饰的浩大工程需要能够敏锐感知时代影响的人作出巨大贡献，需要他们把握时机，或多或少地强化意识形态的暗示。先贤祠的装修计划从1874年起就被打乱，但实际上在1885年就被扭曲②。1889年9月，美术界③还接受了梅索尼埃（Meissonnier）的新主题。他用一幅反映博览会主题的寓意画《法国的和平胜利》取代了教堂祭坛上的圣日内维耶（画像）。他附和着建筑雕刻装饰的新计划，该计划在2月由新成立的咨询委员会美术管理处提出，这个部门将主要接手④开发利用伏尔泰墓和卢梭墓的工作。这些墓地周围有一些18世纪哲学家的雕像，对称的如安雅尔贝（Injalbert）与罗丹（Rodin）雕刻的米拉波-雨果（Mirabeau-Hugo）像，向理性与沉思伴随左右的笛卡尔致敬。总而言之，法国大革命纪念性建筑象征着一个为自由、平等、博爱所环绕的法国。

---

① 后者是蒙日广场（la place Monge）的路易·布朗雕像的创作者，他领导着一些同行业工会合作组织。
② 我们掌握着1889年4月15日先贤祠内部装饰的准确情形，发表于《法国艺术财富清册，民用建筑》第三卷（*Inventaire des richesses d'art de la France, Monuments civils*, t. III）。
③ *Le Temps*, 12 novembre.
④ *Ibid.*, 12 février et 19 septembre.

首都的形势高涨。1886 年，巴黎新开设了欧特伊博物馆，它将成为雕塑艺术博物馆。一些参加博览会的巴黎陈列馆在通告中表示："不难看出，自 1878 年以来，巴黎的艺术创作踏上了一条全新的道路"。艺术从此优先为民用建筑服务。"重要的是，通过美化这些作为国家政治社会生活的活动场所的建筑来表达敬意。"在《巴黎艺术品总册》中可看到："建筑的普遍装饰"几乎成为"市政当局的专门举措"[1]。然而，纪念委员会关注的焦点紧紧围绕着有关美学与政治紧密结合的争论，这些争论使得关于市政厅内部装饰的决策拖延至 1888 年 12 月 20 日才最终确定。这次装饰成为首都历史上最大规模的施工活动之一。该决策结束了在政府、委员会多数派和社会党少数派之间长达五年的论战，政府支持寓意性的基本装饰，委员会多数派更加注重历史感，社会党少数派则倾向于当代主题。在一项关于法国大革命题材占主要部分的作品回顾展的计划被否决之后，"市政厅绘画装饰委员会"的自主选择实际就是不作选择，并且几乎不指定任何规划。在 1889 年间的准则里可以看到，除了让-保罗·勒朗（Jean-Paul Leurens）负责的洛博厅（salon Lobau）和德塔耶（Detaille）装饰一幅充满爱国色彩的《1792》的预算委员会大厅，其结果十分明确：寓意性的。通过免费义务公立学校的途径，对神圣历史的赞颂完全走向社会地位提升和精神进步。在 1889 年落成的由法国政府和巴黎市政府共同建设的主要公共建筑中，它体现得淋漓尽致：亨利·

---

[1] Édifices civils, t. II, daté de 1889, p. 122.

内诺（Henri Nénot）建设的新索邦大学，或更确切地说，华丽的行政建筑群。①

没有什么比公共雕塑更能直接触动社会的神经，这是对"未来一代"②的主要教育手段。对"雕塑艺术狂热"③的指责已随处可闻，并呈现出激烈升级之势："一个国家不只是生存在这片祖先长眠的神圣土地上的所有人的总和，它还是一个个体，它有灵魂。"针对这些嘲讽者，激进的左派议员雅克蒙（Jacquemont）在7月7日拉斯帕伊雕像落成仪式上作出上述表态。伟大人物"经历数个世纪在所有民族面前体现并代表着这种灵魂。通过向使他们的国家享有盛誉的人致敬的方式来教导大多数公民，没有比这更崇高的教育手段了"。④

沃库勒尔市镇（默兹省）的图塞冶金工厂厂主、铸铁专家加内（R. Gasne）非常清楚这一点，他以公函形式向市政当局提议，如果没有纪念性圆柱，在百年纪念之际由他供应价格实惠的共和国雕塑，此前他已向政府提交计划并且这些圆柱本应在每个市镇有序地建成。⑤一贯活跃的教育协会在1886年鲁昂议会上提议大量铸造一系列伟人的半身雕像；相应的协会能够

---

① Henri Nénot, *La Nouvelle Sorbonne*, Paris, 1895. 参见 Pascal Ory, « La Sorbonne […] », *L'Histoire*, n° 12.
② 埃米尔·肖当（Émile Chautemps）于5月19日建成艾蒂安·多雷雕像，并为"未来一代延续着我们通过法国大革命取得之政体的历史记忆"而高兴。*Exposition Universelle de 1889*, *Centenaire de la Révolution Française*, *Discours […]*, Paris, 1890, pp. 133-134; et *ibid.*, p. 127.
③ 例如：1887年11月11日朱尔·若弗兰（Jules Joffrin）在市政委员会的发言。
④ *La statue de François-Vincent Raspail […]*, Paris, 1890, pp. 54-55.
⑤ 1888年，议员德埃雷迪亚（de Heredia）的提议最终还是被放弃。

拿到雕像并发放至学校、市镇，从而能够在雕像周围举行公民节日。但这一设想没有下文。

　　虽然经受了这些挫败，1889年可能仍是雕塑纪念最受青睐的年份之一，因为政府乃至地方团体的举措一开始都脱胎于雕塑艺术。政府和地方团体一样，都偏爱接手非公开委员会的事务，政客们在其中摇身一变成为不代表官方的个体。市政当局对庆祝进程作出嘉奖，为被推荐的雕像提供公共场地，最常见的是提供雕塑台座①。1889年在这方面最具代表意义的例子是莫贝尔广场的艾蒂安·多雷雕像（雕刻家——吉尔伯特，设计师——保罗·布隆代尔[Paul Blondel]）和基内-拉斯帕伊十字路口的F.-V拉斯帕伊雕像（雕刻家——利奥波德·莫里斯[Léopold Morice]，设计师——其兄弟夏尔[Charles]）。正如建造者阐述其含义时指出的主题一样，台座外观在两方面都符合由自由思想团体和共济会的结合而产生的激进之感（路易·布朗的继任者布内维尔博士[Dr. Bourneville]和奥尔良议员费尔南·拉比耶[Fernand Rabier]支持多雷，两名大东区的代表支持拉斯帕伊）。不过，在2月3日先贤祠前的让-雅克·卢梭雕像（雕刻家——保罗·贝尔泰[Paul Berthet]）落成之时②，或在7月17日查理九世的卢浮宫对面奥拉托利花园里的加斯帕尔·德科利尼（Gaspard de Coligny）雕像（雕

---

① 1885年，市政府向勒德吕-罗兰（Ledru-Rollin）雕像委员会提供了由第二帝国为欧仁王子（prince Eugène）雕像打造的底座。
② 正如奥拉尔指出的那样，这是对一项法令的简单实施。1885年和1887年建立伏尔泰雕像，1884年和1886年建成狄德罗雕像。

刻家——古斯塔夫·克罗克［Gustave Crauk］，设计师——萨利耶·德吉索尔［Sallier de Gisors］）竖立之际，国家历史的政治功用得以分外凸显。

　　自与法国大革命直接关联起，市政当局一直走在最前面。1888年，当局主要建成了艾蒂安·马塞尔（Étienne Marcel）雕像，出自让·伊德拉克（Jean Idrac）和马凯斯特（L.-H. Marqueste）之手。1887年11月11日被审定的关于丹东的纪念建筑，终于在1889年的三个出色方案中作出了选择。不管怎样，这应是一座赎罪的建筑，因为它矗立在丹东被捕之地，而3月7日委员会的第一项议案原本计划将其置于路易十六广场小教堂的场地上……由于1887年和1888年紧张的政治局面，该议案的复杂性解释了为何推迟雕像的建成时间。尽管1891年才建好这座雕像的台座，上面还是写着"致丹东/巴黎市/1889年"。当年还有一些更加技术性的考量影响着另一件半落成雕像，即9月21日达卢用石膏（漆成铜色）制成的"共和国胜利"，而雕像最终落成则在10年之后（1899年11月19日落成）。这一创举归功于若贝-迪瓦尔，他痴迷于一项计划。但因这项计划过于庞大并且有巴黎公社社员署名，因而没有被纳入1879年共和国广场的规划。该创举是在巴黎的东大门建起一座高大的意识形态标志，同时，7月4日，在巴黎西边为巴托尔迪（Bartholdi）的自由雕像揭幕。①

　　巴弗耶（Baffier）的马拉雕像（蒙苏里公园）被收购5年

---

① 我们指出新索邦的市政委员德洛姆的"共和国"记忆。

以后，奥德翁广场的丹东雕像和出自同一人之手的"1789！"雕像（蒙苏里公园）一道被买下，但这些还不足以使巴黎成为大革命建筑纪念活动的领头羊。百年纪念起源于波尔多（1888年）、里昂和土伦（1889年）的"共和政体"①，那里的活动更能让当地的爱国主义情绪在最"蓝色"的地区和共和党人团结一致的其他地区建起自由的私立学校。一些纪念性建筑源于这类创举，它们由圣克洛德（Saint-Claude）的百年纪念庆祝委员会建立，向伏尔泰和律师克里斯坦（Christin）致敬——他们是汝拉山区农奴的解放者（1888年）。鲁昂、圣布里厄或昂热市政当局也建立了伏尔泰雕像，针对大革命的人物或事件，往往充满论战色彩（在圣布里厄，被朱安党人暗杀的第三等级前议员；在昂热，旺代战役中牺牲在"墙"边的六百名巴黎志愿兵）。这些雕像被安置在陈列馆展出，并被费内（Ferney）收购，此人还买下了 8 个人物肖像雕塑。

思想共鸣

建筑影响着永久性。在典礼举行之际所产生的仪式性与节庆般氛围的结合中，纪念的形式达到其巅峰。"庆祝仪式"一词在此尽显其含义。保守党人深谙此道；在阿尔贝·德曼的教唆下，他们力图在 1888 年 7 月至 1889 年 6 月整个百年纪念期

---

① 里昂的学会得归功于联合会创立的百年纪念协会。*La Révolution française*, t. XI, p. 468. 继《费加罗报》之后证实 1886 年之际，那些自 1872 年起在法国大地上竖立的十余位时代伟人的雕像，虽然为数不多，但巴黎竟一座都没有。

间为自身利益而集中发起"改革运动"。但对公众来说，这一模棱两可的行动显得太过矫揉造作。17个省级议会[1]先后于11月至次年5月召开，商讨拉图尔·迪潘（La Tour du Pin）在罗曼斯主持一场宴会时的提议，以示对多菲内革命庆祝活动的抗议。事实上，这些议会具有选举前集会的性质。6月在巴黎的最后一次会议上通过的《1889咨询意见总册》并不引人注目。在这些议会召开之前，他们会在封闭场所先做弥撒。而面对共和党人的节日庆祝动员，他们却一筹莫展。

直至出现将89年年表（5月4日、6月20日、7月14日、8月4日）与92年年表（9月21日）相结合的微妙意愿，19世纪80年代初由沙桑提议的这五个日期才赢得认可。中央政府和地方团体借此机会在庆典记忆方面一争高下，但很显然，它们没有共同的记忆。政府围绕两个最平淡的日期做文章，即5月4日和8月4日。在凡尔赛举行的首场仪式动员了一个团体——该团体为一块简朴牌子落成而组成，组织了一场军队阅兵，以及举行了一系列在镜廊的演讲——正是在镜廊，卡诺公民取代了法国国王。但当天是假日，只好由省长向市镇，由学区督学向小学教员发出强力的通告。[2] 从一条（自三级会议往圣康坦）街道的建成，到自由之树的竖立，再到《人权宣言》（阿维尼翁）的免费发放，民间协作得到保障。总统一行也在

---

[1] 埃克斯、蒙彼利埃、图卢兹、卡奥尔、里昂、贝桑松、第戎、普瓦提埃、利摩日、布尔日、昂热、雷恩、卡昂、奥尔良、特鲁瓦、里尔、凡尔赛。

[2] 节引自 Le Temps, 27 et 30 avril, 2 mai. 参见 Archives nationales, F[19] 5582 et 5611.

热烈的气氛中排开。犹太新教团体积极助力外省取得成功。[①]

8月4日，拉扎尔·卡诺进入先贤祠。当时气氛堪比雨果之时，因此备受关注。1888年12月2日，一名极具象征意义的激进议员巴罗岱（Barodet）采纳了博丹（Baudin）的提议，向议会办公室递交了一份议案，主张拉扎尔·卡诺（Lazare Carnot）、奥什（Hoche）、马索（Marceau）进入先贤祠。舆论表示："这并非决意要推倒共和国雕塑[……]我们要敞开先贤祠的大门。我们要邀请热爱祖国、团结一心的民众和军队，来参加这些升华精神和灵魂的盛大活动"。[②] 第二年紧急选定的三人旨在一边达成最广泛的共识，一边面对保守党人召唤革命时期法国的伟大，以及布朗热唤醒共和国军队的忠诚。通过赞颂代议制的殉道者典范，驱除专制恶魔的任务得以完成。

事实上，问题更加复杂。奥什的继任者——一名保皇党贵族，拒绝出让其席位。参议院议员巴罗岱提议增补拉图尔·多韦涅（La Tour d'Auvergne）[③]，但人们惊讶地发现，提议的日期也正是布朗热主义者的提议在博丹那里受到限制的那一天……两个阵营激烈地抨击对方盗用死者之名；孤立无援的修

[①] 阿尔及尔伟大的犹太教徒，伊萨克·布洛克（Isaac Bloch）（*Centenaire de la Révolution Française* [...], Alger, 1889, p. 23），如以色列的起源一样，依次向基督教、伊斯兰教、宗教改革运动以及 "我们将要庆祝其一百周年的大革命运动" 致敬。

[②] *Journal officiel*, Chambre des députés, *Débats*, 1888, p. 2630.

[③] 一些专门委员会委员和众议院议员还提议丹东、拉普拉斯（Laplace）、笛卡尔和培尔（Bayle）。

正主义左翼①试图重申与共和党的亲近关系，并虚情假意地拒绝采取暴力手段。重要的是，博丹在拉扎尔·卡诺进入先贤祠的日子露面，其反布朗热主义的象征意义是庆祝者的唯一收获。

庆祝者让这场仪式成为一个重大的追思时刻和持续运动的巅峰。第三共和国总统，拉扎尔之孙，一言不发地坐在"人们称颂的死者旁边"②银光闪闪的华盖下，这些死者是第一和第二共和国的象征性人物。诺埃尔·帕尔费（Noël Parfait）是一名白发苍苍的议员，也曾是博丹的同事，他用一场关于1885年雨果进入先贤祠时的长篇大论作了最后的讲话。崭新的卢梭雕像坐落在该建筑的左侧。在先贤祠里，一座纪念奥什和克莱贝尔（Kléber）的建筑由国家元首兴建起来，并将取代圣母玛利亚的祭坛。

政府在情感宣泄过程中保持克制。当天，竞赛、体操节，以及巴黎高空的灯饰，即"为了纪念8月4日特权废除而点燃的节日之火"③，都是博览会的首创。6月20日市政府在凡尔赛举行了一场非公开的仪式，政府方面只动员了三位部长参加。9月21日的情形大同小异，卡诺总统出席，意在以国家之名接收唯一一个市政府所期望的纪念性建筑。

---

① 相反，国民议会右翼针锋相对地提名博丹和作为巴黎公社受害者的共和党人加斯东·肖代（Gaston Chaudey）。
② Les fêtes de l'Université de Paris en 1889, Paris, 1890, p. 8.
③ Alfred Picard, Exposition Universelle [...] Rapport général, t. Ⅲ, p. 354. 百年纪念节庆日，除6月20日外，形成一项于春季表决通过的专门法律。

显而易见，这些首创者——地方团体或博览会节庆专署——还是本年度一些与众不同的其他活动的发起者。这些活动的日期不甚确切，但力求以其规模震撼心灵。通过在世俗弥撒的三大主显节——流行的音乐堂、兄弟般的聚餐和大合唱——上弹唱，它们似乎做到了这一点。首先是 7 月 13 日由法国音乐学会联合会（合唱团、管乐队和铜管乐队）举办的活动，游行队伍从卢浮宫走到战神广场——从旧制度走到新世界，两千多名业余演奏者跟在 1790 年巴黎行会和乡镇旗帜的后面；其次是 8 月 18 日盛大的市长宴会，此前随行队伍在市政厅——邀请方所在地和工业宫（Le palais de l'Industrie）之间游行；最后是 9 月在王宫内演出的奥古斯塔·奥尔姆（Augusta Holmes，1847—1903 年）的"胜利之歌"[1]。在此，一种对 1790 年联合会具有参考价值的评价引导着主流思想。通过使方案分散化，它让人想起让·马塞（Jean Macé）在鲁昂会议上提议效仿马尔斯广场庆祝仪式的方案，即由各地市政委员会派一名代表前往巴黎协和广场，而这里已重建起"祖国祭坛"[2]。政府不遵从，明确地不再遵从巴黎市政委员会的决议。1887 年，法国所有市镇都受邀来首都参加百年纪念预备会议，"以制定世纪规划"，并"实现被接二连三的反动势力压

---

[1] 作为弗兰克（Frank）的学生、卡蒂勒·孟戴斯（Catulle Mendès）的伴侣，作者对交响乐与大合唱般的用于人员众多的庄重场合的诗歌了如指掌。该文本受到共济会象征性的极大影响。
[2] 1889 年，该词被用来专指为先贤祠准备的大革命纪念建筑。"胜利之歌"的祭台，起先由奥尔姆设想放在户外，也在此占据一席之地。

抑已久的愿望"。① 可想而知，博览会是开放的，反布朗热主义情绪明显占据上风。唯其如此，市政府才能模仿1888年7月14日一些地区首府的宴会形式，邀请法国各地的市长参加盛大宴会。在最后时刻（8月15日的决议），市政府甚至还为排场盛大的宴请增设了市政厅接待处和里沃利街（rue de Rivoli）的欢迎队伍。与国家举办的仪式相比，这些活动相当灵活自由，因为以总统为代表的国家政府，只能在工业宫露面。市政委员会赞叹道："这是一个难忘的日子，也将是历史上的重要日子。"② 时光属于一些庞大的数字，这些数字也正好能让新闻界震惊：首场"颂歌"有3万名参观者和1200名演奏者，一支70万至80万人的队伍跟着15200名市长的随行队伍……的确，从盛夏的这一天开始，百年纪念成为共和国大家庭中不可分离的重大节日。它受到所有支持者的欢迎，而支持者们表现出的快慰与其对手预测的最坏情形一样明确、清晰③：世界博览会④。

---

① 这一想法来自爱德华·瓦扬（Edouard Vaillant），他于1888年重申此观点。
② *Chautemps*, *op. cit.*, p. 69.
③ 根据时代和形势，外国人的撤销推迟至1890年，以及彻底弃权，或由另一政体来建立……例如，参见1889年5月25日众议院的辩论。
④ 班的最后一幅画作，《1889年联合会》，无比详尽地描绘了这场完美恢宏的纪念运动和庆典仪式。画中，一些高卢-罗马人朝向卡诺总统——所有资料都证实了此点。

观点与人物[①]

自 1883 年共和党《小报》提出这一设想起,事情最初进展迟缓。该刊物凭借地道的 18 世纪精神,希望"把个人生活中的事物应用到国家层面"[②]:一种灵活纪念的家庭节日。直到 1884 年 11 月的创始法令,1886 年 7 月的最终法律和 8 月的总章程与总计划的发布,事情的进展才得以加速。

由于日期迫近,博览会的纪念举措已相当明确——尽管许多预防措施和公共权力的削减,使大多数君主制国家拒绝正式参加。应强调的是,这些国家的退出实际上不值一提:一名专员和一个委员会事实上确保了所有国家都会参与,除了德国(一些私下参展的企业或个人)……以及黑山。同样多的成功先例(55486 名参展商中有 25364 名外国人,售出 25515985 张门票)仅对整个政体及其意识形态的衍生物产生影响。外国参观者的大量涌入证明了这一点。荣军院是战争部和殖民地分部的所在地,它被赋予了重要意义,同时首次表现出独立博览会的面貌;埃菲尔铁塔是现代世界工艺、民主的优越性的绝对象征,是被政府官员和共和国新闻界称赞的且名副其实的共和国

[①] "在五十周年庆典之时,作家们已阐述了一些观点,比如画家要求办雕塑展"(vicomte de Vogüé, *Remarques sur l'Exposition du Centenaire*, Paris, 1889, p. 221)。
[②] 1886 年 4 月 4 日。

"凯旋门"①。

不过，这一充满现代气息的景观没有抛开最初的纪念性色彩。这是因为，博览会节庆专署安排了巴黎大多数大革命纪念仪式②。此外，这也是因为除了进步主义，没什么别的纪念性事物。同时，为了宣扬进步的现代性而创办的世界博览会也开创了"作品回顾展"③ 这一形式。在这一点上，1889年或许是最具有历史意义的年份。该年度举办的每个大型主题展都具有此种含义："居住环境的历史回顾展""特罗卡德罗（Trocadéro）艺术品展""美术作品十年展""美术作品百年展"（1789—1878 年）、"人类学科学和工作的回顾展"……同一主题的个人创举：广受欢迎的，如从 1888 年起用混凝纸在絮弗伦大街（avenue de Suffren）重建"攻占巴士底狱"的原貌；精美别致的，如亨利·热尔韦、阿尔弗雷德·史蒂文斯（Alfred Stevens）与大约 12 名合作者完成的活动全景图《世纪历史》，经特许坐落于杜伊勒里花园（jardin des Tuileries）。

《世纪历史》这幅作品可以被看作 19 世纪恢宏的全景画运

---

① 1886 年，由激进的洛克鲁瓦（Lockroy）部长凭借权力对诽谤者采取强制措施；1889 年，以巴黎市政委员会纪念章表达敬意，它被用于两个象征性阵营，即消极的或积极的新世界。
② 正如以下文献所证实：Les archives de l'Exposition（Archives nationales, F^{12} 3914 à 3961, 3960 et 3961) et le *Rapport général* de l'Exposition, d'Alfred Picard, t. Ⅲ, pp. 353-360. 我们想起由卡诺主持的落成仪式于 6 日举行，而 5 日这天被看作序幕。
③ 参见 Pascal Ory, *Les Expositions universelles de Paris*, Paris, Ramsay, 1982.

动的结晶。① 热尔韦表示，这幅作品得益于其所在地点，因为此处具有"政治和艺术的特点"。然而，在公共权力机关看来，这一特点不够充分，也或许是因为成本过高，这些机构拒绝为子孙后代的建筑买单。

一种更加强烈的失望笼罩着整个博览会和法国大革命博物馆最显眼纪念物的首创者。沙桑再次成为中心人物。在落款为1884年6月9日的有关位于马尔斯广场中间的一座"陈列馆-博物馆"的方案末尾，可以看到他和一些"法国大革命"领导人物的名字。"陈列馆-博物馆"这个说法概括了这座建筑的独特之处：在一座古典的博物馆内，并列着一座图书馆和一个宽阔的大厅，这个大厅用于迎接大革命的纪念性节日，一切都被永久保存。同时代人明白记忆的重要性：这样一座建筑"不仅是超脱于这场全国性盛大活动之上的大革命精神，也是新生后代将会目睹的具体可见的现实"。得益于此，"人类进步的历史［……］很好地铭刻在记忆之中"②；从此，作为中立或反动场所的博物馆就与教科书和十字路口的雕像一道，加入共和国的教育手段之列。

弗朗西斯克·萨尔塞（Francisque Sarcey）借此机会发起

---

① 142013张付费门票。1889年是创纪录的年份，有13幅引人注目的全景画作，其中一幅是新的《圣女贞德》，另一幅为追溯至1882年的《攻占巴士底狱》。关于这一问题，参见 François Robichon, *Les Panoramas en France au XIXe siècle*, doctorat d'État, 1982. 关于"世纪历史"，参见 Henri Gervex, *Souvenirs [...]* , Paris, 1925.

② *Courrier de Lyon et du Sud-Est*, 13 avril 1886.

了一场关于"博物馆"与"革命"①等词语间潜在矛盾的充分而深入的讨论,但没有下文。该方案的支持者对此作出回应,确切地说,图书馆和节庆大厅的附属物能在回忆与现实之间长久地维系下去。《小日报》写道:"很显然,这座陈列馆-博物馆会是行动中的活历史。"②

不过,正是这种活的历史扼杀了该方案。在别国看来,政府直到1887年丝毫不急于说清楚世界博览会的历史意义。甚至,它还延缓回应,而首创者没能成功地组织起联合阵线。卡纳瓦莱博物馆馆长犀利地指出该馆藏品能够满足这次活动,而市政府则多次表示意欲借百年纪念的机会竖立一座纪念性建筑。但其最终决定直到1886年秋季才作出,其内容是:希望与洛克鲁瓦(Lockroy)——此人被认为是激进的共和党人——所在部门联手实现创举,在该部占有一席之位。

由于时间紧迫,沙桑不断施压:1886年2月2日,在给洛克鲁瓦的一封信中,他建议选址在马尔斯广场,广场位于博览会区域之外,但却完全是具有象征性的杜伊勒里宫③。4月7日,建筑师奥古斯特·索瓦热(Auguste Sauvage)的一份设计图④表明,该建筑将把6个历史性长廊按顺序排成网状,分布在一个有3000个座位的大厅四周,6个长廊装饰大量具有

---

① *Le Gagne-petit*,22 avril 1886.
② 1886年4月4日。"事物之教训"一词在评论员笔下经常出现。
③ 参见 Étienne Charavay, *Le Centenaire de 1789 et le musée de la Révolution française*, Paris, 1886.
④ *La Révolution Française*, X, pp. 986-987.

历史性和寓意性的雕像。人们放弃了通过两个铁制长廊来整体连接弗洛尔（Flore）陈列馆和马尔桑（Marsan）陈列馆的设想，在那里人们可以看到醒目的现代性象征，这一设想被对君主制来说极为致命的幽暗禁区取代。10月8日，面对政府的迟滞，或许为了不阻碍巴黎方案，沙桑再次作出让步：至少为了博览会，他提出只占用弗洛尔陈列馆和马尔桑陈列馆四分之三的空间。

"法国大革命历史展"顺利举行，但略显平淡。1889年4月20日，该展览由卡诺创办，它几乎局限于卢浮宫的国家展厅，而且局限于临时借来的各种私人藏品。沙桑很是沮丧和不满，他没有出现在该展的组织者之列——这些组织者来自历史学会的新团队。至于市政府的纪念性建筑，他甚至从一开始施工就没有参与。1886年，这些设计图的信誉就已获得认可，而民用建筑高级委员会（参与一项杜伊勒里装饰计划）则反对在这些地点建造如此普通的建筑。政府提议选址在杜伊勒里盆地。这在11月25日召开的委员会上引发强烈抗议："这太荒谬了！这太可笑了！盆地里的共和国！"[①] 一切都得从头再来。三个月后，新任公共教育部部长马塞兰·贝特洛（Marcelin Berthelot）最终提交了一份既满怀抱负又含糊不清的关于杜伊勒里纪念性建筑的法案：是建筑还是雕刻群？布朗热主义危机和参议院的温和态度葬送了这一法案。

人们信赖阿尔弗雷德·皮卡尔（Alfred Picard），博览会

---

① 引自 *La Révolution Française*，XI，p. 492.

仍在其内部接纳了"真正的 1789 年纪念性建筑"[1]：朱尔·库唐（Jules Coutan）[2] 的"进步之泉"雕塑（设计师——福米热[Formigé]）通过博览会的中轴线连接着中心教堂（Dôme central）和埃菲尔铁塔。但我们设想：它坐落在或更确切地说高悬在"进步"之船上，明确喻指巴黎这艘大船。法国在航行中，以"劳动"的标志为支撑，被贸易、农业、艺术与文学包围；在船头，两位显要人物和一只高卢雄鸡在掌舵，共和国戴着弗里吉亚的软帽。在喷泉和茨藻的旋涡中，精灵和海豚撞倒在无知与经验的礁石上。复杂甚至含混的计划，想抹杀"进步"身后的大革命，以及法兰西身后的共和国。毫无疑问，与一座博物馆相比，寓意性雕刻提供不了多少值得观赏和敬畏的东西。然而，喷泉分导人流：被电灯照亮，在因循守旧的审美观之外，它使这个自称的"发达世界"享有盛誉。这场瞻前顾后的纪念活动以及它含糊不清的生动写照，在政治上通向一种无可争议的成功。

纪念或是庆祝？

从整体上看，1889 年纪念的实质并没有辜负这一探索：它极好地证实了我们所认为的"象征性政治"活动的多样性和相互依赖性。这是政府活动涉猎不足的领域，也是我们错误地

---

[1] *Rapport général*, t. II, p. 325.
[2] 他是 1881 年凡尔赛制宪会议纪念性建筑比赛的优胜者，第戎"共和政体"雕塑的创作者。

低估其影响的领域。在这一点上，它证实了在社会历史中备受称赞的唯意志论（从一座教堂的建造到世界博览会的筹备）的重要性。在整个准备过程中，两个政治团体各自追求庆祝动员的特权——面对迪德和科尔法夫鲁的团队，一个1789年百年纪念的共和党协会，具有机会主义倾向，事实上自1888年3月起就专注于通过与共和党国民委员会①的合并来筹备国民议会选举——是共和党不确定性的显著标志。作为与多菲内回忆形成对比的总体复述，1888年已经给人两种感觉：关于会议召开事宜的市政决议发布日期，激进党人坚持6月7日，即砖瓦之日（journée des Tuiles）②，或替补的21日，即维齐耶议会的开幕日，而机会主义者，即格勒诺布尔市政当局内部的多数派只同意14日。偏左派也倾向于折中的总委员会的意见——7月14日。双方都作出了妥协，总统则出席了每一场活动：6月9日在巴黎，7月20日和21日在维齐耶纪念性建筑落成仪式的现场。

百年纪念给激进党人带来了略显苦涩的味道，这些激进分子对以下两项活动再次表示失望：重现公民宣誓的联合会，为使革命榜样永存而设立博物馆。在这一点上，对他们来说，博

---

① 它的功劳在于发行了一些小册子、召开了一些关于三级会议陈情书的会议。其余的是一项极力反对议会制的工作，以及由克莱蒙梭主义者阿纳托尔·德拉福尔热（Anatole de la Forge）领导的，从源于1888年激进宣传委员会到百年纪念联合会的演变工作。
② 指1788年6月7日发生在法国东南部城市格勒诺布尔的法国大革命前夕的首次抗争。——译注

览会从整体上显得平淡无奇。与其分享"大革命是一个阵营"①信念的人只好对采取温和主义的共和党人表示不满,后者以哲学家保罗·雅内(Paul Janet)为代表,对 1793 年提出强烈的谴责。②

不过,有趣的是,即将成为革命宝典权威解释者的奥拉尔却满怀好感地欢迎此类著作,以此作为表明共和党人根本上团结一致的见证。他也效仿加奈的做法,辨别"革命精神"与"大革命精神"之间的差异,认为前者是祸害,后者则比以往更需要保卫其在当代表述中的含义。这个中和且尤其具有超越性的版本使共和党的唯灵论者③和官方的实证主义者更易于从反对转变为赞成。它提供了普通场景的内容,是关于旧制度④的丑恶图景或对罗伯斯庇尔主义政府的描绘⑤。在接下来的数十年间,这些缺陷被进一步放大,并从这一时期开始使共和党的记忆分化为多种倾向。就拿 1889 年来说,人们震惊于政客们的本领,后者以回顾的形式回应了反对派的挑战。正是通过

---

① 两年后,正值围绕剧本《热月龙虾》(*Thermidor*)进行论战之际,克莱蒙梭提出其口号:马路戏剧,重温纪念活动的另一场所。
② *Centenaire de 1789. Histoire de la Révolution Française*, Paris, 1889, p. 236. 作为极右翼人士,作者在巴伯夫(Babeuf)的作品中察觉出这一"拥有一股惊人力量的大型政党"的创始人,并称:"对于欧洲社会来说,他是今后最大的威胁。"
③ 例如:在《关于博览会》的一系列宣传册里,共和党的基督教教义使福音书成为"共和国的真正根基"。
④ 班的第一幅画作《旧君主制下的法国阶级状况》(*Situation des classes en France sous l'ancienne monarchie*),令人想起学校教材里的小图画。
⑤ 例如:班的第六幅画作,或教育协会批注的文件。

纪念仪式,卡诺先生的共和国从核心上被公认为内部团结一致,周围亦光彩夺目;而在共和国的左右和边缘,则是最高尚爱国传统的继承者,或是民主社会愿景的接班人。

自 1888 年起,以艾田・马赛(骑士)雕像落成为开端,鲜有机会让巴黎的代表们在民主集中制和光明之城(la ville lumière)的主题上作出调整。马赛被称赞为"在数世纪里萌芽的丰富思想的伟大传播者,这种思想为法国开启了 1789 年先辈们宣称的自由时代"[1]。革命庆祝活动是否从 1888 年 6 月 9 日通过向……巴黎的多菲内人致敬而开始呢?

没有任何时候能如 8 月 18 日大联合会一样,明确把国家统一和巴黎的优越性联结起来。此时,人们"看到共和制法国的统一体熠熠生辉"[2](形容词很重要)。随行队伍前列的安排说明了一切,它是由卜利达(Blida)、突尼斯(Tunis)、河内(Hanoi)和一个卡比尔城市(bachaga kabyle)的市政长官组成,位于巴黎市政委员会主席之前,此人两侧是两个最小代表市镇的市长。宴会过程尽显首都光彩夺目的优越面貌,同时显示出共和党市政当局对卡诺总统的民主支持行动。

共和派纪念活动还利用更多途径来证明其对手的大量论据毫无用处:在各国的和谐欢聚中被孤立。它成功地达到目的,通过激发共和国间的团结(为卢梭雕像落成举行的法国-瑞士联合仪式,为巴托尔迪的"自由"复制雕像竣工举行的法国-

---

[1] 引自 Christian Amalfi, *L'Image d'Étienne Marcel en France* [...] *1789 - 1982*, doctorat de 3ᵉ cycle, 1982, annexe 20, p. 3.
[2] Chautemps, *op. cit.*, p. 69.

美国联合典礼),以及更广泛意义上的"超越外交家手腕甚至王权"[1] 的人民的博爱。这正是市政府坚持其决策的全部意义。进而,迎接来自意大利、西班牙、匈牙利或捷克的民主代表团。[2] 新索邦的节日尽显法兰西共和国赢得的国际殊荣,伴随着《马赛曲》的歌声,由全新的大学生总会接待的21国代表团向新索邦汇聚,他们是"1789年先辈们的高尚后代"[3]。

此时所泛起的记忆的模糊和丰富,是由缓和的——而非和平主义的——宣言与爱国情感重生之间的微妙平衡所象征的。以达卢纪念性建筑的寓意为典范,"和平"龟缩在共和国身后前行,奥古斯塔·奥尔姆的孩子们高唱:"所有人都是兄弟/够多的泪水了!不要再有战争!"[4] 他们身边是准备好为美好未来舍生赴死的战士。班的图画和协会一样,习惯于利用革命与爱国的混杂。这一年,这种混杂见证了德塔耶的殊荣(博览会荣誉大奖)和纳维尔(Neuville)的伟业(11月他的纪念性建筑建成)。在此,激进主义与机会主义的联盟没有露出破绽。8月4日,3名礼兵走在前列,伴随着一场盛大的军乐演奏,开始了进入先贤祠的仪式。不过,巴黎市政府也不落下风。它指

---

[1] *Ibid*., pp. 67 et 89.
[2] Paoletti, préface à Chautemps, *op. cit*., p. Ⅵ. "多么壮阔美妙的场景!来自世界各地的人们挥舞着他们的国旗聚集在市政厅广场上,为巴黎及其文明成果欢呼,为世界的博爱庆祝。我们可以谈论大革命,拿人民的团结与君主的勾结作对比。"
[3] *Les Fêtes [...]*, *op. cit*., p. 47.
[4] Augusta Holmès, *Ode triomphale [...]*, Paris, 1889, p. 7. 在索邦节庆日之际,朱尔·克拉雷蒂兴奋地表示:"用狂热杀死仇恨/战争有其治愈者。"

定在马尔斯广场的陈列馆举办"为国捐躯"主题展,参加丰特奈广场（place Fontenay）军事纪念建筑的落成仪式,该仪式由学区督学让南格罗将军（général Jeanningros）主持。参加工业宫宴会的 15000 名宾客,在经过走廊对斯特拉斯堡雕塑赞叹不已后,每个人坐到桌前又会作何感想呢？维亚拉（Viala）、巴拉（Bara）和诺埃尔·吕菲耶（Noël Ruffier）雕像的真实写照——它们是纪念广为流传的典范。

纪念活动的极左翼打算利用这一特殊年份重振其历史地位。与巴黎先前的建筑样式相反,对达卢纪念建筑的象征含义仍然保持谨慎①,一个共同前进的弗里吉亚共和国取得辉煌成就,共和国以工人寓意的雕塑为掩护,可能还暗含对共济会的嘲讽。当谈及伟大人物时,它显得格外明确：如拉斯帕伊和多雷的雕像,前者是唯物主义医生②,社会党思想家和巴黎公社社员的保护人；后者是将体力劳动者和脑力劳动者联合起来的少有的伟大先辈之一。更确切地说,是激进主义和社会党的结合,由于一些温和的工会运动代表出席仪式以及他们中最知名人物奥古斯特·克费尔（Auguste Keufer）的演讲而增光添彩。克费尔是法国图书工作者联合会书记,也是实证主义学派成员。多雷雕像台座的高浮雕简单明了地展示出"保障自由思

---

① 1880 年,向市政委员会作该方案报告的人使该建筑成为一种孔德式的胜利象征。继宗教与贵族的观点之后,民主派的观点显得"更加高明、有力"。参见 Chautemps, op. cit., p. 112.
② 其台座上刻有两个信条,一个是唯物论的（"……给我一个有生命的气泡……"）,另一个是唯科学主义的（"……科学,是未来的唯一宗教"）。

想的巴黎市"。

以孔德式圣徒传记为基础，丹东推动了共和党的凝聚（雕塑大师表示："他是自弗雷德里克［Frédéric］以来唯一值得西方引以为荣的政府人士"）。此后，奥拉尔及其团队接替了丹东之职。正如最温和人士期待的那样，作为反教会的共和党人，丹东不容许遮蔽1792年的光辉，但就如雕像选址所暗示的一样，作为"恐怖时期"（la Terreur）的受害者，他以牺牲自我来回应保守党的大杂烩做法。在中心，确保其他人具有爱国精神。1889年巴黎为其雕塑群而预设的坚强有力且富有攻击性的形象，正是这个被照亮之国家的丹东雕像，正如其台座铭文镌刻的那样。人们不在乎马泰激进左派的批评，因为他们已从王权覆灭中走了出来：在这个短暂而平静的时期，丹东团结起一切可以团结的力量。

那么，更小的共同分母呢？事实上，人们可以肯定的，是一个更大的共同倍数。首先，正如对其支持者一样，他肯定同样会扰乱政权的反对者，可以看出，因为那些支持者期待更多好处，能瞬间转化为防守一方。布朗热主义为博丹的提议所歪曲，存在着明显的含混之处，但也就此略去不提。不过，保守党人的纪念状况也反映出同样大的模糊性。甚至，外省议会的备忘录竟敢鼓吹君主制的回归，这遭到右翼的猛烈抨击。弗雷佩尔在许多方面立场激进，[1] 明显是君主主义者和行会主义者。

---

[1] *La Révolution française. À propos du Centenaire de 1789*, Paris, 1889. 他宣扬废除教育垄断，并抨击共和国反基督教的"军国主义"思想。

他精于证明 1789 年的社会主义正处于萌芽状态，他的小册子对此论证有加。比如，德尚博尔伯爵（comte de Chambord）认为有必要毫不迟疑地重振"1789 年改革运动"。在一封严肃的答复弗雷佩尔大主教的信中，一名昂热的保守党人爱德华·特罗冈（Édouard Trogan）理直气壮地揭露出这种结论杂耍般的特征。由此可见，观点必须要有逻辑性，就 1789 年"表其态度"①，冒着坏里挑好的风险，暗示右派那些出自费尔内耶或古米之流的最引人注目的分析，后者呼吁"比纪念日更显严肃的东西"②：组建一个反民主的大共和党派。外省各地的保守党委员会呼吁庆祝 5 月 5 日。

不过，所采用的纪念形式还有其他的内在优势。同时代人最少提及却也最无可争议的事实就是，历史文献的全部问题已受到决定性一击：讲坛和收藏品，学会和杂志。最起码，从中期来看，这种对某一时期的崇高化行为只能巩固哲学层面的政权基础。对于共和党温和的表述来说，重要的是从此科学性的效力对左派发挥有利作用。新索邦落成使这一胜利具有戏剧性。很快，奥拉尔上任就证实这一点。

这个温和主义的共和国完全适合蒂拉尔的中间派政府。对 1789 年的强调不仅仅，甚至可能首先不是一种对展览的审慎态度，也不是一种面对专制政治重新抬头时的催眠性麻痹：它完全符合政府中机会主义者的期待。他们的纪念活动不是停留

---

① Édouard Trogan, *L'Équivoque sur la Révolution française* [...], Paris, 1889, p. 65.
② Édouard Goumy, *La France du Centenaire*, Paris, 1889, p. 389.

在最简单表述层面的 1789 年，因为它融入了共和国，而制宪会议成员尚与此相距甚远。

通过要求庆祝者更加自愿地讲述原则信念而非人物和事件，温和主义的选择使作为简单进步之运动而得到理解的革命自身更好地复苏起来。因为，比起 19 世纪，1889 年对 1789 年的庆祝更少一些，这是其多数对手都了然于胸的。他们把 1789 年整个开放的且从未封闭过的时期及其支持者全体都归于"法国大革命"字眼下。圣西门（Saint-Simon）和奥古斯特·孔德（Auguste Comte）那些还算正统的信徒们——难道不是同出一脉么——利用周年纪念绘制出"一百年来在所有活动范畴和人类知识中所获成就"[1] 的辉煌图画。但与以往相比，占主导地位的科学言论已是达尔文主义。

如果没有建立在物种进化和技术持续复杂化基础上的人类自然历史图景，就无法理解当年最受欢迎的活动全景画、卡斯泰拉尼（Castellani）"古老世界"的成功、马尔斯广场人类学展览的目的论，以及 1888 年 12 月 31 日由巴黎市政府创办的一套六门课程。上述展览展出了用于制作名人蜡像的颅骨藏品，[2] 而上述课程则包括从罗列三类传统历史（全球的、国家

---

[1] Georges Guéroult, *Le Centenaire de 1789 [...]*, Paris, 1889, p. V. 博览会举办了一场为"庆祝 1789 年至 1889 年间世纪进程"的合唱比赛。与之相对，一名保王党人发表了一部名为《法国大革命在 16 世纪的起源》(*Les Origines de la Révolution française au XVIe siècle*) 的著作。

[2] 洛克鲁瓦负责使博览会具有"一种更大的影响，一种更深远的意义"，它盛赞"经历数个世纪的人类进程"(*Exposition universelle de 1889. Les expositions de l'État [...]*, Paris, 1890, p. 41)。

的、巴黎的）的"高级通俗教育"到"科学史""人类学"和"生物学"。因此，沙桑坚持用两个画廊环绕其博物馆的想法虽然初次接触会令人惊讶，但终归会令人觉得光彩四射。两个画廊分别被用于展示"法国人民的历史"和细分的"人种史"："史前时期的特征元素，人类种族的发展，多样民族性的形成，普遍的文明运动直至法国大革命"①。再明确不过了，1889 年在迎接国际人类学会议之际，巴黎激进主义代言人宣称："政治实际上依赖于人类学。达尔文通过宣布'物竞天择'② 的生存法则，在一个光辉时刻阐明了我们每天都在见证的社会现象。"总而言之，一个以民主方式组织的社会"比起一个建立在出生身份恩惠基础上的社会，能更加快速地得到自然淘汰的有利影响"③。这就是一百年后其支持者得出的关于 1789 年具有哲理意义的重大教训之一：从对整个纪念活动运作的唯一分析中，我们能够发现这一点。所以，庆典制度甚至从这种升华中找到其合法性。这种经得起时间检验的持续性是热尔韦全景画的全部精神实质，他伸手抓住参观者，带领他们参观 18 世纪哲学家的雕像，一直到萨迪·卡诺（Sadi Carnot）总统雕像——它被所有同时代名人的雕像环绕。其间，有大约 660 个人物汇聚于共同的记忆里，如马尔塞（Marcet）和夏洛特·科尔代（Charlotte Corday），拿破仑三世和路易丝·米歇尔（Louise Michel）。在此，重要的是，这些法定雕塑体的神化景

---

① *La Révolution Française*，Ⅹ，pp. 989 - 990.
② 此处原文亦译为"生存竞争优胜者进行自然淘汰之法则"。——译注
③ Chautemps, *op. cit.*, pp. 84 et 85.

象宣告终结。1889 年在世的杰出人物爱迪生（Edison）、埃菲尔（Eiffel）、巴斯德（Pasteur）是科学技术领域的人物，信奉共和理念。他们支持的由阿贝拉尔（Abélard）和拉伯雷（Rabelais）（在新索邦的装饰画和节日上都会纪念的两人）开创的注重理性的悠久理论，在思想家雨果这里暂时中止。他倡导热尔韦式全景画，主张一些人进入先贤祠。肖当（Chautemps）建造了多雷雕像，并将其靠近雨果墓地以及新近竖起的卢梭和伏尔泰的雕像。

要想对百年纪念的一项失败作出总结，只有进入反对党右派或极端激进左派的体系内。前者直到 1888 年冬末至 1889 年才相信该政体已奄奄一息，后者则对政府的谨小慎微感到失望。但不难看出，这场平庸的纪念仪式建诸崇高的普遍重大原则，精挑细选的伟大人物以及远超事件、政治、具体活动的基础上，它以无懈可击的最佳方式回应了所有这类现象必然具有的宗教式启发。

百年纪念中或许缺少反复或重复的做法。它只在 5 月 5 日一次微不足道的行动中发挥了作用。在 9 月初的封闭场所，伴随着奥古斯塔·奥尔姆的《颂歌》，激进党人明确地希望实现革命节日的复兴。[1] 这个充满理想的联合会一直毫无建树。不过，1939 年，在夏悠宫（palais de Chaillot）举办的 150 周年

---

[1] 参见博览会节庆管理委员会档案（Archives nationales, F^{12} 3915, p. 6）："的确有必要从视觉和听觉的层面再现大众庆祝第一次革命运动的强烈感受，露天庆典仪式中有游行队伍、随行人群、音乐与舞蹈的彩车，给人以极其深刻的印象。这些正是市政委员会期待在共和党的百年纪念节庆期间重现的东西。"

纪念中重复行为的失败①，则显示出这一手段的极限。

正如先贤祠的雕刻装饰计划或库唐的喷泉所展示的那样，机会主义纪念仪式的风险在于其冷清而完全寓意性的庆祝活动。然而在这个选举之年并且面对布朗热主义，激进派纪念仪式的风险或许更加重大：分裂的风险，不和谐的风险。从形式上看，该年度既不是某个记忆的场所，也不与弥撒（联合会）、教堂（陈列馆-博物馆）、偶像（纪念性建筑）相互关联，它最起码能让共和社会检验其神圣化体系的范围和效率。从教会圣师著作研究、圣徒传记、神圣艺术、仪式，直到 50 周年纪念，它利用一切手段宣扬国家的团结、活力和光芒。但自 1871 年以来，许多被倾听的声音断定其终将走向"没落"。凡尔赛主教在 5 月 5 日仪式上的讲话中没有过多值得解读的东西，该讲话受到保守党人的严厉批评，正如在俄罗斯官方参观博览会期间，暗示了第二年两大突发事件的征兆：拉维热里（Lavigerie）的举杯庆祝和法俄关系的亲近。

沙桑的方案敏锐地调和着封圣行为（博物馆）和激情的维持（庆典大厅）。然而，这可能导致纪念仪式和大革命碰撞出一种内在的矛盾，因为纪念仪式在此被定义为通过寻找回忆的一致性而形成的合法化手段，大革命则让人既难以弄清在它之前的博物馆化，又难以发现在它之后的仪式化。与某一个人（丹东）或某一事件（7 月 14 日）不同的是，大革命依据其定义或许不用受到纪念，甚至可能完全不必纪念。相反，共和政

---

① *Ibid*., 参见 ci-dessus, n. 24.

体拥有自我庆祝的权利和责任，更何况它是建立在进步主义的线性基础之上的。考虑到1889年的布朗热主义或1939年的法西斯主义，可以想见，关于这场庆祝活动的新闻并不会销声匿迹。

L'Exposition coloniale de 1931:
Mythe républicain ou mythe impérial?

1931 年的殖民地博览会：
共和国神话还是帝国神话？

夏尔-罗贝尔·阿热龙 *Charles-Robert Ageron*

刘清源 译

  二十多年以前，"白种人"在世界各地卸下了他们"殖民地的重担"——这是来自英国诗人吉卜林（Kipling）的表述。然而，这种"白人的重担"有时也会被视为反人类的罪行，受到广泛的抨击和谴责。去殖民化浪潮以来，尽管"殖民帝国主义"时代相去未远，但对它的想象却变得模糊，有如南柯一梦。不过，如今那些想要颂扬共和国体制的人千万不要忘记，我们的共和国也曾几近一致地为她的"殖民成就"而感到骄傲。

  然而在过去，法国每个小学生都记得他们"世俗化"的课本里有这样的文字："第三共和国的荣耀在于她为法兰西构造了一个殖民帝国，从而使她稳坐世界第二殖民列强的宝座"。"殖民事业，共和国的冠冕和杰作"，在这一问题上，共济会和法兰西学院、极端的共济会大会（convents）和传教士大会都罕见地达成了一致。在两次世界大战之间，当时所有的作家、历史学家都认为颂扬"第三共和国的文明开化事业"是理所当然的。读者或许不会知道，并不保守的温和共和派历史学家丹尼埃尔·阿列维（Daniel Halévy）在完成《公爵们的共和国》（La République des ducs）和《显贵们的共和国》（La République des notables）两本作品之后，还筹划了第三本著作，后者原定的题目是《殖民者的共和国》（La République des colonisateurs）。但在1940年战争失败后，阿列维失去了创作动力，三部曲的构想也就夭折了。

这一恼人的一致性是何时出现的呢？答案是第一次世界大战，抑或是战后的20世纪20年代。这次大战中各殖民地为母国法兰西的胜利作出了卓越的贡献，大战为法国人展现了"大法兰西构想"（Plus Grande France）的辽阔前景、巨大的财富和无限的可能性。现今我们已广泛地认识到，在1930和1931年，法兰西殖民帝国的巅峰和法国殖民思想的顶峰同时到来。阿尔及利亚殖民百年庆典和巴黎殖民地博览会的庆典清楚地展示了法兰西殖民帝国的胜利。这两场庆典也应当作为这一胜利的象征而留存于记忆。

殖民地博览会因此成为第三共和国记忆的一个时间节点和一个场域，引起了历史学家们的注意。这场博览会的决策和最终的举办是为了颂扬共和国的殖民成就吗？对于法国人来说它是共和国的荣耀吗？当它闭幕之后，这一盛大的节庆是否像它举办的场所——樊尚林苑（bois de Vincennes）一样蒙尘被雪，遗落于烟海？抑或这场昙花一现的"大秀"摇身一变成为一座想象的博物馆，成为面对反殖民浪潮猛击的几代人必要的历史参照？无论如何，对于未来，"樊尚博览会"会是我们对于殖民共和国（第三共和国）的"记忆之场"吗？

殖民地博览会的传统

1931年以前，法国已经有召开殖民地博览会的长期传统了，这里需要对这一传统略加叙述。

我们无须追溯到第二帝国时期，不过若是有巴黎人知道蒙苏里公园的气象天文台的话，那里便是见证了1855年的第一届世界博览会的殖民地要素之一。实际上这座古怪的建筑是完全仿造突尼斯贝伊的巴尔多宫而建造的，1881年《巴尔杜条约》正是在那里签署的。1867年第二届巴黎世界博览会时，当时还是独立国家的突尼斯建造了自己的展馆。所以把蒙苏里的巴尔多宫看作巴黎的第一座殖民地博览会"纪念物"实在是有点事后追加的意味。而1867年在战神广场举办的博览会也没能留下任何与殖民地有关的"纪念物"。11年后，1878年的第三届巴黎世界博览会倒是的确建造了一座殖民地馆，尽管这座场馆十分窄小，且拙劣地模仿了特莱姆森（Tlemcen）的清真寺，以至于亨利·乌塞耶（Henri Houssaye）批评说"50平方米装下了整个阿尔及利亚"。在这座场馆周边还附设了一座突尼斯式样的巴扎和一家摩洛哥商店。

事实上，直到1889年第四届巴黎世界博览会，殖民地才第一次获得了大型的展示空间。殖民地中央展馆设在荣军院广场，四周聚集了几座不同的建筑用来集中展示各类殖民地藏品。同时展区内还还原了一些缩小版的非洲和亚洲城市。然而据时人描述，这个展区对于殖民地的宣传来说毋宁说是一次失败。当然，参观者可以在阿尔及利亚和突尼斯风格的市场中购物，也可以观看安南的戏剧和欣赏阿拉伯音乐会。但是看热闹的人大多聚集在一座叫作"美丽的法蒂玛"的展厅里围观阿拉伯舞姬和守卫她们的黑人和黄种人士兵，这些在法国都是前所未见的。对于这些有伤风化的演出的成功，朱尔·费里（Jules Ferry）难掩其义愤。至于阿贝·艾尔芒（Abel Hermant），他事后只能回忆起"蓝色的宫殿和开罗街上的驴子"，这些对他来说失当地代表了殖民地的特征。异域风情的冲击掩盖了殖民地的印象。

时间来到1900年，在这一年的"大世界国博览会"（第五届巴黎博览会）上，法兰西共和国的殖民成就终于在特洛卡德罗宫得到了熠熠生辉的展现。此事主要得益于欧仁·埃蒂安（Eugène Étienne）的襄助，这位权势熏天的殖民次长是法国殖民者集团公认的领袖。这次的殖民地展区明确而坚定地贯彻了殖民地宣传的宗旨，尤其是从商贸和科普的层面上切实地完成了使命。当然这些宣传难免得为美景和风情作出不少牺牲让步。"这些殖民地公民的精神面貌，不论是军人还是商民"，都得到了充分的展现，"工匠们则在公众的注目下施展着各自的技能"。

自此以后，在各大博览会中设置殖民地展区成了一个因循不断的传统。1906年，为了在国内外的展会中筹备殖民地展区——尤其是1907年巴黎的国家殖民地博览会和1908年伦敦的英法博览会，法国甚至成立了一个国家级的委员会。

国际殖民地博览会的策划（1913—1927年）

1910年，人们已经为十年一度的世界博览会感到疲惫，主办方考虑更多地从审美而非国族的意义出发来筹备一场别具异域风情的展会。他们尤其想要以此在巴黎打造出原汁原味的近东和远东氛围。而后，在殖民主张派（le parti colonial）的一位活跃成员——路易·布吕耐（Louis Brunet）的影响下，这一想法变成了一个完全不同的计划：为参观者营造一个法国及欧洲各国殖民事业的令人震撼的全景。他在1913年的策划中这样写道："我海外帝国远拓万里，组织架构臻于完善，其物产之丰美与日俱增。是时正宜核其成果，造于籍册，使诸多功绩彪炳于众。如此诸般，正合举办博览会之效用。"这将是一场国际博览会，计划在1916年举办，主办方将借此在巴黎修建一座永久性的殖民地博物馆。其他殖民列强都陆续在本国修造了这一主题的博物馆，而法国却在这方面落后了。

巴黎和马赛为了争得1916年的举办权而争吵不休，最终中央政府决定由马赛获得这一殊荣。而巴黎则已经开始为1920年的博览会做准备。

当然，世界大战打乱了这一切的安排，不过在战争刚一结束的 1918 年 11 月 13 日，马赛商会便立即决定重启博览会的计划。另一边，巴黎市议会于 1918 年 12 月 27 日要求在 1920 或 1921 年举办 "协约国集团的殖民地博览会"，要将 "大战中的敌国排除在外，因为他们超出了所有文明法则的界限"。在一份由殖民主张派的 43 位议员联合提出的立法提案中，这一 "宏大计划" 被重申。据提案宣讲人、法国在越南的殖民地代表欧内斯特·乌特莱（Ernest Outrey）倡议，1921 年的博览会 "将是法兰西殖民力量的一次彰显，它将向世界展现法国 25 年来殖民地因地治理政策的成果"。议会最终同意于 1922 年在马赛举办 "国家殖民地博览会"，于 1925 年在巴黎开办 "协约国殖民地博览会"。

由是，1920 年 3 月 27 日的法令终于确立了国际殖民地博览会的组织原则，而此时距离最初的动议已经过去整整 7 年了。此后，殖民部部长阿尔贝尔·萨侯（Albert Sarraut）曾如此界定展会的精神："这场展会应当作为第三共和国以来法兰西对外扩张，以及世界各文明国家殖民奋斗的生机勃勃的辉煌顶点。这一奋斗满怀着人道主义和进步主义的崇高理想。如果说世界大战昭示了殖民地为母国输送巨额资源的潜力，1925 年的展会将为我国民众提供一堂更为生动的殖民地知识课，它必将成为国民殖民精神教育的重要补充。它将明白地展示，对于宗主国的工业和贸易来说，殖民地既是原料的来源地，也是产业制成品的倾销市场。"

多年来，我们的政治课不断批判这些帝国主义和功利主义的论调。然而，1925 年的会期最终没能保留，因为主办方很晚才意识到同一会期早就预留给了"国际装饰艺术博览会"。由此，会期推迟到了 1928 年，而主办方也决定干脆扩大其国际性，尤其是决定吸纳荷兰加入。荷兰当时算得上世界第三的殖民列强。同时关于殖民事业的新的基调，即"殖民事业在各民族间创造了团结和高效的竞争模式"，也被确定下来。

起初，在 1920 年，法属赤道非洲总督昂古尔万（Angoulvant）被指定为展会策划总长，然而 1924 年他当选为国会的法属印度议员，所以不得不放弃策划总长的职务。为了找人接替昂古尔万，行政委员会主席、总理普恩加莱（Poincaré）想到了利奥泰（Lyautey）元帅，他刚从摩洛哥回国，在洛林乡间的小镇托雷休养，正是闲云野鹤、百无聊赖之际。利奥泰是个十足的"右派分子"，他为自己的出山开出了如下条件：博览会必须包含并强调传教士的功绩，长期以来他们都被轻视和遗忘。另外，由于 1928 年的会期再次临近，元帅要求再次推迟会期，以完善准备工作。1929 年 7 月 27 日，这些条件被接受。利奥泰元帅成了策划总长，而他也立即公布了新的展会方案。

利奥泰的构想

利奥泰的座右铭是：灵魂的愉悦寓于实干之中。对他来说，此次博览会不应停留在"赶集式的展览"，而更应作为"一堂实干主义的大课、一个实践知识的策源地"，其实干性犹如一个"殖民事务总署或管理局"。因此，之前的为了展现共和国殖民功业辉煌顶点的构想被推翻了。殖民地博物馆于1928年11月5日奠基，利奥泰元帅在当日颁布的文件中表示："这场盛大的活动将突出其经济性和实干性的特质"。博览会本身应该成为一系列永久性机构的开端，不仅是原先计划中的博物馆，且还应设立一个"殖民地之家"和一个殖民地总署，它将汇集之前散落在巴黎各处的殖民地事务相关的办公室和办事处。在等待建筑许可的过程中，利奥泰在展区入口搭设了两个"接待处"，实际上它们构成了一个问询中心，由此国内外的商人和企业家可以获得他们需要的各种实用信息。

此外，利奥泰元帅认为把殖民扩张的事业局限为共和国的成就，实在是以管窥天。这样一次展会不能对过去闭目塞听，不能无视法兰西人民真正的品格和真正的荣耀。从1928年3月起，元帅决定设立一个专题回顾展区，并最终筹备了一部自十字军东征以来的殖民事业的插图编年史。当时的《人生》（*La Vie*）杂志这样评论道："当下的殖民地战争难道不正是我们的第十次和第十一次十字军东征吗？"通过一系列传教士展馆和回顾性展览，元帅认为可以恢复法兰西殖民奋斗中那些民族性的方面。

最后，利奥泰元帅将欧洲诸国团结亲善的思想加入展会筹备中。他认为，"过去的时代充满了兄弟相残的血腥杀戮，社稷化为废墟"，当下正应通过一场真正的国际博览会印证"对于我们的文明，除了战场还有其他的场合留下了我们的血汗"。他意在表明西欧从未放弃使全世界文明开化的使命：在海外还有很多伟大而美好的战役要打，尤其是那些对抗疾病和愚昧的战役。

而且这次博览会应该使更多的国家信服并加入这一西方对东方先知们的宣示之中，这些先知或是斯宾格勒（Spengler）的门徒，是"西方衰落"论过于急躁的拥护者，或是俄国的布尔什维克，他们的目的就是摧毁欧洲的帝国列强。

自从 1921 年收到参会邀请，大不列颠方面就一直拖延回复，并不断提出各种反对意见。1924 年以前，英国国内也在筹办"不列颠帝国博览会"，法国的舆论认为这一展会向英国公众灌输了一种"帝国心态"，在这一点上，以往类似的活动难以望其项背。1928 年，利奥泰三次重申，希望英国至少能派出帝国学会（Imperial Institute）到巴黎参展，但仍遭到了拒绝。当年 12 月和次年 7 月，元帅两次亲赴伦敦，为巴黎展会的宗旨宣传辩护，并捍卫和解释他提出的"欧洲殖民事业"的理念。结果，他不仅遭到了英国殖民总署的断然拒绝，而且见识到英国各权力部门对于这项法国殖民计划充满优越感的冷淡。最终，英国人以经济危机导致的财政困难为由，拒绝参与一切活动，而只是同意在展会问讯处设立一个服务商业咨询的摊位。德国由于被"自身殖民罪行的谎言"所羞辱，而用了和英国同样的借口拒绝了参会邀请。在英联邦的自治领中，只有加拿大和南非同意派出十分有限的参展单位。与此相反，由英国委任统治的巴勒斯坦则决定兴建一座豪华的展馆，这无疑是为了与叙利亚和黎巴嫩的国家馆分庭抗礼。当时反法的西班牙拒绝参加一切活动，但是美国、菲律宾和巴西则许诺兴建一系列反映自己殖民地过往的建筑。总之，只有五个欧洲国家，即丹麦、比利时、意大利、荷兰和葡萄牙，建立了自己的国家和殖民地展馆。利奥泰和阿尔贝尔·萨候（Albert Sarraut）、约瑟夫·卡约（Joseph Caillaux），以及许多法国政府中的共和派政治家所共同憧憬的，一个在殖民事业中和解而团结的欧洲的梦想，到头来还是不切实际。

这场默默发生的失败使本来定位国际化的殖民地博览会不得不重新回到更加狭小的法国视角。官方的论调也开始向这个方向引导。对于失望至极的利奥泰，博览会变成了"一个自我定位的好机会，得看清我们到底将殖民事业进行到了哪一步"。主委会又回到了原先的办会宗旨，即展示法兰西殖民事业在政治、经济、文化各方面的成果。1928年7月18日的法令规定"博览会将综合展现"：（1）法兰西在她的殖民帝国中实现的功业、（2）殖民地对母国的贡献。由此，直接的宣传任务成了博览会的必要责任。

1930年4月，殖民部出版了一本界定"展会目标和组织结构"的白皮书。根据这一文件，博览会意在"把殖民帝国的各组成部分在宗主国的土地上具化"："她将是一次证明，也将是一次回应。是时候让法兰西人民名正言顺地为自己的国家感到自信和自豪了！"值得一提的是，这一官方文件的匿名作者没有漏掉任何一位伟大的殖民者，但他却一次也没有提到共和国，也没有提到那些伟大的开创殖民事业的共和主义者。或是出于这一原因，或是因为殖民部部长弗朗索瓦·皮埃特里（François Piétri）本人就是一个波拿巴主义者，他在1930年4月26日将"帝国主义的德行"解释为"政治上的自由和社会上的博爱"。他宣称："帝国主义的思考方式正是对 1789 和 1793 年的先辈们的崇高理念的忠实践行，是将共和国的慷慨、勇气以及对正义和全人类的爱撒播到尽可能遥远的地方。"

然而，殖民主张派至少还是忠实于自己的共和派根基的。对他们来说，即将举办的博览会应该是一次成果盘点和展示，并服务于法国殖民思想的培育和发展。该派别的国会议员直到很晚才说服利奥泰元帅拨款资助对内宣传事项。1928 年，利奥泰只同意为相关事项拨款 500 万法郎。国会下院的殖民派社团通过 1931 年 3 月 18 日的法案又获得了 1200 万法郎拨款。该社团强调此次博览会既应作为对过往功绩的彰炳，亦应作为对当下反殖民言论的当头棒喝。如果说世界大战向所有法国人证明了殖民地和当年温和派共和主义者的殖民冒险的用意，如今面对一些哗众取宠的旅行家和"布尔什维克运动"的挑唆，更应当向法国人再次明示殖民事业的法理基础。

反殖民主义宣传

反殖民主义者这一叫法在当时已经相当流行。面对上述殖民主张派的诸多动议，反殖民主义者们决定加大活动强度以应对。共产国际判断，1930 年，也就是阿尔及利亚殖民百年纪念之时，反殖民主义宣传仍十分少见。共产国际首先设立了一个反殖民压迫和帝国主义的国际联盟，同时授意法共和法国统一工总（CGTU）向"国际帝国主义博览会"发动大规模的抗议活动。

尽管这里不宜过多着墨于这场鲜为人知的抗议运动，但其中的几场活动足以揭示出公众当时对殖民事务的态度。法国反帝国主义联盟，这个已经存在了 3 年的影子协会到 1930 年时才只有两百多名会员，而它需要在巴黎举办一场针锋相对的"反帝国主义博览会"。对于资助它的金主来说，它应当成为殖民地博览会的对立面。这一对立展会被冠以"揭露殖民地真相"的名义，只限于在工会之家（Maison des syndicats）附属的苏维埃馆中展示的一系列殖民地战争的照片，以及战前的画报《黄油盘》（*L'Assiette au beurre*）中的旧讽刺画和一些揭示资本家团体在殖民事务中获得"超额利润"的图表。展览中，作家阿拉贡（Louis Aragon）展出了一些他收藏的撒哈拉沙漠以南的非洲、大洋洲和印度的艺术品，这些作品与法国流行的绪尔比斯式庸俗工艺品摆在一起，以突出西方审美的堕落。这个小展览中还有一些展现苏维埃革命后被解放的亚洲人民的幸福生活的照片。尽管这个展览持续了很久（从 1931 年 7 月到 1932 年 2 月）且工会组织了多次集体参观，但根据巴黎警察局的统计，参观总人数可能不超过 5000 人。

可能在其他几个法国城市，抵制博览会的斗争取得了更好的效果。他们分发的传单是用越南语、马达加斯加语和法语写成的。这些传单揭露了"帝国主义侵略者的残酷压迫"，"而所谓文明开化只是无耻行径的虚伪说辞"；它们抗议"博览会用猎奇来掩饰殖民主义的野蛮，例如展示关在笼子里的食人族，让黑人女性在高台上跳舞，还有满街跑着的黄包车"。那些印有越南文字（qnoc-ngru）的传单向安南人宣称，法国人让他们来参加展会其实是把他们"当成一群外域的珍奇异兽",看着他们"就像观赏动物园里的一群猴子"。

济难国际(Secours rouge international)也准备了一些反殖民主义宣传的小册子,题为《殖民地博览会真实指南:关于法兰西开化事业的数页赞歌》。这些小册子重点收集了有关法国殖民地几次大规模镇压的数据,以及描绘法军屠杀暴行的绘画。法共也印发了不计其数的传单,它们向法国工人解释:"法帝国主义会不惜一切地保有和剥削殖民地,而共产党则为了殖民地的解放和独立而奋斗",或"殖民地人民不需要社会法西斯主义的总督去管理。他们的诉求是独立"。《人道报》(L'Humanité)从1931年4月17日开始对"殖民主义的血腥暴行"作了系列报道,呼吁在樊尚林苑的博览会上公开批判"这一罪行的高潮"(弗洛里蒙·邦特〔Florimond Bonte〕)。这次宣传同时也使得共产党机关得以批评社会党大佬与资本家同谋共罪,社会党的机关报《人民报》(Le Populaire)不断在为樊尚博览会进行宣传。同年6月7日,《人道报》刊载了一篇题为《社会党大佬与最丑陋的殖民者站在一起》的社论。共产党组织了12名超现实主义派的作家,其中包括阿拉贡、安德烈·布勒东(André Breton)、勒内·沙尔(René Char)、保罗·艾吕瓦尔(Paul Éluard)、乔治·萨杜尔(Georges Sadoul),共同撰写了一部冗长而又乏味的宣传册《不要去参观殖民地博览会!》。他们尤其指责那些"博览会的狂热追捧者、吃相难看的社会党人、耶稣会控制的人权联盟,还有卑鄙下流的保罗-邦库尔(Paul-Boncour)……"。他们要求法国

"立刻撤出殖民地，并将那些主导了安南、黎巴嫩和中非大屠杀的将军和官员送上审判台"。在这一系列斗争的最后，由于领导人库亚特（Tiemoko Garan Kouyaté）处在警方的控制之中，黑人权益保卫联盟直到1931年九月才向"黑人劳工"发出号召，抨击"樊尚林苑这场唯利是图且贪于享乐的盛会"。

根据警察部门的报告，这一系列反殖民主义宣传攻势遭遇了彻头彻尾的失败。某份被卧底截留的法共内部报告解释了个中原因："我们遭遇了某种怠惰，一种近乎破坏行动（sabotage）的系统性的恶意行为。"在共产党积极分子中，1931年的反殖民主义运动没能引起回响，而拥护社会党的劳工对于组成无产阶级统一战线的呼吁也不理不睬。与此相反，越南共产党和阿尔及利亚民族主义者在他们的反法运动中则更为成功。梅沙利·哈吉（Messali Hadj）在他未出版的回忆录中坦言：殖民地博览会，"这场殖民主义者的化装舞会"，使他领导的北非之星党的实力得到了增强。

上述关于殖民地博览会举办宗旨和准备条件的历史梳理或许略显烦冗，却十分必要。通观其全过程，我们可以衡量出这个方案遇到了何种程度的畸变和歪曲。隶属殖民主张派的政论家路易·布吕耐（Louis Brunet）是利用各种展会进行殖民地宣传的老手，他在1913年提出殖民地博览会计划时，意在宣扬"宗主国对殖民地的付出和牺牲"，并展现殖民事业的积极成果。到了1920年，殖民部部长阿尔贝尔·萨侯希望使博览会成为文明国家殖民扩张达到全盛的标志。而利奥泰元帅个人作为君主主义者，对于标榜共和国的功绩毫无兴趣，他尽了最大努力想要使博览会转向他所信奉的欧洲列强共荣的理念，然而心余力绌、功堕垂成。

千呼万唤始出来，当酝酿良久的博览会终于开幕的时候，殖民统治的国际政治气氛已经发生了深刻的改变。在法国，人们从安德蕾·韦奥莉丝（Andrée Viollis）的报告文学《印度抗击英国人》（*L'Inde contre les Anglais*，1930 年）中感受到了这种变化，而自从安沛起义和义静苏维埃运动以来，法国人也十分惧怕安南人起兵反抗。在 1931 年 2 月 23 日的文件中，殖民部部长保罗·雷诺（Paul Reynaud）称："共产主义正要把法兰西赶出印度殖民地。这是共产主义和法兰西的战争。"简而言之，正如萨侯在他 1931 年出版的著作《殖民地的强盛与奴役》中所言："殖民事业危机四伏。"但是受邀光临展会的游人理应赞叹于欧洲和法国的殖民行为，这些忧虑只好被小心地遮掩起来。

从此，殖民地博览会又添了一层怀古伤今、以古薄今的底色。尽管外国参展者代表了一定的国际性，这次博览会却越来越局限于国民教育的任务。若此工作能在当时向法国人揭示殖民地和殖民地人民各自的独特性以及他们之间形成的命运共同体，事后想来人们定会交口称赞。然而遗憾的是，这一教育工作仅仅是向法国人再一次灌输了殖民主张派那些辞鄙意拙的口号，即殖民地开发和帝国是应对危机的神药，帝国能够保障法兰西的军事安全。面对东亚和中东的骚乱，官方试图通过博览会向法国公众重申法兰西"教化落后民族"的神圣使命及其功德善果，恭良的殖民地人民因感戴恩义而效忠法兰西，以及法兰西受国联委托在非洲和阿拉伯地区进行委任统治的成果。

在博览会开幕当天的致辞中，殖民部部长如此描述展会的"核心目标"："使每个法国人知觉感悟他们的帝国"，"我们每个人必须切身感受到自己是这个'大法兰西'的公民"。

解读博览会

大型文艺演出和晚会是巴黎的殖民主张派的惯用伎俩，1931年国际殖民地博览会从一开始就试图利用这些传统艺能向法国民众灌输他们的理念，这一点我们可以从展会筹备工作本身以及各种细节中解读出来。

博览会应该在参观者心中唤起在各殖民地环球旅行的感觉。面对凡尔纳（Jules Verne）的读者，展会提出了"四日环游地球"的口号，其实只要一天就足够了。展会的某份宣传海报上这样说："为什么特地跑去突尼斯？现在在巴黎的城门口就能饱览突尼斯风情。"游客们在多梅尼尔湖边移步换景，仿佛环球旅行。湖边的景致如同透景画的迷你模型，人们悠闲地从一个殖民地走到另一个殖民地。从一座摩洛哥宫殿的后门倏忽间便步入某座苏丹山村的街道，在攀登吴哥窟高棉神庙边宏伟的西堤前，人们可以先逛逛杰内的大清真寺。

为了迎合早已醉心于异国旅游的法国上流社会，樊尚博览会被打造成一场艺术与美的盛宴，建筑物的审美和色彩的绚烂夸张，往往超于现实。好几座所谓当地风格的展馆实际上充斥着想象发挥，并非忠实于原作。那座古怪却又华美的马达加斯加红宫就是如此，宫殿一侧增建了一座令人吃惊的高塔，塔顶雕满了牛头。然而这座高耸的塔楼是一个纯粹的巴黎式的艺术作品，灵感来源于贝齐寮人乡间简陋的许愿柱。喀麦隆馆的设计是一座扩大版的巴蒙人茅屋，然而对它的称赞却集中于别出心裁的几何装饰。出于类似的装饰目的，樊尚林苑栽种了成片奢华的海枣棕榈树，当时这一名贵树种即使在西非当地也是相当稀有的。尽管有如上矫饰，展方还是为"原始艺术爱好者"提供了不少原汁原味的物件，同时也尝试忠实还原了一些非洲和马达加斯加土著村庄的原貌。

如同前几次展会，此次的殖民地博览会也安排了不少地道的演出，不过品位和方式都有所提升：例如安南村寨土地神的仪仗或是老挝佛塔中的宗教仪轨。展会组织者甚至找来土著演员再现了达荷美国王贝昂赞（Béhanzin）和上沃尔特莫西族首领莫尔霍纳巴（Morho-Naba）的扈从队列，而那厢衣着绚烂的马达加斯加显贵们正排队簇拥着1895年之前的统治者拉纳瓦隆那三世女王（Ranavalona Ⅲ）。同之前的展会一样，公众的耳边回绕着各种异域旋律，有来自非洲和马达加斯加的乐队，摩尔咖啡馆的乐手，安南的芭蕾和成群结队的黑人舞者。及至夜间，各个展馆华灯初上，"水之剧院"中各类灯光秀、音乐秀正是楚管蛮弦、应接不暇。就算全巴黎的音乐厅乐手倾出，恐亦难追其盛。

与上流精英一样，纯真温良的底层民众也热衷于追捧异域风情。展会为他们准备了大篷车商队、赛骆驼等节目，他们还可以乘坐马达加斯加独木舟在多梅尼尔湖中荡漾，甚或是简单地购买一顶殖民地风格的木髓盔帽。摩洛哥的集市、非洲或突尼斯风格的餐馆、"喀麦隆咖啡"或许能为普通民众带来些许"殖民地的美食体验"，比如品尝阿拉伯风味的点心或者异国情趣的饮料。这些演出和余兴收到了相当不错的评价。曾对博览会娱乐项目表示不屑的莫里斯·巴雷斯（Barrès）（他的一篇评论直截了当地题为《柠檬水与卖淫》）表示，如果看到这些表演，或许可以瞑目了。

　　策划者的一些宣传意图在展会中也得到了着重强调。对传教士和军人的致敬随处可见，甚至在展会地图上都有特别标明。天主教和新教传教事业的展馆被安排在"法国殖民地大街"中央显眼的位置上，由此沿着大街可以直达82米高的殖民地军人纪念碑。时值印度殖民地问题前途未卜，策展方显然为这一"法国殖民地的明珠"留出了显要位置：印度庙宇和宫殿的预留部分占到了整个展区的十分之一。

　　另有一些想法并没有成功落实。策划者本想对一些刺激殖民地居民的拙劣的异域情调进行纠正和祛魅。但是，那些异彩纷呈的装饰和身着节日盛装的真实人物，完全营造了错误的审美印象。参观者们可曾知道，只有为数极少的安南人住着装饰如此华美的宫殿，而那些高官贵胄的扈从仪仗只是来自几近失传的民间传说？印度农民深重的苦难被小心遮掩在这面漆画屏风之后。总而言之，1931年的殖民地博览会与之前的博览会一样，仍不过是一座阴影中的戏台，而非忠于事实的报道。

　　利奥泰曾要求在展会中突出法国殖民地"原住民政策"的实施以及殖民事业带来的经济发展成果。这也就解释了为何在每个展馆中都要不厌其烦地强调社会进步和殖民地公共卫生与健康领域的进步。然而，最能吸引观众的永远是那些展示装饰艺术、各种面具和神像收藏的展厅。大众对那些展示工业成就的照片、揭示商业行情的统计表以及各类展示样本兴味索然。公众福利的改善、殖民地人口的增长被称作"殖民事业的神圣使命"，但它们被介绍的方式教条刻板，参观者和记者都对这些宣传无动于衷。

最终，如果说殖民部部长本人确实有想过要颂扬共和国的殖民功绩，可展会中就连最细心的游人也寻不到任何共和国的痕迹。殖民地博物馆的巨大题铭这样写道："法兰西母亲感谢那些使她精神铸就的帝国得以扩张，使她的声名远播海外的孩子们。"但在殖民地缔造者长长的名单里，人们找不到任何当年运筹帷幄的共和派政治家……

出乎意料的是，1931 年没有一个政治人物在公开讲话中为这一庞大的殖民帝国而向共和国致敬。不错，殖民部部长保罗・雷诺（Paul Reynaud）呼吁民众感谢那些"同时缔造了政体和帝国"的人；前任殖民部部长安德烈・勒本（André Lebon）断定："法国民众已向殖民地事业的缔造者们致敬，不论功留青史抑或默默无名，法国人民对他们都充满了尊敬和关注。"然而，在樊尚林苑博览会上，那些殖民地共和派大佬并没有受到任何令人瞩目的致敬。就连第三共和国殖民事业的开创者甘必大（Gambetta），以及他的门生、殖民主张派领袖欧仁・埃蒂安（Eugène Étienne）都未能得到殊誉。人们倒是在圣迪耶（Saint-Dié）为朱尔・费里举办了一场纪念活动，但约瑟夫·保罗-邦库尔（J. Paul-Boncour）可能是唯一一把这两个事件联系起来的人："我很高兴地看到，当大家在博览会上崇拜和惊叹于法兰西无可置疑的殖民成就的同时，能够有人为她那被埋没和被误解的草创者献上纪念的棕榈叶。"

博览会在物质和精神层面的成果

如果通常来说参观者的人数可以用来衡量博览会对舆论造成的潜在影响，那么这次殖民地博览会在物质层面上的成功是毋庸置疑的。当然这并不能保证其在财务上是盈利的。

根据筹办方的报告，在展会举办的 193 天中，博览会园区和附属动物园共接待游客 33489000 人次。但是，这个动物园作为展会最成功的部分，其自身就卖出了 5288462 张售价 2 法郎的单项票。由于参观博览会套票的全票价格是 3 法郎，所以这里理应扣除动物园的单独售票之后再进行分析。尽管如此，考虑到售出的三千三百多万张门票中每个参观者平均大概使用四张票（展会的门票是按照四张一联出售的，其中周五入园须一次使用四张门票，平时只需要一张），筹办方估计参观者总人数大概有八百万人，其中巴黎人四百万、外省法国人三百万、外国人一百万。

这一最大估计（不考虑只参观动物园的游客，至少有六百万法国人）至少能够揭露出殖民地小报记者们的夸大报道。其中的一位在 1931 年 11 月 19 日的报道中煞有介事地写道："三千三百万法国人终于意识到一个几亿人的大法国的存在"。

相比之下，此次博览会在精神层面的影响则更加难以评定。尽管展会期间巴黎天气很糟，博览会仍然成功地吸引了大量人流，据此，官方第一印象上认为法国公众定是"深受吸引且深受教育"。从此，法国人定会牢记他们拥有着一个帝国。这个帝国的实体将不再模糊不清，也不再仅仅是人们茶余饭后的谈资；它将成为"最为壮美的现实"。殖民地再也不是那些在报刊上除了丑闻便默默无闻的化外之地。熏染过殖民地的气息，亲身体验过"殖民史诗的荣耀时刻"，法国人将对法兰西的富强伟大更加自信。政府官员们确信展会的目标已经达成：殖民精神已经深入法国大众。安德烈·塔尔迪厄（André Tardieu）曾于 1931 年 1 月在《画报》（L'Illustration）杂志上表示："在法国人中，那种帝国意识还有待形成"。10 个月后他确信："帝国意识已然诞生。殖民地博览会是胜利、是课堂、是希望。"对殖民部部长保罗·雷诺来说，事实已经表明：法兰西帝国已经成为一个不可分割的整体，而法国人为自己作为一名帝国公民而感到荣耀与自豪。前任殖民部部长莱昂·贝拉尔（Léon Bérard）评论说："欧洲的旧法国与海外的新法国虽相去万里，却日益亲近，她们相互渗透交融，彼此不可分割。"

一些博览会的热烈拥护者确信："法国已经开始像两个世纪前的英国一样，用帝国的思维去思考"。附带一提，此辈许是不知这句英文口号"要学会用帝国的思维思考"（learn to think imperially）是 1895 年才由约瑟夫·张伯伦（Joseph Chamberlain）提出的。马达加斯加总督马瑟·奥利维耶（Marcel Olivier）作为展会的总代表和承建者，在 1931 年 11

月如此断言："在展会召开的 6 个月中，殖民地理念的传播获得了过去 50 年都没能取得的进展。"然而，他立即自我纠正道："帝国感的缺失在法国备受诟病。若说法国人从今往后已经深刻领会了殖民地的重要性，我们能否就此认为他们终于获得了某种帝国感呢？对此我只能持保留意见。这一帝国感对他们来说还是太激进了，非要让他们接受，则如同洗心换骨一般。"

在作家阵营一边，对博览会的思考是简短的，几乎没有批判，而总体来说他们对共和派的努力很是冷淡。马尔塞·普雷沃（Marcel Prévost）在《法兰西月刊》（Revue de France）上极力赞颂在"从 1871 年失败到 1914 年胜利"之间所缔造的"奇迹"，但不知是否刻意为之，他对共和国只字未提。他沉浸于渲染民族自豪感的不期而至："您可能不会相信法兰西是如此强大"。但他也强调人民的自豪感是克制且体面的。保罗·莫兰（Paul Morand）机智地将殖民地博览会称作"这座专门为法国人殖民地无感症做手术的外科诊所"，但是他很谨慎地没有提及这场手术的结果。殖民地作家皮埃尔·米勒（Pierre Mille）也没有冒更大的风险："樊尚博览会之后，法国人可能还不知道某个殖民地位置在哪儿，但至少他们知道了，法国有这个殖民地。"

至于保罗·瓦勒里（Paul Valéry），他反而觉得："殖民地博览会办得很出色，她在这个国家留下了浓墨重彩的一笔……绝大部分法国人对法国的殖民地若非充满误解，也只有粗浅的印象，而他们对殖民地的态度若非反感，也顶多是冷淡。殖民地博览会将殖民工作的成果摆到了整个民族面前,让法国人理解了法兰西民族的实力和责任。"不过,这里瓦勒里假装相信通过展示美轮美奂的景致就可以让法国人去反思殖民地的问题,因为"问题就摆在那里"。莱昂·布鲁姆(Léon Blum)则表现得更加尖锐;他本期待着"更少的晚会典礼、演讲致辞,而更多地展现人类的智慧和思想"。对他来说,这样游园会式地展示殖民地毋宁说是十分危险的,因为这一切在安南正在发生起义和镇压的事实面前愈发显得苍白虚假。他倒是再三讨论过这次博览会,不过这些言论的目的多是使他领导的社会党从过去的殖民活动和当下的殖民政策中割裂开来。

至于市井小民们的反应,我们得承认很难找到一手材料。不过我们注意到,那些在北非集市上卖货的摊主抱怨说,很多参观者一上来就用"你"称呼他们,而不是用敬语。他们表示对这种粗鲁和挑衅的行为感到愕然。另外,摄影爱好者和园内的殖民地土著居民之间也发生了一些龃龉;这些殖民地居民抗议说,他们并不是什么珍奇的标本蜡像。博览会也许点醒了一些看热闹的路人,关于"高贵的野蛮人"的文学幻想早已经是过去式了。

不过读者可能还记得,上文提到国际殖民地博览会还有一个目标,即展示西方文明开化政策的正义性。奥利维耶总督相信:"博览会为欧洲殖民事业恢复了名誉。她让她的精英阶层提高警惕应对那些向他们鼓吹放弃殖民事业,以殖民事业有害说或殖民事业既成说为借口的论调。"这也是政论家和历史学家吕西安·罗米厄(Lucien Romier)的观点:民众的理想主义成为我们文明奋进的见证和裁判；"公众的热情已然作出了回应——殖民地博览会重塑了欧洲的高贵"。

整体而言，殖民事业利益集团中的积极分子并不满意。因为他们曾寄希望于"法国的年轻一代能够借由这次博览会获得上一代人所缺失的殖民地教育"，他们多少带有亲切地表示展会为营造美景牺牲过多。博览会并不是很具有教育性。在著作《殖民地急电》（*La Dépêche coloniale*）中，莫里斯·隆岱-桑（Rondet-Saint）写道："博览会当然是一次盛会，但她在整体上并不具有此种教育的特征，这里没有我们想要看到的那种课堂。"对于殖民科学协会主席阿道夫·梅西米（Adolphe Messimy）来说，若是不能持续举办，不能融入更多的教育职能的话，那么"其与一场盛大的斗牛节并无二致"。

不久，殖民主张派坦承他们的预期落空了。在最强大的私人殖民地社团"殖民地联合会"1932年的年度报告中，其秘书长写道："尽管殖民地博览会的奇光异彩充分反映了我国海外财富的真实不虚，她仍打击了我们的期望。她的宗旨并未集中在'帝国'的重要性上。民众仍不能理解何为殖民"。殖民主张派要员，经济学家维威耶·德斯蒂（Vivier de Steel）向他的同侪们坦言："要我说，这场绝世盛会对法国民众的教育意义远大于法国精英，我们的民众本来就是弄性尚气、见异思迁的，而法国精英对殖民地政策又从来泥古不化、墨守成规。"法国精英阶层对殖民政策所牵涉的复杂的政治、经济问题毫无兴趣。法国知识分子尽管常聚在一起讨论"亚洲的黄种人、非洲的黑种人抑或是阿拉伯人起来造反"可能产生的后果，他们也常为寻找解决土著居民潜在敌意的政策方案而感到着急，但他们对殖民地的事情总体上仍然采取事不关己的态度。

毋须讳言，上述观点也正是利奥泰元帅的结论。1931年11月利奥泰还在大赞博览会取得了"意想不到的成功"，但在1932年起草博览会报告时，他在报告前言中明确表示，成功只是物质层面的；在殖民地与社会各界，博览会的成就似乎不尽如人意："在闭展一年后的今天，我们能够明确看出，虽然说殖民地博览会已经产生了最大的功效，并达到了教育公众尤其是教育年轻人的目的，她却并没能撼动那些成年人头脑中的认知，或者说她没能撼动那些先入为主地拒斥殖民理念的当权派。"

此言在1932年议会选举中得到了验证，一切都没有改变：在竞选纲领中提到殖民地的候选人不到十人。传统上，法国议会直选的候选人都会不约而同地对殖民地问题保持缄默。如让·勒诺（Jean Renaud）少校所说，这就是"殖民地演剧"：政治家们表现得好像殖民地是无关紧要或者令人讨厌的，而公众"只记得博览会时的如画美景和豪华礼花"。1933年11月，重量级月刊杂志《法属非洲》（*L'Afrique française*）在调查后这样总结殖民者们所面临的问题："在赞叹1931的殖民地盛会之余，博览会对舆论影响之微薄令殖民者们心寒：法国重建了她的殖民帝国，但法国人对于这一事实仍然没有具体认识，关于殖民事业的国民教育仍然任重而道远。"法国殖民学院院长乔治·阿尔迪（Georges Hardy）也质疑"普通法国人已经意识到法兰西与其殖民地之间的紧密联系"的论调："我们已经习惯于用帝国的思维思考了吗？当然没有。"前任殖民部部长加布里埃尔·阿诺多（Gabriel Hanotaux）表示："对于殖民地博览会的成功舆论好像休眠了"。最终，1936年的选举再次确认了这一状况，《殖民地编年》（Chronique coloniale）称之为"人民对于殖民地事务的无感"。于是，从1932年到1936年，殖民主张派的大佬们以及他们属下的政论作家们十分不满于法国人所谓的帝国意识，他们长吁短叹、垂头丧气，例如在1934年《殖民地半月刊》（La Quinzaine coloniale）中所发："哎呀！公众终究还是没能理解呀！……"

然而，对1931年的那些庆典的回忆，从长期来看是否产生了殖民者自身都意想不到的重要影响呢？

例如，有人可能会思考1931年的博览会是否感召了某些人对殖民事业的志望？要了解这一问题，必须做一次回顾性民调：通过问卷调查询问旧殖民各界不同的具有代表性的案例。美国历史学家沃伦·科恩（W. B. Cohen）成功访问了两百名由国立法兰西海外领地学院（École nationale de la France d'outre-mer）培养的殖民地行政官员，并询问了他们投身殖民事业的动机。但他在论文《帝国的统治者》（Rulers of Empire）中并没有提供任何数据作为答案。因此，他在没有提供任何论据的情况下写道，殖民地博览会吸引的"主要是学校里的孩子[?]"，"他们中的许多人受到博览会的感召而投入海外行政工作[?]。20世纪30年代进入殖民地学院的学生中，好几个人相信樊尚博览会在他们的职业选择中起到了决定性作用"。正如作者自己所承认的，20世纪30年代入学殖民学院的学生们有着各种各样的理由，其动机大多与他们的先辈类似，所以这里得出博览会在行政官员职业选择上的重要性明显是武断的。即使从1929年开始报考殖民学院的考生数量激增，且到1946年间增长了9倍，但很显然我们不能简单地把1931年的博览会和这一持续性的过程联系起来。

在殖民地行政官员的小圈子之外，即使他们是"帝国真正的领导"（罗伯特·德拉维涅特［R. Delavignette］之语，他曾任国立法兰西海外领地学院院长），我们能否展现殖民地博览会对法国公众产生的所谓影响呢？法国舆论研究院（IFOP）1939年的一项民调显示，53％的法国人认为"割让一块帝国殖民的领土与割让一块法国本土的领土一样难以接受"，而43％的法国人则持相反意见。但是，海外帝国的拥护者大都是"不满30岁的年轻人"，其次是超过60岁的老年人。相反，30到50岁的中年人对帝国最不感兴趣。这项民调显示，两代人的观点之间出现了明显的对立，一方是在1909到1929年间的20岁左右的青年，这段时期正是殖民主张派不断哀叹民众对殖民地意见无感的高峰期，而另一方则是1909年后出生的一代，他们正是可能受到1930—1931年（以及1937—1938年）舆论宣传攻势的影响——尤其是殖民地博览会影响的一代。

即便如此，我们也不能急于通过这样一项孤立的也是唯一的民调，就得出殖民地观念普及度与殖民宣传成正比的结论，在此之前我们还需参阅后续时代的相关民调以作对比。果然，根据1949年法国国家统计与经济研究所（INSEE）的一项民调，最拥护帝国的法国人仍然是当时21到35岁的年轻人，只是这一年龄段所占的比例骤增：这一年龄段中，86％的年轻人认为海外领地是法国利权所系，而对于 50 岁以上的受访者来说，只有 75％的人认可这一观点。因此，与传言恰恰相反，这项民调以及其后许多同类民调都显示，在法国，对殖民地的认同在二战之后的一段时间达到顶峰，而非 1931 年（或 1939 年），而"樊尚盛会"的影响也不能被看成具有决定性意义。这是否意味着殖民地博览会并没能构成一段重要的集体记忆呢？是否意味着她并没能在当时的年轻人心中留下憧憬或至少是使年轻人感到好奇呢？这些年轻人若没亲眼得见，能否从他们的家人那里听闻些许赞誉呢？这是个难题，也是诸多想象和传言滋生之处。

读者们需注意，关于 1931 年博览会作为共和国记忆之场以及共和派殖民地观念顶峰的错误的想象，是在殖民地时代终结之后才形成的。遗忘、无知、怀古伤情，甚至有时是政治家的花言巧语让这一无稽之谈流传得愈来愈广。

首先，今日的公众必以 1931 年殖民地博览会为史上最后一届"亲殖民"大展。因此，有关樊尚博览会的回忆在集体记忆中被渐渐崇高化。而同样在巴黎举办的 1933 年法国海外领地沙龙、1935 年安第列斯诸岛兼并 300 周年庆典和征服马达加斯加 40 周年庆典，在 1931 年博览会面前无不黯然失色。当然，集体记忆也不会记得 1937 年的国际博览会，尽管这次博览会付出了很大精力去颂扬"我们美丽富饶、惹人妒忌的海外帝国"。但有谁记得在塞纳河天鹅岛上兴建的殖民地展馆呢？又有几个巴黎人心中保留着 1937 年这次新的殖民地展会的记忆呢？更不用说在德占时期的暗夜中默默筹划的纪念"殖民地先行者和探险家"以及"殖民地文学一百五十周年"的展会了。面对如此大量的遗忘，1931年这场规模相对小的殖民地博览会为何在法国人的集体记忆中如此受到偏爱，经过放大以至于蜕变？然而，这一集体记忆放大的实在性仍是有待验证的。

法国的公众舆论一向迟钝，1944年后舆论才发觉世界大势已变，正如其在1918年才发觉欧洲局面之转轨。我们对于这些舆论转变和舆论迟钝了解甚少，乍一想来此等浑噩无知着实触目惊心。现如今我们想当然地相信法国是同盖洛普博士的美国一道，同时进入民调时代的，然而事实根本不是这样。直到最近几年，对"盖洛普学"的厌弃和对"民调狂"的嘲讽在法国的文化圈内仍然是正确的论调。只要我们看看法兰西联盟大会（Assemblée de l'Union française）的那些辩论稿，就会发现到何时这些与会专家们才想去认真了解法国舆论对于海外领地的真实看法。有几名最高行政法院的国务委员震惊于大会工作所处的冷漠环境，1949年11月，他们终于决定督促政府组织一次针对"法国人民对海外领地及海外事务之认知与意见"的调查。不过法国政府并没有理会这一请求。然而当时，盖洛普民意测验在美国已经连续十五年提供此类信息了。直到阿尔及利亚独立战争时，至少共和国的当政者们终于意识到有必要了解更深层的民众意见。即便如此，虚假而荒诞的叙事仍然大行其道。正如支持居伊·摩勒（Guy Mollet）政府一系列行动的所谓的沙文主义、民族主义思潮，完全是记者亚历山

利奥泰元帅、约克公爵与公爵夫人
参观殖民地博览会,背景是吴哥窟

1931年的殖民地博览会：共和国神话还是帝国神话？

大·韦特（Alexander Werth）的精巧发明，也是他本人说服了巴黎报界相信这一神话而非民调的证据。

基于同样的操作，在去殖民化运动之后数年，某些政论家试图歌颂殖民地时代的幸福时光，激起人们对于充满胜利的殖民历史的怀旧情绪。他们所有人都力图把阿尔及利亚殖民百年庆（1930年）或者殖民地博览会年（1931年）定义为帝国意识的顶点。

对于他们中的某些人，选择这一时间点无疑是有着政治上不可告人的小算盘。他们将帝国精神的顶峰放在第三共和国时期，难道不是在暗中分散人们的注意力吗？如此人们也许会忘记维希政府当年放弃在海外继续抵抗，忘记法国人民对自由法国控制的殖民地的期许，以及帝国最终团结在戴高乐将军麾下这些事实。同时他们也无法解释，如若法国人民在20世纪30年代对所谓的帝国热忱感到如此振奋，那么在1940年，他们的代表为何在没有征询法兰西帝国其他成员的情况下就接受了停战协议。在某些毛里求斯裔的作家看来，这一叙事最终使得两个事实得以掩藏：其一，共和国的重建得益于来自帝国各处的"分离主义者"；其二，法国人民对于这些他们再也不敢称之为"殖民地"的地区充满了感激。

如果我们抛开这些隐藏的意图不谈，正如那些抨击第四共和国和指责戴高乐为"帝国出卖者"的社论，历史学家确实可以从这些作者的文章中找到一些真相。是的，正如利奥泰元帅所言，法国的年轻人或多或少地对樊尚林苑的"斗牛节"留下了很深的印象。但是，就算只参照殖民地主张派一方的证言，历史学家还是会重申 1931 年的博览会在塑造殖民地精神的层面上是失败的：她并没能深入法国人的集体记忆和社会想象。当然，仅对于那些传统主义的小布尔乔亚阶层的法国人，比如行政官员和公务员的子女来说，帝国的途径也许仍然部分地与 1931 年的盛典联系在一起。这场博览会受到左翼的社会主义者和共产主义者抵制和抨击，被自由派布尔乔亚阶层低估和蔑视，很快被法国人民所遗忘，并最终被右翼民族主义分子发掘出来变成他们的补偿性神话，其实她只适合被定义为共和国的一件纪念品。

如果非要找出法兰西共和国的殖民事业曾实现过其反复强调的平等主义准则的时刻，那么我们可能会选择 1946 年 4 月 25 日。这一天，法国制宪会议一致通过了来自塞内加尔的黑人代表拉明·居埃叶（Lamine Guèye）的提案，这项提案提请授予所有海外领地居民法国公民权，它满足了共和国殖民政策最深切的渴望：法兰西大家庭的平权。这一天——1946 年 5 月 7 日，即拉明·居埃叶法案颁布之日——法国人得知在旧殖民帝国领土上的居民不是别人而就是法国人。1945 年 7 月，殖民学院院长写道："明天我们都将是同一法兰西联盟中的土著居民。"一年之后，所有人又都成为法兰西联盟的公民。

1848 年的革命者曾这样宣称："共和国不会在人类大家庭中进行任何区别对待"。这一共和国纲领中的信条曾长久代表了无数殖民地居民的希望，而 1946 年的立法委员们有幸把它变成了现实。然而在 1946 年的民调中，63% 受访的法国人（另有 22% 持相反意见）已经提前声明他们同意授予"殖民地居民和他们一样的公民权"。

那些把1931年殖民地博览会颂扬为共和国丰碑的人，实际上只是顺从了他们内心对殖民事业辉煌和胜利的怀旧情绪。而那些更愿意选择1946年4月25日的历史性投票的人，则不仅是在向拉明·居埃叶致敬，也是向他的启迪者维克托·舍尔歇（Victor Schœlcher）和格雷瓜尔神父（abbé Grégoire）致敬，特别是向三个共和国的慷慨的奋斗致敬。

代结语

De la République à la Nation

从共和国到民族

皮埃尔·诺拉 *Pierre Nora*

邱寅晨 译

　　以上的 18 篇研究[①]，除了具有各自内在的价值，还共同勾勒并描绘出一个记忆的体系。这一体系的核心部分在历史上迅速得以确立，而整个体系又快速地融入集体记忆的遗产，并且成为集体记忆的背景，一直存续至今，其间不免经历了 20 世纪严酷的现实所带来的种种波折和嬗变。这是一种纯粹的记忆，是基础性和参照性记忆的累积。它属于共和国还是民族？每一位作者都以自己的方式提出这个问题，但是并未提供答案，而这一问题本身则反映了一种快速的文化相互适应过程。人们对共和国概念的习得表现为：快速而集中地占有空间、精神和时间；能够建构一种"共和精神"，并根据其基本原则进

---

① 此处指法语版《记忆之场》第一卷《共和国》的 18 篇研究。

行动员，从而确立其霸权；建立真正的公民宗教，配备先贤祠、殉教史、圣徒传，形成广泛传播的多神信仰，通过尊崇神圣将生者与逝者相联，将自我建构的记忆化作召唤亡灵的史诗。数量众多、形式多样、无所不在的礼拜活动创造出自己的神话和仪式，设立祭坛，建造神殿，借助各式载体——雕像、壁画、路牌、教科书——构成了一道恒久的教育风景。

然而，记忆为政治所用，这一现象本身并非共和国所特有，甚至也算不上是法国的特色。这是一种时代现象，欧洲各国都曾经历，埃里克·霍布斯鲍姆（Eric Hobsbawm）巧妙地称之为"传统的发明"[1]。随着大众时代的到来，方兴未艾的民族主义所掌握的手段前所未有，至少从未达到此等规模，同时各种新生事物也达到了前所未有的规模，因此需要迅速地创制自己的历史。相对于英格兰王国或德意志帝国等其他国家，法兰西共和国甚至显得有些克制：质朴的建筑，抽象的符号（如玛丽安娜），带有资产阶级色彩的半身公民雕像，对记忆行为的低调运用。不过，共和国的独特之处在于深层次的投入，它系统性地构建出一种权威性的、单一的、排他的、普世而极具怀旧色彩的记忆。

权威：因为共和政权新生未久，遭到右翼的质疑，很快又受到左翼的诘难，它坚决以中央集权的雅各宾主义强行推广革命的遗产；它始终需要借助武力平息危机和政变，因此坚

---

[1] Eric Hobsbawm et Terence Ranger (sous la direction de), *The Invention of Tradition*, Londres, Cambridge University Press, 1983, en particulier le chapitre Ⅶ, « Mass-Producing Traditions: Europe 1870 - 1914 », par Éric Hobsbawm.

决制造教会与教会、社会与社会的意识形态对立，并且巩固银行和工业大资产阶级与农民阶级的联盟；它坚决掌控各种机构；它坚决收服桀骜不驯的军队，并且迅速形成了共和"大熔炉"。

单一：这种单一性，在 19 世纪的整个史学体系中，尤其是在用来教育我们的第三共和国的教材中，都被当作一种既成事实；不仅是地理和行政的单一性，也包括精神和意识形态的单一性。它忽视了不同民族、地区和语言之间的巨大差异，以及当时法国国家建构的不完整性和地域区隔，直到西奥多·泽尔丁（Theodor Zeldin）、尤金·韦伯（Eugen Weber）等英美学者对此进行考察[1]，我们才得以重新认识。按照单一性的准则，集体记忆的建构似乎势在必行，需要抵消各种差异所导致的惯性，制衡各种生存和死亡的方式；必须将各种地方性的记忆融入国家文化的共同资本，让所有人成为"1789 之子"[2]。学校、兵役、选举仪式、政党的定期培训：共和国对政权的征服伴随着对社会的征服，因此共和国不仅是一种政体、信条或哲学，更是一种体系和文化，它近乎一种道德文明（civilisation morale）。

这一记忆体系的逻辑脉络体现在它所排斥的对象之中。它

---

[1] 参见 Theodor Zeldin, *Histoire des passions françaises*, Paris, Éd. Recherches, 1978, 4 volumes, 及 Eugen Weber, *La Fin des terroirs, la modernisation de la France rurale 1870 – 1914*, Paris, Fayard et Éd. Recherches, 1983.

[2] 参见 Mona Ozouf, « Unité nationale et unité de la pensée de Jules Ferry », communication au colloque Jules Ferry tenu en janvier 1982 à l'initiative de l'E.H.E.S.S.

将自己定义为敌人的对立面,又依赖于敌人而存在。有的敌人确实存在,有的只是凭空臆想。共和国需要对立面,从而形成自己代表一切的遗传能力,即代表构成民族的全社会,包括反对"特权阶层"的第三等级,反对"贵族"的爱国者,反对"巨头"的小民,反对压迫者的人民,以及反对垄断的"劳动者"[1]。作为革命的继承者,共和国同样需要借助对立面来确立自身的一致性,而阴谋论的想象便是其中首要的模式。不同于英美的民主体制,法国没有将社会契约视为不同个体利益的调和,而认为社会契约体现着总体的意愿,因此必须排斥某些个体。也许因为法国的政治民主只有在共和制下才得以实现,所以法国对多元性和政党间的轮替天生敏感[2]。共和国渴求战斗中的一致性。这便可以解释:共和国成为民族唯一的想象载体,却未必能够拥有完美无缺的一致性;共和国不再自动与左翼联盟相关联,却没有放弃所有形式的政治斗争;共和国成为一种共同的文化,但没有完全失去其神秘性;共和国消解在民俗之中,但在历史的重要关头,它并未失去其强大的动员能力。共和国就意味着战争,如果人们不愿为了它去争取胜利、牺牲生命,那么它就将灭亡。作为例证,两个决定性的重大事件最终完成了共和国共识根植于民族的进程:1918年克雷孟

---

[1] 参见 Alain Bergounioux et Bernard Manin, « L'exclu de la nation. La gauche française et son mythe de l'adversaire », *Le Débat*, n° 5, october 1980.

[2] 参见 Odile Rudelle, *La République absolue, 1870–1889, Aux origines de l'instabilité constitutionnelle de la France républicaine*, Paris, Publications de la Sorbonne, 1982.

梭（Clemenceau）夺取胜利；二战抵抗运动和具有"某种法兰西理念"的将军推翻了唯一导致共和国破灭的政权，从而重建了共和国。

普遍：因为作为立国之本的意识形态对革命的遗产加以筛选或整合，而这两种操作都把革命与《人权宣言》的自由主义意涵捆绑起来。[1] 因为这种意识形态在革命遗产中掺杂了未必与之相关的历史传统，譬如古代的共和国，或是与之相异甚至相悖的思想传统，例如奥古斯特·孔德（Auguste Comte）的实证主义对利特雷（Littré）、费里（Ferry）甚至涂尔干（Durkheim）等共和国先知都产生了巨大的影响。[2] 因为这种意识形态以理性为内容和基础来建构自己的记忆，通过发展社会有关其自身的知识——历史学和社会学——来塑造自己的合法性；它将特定的民族历险视同人类解放的先驱；它为进步确立标准并且提出一种进步标准，在历史中并借助历史来实现进步，而共和国显然是进步过程中的一个关键阶段。

正是因为共和国的记忆以时间尺度作为自身的关键索引，它虽然浸润着未来的规划，但骨子里是复古怀旧的。这一提法看似自相矛盾、同义反复，确实因循守旧通常意味着反动，而

---

[1] 参见 François Furet, *Penser la Révolution française*, Paris, Gallimard, 1978, ainsi que ses articles parus dans *Le Débat*, « La Révolution sans la terreur? Le débat des historiens du XIXe siècle » (n° 3), « La Révolution dans l'imaginaire politique français » (n° 26) et sa discussion avec Maurice Agulhon (n° 30).

[2] 参见 Claude Nicolet, *L'Idée républicaine en France*, Paris, Gallimard, 1982, chap. Ⅵ, ainsi que sa communication au colloque *Jules Ferry*.

记忆是与过去的关联,然而,这当中的含义是明确的:共和国的共识力量有赖于其记忆,而记忆则有赖于纪念。正如贝玑(Péguy)所言,7月14日那一天便是共和国的第一个纪念日,同样,第三共和国完全是共和国的自我庆祝。共和国即刻载入了史册,具备在某一社会中——在某一空间中、在各种机构中、在某种政治中成为实体的能力,这一切与共和国的身份定义有着相同的本质,正如有关其自身传统的提法迅速出现。所谓"共和传统"!这也许就是共和国的记忆之场,若非本书篇幅已经相当可观,我们或可专辟一章加以长篇阐述,并非关注其历史沿革[1],而是分析其集中表现:议会辩论的修辞,"宴会交际的热烈",拉丁文之争,当人们忘却一切之后仍然保留的文化素养,中学毕业会考试题的演变,小拉鲁斯(Petit Larousse)词典中的粉色页,由外省、乌尔姆街(rue d'Ulm)和激进党(parti radical)总部构成的神圣三角以及堪称"记忆人"的核心代表人物爱德华·埃里奥(Edouard Herriot)[2]。它属于共和国还是民族?关键并不在此,而在于一个事实:由共和国记忆累积而成的整体将国家、社会和民族衔接成一种爱国的综合体。这一综合体在凡尔登(Verdun)之役达到巅峰,而在今天

---

[1] 奥迪尔·鲁代尔(Odile Rudelle)指出这一提法最早出自瓦尔德克-卢梭(Waldeck-Rousseau)1900年4月11日在众议院的演讲:"我刚才讨论了共和传统……"参见« La notion de tradition républicaine », communication au colloque La France sous le gouvernement Daladier, 4 - 6 décembre 1975, Fondation nationale des sciences politiques.
[2] 参见 Jean-Thomas Nordmann, La France radicale, Paris, Gallimard-Julliard, coll. « Archives », 1977.

只是一种失却内容的空洞形式。

为了理解共和国记忆的各种演变，我们需要系统性地重写20世纪法国的历史，而这些演变取决于四个方面的因素。

首先是其自身的成功。真正的威胁，无论是来自内部还是外部，都不存在。教会、王权或独裁的危险，共和国收复失土的行动或世代的仇敌，都已不复存在。所有针对共和国合法性的质疑似乎都已成为过去。有些质疑，无论真实与否，例如1934年2月6日的事件，都激起了"保护共和"的反应；其他质疑，无论虚假与否，都已烟消云散，例如1945年法国解放后对共产党人政变的担忧，1958年戴高乐在政变后和将军的支持下上台，1961年阿尔及利亚独立战争期间这些将军又发动伞兵叛变，对1958年宪法第16条的滥用，以及有关戴高乐将军企图实行王位世袭的传言。维希政权在法国战败后建立，又在德国战败后下台，因此反共和主义势力基本被清除，法国反动的旧势力也被边缘化。共和国的记忆由此得以一统天下。

共和国的记忆恒久地根植于民族的记忆遗产之中，却因此更容易失去内在的活力，并由于其软弱或暴力而受到指责。当一个政权两次覆灭，一次是"奇怪的战败"（马克·布洛赫［Marc Bloch］），另一次是1958年由自家的高级军官发动政变，另外它还在1934年2月和1947年秋两度濒临垮台；当它在慕尼黑接受了"懦弱的宽慰"（lâche soulagement），又不顾自己的荣誉在阿尔及利亚大肆使用酷刑；当它在多年间不断上演内阁动荡、议会无能、机构瘫痪①的戏码:它的记忆中充斥着有关自身软弱的种种回忆和针对"背叛"的老生常谈,共产党尤其会指责社会党的背叛(第二国际在1914年战争前夕的背叛性主张,1956年对西班牙的不干预方针,1956年对阿尔及利亚事务的不作为政策),而社会党的传统本应体现共和国的最高价值。

与上述指责相反的抨击则针对共和国的暴力:共和国的暴力来源于它与雅各宾派、中央集权和官僚主义的左派长期的联盟;这并不是革命派与反动派、左派与右派之间的相互控诉,而是左派对自身的指责,一边是官方的左派,另一边是所谓"第二左派",后者反映了地方的诉求和分权的意愿,主张建立公民与地方政权的密切联系并且尊重差异性。从这一角度来看,共和国呈现出一副专制的面目,将同质化的本能反应隐藏在实现平等的雄心壮志之下,代表着追求均一和强力的政权,展现出一种完全不同的记忆景观,从阿尔比十字军到"法国头号警察"克雷孟梭,以及旺代大屠杀和方言的废除;这同时又揭示了另一种革命遗产。

然而,共和国形象的弱化主要是由于两个记忆家族的竞争——民族主义者和革命者。自上个世纪末以来,二者不断对共和国进行质疑,并且在战争期间和战后以戴高乐主义和共产主义的形式,有力地激发了民族-共和国的想象。它们的力量

---

① 参见万森·奥里奥尔(Vincent Auriol)总统尤为雄辩的回忆录(*Mon septennat, 1947-1954*, Paris, Gallimard, 1970, et *Journal du septennat*, 7 volumes établis sous la direction de Pierre Nora et Jacques Ozouf, Paris, Armand Colin)。

并不体现在拥趸的数量或者自己与权力之间真正的关系，而在于它们代表法国——"真正的"法国——这一意愿的合法性。

我们不能过分强调上述两类记忆相对于共和国的对称性。戴高乐主义的记忆曾经以失败共和国的替代者自居，而共产主义则代表着共和国逻辑的深化，自然的延续和最坚固的城垣。然而，无论共产主义在其历史的重要时刻曾拥有多大的影响范围，它的记忆始终局限在左派的阵营内部，因而被排除在共和国的共识之外。与之相反，戴高乐主义曾是民族历史中的一个高光点，并已经深深铭刻在共和国的机构之中。这两种记忆泾渭分明，在历史上都曾具有各种截然不同的形式，如今愈加彼此对立。我们不能忘记，共产主义自认为与共和国的记忆最为亲近，戴高乐主义则依赖于一个人，也许他的教育背景、政见和理念与共和国的传统相去甚远，但是他首先通过对民族的两次重大干预重建了共和国，随后为共和国的巩固提供了体制上的手段。

两种记忆的对称性是一种幻象，但是它们的效应却是彼此互补的。二者完全同时拥有霸权，并且同时在20世纪70年代中期衰落。对于民族而言，它们代表了一种合理的延续性。它们仅从共和国的合法性入手便颠覆了其正当性，例如在1947年的市镇选举中，法国人民联盟（RPF）和共产党，面对那些认为他们不过是"叛逆分子"的选民，将原有共和国政权的得票率压到了30%，不足三分之一。两党在一些庄严的时刻争相担当共和国的唯一代表，例如在1956年举行的第一次总统直选中，安德烈·马尔罗（André Malraux）向弗朗索瓦·密特朗（François Mitterrand）发出呼吁："共和派的唯一候选人，请让共和国安睡！"两党要成为民族形象的代表，首先要认同共和国，充当其捍卫者，彰显其荣耀，例如其中一党领导了人民阵线、抵抗运动和1958年5月事变，而另一党在法国解放后在香榭丽舍大道举行阅兵，1958年9月在共和国广场发表演讲呼吁保卫共和国，1961年2月挫败一小撮叛变的将军。最后，两党通过巧妙而无声的分工，将共和国从民族的想象中抹去，安德烈·马尔罗就曾表示："在共产党人与我们之间，没有任何东西。"[①]

共和国记忆遗产演变的第四个和最后一个因素，最不引人注目但可能是最为活跃的：法国在三十年间经历了经济的飞速发展，而今天已荣光不再。这一因素本身就具有决定性的意义。在经济增长的推动下，共和国在记忆中形成的民族共识转向了与共和国相去甚远的其他价值：经济、现状、预期、消费、和平、社会福利、现代性。正因如此，经济增长有力地推动了共和国价值的消解，使其变得有些陈旧过时。决定性的意义还在于，虽然经济增长在政治上是一个无关紧要的主题[②]，但是在戴高乐主义的统治下，经济增长需要借助一种奇怪的分工：共和国总统似乎将工业现代化的工作托付给了乔治·蓬皮

[①] 关于戴高乐主义和共产主义记忆的内容和政治用途，参见本书法语版第三卷《复数的法兰西》（*Les France*）中的《自解放以来作为权力场所的记忆》（« La mémoire comme lieu de pouvoir depuis la Libération »）。

[②] 弗朗索瓦·富尔凯（François Fourquet）采写的访谈录《权力的利益，国家财务制度与计划的历史》（*Les Comptes de la puissance*，*histoire de la comptabilité nationale et du plan*，Paris, Éd. Recherches, 1980），提供了重要的相关信息。

杜（Georges Pompidou），而自己则保留了借助话语操纵记忆的任务。因此，在经济与政治两种进程之间形成了一种微妙而复杂的辩证关系，这造成了一种矛盾的状况：右派在传统上是因循守旧者的避难所，如今却成了现代性价值观的代表，而左派则守护着古老而坚定的共和国价值观。或者可以说，即使共产党当时没有在民族层面上开始边缘化，上述辩证关系也会导致同样的结果。

撇开漫长历史的风风雨雨，整体的结果是显而易见的：共和国的民族记忆耗尽了全面的共识，因其软弱或专制受到指责，面临两种更具活力的记忆与之竞争，因人们团结在其他价值观的周围而被消解，最终失去了自身的锐气。共和国记忆的伟大之处在于它同时是国家、民族和社会的记忆。关于国家形式的共识？已然达成。民族？它曾经是引领世界的强国，如今正在寻求中等民主强国的地位。社会？它曾经倚重农业，保守传统，如今已经转向第三产业，自发随性。国家、社会、民族三者重又各自独立。共和国的记忆不再如黄金储备一般稳固，它也曾经历过自己的通货膨胀和贬值。

最近的一系列事实重塑了这一新格局。由于在时间上过于邻近，我们无法解读这些事实对于记忆的历史意义，而记忆本质上是一种长时间的现象；同时，这些事实过于宏大，并且在时间上过于集中，因而无法构成新形势下的参照系。首先，人们很晚才突然意识到危机已经到来，经济陷入了漫长的无增长时期：腾飞已经成为一段插曲。其次是政党轮替的考验，左派曾经认为国家机构体现着一场永久政变的反共和性，如今又要加以利用：戴高乐的宪法在二十年后已经成为共和国的民族宪法。最后，戴高乐主义与共产主义相行渐远。对于二者而言，这一疏远的过程在性质上相差巨大，甚至是背道而驰。对于共产主义而言，这意味着真正的边缘化，在大部分左派人士看来，这使得共产主义在共和国的民族共识中沦落到边缘地带。而对于戴高乐主义而言，则意味着历史遗产在三个方向上分崩离析：奠基者已经进入民族荣耀的万神殿，在历史中远去，国家机构建设的成果融入集体的遗产，民族的主题局限于一部分舆论和某一个政党中。所有这些事实都无法让我们重回起点，但是它们的相互交织为新的格局创造了条件。

回归民族性并且固守共和国最基本的古老价值，这一趋势在所有政治派别中都很显著。针对戴高乐主义的梦想史诗，从法国人民的劳动史诗中汲取养分。围绕共和国的竞逐又因右翼的行动而升级，戴高乐主义的遗产如今已经不容置疑，右翼借此能够让人们忘记它与"乞丐共和国"（la Gueuse）的长期斗争，它甚至以"社会-共产主义联盟"的反对者和共和国真实合法性的名副其实的捍卫者自居。一种奇特的逆转初步形成，或者这只是一种短暂的现象：当"75000 名被枪决者"的政党以看似合理的方式获得了一种威望，成为共和国的最高圣殿和毋庸置疑的守护者，右翼则由于 1940 年的战败和维希政权贝当主义的记忆，总体上仍被怀疑会随时背叛民族。当共产党自身也褪去民族神话的外衣时，它也受到了同样的怀疑，始终对它抱有最大敌意的人们可以用同样看似合理的方式，从共产党人及其盟友手中夺走共和国守卫者的火炬。

除了主流意识形态的消亡所引发的政治风波和全面混乱，民族性的回归还体现在集体记忆的主动反应上，而共和国总统最近成为其顶级的代言人。这其中最令人瞩目的一个特征是前沿的科学性历史学在长期回避之后，重又关注民族历史。另一个法国，另一种目光体现了公共意识顺应国际形势所作的调整。法国已经成为中等强国，但依然保有过往的强大，又怎能不精心打造自己的历史呢？

两大周期就此完结。在当前开启的新周期中，共和国成为本书标题所指的事物。它既非激情燃烧的战斗，也非司空见惯的传统。它只是一处记忆之场。

1984 年